Oleg Zinger, Rom 1928

RECLAM-BIBLIOTHEK

Die Autobiographie des russischen Malers Oleg Zinger ist eine Liebeserklärung an seine Frau Nanny, an das Leben, und sie ist ein Stück Zeitgeschichte.

Oleg Zinger wurde 1910 in Moskau geboren. Seine Mutter, die Schauspielerin Wera Pawlowa, wirkte am Moskauer Künstlertheater seit dessen Gründung 1898. Sein Vater, der Physiker Alexander Zinger, wurde auch in Deutschland als Autor einer »Unterhaltsamen Botanik« bekannt.

Künstlerschaft der Mutter und Gelehrtentum des Vaters verbanden sich in Zingers Wesen und bestimmten die tiefe Wahrnehmung von Kunst und Natur, in der ihn das Ästhetische, künstlich Anmutende fasziniert ... Zu sehen noch an seinen Skorpionen und Taschenkrebsen, in den Skizzen der Gottesanbeterinnen. Mensch und Natur sind ihm gleichermaßen Gegenstand ästhetischer Betrachtung. Dies bedingt Oleg Zingers rückhaltlos ehrliches Erzählen.

Oleg Zinger

MOSKAU – BERLIN – PARIS

Das Leben eines Malers

RECLAM VERLAG LEIPZIG

Herausgegeben von Fritz und Sieglinde Mierau
Mit einem Vorwort von Fritz Mierau
Mit 45 Abbildungen

ISBN 3-379-01544-X

Reclam-Bibliothek Band 1544
1. Auflage, 1995
Reihengestaltung: Hans Peter Willberg
Umschlaggestaltung: Matthias Gubig unter Verwendung eines Ölgemäldes von Oleg Zinger: »Petruschka mit der Tänzerin« (1992)
Gesetzt aus Meridien
Satz: Offizin Andersen Nexö Leipzig
Druck und Bindung: Ebner Ulm
Printed in Germany

»Wo zu Gast und wo zu Haus«

Ein russischer Maler schreibt in Frankreich seine Erinnerungen – deutsch. Fünfundzwanzig Jahre hat er in Deutschland gelebt, die meiste Zeit in Berlin. Er ist zwölf, als er 1922 mit den Eltern aus Moskau kommend in Berlin eintrifft, achtunddreißig, als er 1948 die zerbombte Stadt mit seiner ersten Frau Tatjana und dem elfjährigen Sohn Alexander verläßt, um nach Paris zu gehen.

Ein Russe in Berlin. Der einzige Russe, der das von seinen Landsleuten in allen Tonarten geschmähte schreckliche, zugige, unwirtliche, unnütze, lächerliche Berlin, das wahnsinnige Berlin liebt. Sein Deutsch ist dennoch nicht nur gespeist aus dem Berliner Idiom der zwanziger und dreißiger Jahre. Süden, Osten und Norden sind ihm nicht weniger vertraut. Der Knabe ist in Freiburg im Breisgau zur Schule gegangen, der junge Maler hat in Pommern und Schlesien gearbeitet. Von den ausgedehnten Sommeraufenthalten an der pommerschen Ostsee stammen die prägnanten kleinen Porträts seiner Freunde aus dem Kaiser-Wilhelm-Institut in Berlin-Buch; und Bilder aus Schlesien, aus Polgsen bei Wohlau, wo er 1943 bei seiner Mutter lebt, bilden das Gros seiner ersten Ausstellung 1946 in Wolff's Bücherei, Berlin, Kaiserallee 133. In Freiburg begegnet er in den sechziger Jahren im Kreise seiner Schulfreunde Nanny Müller-Bellinghausen, einer gebürtigen Hamburgerin, mit der er seit 1972 in Garches bei Paris lebt.

So in Deutschland zu Haus, ist Oleg Zinger den wechselnden Dämonisierungen der Deutschen, wie sie bei den Russen im Schwange sind, glücklich entgangen. Allerdings war da schon das Beispiel des Elternhauses gewesen. Wenn die eigene Mutter, Schauspielerin an Stanislawskis Künstlertheater, auf dem ersten deutschen Bahnhof in Ostpreußen entzückt ausruft: »Bier! Richtiges deutsches

Bier!« und sich mit der Familie auf Wiener Würstchen mit Senf stürzt – was bleibt da von dem Schreckbild des ewig Würstchen essenden, Bier trinkenden stumpfen Deutschen?! Aber auch das Münchner Gegenbild vom Mysterium des Biers, wie Andrej Bely es vor dem Krieg entworfen hatte, ist im Nu verweht: Die dionysischen Mysterien, die die russischen Symbolisten nur in kleinsten Freundeskreisen erlebten, seien dort Wirklichkeit für Millionen. Jeder Deutsche sei ein wenig ein Genie, wenn er Bier trinkt und seine Pfeife raucht, nur daß es ihm an Worten gebreche, seine Seele zu offenbaren. Hier blieb der Russe immer der Gast.

Es gibt ein Buch, das dieser exotischen Gast-Existenz der Russen in Deutschland in so betörend schönen Bildern den Stempel der Gefangenschaft mit all ihrer Fremdheit und ihrem Verlorensein aufdrückt, daß niemand sich dem Reiz dieses suggestiven Lamentos zu entziehen vermag: Viktor Schklowskis »Zoo. Briefe nicht über die Liebe«, geschrieben im Jahr der Ankunft der Zingers in Berlin – in eins gesetzt eine verbotene Liebe, das vergebliche Dasein der Russen in Berlin, Trauer und Tod der Tiere im Zoo. Ob Oleg Zinger »Zoo« je gelesen hat, weiß ich nicht, aber als wir ihm vor einigen Jahren in Garches begegneten, trafen wir in dem fast Achtzigjährigen einen Mann, der wie die Widerlegung des Emigrantenbilds vom armen ungeliebten Zoo-Tier wirkte. Ein »Weltkind« trat da auf uns zu, ein Weltkind in des Wortes schönster Bedeutung, wie Goethe es einmal bewundert hatte:

»Es wirkt so angenehm erheiternd, ein wohlgesinntes, in seiner Art frommes Weltkind zu sehen, welches den Widerstreit im Menschen von Wollen und Vollbringen auf das anmutigste darstellt.«

Verdankte er es nun dem jugendlichen Alter bei seiner Abreise aus Rußland, seiner holländischen Herkunft (gewisse verwandte Gesichtszüge entdeckten wir auf dem Porträt eines Groninger Bürgermeisters aus dem 15. oder 16. Jahrhundert), der feinen Mischung aus der Künstlerschaft seiner Mutter und dem Gelehrtentum seines Vaters oder war es einfach die Mitgift des geborenen Malers, jedenfalls fanden wir Oleg Zinger frei vom Spleen der Emigranten, der sie so häufig zum Spielball ihrer Illusionen und Vorurteile macht und zu einem Inselleben im Gastland verdammt.

In Garches trafen wir den Maler mit seiner Frau Nanny in einem kleinen Atelierzimmer inmitten seiner Insekten, Krebse, Schneckenhäuser und Steine und waren gleich eingewoben in ein Gespräch über Gottesanbeterinnen, Skorpione und Taschenkrebse, die präpariert und gemalt überall zu sehen waren: beinahe wären wir noch Jacques begegnet, dem hellen Skorpion aus Spanien, der lange im Hause Zinger gelebt hatte.

Noch das Jahr zuvor, als ich auf der Suche nach Marina Zwetajewa und Nikolai Berdjajew durch Meudon und Clamart zog, um mir eine Passage meines Buches »Legende von den russischen Dichtern« zu erwandern, das den Spuren der Russen in Europa folgt, ahnte ich nicht, daß wenige Kilometer nördlich, jenseits des großen Parks von St. Cloud, ein Mann wohnte, der mir etwas über das russische Berlin der zwanziger, dreißiger und vierziger Jahre hätte erzählen können, was nirgends sonst zu erfahren war, und über die Russen in Paris und Rom dazu. Nun saßen wir ihm gegenüber.

Es war ein heimlicher Philosoph, der da erzählte, und je hartnäckiger er versuchte, sich als einen Banausen, Analphabeten und russischen Clochard hinzustellen, desto sicherer verriet er sich. Wir meinen ihn zu kennen. In Deutschland führt er seit Eichendorff den Namen Taugenichts. Wie jener seine Weltweisheit im Liede birgt, so dieser im Bilde – beide in die Welt geschickt und beiden die Wunder gewiesen »in Berg und Wald und Strom und Feld«.

Weltkind, Philosoph und Taugenichts: Wie die drei zusammengehen oder sich ins Gehege kommen, lesen wir nun in Zingers Erinnerungen. Er schrieb die deutsche Version in Garches für Frau Nanny, eine Liebeserklärung, der er nach dem Gemälde von Watteau den Titel »Einschiffung nach Cythera« gab. Das rätselhafte Bild, eine Fassung im Louvre, eine Fassung im Schloß Charlottenburg, zeigt eine zahlreiche Gesellschaft, die sinnend zur Ausfahrt rüstet, Verharren eher als Aufbruch, ein unendliches Zögern, träumerische Nachdenklichkeit. Cythera meint eines der antiken Heiligtümer der Aphrodite, Watteaus Landschaft aber ist früh als die des Parks von St. Cloud unweit von Garches erkannt worden.

Für die russische Version seiner Lebenserzählung, die Jahre später entstand und auf viele Deutschland-Passagen verzichtete, wählte der Maler die geheime Frage, um die sich in der Gesellschaft von Watteau wohl alles dreht: »Wo zu Gast und wo zu Haus?« Die Orte sind weder geographisch noch psychologisch aufzufinden. »Moskau, Berlin, Paris« sind Chiffren wie Cythera und der geliebte Berg Palikaster auf der Krim. Antwort auf die bange Frage geben allein Oleg Zingers Bilder. Die Muscheln und Steine, Ölbaum und Zeder, provenzalischer Wiedehopf, Taschenkrebs und Gottesanbeterin – sollen wir sie nicht als Botschaften sehen aus einem Reich, in dem ohnehin selten einer zu Gast sein darf, wieviel weniger zu Haus? Einem Reich, in dem der Mensch ganz bei sich ist.

Berlin, Pfingsten 1995 *Fritz Mierau*

Für Nanny

Das Känguruh im Beutelchen

Ich kam auf die Welt nicht in einem Entbindungsheim oder in irgendeinem wohleingerichteten Krankenhaus, sondern einfach zu Hause. Obwohl mein Vater kein gläubiger Mann war und meine Mutter – eine Schauspielerin – ihm in allem folgte, zündete man in diesem wichtigem Falle, meinem Erscheinen auf der Welt, eine Kerze neben dem sowieso ewig brennenden Lämpchen vor der Ikone an und holte eine meiner Mutter bekannte Hebamme.

Ich soll ohne große Komplikationen innerhalb von einer Dreiviertelstunde das Licht der Welt erblickt haben. Immerhin soll das eine Viertelstunde länger gewesen sein als bei meinem Halbbruder einige Jahre zuvor. Und jetzt kommt der Augenblick, den ich erlebt habe und an den ich mich bis jetzt so gut erinnern kann, als ob es gestern gewesen sei. Nie hat mir jemand geglaubt, wenn ich von diesem Augenblick erzählte, oder auch nur die Möglichkeit eines solchen Augenblicks mir zugestanden, so daß ich mit der Zeit jede Lust verloren habe, darüber zu sprechen. Tatsache ist, daß ich mich an mein Erscheinen auf der Welt genau erinnern kann. Es war, als ob ich mir selber ganz ruhig und klar sagte: »Na, da bist du! Das ist dein Raum, in welchem du geboren worden bist. Du wirst jetzt gewaschen und ins Bettchen gelegt, da du zuerst ein Säugling bist, so fängt es an!« Und dann verschwand alles, und als ich erwachte, war ich mir schon nicht mehr als Persönlichkeit bewußt, sondern war ein normales Baby.

Die Wohnung mit dem erwähnten Raum haben wir kurz nach meiner Geburt verlassen, und ich kann mich nicht mehr an sie erinnern. Meine Kindheitserinnerungen fangen in einer anderen Wohnung an, die ich allerdings sehr gut vor Augen habe, so, als sei es vor einer Woche gewesen. Es war in Moskau, meiner Heimatstadt, noch vor dem Jahr 1914. Mein Vater hatte dauernd an der Universität zu tun, wo er ein Professor der Physik war. Ich sah ihn kaum. Meine Mutter war Schauspielerin am MOSKAUER KÜNSTLERTHEATER, und auch sie sah ich ziemlich selten. Die »Visite« meiner Mutter war mir immer sehr angenehm, genau wie ihre zarten Küsse, ihr Geruch und ihre weiche Haut. Meinen Vater empfand ich aber als ein fremdes Element, und über seine Besuche freute ich mich nicht. Dieser immer so lebhafte Mann, dessen Schnurrbart etwas piekte und nach Tabak roch, ging mir regelrecht auf die Nerven. Er versuchte mich hochzuheben, mir etwas Witziges zu sagen, mich auf die Wange zu küssen, und ich wünschte nur, daß alles möglichst bald aufhörte. Wo kommt überhaupt dieser piekende, stinkende Mann her? Wozu?

Meine Welt bestand aus »Fulja« – die Übersetzung des Wortes »Fräulein« in meine Privatsprache –, einem Kanarienvogel und den Blumentöpfen an den Fenstern. Diese Fulja war eine russifizierte Baltin von etwa 60 Jahren. Wie sie zu uns kam, weiß ich nicht, aber sie war eine Zeitlang die wichtigste Person des Hauses. Auf alle Fälle kam es mir damals so vor. Sie schlief im selben Zimmer wie ich, einem sehr großen und hellen Raum. Die »Ecke« der Fulja, d. h. ihr Bett, wurde mit einem schön gestickten Vorhang vom Rest des Zimmers getrennt. Auf den großen und sehr breiten Fensterbänken standen viele Blumen, und ein Käfig mit einem Kanarienvogel hing in der Fensternische. Ein kleiner, sehr weicher blauer Teppich lag vor dem Bett, und in einem kleinen, weißen Tischchen hauste ein ebenfalls blaues kleines Nachttöpfchen, welches für die Nacht aus seiner Behausung geholt und unter mein Bett gestellt wurde. Zwei kleine Ikonen waren mit Schleifen am Kopfende meines Bettchens angebunden. Eine Ikone stellte Christus, die andere den Heiligen Pantelejmon dar. Der Heilige Pantelejmon war ein junger, schöner Heiliger, der Kräuter sammelte und vor allen Krankheiten schützte.

Die Christus-Ikone begleitete mich übrigens eine sehr lange Zeit und fand ihr Ende erst bei der Ankunft meiner Landsleute im besiegten Berlin, wo man sie bei einem Verhör weggeschmissen hat. Zwei sehr große Doppelfenster gingen auf den Hof, auf dem wie auf einem kleinen Platz mehrere große, dicke Roßkastanien wuchsen. Ein drittes, kleineres Fenster ging auf die Straße, und man sah die grünen, eisernen Dächer und weißgestrichenen Häuser. An den großen Fenstern stand ein großer Tisch, an dem ich »arbeiten« durfte, daneben stand ein kleineres Tischchen und ein großer Sessel, in dem Fulja saß und mir etwas vorlas, während ich mit Buntstiften Pilze malte oder mit hübschen kleinen flachen Zinnsoldaten spielte. Man konnte sie in runden hölzernen Schächtelchen kaufen. Es waren alte Griechen, Husaren, Marokkaner, Deutsche und Napoleonische Soldaten und viele schöne Pferde. Diese bunten Uniformen faszinierten mich, und einmal habe ich sogar versucht, einen Ulanen zu zeichnen, was mir aber dermaßen mißlang, daß ich ein für allemal diese Versuche einstellte.

Das war also »mein Raum«, mein Reich. Draußen, hinter der Tür fing eine andere, sehr interessante Welt voller Überraschungen und Möglichkeiten an, wo aber sehr viel für mich verboten war. Ich durfte zum Beispiel nie allein in das Arbeitszimmer meines Vaters gehen, ich durfte mich nicht in der Küche aufhalten und nicht in das Zimmer der Dienstmädchen Onja und Warja gehen. Vieles durfte ich nicht, aber die Welt, die mir zur Verfügung stand, war schon so groß und so interessant, daß ich unter den vielen Verboten gar nicht gelitten habe.

In der Telefonecke hing über dem Telefon eine kleine Reproduktion eines Bildes, das den Kampf Siegfrieds mit dem Drachen darstellte. Dieses Bild gefiel mir sehr. Der Drache war viel, viel größer als der tapfere Siegfried und rollte sich ein bißchen aalförmig um den Helden, der ihm gerade mit voller Wucht sein Schwert in den Bauch hieb. Unsere damalige Telefonnummer war 2 02 18, und ich glaube, daß ich diese Nummer so gut behalten habe, weil sie immer in Verbindung mit diesem aufregenden Bild stand. Es genügt mir, den Bauch eines großen Aals zu sehen, um sofort an 2 02 18 zu denken.

In dem großen Wohn- und Eßzimmer – zugleich einer Art Salon – befand sich in einer Ecke ein großer Diwan mit Kissen. Eine große Stehlampe warf ihr Licht auf die Kissen, und gleich daneben stand an der Wand ein Bücherregal mit vielen interessanten Büchern, von denen ich mir selbständig einige aussuchen und ansehen durfte. Es standen da endlose Bände von Brehms »Tierleben« auf deutsch mit vielen herrlichen alten Stichen. Ich weiß nicht warum, aber es kommt mir so vor, als ob diese Tierillustrationen als Stiche sehr viel mehr Wahrheit und Poesie ausstrahlten als die jetzigen Fotos. Damals sah ich mir diese Illustrationen pausenlos an, und zum Schluß kannte ich sie auswendig. Auf demselben Bücherregal lagen auch viele Nummern der »London Illustrated News«. Aus unverständlichen Gründen waren wir auf diese Zeitschrift abonniert, obwohl niemand in unserem Hause die englische Sprache beherrschte. Es gab auch drei Alben mit Karikaturen von Caran d'Ache und die unzähligen Hefte der Zeitschrift »Wunder der Natur«, ebenfalls auf deutsch. Damals konnte ich mir nichts Aufregenderes vorstellen, als in dieser Zeitschrift herumzublättern. Eine sagenhaft schöne und interessante Welt entstand plötzlich vor mir: leuchtende Pilze, Tiefsee-Fische, kämpfende Gottesanbeterinnen, Nordpollandschaften, Kopfjäger auf Borneo usw.

Diese Ecke auf diesem Diwan und bei diesem Lampenlicht war für mich die Quelle ruhigen, wunschlosen Glücks. Manchmal kam auch meine Mutter zu mir, und wenn sie gerade nicht beschäftigt war, setzte sie sich neben mich und wir sahen uns die Bilder zusammen an. Dabei zeigte ich ihr, was ich gerade vorher gesehen hatte, und bat sie um Erklärungen. Es gab so viel zu sehen und zu erklären, daß ich gar nicht wußte, womit ich anfangen sollte. Mit den Halbaffen bei Brehm, oder mit den »London Illustrated News«, wo so viel Interessantes über die englischen Boy Scouts stand, oder mit dem Bild der untergehenden »Titanic« mit den vielen beleuchteten Fensterchen. Die »Wunder der Natur« enthielten besonders viele erklärungsbedürftige Bilder: die kämpfenden Südsee-Insulaner mit ihren Helmen aus getrockneten, stachligen Fischen, einen Tornado, welcher sich einem Mann auf einem Pferd näherte, Vogelnester oder die faszinierenden prähistorischen Tiere. Meine Mutter erklärte mir alles, ohne mit der Wimper zu zucken, und ich glaubte ihr alles auf's Wort, ohne jegliches Mißtrauen oder eine zweite Frage. Ich kann mich auch gut erinnern, daß sie mir immer klarmachen wollte, daß in der Tierwelt das Männchen viel stärker und schöner und größer sei als das Weibchen. Viel später erfuhr ich, daß es nicht immer der Fall ist, aber damals anhand der vielen Illustrationen bei Brehm war das für mich eine unwiderrufliche Tatsache.

Bei diesen abendlichen oder spätnachmittäglichen Diwan-Stunden mußte ich meiner Mutter erzählen, was ich am Tage getrieben hatte. Ob ich mit Fulja spazierengegangen sei, ob ich gezeichnet oder etwas Interessantes auf der Straße gesehen hätte. Diese Erzählungen glichen in etwa einer Art Beichte, einer freiwilligen, völlig zwanglosen Beichte, voll guten Willens. Ich wollte von mir aus *alles* unbedingt meiner Mutter erzählen, was meine Mutter ihrerseits auch von mir erwartete. Und so erzählte ich ihr eines Tages eine kleine Geschichte, die mir passiert war.

Ich ging, wie es öfters vorkam, auf dem Hof unter den Kastanien spazieren. Die schönen Bäume waren damals blattlos, da es Winter war. Bei meinen Spaziergängen pflegte ich einen Gimpel zu besuchen, der in der unteren Etage in einem Käfig lebte. Dieser Gimpel gefiel mir sehr gut. Auf russisch heißt Gimpel »Snegir«, was »der Schneeige« bedeutet, wahrscheinlich, weil er den russischen Winter nicht flieht und auch in schneebedeckten Landschaften zu sehen ist. Übrigens wirken drei oder vier Gimpel, die man plötzlich auf einem kahlen Baum im Schnee erblickt, ungemein schön und dekorativ. Der Gimpel in unserem Haus lebte dagegen in einem Käfig, den man oft an das offene Fenster stellte, um dem Vögelchen etwas frische Luft zu geben. Fulja setzte sich meistens auf eine Bank und rauchte eine Zigarette, während ich den großen Hof von allen Seiten untersuchte. Es war eine verkehrssichere Stelle, und ich konnte herumlaufen, wie ich wollte.

Da traf ich plötzlich einen kleinen Jungen, den ich vom Sehen schon kannte. Es war ein richtiger kleiner Hooligan, der Sohn irgendeines Hausmeisters. Er fragte mich, ob die Alte mit der Zigarette meine Mutter sei. Ich war ganz beleidigt und antwortete, daß meine Mutter jung und schön sei, die da wäre meine Gouvernante. Nach dieser kurzen Unterhaltung sagte der Junge plötzlich, er müsse pissen, und ging an den Zaun. Ich folgte ihm, da ich dasselbe Bedürfnis spürte. Wir stellten uns gegen die Bretter des Zauns und holten unsere kleinen weißen Würmchen aus der Hose. Mein Nachbar beobachtete alle meine Bewegungen, und als ich mein Ding herausholte, sagte er unvermittelt: »Die Mädchen haben sowas nicht, sie haben eine Pisda« (auf deutsch Fotze). Dieses Wort hatte ich bis dahin noch nie gehört, fühlte aber sofort, daß es etwas Verbotenes und Unanständiges war, daß in ihm etwas Wichtiges, Erschreckendes und Beunruhigendes versteckt sei.

Ich wartete auf den nächsten gemütlichen Abend auf dem Diwan, und als meine Mutter mich fröhlich fragte: »Na, mein Junge, hast du mir was zu erzählen? Hast du den Gimpel besucht?« sagte ich ruhig und ernst: »Ja, und ich habe ein neues Wort gehört und möchte gerne wissen, was es bedeutet.« Mama, etwas erstaunt, fragte mich nach diesem Wort, und ich sagte ihr deutlich und leise ins Ohr: »Pisda«. Meine Mama drehte sich erschrocken um: »Was soll das? Wo hast du das gelernt?«

Dann, ohne meine Antwort abzuwarten, sagte sie mir, daß es ein sehr grobes und häßliches Wort sei und daß ich es nie wiederholen dürfe. Ich ließ aber nicht locker und sagte, der Junge vom Hof hätte erklärt, daß so etwas nur

Mädchen besitzen. Was sei es denn? Meine Mutter wurde verlegen und antwortete mir, daß alle Männchen und Weibchen in der Natur sich unterscheiden, und auch das gehöre zu diesem Unterschied. Und überhaupt solle ich nicht nach allem fragen! Diese Antwort war wie ein Schlag für mich. Man wollte mir nichts erklären, ich war noch zu klein und zu dumm. Ich empfand dies Etwas-mir-nicht-erklären-Wollen als einen »Verrat« an unserer Freundschaft und unserer Offenheit gegeneinander. Es war meine erste Begegnung mit der Unehrlichkeit, ich hatte sozusagen in meinem absoluten Vertrauen eine Schlappe erlitten.

Unsere Diwan-Abende setzten sich fort. Wir betrachteten nicht nur immer Alben und Bücher, manchmal spielten wir auch das »kleine Känguruh«. Das Spiel bestand darin, daß meine Mutter – in ihr sehr weitärmeliges, gesticktes Hauskleid gehüllt – ruhig in der Ecke des Diwans saß, während ich irgendwo im Zimmer leise herumkroch, zum Telefontisch ging, mich unter dem großen Eßtisch oder sonstwo versteckte; wenn meine Mutter »Gefahr« rief, mußte ich ganz schnell zu ihr zurückrennen und mich irgendwo in ihrem weiten Ärmel verstecken. Ich wußte, daß die Känguruhs ihre Jungen in einem Beutel tragen und daß die kleinen Känguruhs bei Gefahr tatsächlich sich in Mutters Beutel verstecken und dazu von weitem angelaufen kommen.

Dies Spiel mit der Gefahr und dem Wissen um die Geborgenheit im warmen »Beutel« erfüllte mich mit einem Gefühl des Glücks. Ich versank richtiggehend in einem glücklichen Nirvana und wollte nicht mehr aus dieser Ruhe, Wärme und Sicherheit heraus. Zum Schluß blieb ich meistens solange im »Beutel«, bis ich einzuschlafen begann. Dann nahm mich meine Mutter zärtlich auf den Arm und trug mich an ihrer Schulter ein paarmal durch den großen Raum und dann in mein Zimmer. Sie sang dabei ganz leise »Tjutik tjutik, tjutik tjutik«, und dieser lispelnde Gesang erfüllte mich mit noch mehr Glück als die Wärme in dem »Beutel«. In diesem Zustand wurde ich

Fulja übergeben und dann, nach der kurzen und unangenehmen Prozedur des Waschens, lag ich endlich in meinem Bett. Manchmal mußte ich geweckt werden, um vor dem Schlafen zu beten, ohne dieses Gebet vor meinen beiden Ikonen durfte ich nicht einschlafen. Und trotz meiner Schläfrigkeit war für mich diese Pflicht völlig selbstverständlich und berechtigt.

Damit ich nicht zu allein sei und nicht zu sehr »verweichlichte«, suchte man nach einem Spielkameraden für mich. Meine Mutter hatte manchmal wochenlang abends zu tun und konnte beim besten Willen nicht Känguruh-Mutter spielen.

Unsere Onja (von ihr wird später die Rede sein) hatte eine Schwester, Dascha, eine sehr temperamentvolle, verheiratete, glückliche Frau. Sie arbeitete als Näherin für unsere Familie. Dascha hatte ein kleines Mädchen, Walentina (Walja), und diese Walja kam zu uns als meine Spielgefährtin. Es war auch ein bißchen Sozialerziehung dabei. Man wollte mich nicht zu sehr isolieren; meine Eltern, als sehr sozial gesinnte Leute, wollten, daß ich mit »einfachen Leuten« in Berührung komme. Es ist auch so gekommen, bloß ganz anders, als meine Eltern es sich vorstellten.

Walja war ein liebes, mageres Mädchen mit blauen Augen und zwei Zöpfchen, die mit einem roten Schleifchen gebunden waren. Wir brauchten nicht lange, um uns aneinander zu gewöhnen, da wir uns schon vom Sehen kannten. Walja schlief in einem anderen Zimmer, aber wir spielten zusammen und gingen gemeinsam spazieren. Nachdem Walja mein Spielzeug, meine Bälle, Bücher usw. kennengelernt hatte, malten wir zusammen die Malbücher aus. Es gefiel mir, wie Walja die Flächen ungeschickt mit den Wasserfarben ausfüllte, und ich versuchte, es nachzumachen.

Den Vorfall mit dem Jungen auf dem Hof und die Enttäuschung bei dem »Wahrheitsspiel« mit meiner Mutter hatte ich nicht vergessen, und die Idee, das zu sehen, wovon mir der Junge auf dem Hof erzählt hatte, erschien mir völlig normal. Nach so einer Malstunde fragte ich Walja, ob sie mir nicht zeigen möchte, was sie zwischen den Beinen habe. Sie war sofort einverstanden, und wir gingen hinter eine Kommode, wo Walja ihr Höschen herunterzog und mir ihre kleine Spalte zeigte. Ich betastete sie mit der Hand und zeigte ihr meine Reichtümer. »Kommt doch heraus, was macht ihr dort?« rief Fulja, und Walja zog schnell ihr Höschen an.

Ein paar Tage später gingen wir drei – Fulja, Walja und ich – spazieren und trafen ein Mädchen, das von einer Gouvernante begleitet war. Das Mädchen hatte leicht bräunliche Haut und wunderschöne große Augen. Ich konnte sie lange nicht vergessen und stellte mir dauernd vor, wie hübsch und zart bei ihr die kleine Spalte aussehen müßte. Die blonde, blasse Walja und die dunkeläugige Unbekannte zogen mich so merkwürdig an. Ich stellte mir vor, daß die beiden furchtbar böse Eltern hätten, welche sie schlügen, anschrien oder sonstwie mißhandelten. Ich wollte sie schützen. Ich mußte sie schützen. Ein Mädchen, das solch eine zarte, liebe Stelle zwischen den Beinen hat, darf nicht mißhandelt werden, und ich war bereit, sie – bald Walja, bald die Dunkeläugige – zu befreien und sogar mein junges Leben für sie zu opfern.

Achselklappen, Bajonette und die Muscheln

Ich aß selten am großen Tisch mit meinen Eltern. Auch wußte ich nicht genau, *was* mein Vater *wo* machte. Daß meine Mutter an einem Theater tätig war, wußte ich, aber ich stellte mir nichts darunter vor. Ich wartete bloß auf den Augenblick, wo sie mit mir auf dem Diwan sitzen und mir über die vielen interessanten Bilder erzählen konnte. Manchmal verschwand meine Mutter für ziemlich lange Zeit und ich hörte, daß sie proben mußte und daß diese Proben furchtbar schwer und wichtig seien. Ich frühstückte mit Fulja um ungefähr acht Uhr morgens. Das Frühstück bestand meist aus einer großen Tasse Kakao und einem halben »Kalatsch« (ein russisches Brot in eigenartiger Form, welches ungefähr wie Wasserwecken schmeckt). Nach dem Frühstück gingen wir spazieren, Fulja und ich. Manchmal war Walja dabei, manchmal nicht, es kam darauf an, ob sie gerade bei uns lebte.

Auf den Spaziergängen besuchten wir ab und zu Kirchen, gingen sogar manchmal in den Kreml, wo ich an der Zaren-Kanone und an der großen Glocke spielen durfte. Damals konnte man noch große russische Grenadiere mit Bärenmützen sehen. Im Kreml beeindruckte mich furchtbar das weiße Hemdchen des Prinzen Dmitri, welcher in Uglitsch ermordet worden war – angeblich von Boris Godunow. Das Hemdchen war unter Glas ausgestellt, und man sah noch viele hellgelbe Flecken von ausgeblichenem Blut darauf. An manchen Stellen sah man viele Ikonen mit brennenden Öllämpchen davor, und in irgendeinem Durchgang auf der Straße war die Enthauptung eines Heiligen dargestellt. Ich betete gern zu Hause vor meinen kleinen Ikonen, aber die Atmosphäre der Kirche machte mir Angst. Sie war immer mit den heiligen Märtyrern verbunden, und deren Qualen beunruhigten mich. Einmal gingen wir völlig zufällig in eine Kirche, in der gerade ein Begräbnis stattfand. Nach orthodoxer Sitte stand der offene Sarg erhöht, und ich erblickte zwischen vielen Blumen ein jugendliches, wächsernes Gesicht. Fulja erschrak und bedauerte, mich in die Kirche geführt zu haben; sie bat mich, meiner Mutter nichts von dem Vorfall zu erzählen. – Ich wußte, daß ich mit sieben Jahren zu meiner ersten Beichte in die Kirche gehen mußte. Der Gedanke an diese Beichte machte mir fürchterliche Angst. Die Qualen der Märtyrer und meine eigenen Sünden vermengten sich in meinem Kopf zu einem Brei, der mir richtiges Alpdrücken verursachte.

Die Spaziergänge mit Fulja waren manchmal sehr lang. Es kam darauf an, ob wir uns vormittags oder nachmittags auf unsere Ausflüge begaben. Um elf Uhr morgens gab es immer ein zweites Frühstück. Dieses Frühstück bekam meistens nur ich allein, außer wenn mein Halbbruder

Jura zufällig da war. Fulja trank dabei nur ihren Tee und rauchte. Es machte mir große Freude, weil ich um diese Stunde immer sehr verhungert war. Es gab eine Wachtel oder zwei kleine »Bitki« (Fleischküchle) in Sahne oder, was ich am liebsten hatte, einen Fisch, »Nawaga«. Diesen »Nawaga« habe ich nur in meiner Kindheit und nur in Rußland gegessen. Es soll ein Fisch aus dem nördlichen Ozean sein, der nur in Rußland zu haben ist. Er ist sagenhaft wohlschmeckend, fast ohne Gräten und so zart, wie man es sich nur vorstellen kann.

Ja, einen Halbbruder hatte ich auch. Er war der Sohn aus der ersten Ehe meiner Mutter. Im Winter lebte er in einer Kadettenanstalt und besuchte uns nur zu den Feiertagen. Er hieß Jura (Abkürzung von Georgi) und trug ein weißes Hemd mit wunderschönen weißen, blau umrandeten Achselklappen, auf welchen in Gelb mit einer Schablone N II (Nikolaus der Zweite) geschrieben stand. Diese Achselklappen wurden sehr kunstvoll an dem Hemd durch eine Lasche befestigt, die wiederum durch eine Schlaufe ging (oder umgekehrt). Das Ganze wurde durch einen Knopf mit Doppeladler festgehalten. Die Achselstücke faszinierten mich wie fast alles an meinem Halbbruder. Das weiße Hemd wurde von einem schwarzen Gürtel gehalten, und eine herrliche Schnalle, ebenfalls mit dem Doppeladler, glänzte in der Mitte. Ein hübsches dünnes Seitengewehr baumelte in einem schwarzen Lederetui an seiner linken Seite. Im Winter trug er einen schweren schwarzen Mantel, ebenfalls mit weißen – diesmal aufgenähten – Achselklappen und dazu einen auf der Brust sich kreuzenden und auf dem Rücken wie ein Dreieck hängenden Baschlik aus feinstem Kamelhaar. Wenn Jura nach kurzem Urlaub bei uns – manchmal in Begleitung eines Kameraden – in voller Montur auf die winterliche Straße hinaustrat, so hatte mein Staunen und mein Entzücken kein Ende.

Dieser vierzehnjährige Junge und sein Freund mußten nämlich einen bestimmten schnellen Schritt einhalten, sie durften nicht etwa auf der Straße schlendern oder zwecklos stehenbleiben oder eine Droschke nehmen. Sie mußten rhythmisch laufen und durften höchstens auf der Plattform einer Straßenbahn stehend fahren.

Ich kannte Jura wenig. Ich vergötterte ihn, und er verachtete mich. Man erzählte mir, daß er ein schwieriger Junge gewesen war, schlecht gelernt habe und unangenehme Kameraden hatte. So entschloß man sich, ihn in eine Kadettenanstalt zu geben, wo er sich plötzlich ganz verändert haben soll, gut lernte und nett wurde. Als ich diese Erzählungen hörte, sagte ich in weinerlich-salbaderndem Ton, daß ich ein lieber, guter Junge sein möchte. Wenn ich jetzt an diese Worte zurückdenke, schäme ich mich und mir wird übel.

Meine Mutter ärgerte sich schrecklich über mich, weil ich meinen Vater als ein fremdes Element im Hause betrachtete. Ich sagte sogar lange Zeit »Sie« zu meinem Vater, und das konnte meine Mutter nun schon gar nicht vertragen. Bei einem Spaziergang mit Fulja sah ich in einem kleinen Papierladen eine bunte Briefmarkenserie, die ich unbedingt haben wollte, aber sie kostete einen Rubel, und das war zu teuer, besonders für eine so primitive Sammlung, wie ich sie mir angelegt hatte.

Ich überlegte nicht lange, ging zu meiner Mutter und sagte: »Wenn du mir einen Rubel gibst, werde ich *du* zu deinem Mann – entschuldige, zum ›Vater‹ – sagen.« Meine Mutter war empört. »Schämst du dich nicht? Nie im Leben! Für Geld willst du mir dein *Du* verkaufen!«

Ich fühlte, daß ich etwas Schreckliches gesagt hatte und erschrak; ich schämte mich auch ein bißchen. Geld war etwas Minderwertiges, etwas Schmutziges in den Augen meiner Eltern. Für Geld sollte man nie etwas tun! Diese Anschauung setzte sich in mir so fest, daß ich später im Leben dadurch sehr leiden mußte, und es ist wirklich kein Wunder, daß aus mir kein Kaufmann geworden ist.

Eines Tages kam mein Vater in Fuljas und mein Zimmer, hob mich, wie üblich, hoch und sagte: »So, jetzt komm einmal zu mir!« und führte mich in sein Arbeitszimmer. Ich ging wie zu einem fremden Onkel, nicht sehr willig und mit etwas Angstgefühl. In seinem Arbeitszimmer setzte er sich auf einen Stuhl vor seinen Schreibtisch und nahm mich auf die Knie. Durch das große Fenster sah man die grünen und roten Eisendächer der Häuser, auf dem Schreibtisch lag ein großes grünes Löschpapier, lagen irgendwelche Bücher, Broschüren, Brieföffner und ein wackliger Briefbeschwerer. Außerdem gab es ein kleines gläsernes Töpfchen mit bronzenem Deckel, der mit einem bronzenen Kiwi geschmückt war. Vom Deckel ging ein Pinsel in das Töpfchen hinein, und ich verstand, daß es ein Töpfchen mit Klebstoff war. »Weißt du, was das für ein Vogel ist?« fragte mich mein Vater. »Ja«, sagte ich, »ein Kiwi.« »Woher weißt du das?« fragte mein Vater sehr erstaunt. »Aus den Brehmschen Büchern«, antwortete ich.

Ich spielte mit dem wackligen Briefbeschwerer, und mein Vater erklärte mir, wie man das Ding benutzen sollte. Dann öffnete er eine Schublade seines Schreibtischs, und ich erblickte eine Menge herrlicher Muscheln, wie ich sie bis dahin noch nicht gesehen hatte. Es waren schöne exotische, gekaufte Muscheln.

»Es sind Schneckenhäuser. Früher lebten in den Meeren große Schnecken darin. Jetzt sind die Schnecken tot und verschwunden und nur ihre Häuser übrig. Aber sie sind doch wunderbar! Komm, ich schenke dir eins für dein Zimmer.« Ich hörte meinem Vater stumm zu. »Darf ich sie anfassen?« fragte ich ihn. Seit diesem Augenblick habe ich eine große Liebe zu den Muscheln, die in den vielen Jahrzehnten nicht kleiner geworden ist. Vor jeder Auslage mit Muscheln muß ich stehenbleiben, sie anfassen und mir ab und zu eine neue kaufen. Wieviel schöner, geschmackvoller und raffinierter finde ich all diese Formen der Natur als den von Menschen erdachten Schmuck! So wenig Freude ich an teurem menschlichem Schmuck, diesem meist geschmacklosen Lamettazeug, habe, so sehr bewundere ich alles, was die Natur uns zeigt. An diesem ersten Nachmittag bei meinem Vater durfte ich noch vieles sehen: einen versteinerten Igel, eine getrocknete Zikade und ihre Larve, welche meine Eltern aus Italien mitgebracht hatten und in einem Schächtelchen aufbewahrten. Ich durfte sogar mit einigen Buntstiften etwas auf ein großes Blatt Papier zeichnen. Natürlich zeichnete ich einen Pilz.

Morgens um acht Uhr trank ich nach wie vor meine Tasse Kakao und aß den halben Kalatsch. Fulja saß daneben und trank einen sehr starken Kaffee und rauchte wie üblich. Der Schnee draußen war durch das große Fenster zu sehen. Er hatte sich für sehr lange Zeit und sehr gründlich eingerichtet. Ich hatte immer das Gefühl, daß es *nur* Schnee in der Welt gibt, und, merkwürdigerweise, hat mich damals in meiner frühen Kindheit der Schnee gar nicht gestört. Nur das Anziehen für die Spaziergänge war mühsam und kompliziert. Meine Mutter war, was Erkältungen anbetrifft, eine furchtbar ängstliche Frau. Sie wollte immer, daß ich *warm* angezogen sei, und so mußte ich eine Art Wattehose über die normale, kurze Hose ziehen, die Ohrenklappen meiner Pelzmütze mußten die Ohren bedecken und unter dem Kinn zugeschnürt werden – damit ich mir die Ohren nicht erfriere. Das Zubinden der Schnüre machte ein unangenehmes Geräusch, und ich konnte diese Prozedur des Ankleidens nicht leiden. Fulja befolgte aber alle Anweisungen ganz genau und hatte dazu selber Angst vor Erkältung.

Oh, wie gut ich mich an diese Stadtpromenaden bei Schnee erinnere! Diese vielen lautlosen Pferdeschlitten, die weißen Kirchen, die weißen Bäume und ab und zu eine quietschende Straßenbahn. Der Rauch aus den Schornsteinen stieg ganz gerade nach oben, wie auf den Bildern von Kustodijew. Die Sonne strahlte, der Himmel war hellblau und stellenweise sogar rosa. Der Fluß Moskwa verschwand. Es gab keinen Fluß mehr, man wußte bloß, daß an dieser Stelle eines Tages der Fluß erscheinen würde. Die Schlitten sausten mit erstaunlicher Geschwindigkeit über den Fluß, viele Menschen – alle schwarz wie die Ameisen – gingen in großer Menge hin und her. Bis zum Frühling mußte man so lange warten – endlos.

Wenn es aber soweit war, ging ich mit Fulja auf den Krimski Most (die Krim-Brücke), um zu sehen, wie das Eis sich bewegte. »Das Eis hat sich bewegt!« Das war ein Ereignis für ganz Moskau, und alle rannten auf die Brücke, um sich das tauende Eis anzusehen. Die Krim-Brücke war sehr groß, bestand aus mehreren Bogen, die auf oval abgerundeten riesigen Sockeln standen. Man konnte an das Geländer gehen – die Erwachsenen machten meist den Kindern Platz –, und von da sah man die großen, irrsinnig dicken Eisschollen, die bis an die Sockel der Brücke getrieben wurden und zerbrachen. Manchmal türmten sie sich übereinander, manchmal waren sie schon verhältnismäßig klein und konnten unter der Brücke passieren. Das Ganze war von einem schrecklichen Krachen begleitet. Es war fast eine Art Musik – Musik der Giganten. Riesige glatte Flächen, noch mit Schnee bedeckt, platzten plötzlich mit einem Knall, kleinere Spalten entstanden, und schon wieder dröhnte es von allen Seiten. Von der Brücke aus konnte ich mir leicht vorstellen, daß sich nicht der Fluß bewege, sondern die Brücke. Ich hatte das Gefühl, auf einem hohen Ozeandampfer zu stehen, der sich den Weg durch die Eisblöcke bahnt. Ich konnte mir das ewig ansehen, und meistens mußte Fulja mich von hinten durch die Menschenmenge ziehen und mich zwingen, nach Hause zu gehen. Die unwahrscheinliche und unbeschreibliche Ruhe des Winters im damaligen Moskau war zu Ende. Der Fluß dröhnte, und es roch schon nach Frühling. Die Schlitten würden verschwinden, die Doppelfenster herausgenommen, und es würde plötzlich so laut werden, als ob die ganze Straße ins Zimmer käme.

Das erste Buch, das mir Fulja vorlas, waren die Märchen der Gebrüder Grimm. Natürlich las Fulja mir die Märchen auf russisch vor, aber ich besaß auch ein Grimmsches Märchenbuch auf deutsch mit großen, schönen Illustrationen. Dann las meine Mutter mir »Tom Sawyer« vor.

Es war eines Sonnabendnachmittags, Jura war für das Wochenende nach Hause gekommen. Fulja, Jura und ich saßen an einem runden Tisch und tranken Tee. Das heißt, Fulja und Jura tranken Tee, ich durfte noch keinen trinken, sondern bekam wieder eine Tasse Kakao, den man nachmittags aber als Schokolade bezeichnete. Plötzlich erschien meine Mutter und erklärte, daß sie bis sieben Uhr abends frei sei und uns, wenn wir es möchten, etwas vorlesen könnte. Ich reagierte auf diesen Vorschlag eher gleichgültig, aber Jura war begeistert und bat, uns »Tom Sawyer« vorzulesen. »Der da«, und er zeigte verächtlich auf mich, »kennt es doch nicht.« Meine Mutter verschwand und kehrte mit einem kleinen, roten Buch (Die Goldene Bibliothek) zurück. »Tom! Tom! Wohin ist dieser unerträgliche Junge schon wieder verschwunden?« fing sie an. Mein Bruder zitterte vor Freude in seinem weißen Hemd mit Epauletten. Ungefähr zwei Stunden, mit einer kurzen Pause, las meine Mama an diesem Abend vor. Ich war hingerissen!

Den ganzen Abend, beim Abendbrot (es gab wieder eine Nawaga zu essen) und beim Zubettgehen sprach ich nur über Amerika. Ich wollte wissen, wo Amerika liegt, wie die amerikanischen Jungen sonst sind und ob Huckleberry Finn Fulja gefällt. Nichts konnte mir Fulja erzählen! Sie hatte wenig Beziehung zu Amerika und zu Tom Sawyer. Sie stand, in ihren Zigarettenrauch wie in Nebel gehüllt, und pflegte ihre vielen Pflanzen, die übrigens erstaunlich gut bei ihr gediehen. Sie hatte den »grünen Daumen«, und alles wuchs bei ihr. Auch liebte sie ihren Kanarienvogel, und der Kanarienvogel liebte sie. Meine Mutter verachtete Kanarienvögel, sie betrachtete sie als Symbol des Spießertums und zog Stare und Meisen vor. Ich spürte manchmal diese leise Verachtung des Fulja-Geschmacks, und die alte Frau tat mir plötzlich leid, daß ich hätte weinen können.

Zu dieser Zeit erzählte mir Fulja, daß es einen Krieg zwischen Russen und Deutschen gäbe. Deutsche Flugzeuge – damals die »Tauben« mit leicht gebogenen Flügeln – würden Bomben werfen und seien besonders böse und hinterlistig. Vor den »Tauben« hatte Fulja regelrecht Angst. Sie erzählte mir, wie edel, wie mutig die russischen Soldaten seien. Der edle weiße russische Zar käme den armen Serben zu Hilfe, die bösen Deutschen hätten die Serben und andere Völker überfallen. Ich hörte zu und war überzeugt, daß sich alles so abspielte. Einige Zeit davor – noch vor dem Krieg – hatte mein Vater bei Tisch erklärt, daß ich mich sauber halten und ordentlich benehmen müsse, so wie der kleine deutsche Junge Karlchen. Kurz danach sagte er beim Tee: »Es ist aus mit Karlchen! Ljusjok (so wurde ich genannt), du mußt dich gut und artig benehmen wie der englische Junge Charly!« Das war für mich der Anfang des Krieges.

Eine riesige englische Welle stürzte plötzlich in unser Haus. Das war ein bißchen komisch, da weder mein Vater noch meine Mutter englisch sprachen und eigentlich überhaupt keine Beziehung zu England hatten. Ich bekam ein dickes englisches Buch, »Jolly Book«, mit vielen schönen Illustrationen. Die Geschichte der Boy Scouts spielte wieder eine große Rolle, sie wurden richtige Helden für mich – fast noch größere als Tom Sawyer und Huckleberry Finn. Man kaufte mir eine englische Fahne, die ich in meinem Zimmer an der Wand befestigte.

Mein Patriotismus wuchs jeden Tag und vermischte sich irgendwo mit dem englischen Patriotismus. Ich bekam eine Serie von Postkarten mit schottischen Soldaten geschenkt, auch ein Schächtelchen mit flachen, sehr hübschen schottischen Soldaten wurde bald darauf gekauft. Zum Schluß wußte ich wirklich nicht, wer schöner, mutiger und edler war, die russischen Soldaten mit ihren Khakihemden und großen Achselstücken, die malerischen Kosaken auf ihren Pferden oder die sagenhaft schönen Schotten in ihren Kilts und die Boy Scouts mit den nackten Knien.

Ich sah jetzt sehr oft russische Soldaten. Sie marschierten manchmal in großen Formationen durch die Straße mit ihren spitzen, schmalen Bajonetten und sangen dazu irgendein Lied, was mich immer sehr erregte. Manchmal gab es kleinere Formationen ohne Bajonett; die Soldaten trugen dann ein Päckchen unter dem Arm. Sie gingen in diesem Fall ins Bad (Banja), dabei sangen sie ebenfalls. Gelegentlich sah ich österreichische Gefangene in ihren bläulichen Uniformen. Ich weiß nicht warum, aber die Österreicher interessierten mich überhaupt nicht. Sie waren nicht »der böse Feind«. Der böse Feind waren die Deutschen mit ihren Pickelhauben, die ich allerdings *nie* zu sehen bekommen habe. Ich bekam eine richtige Pickelhaube und ein richtiges deutsches Gewehr von einem Bekannten meines Vaters, der von der Front kam, geschenkt. Ich erinnere mich noch sehr gut, wie verärgert mein Vater über dieses Geschenk war. Er wollte sogar verbieten, daß ich diese Kriegstrophäen geschenkt bekäme, aber ich zitterte so vor lauter Freude und Gier, daß er es nicht über das Herz brachte, sie abzulehnen. So schleppte ich siegesbewußt den Helm und das Gewehr in mein Zimmer.

Als Kind war ich ein fürchterlicher Militarist und Chauvinist, was gar nicht dem Stil meiner Eltern entsprach. Ich bestand darauf, daß man mir eine komplette Uniform nähte und eine dazu passende Militärmütze schenkte. Meinen zivilen Kindermantel (einen Militärmantel bekam ich doch nicht) nannte ich nur »Schinel«, wie damals die Uniformmäntel hießen. Wir besaßen eine Grammophonplatte mit der Zarenhymne, und ich liebte es, die Platte aufzulegen und dazu in voller Uniform in Grußhaltung während der ganzen Dauer der Platte strammzustehen. Ich erfand diese Zeremonie völlig selbständig, und mein Vater erklärte, daß ich nicht ganz normal sei. Er mokierte sich über meinen »tierischen Ernst« auf diesem Gebiet. Es gab Bekannte, die das dumm fanden, es gab aber auch solche, die von meinem Patriotismus gerührt waren und mich sogar zärtlich anguckten.

Unsere Familie hatte eine sehr gute Freundin, vielleicht sogar entfernte Verwandte, eine gewisse Anna Juljewna Petit-Pierre (typisch russischer Name!), ein reizendes, lebhaftes blondes Mädchen von einundzwanzig Jahren. Trotz ihres vorgerückten Alters war ich in diese reizvolle Frau ein bißchen verliebt. Einmal besuchte uns Anja, und meine Eltern erzählten ihr von meinem Patriotismus. Mein Vater bat mich sogar, halb verächtlich, halb ernst, Anja meine »Nummer« vorzuführen. Ich bemerkte die Ironie gar nicht, legte die Platte auf und setzte die Soldatenmütze auf (die Uniform hatte ich schon an). Fast mit Tränen in den Augen hörte ich der Zarenhymne zu und stand ganz still. Mit diesem absoluten Stillstehen drückte ich meine ganze Liebe und Opferbereitschaft für das Vaterland aus. Auch nahm ich an, daß ich in dieser Aufmachung der hübschen Anna Juljewna besonders imponiere. Aber das leichtsinnige Mädchen stellte sich neben mich und fing an, mit dem Finger Kreise über meinem Kopf zu machen und ihre schönen blauen Augen zu verdrehen. Ich war so empört, daß ich meinen damaligen Wutanfall bis jetzt nicht vergessen kann. Ich riß mir die Mütze vom Kopf, riß die Achselklappen vom Hemd, nahm meinen Stuhl und schmiß ihn in die Ecke. Dann lief ich in mein Zimmer. Dort warf ich mich aufs Bett und brach in Tränen aus. Die arme Anja war auf so etwas gar nicht vorbereitet. Sie, meine Eltern und noch eine Bekannte liefen mir in mein Zimmer nach, aber ich konnte nur weinen und laut schreien: »Geht weg, geht weg! Ihr versteht nichts von unserm Zaren, vom Krieg! Nur ich allein liebe unsern Zaren! Nur ich allein!«

Dieser Vorfall hatte mich etwas mitgenommen. Am nächsten Tag war ich immer noch böse oder vielmehr traurig. Ich zog meine Uniform nicht an und merkte, daß die Leute um mich von dem Geschehenen nicht reden wollten, selbst Fulja nicht, die sogar etwas gegen Anna Juljewna war. Man tat so, als ob nichts geschehen sei. Gegen Abend hatte ich mich endlich beruhigt und wurde gebadet. So ein Abendbad liebte ich sehr, weil ich beim Baden mit meinen Schwimmtieren spielen konnte. Es waren wunderbare Seetiere aus Zelluloid, die man in einem deutschen Spielwarengeschäft gekauft hatte. Zwei Haifische, ein Taschenkrebs, eine Art Seespinne, eine Wasserschildkröte und ein großer Seestern. Ich saß im warmen Wasser (nicht zu warm) und betrachtete mein Spielzeug.

Nie habe ich später im Leben wieder so schöne Zelluloid-Tiere gesehen, obwohl ich in Berlin danach gesucht habe. Man sagte mir, daß sie früher nur für den Export gemacht worden seien. Nach dem Bad ging ich ins Bett und bekam ein Tellerchen geriebene Schokolade und ein Glas warme Milch. Ich aß furchtbar gern diese geriebene Schokolade mit dem Teelöffel und trank meine Milch und fühlte, daß die Ruhe in mein Herz zurückkehrte. Der Besuch meiner Mutter, die mir beim Einschlafen half, war der Gipfel des Vergnügens. Sie strich leise über meine Decke und sagte rhythmisch »Schi-schi, schi-schi!« und dabei schlief ich ein.

Mein Vater und meine Mutter liebten beide das Theater, aber mein Vater war Wissenschaftler und liebte mehr die Oper und die Musik. Sie war für ihn eine Art Erholung und Freude. Meine Mutter war selbst Schauspielerin, und das Theater war für sie ihr Leben, ihre Arbeit und Sorge. Mein Vater liebte das Klassisch-Theatralische, und die Librettos der Opern machten ihm Spaß, er kannte sie auswendig. Er erzählte gern und sehr überzeugend (viel überzeugender als die Librettos selbst) das blöde Schicksal von Aida und den noch blöderen Selbstmord der »Afrikanerin«. Er verstand es, die Geschichte des Zimmermanns, der sich für den Zaren ausgibt, so interessant zu erzählen, daß man Lust bekam, diese Geschichte auf der Bühne zu erleben. Wenn er von Boris Godunow, der wegen des ermordeten Zarewitsch Dmitri keine Ruhe finden kann, erzählte, bekam man Angst und Godunow tat einem leid.

Meine Mutter war fast das Gegenteil von meinem Vater. Sie war völlig unmusikalisch, empfand die Musik als störendes Geräusch oder als Pflicht, die man meinem Vater zuliebe gelegentlich erfüllen mußte; zum Beispiel gab es einen Tag im Jahr, den Namenstag meines Vaters, an dem er unbedingt allein mit meiner Mutter in die Oper gehen wollte. An diesem Tag, einem Feiertag, weil es auch der Namenstag des Zaren Alexander war, wurde damals immer die Oper »Ein Leben für den Zaren« gegeben. Meine Mutter hatte an diesem Tag frei und alles verlief sozusagen zu Ehren meines Vaters. Beim Essen gab es als Süßspeise »Luftkuchen« – eine Art Soufflé aus Eiweiß und geriebenem Apfel. Die Kruste dieses Kuchens liebte ich besonders. Und abends erschien der Droschkenkutscher Matwej Sorokin, der meinem Vater gratulieren wollte. Er fuhr die Eltern dann auch in die Oper.

Meine Mutter war also nicht musikalisch und liebte die Oper gar nicht, das Theater dagegen in jeder Form. Sie liebte das Psychologische, das Ruhige und Feine genauso wie das ganz Groteske. Das Wichtigste für sie war die Maske, waren die Gesten. Bei ihr kam es viel mehr darauf an, wie man etwas sagt, als darauf, was man sagt. Die Stimmung, die Dekoration, die Art, wie man auf der Bühne erscheint, waren ihr viel wichtiger als eine gut gesungene Arie. Sie liebte sehr alles Moderne, Originelle und Farbig-Gepflegte. Die Sänger verachtete sie ein bißchen und betrachtete sie als Idioten, die vom Theater nichts verstehen. Diese Ansichten wagte sie allerdings nie deutlich vor meinem Vater zu erkennen zu geben, aber man fühlte sie doch.

Ich saß zwischen zwei Stühlen und wurde zwischen Papa und Mama hin und hergerissen. Da meine Mutter die Schwächere war, wurde ich öfter dem Vater überlassen, und so schleppte mich mein Vater in die Oper.

Er erzählte mir vorher die Handlung, und im Theater drückte er mir bei wichtigen, gut gesungenen oder gut gespielten Stellen aufs linke Knie. Diese Opernbesuche haben sehr früh angefangen, und sie endeten erst mit dem Tode meines Vaters. Es gab oft Zeiten, wo ich mich ärgerte, in die Oper gehen zu müssen. Ich empfand es als Pflicht; ich wollte der artige Junge Charly sein und später ein liebender Sohn. So habe ich unerhört viele Opern in meinem Leben gehört – »Rigoletto«, »Pique-Dame«, »Margarete«, »Die Afrikanerin«, »Zar und Zimmermann«, »Aida«, alles, vieles zwei oder drei Mal, noch in Moskau und später in Berlin, in Freiburg, in Mailand, in Rom. Ich fing an, manches zu verstehen, und zum Schluß ärgerte ich mich auch nicht mehr. Jetzt würde ich alles im Leben geben, um noch mal mit meinem Vater in die Oper gehen zu können. Aber das ist nicht mehr möglich.

Aber damals, als meine Eltern noch lebten, stand ich voll und ganz auf der Seite meiner Mutter. Sie führte mich öfters ins Theater. Meine erste Vorstellung im Moskauer Künstlertheater war der »Blaue Vogel« von Maeterlinck. Es war eine phantastische, stark stilisierte Vorstellung, welche damals riesigen Erfolg hatte. Auf der Bühne erschienen ein kleiner Junge und ein kleines Mädchen, die auf die Suche nach dem Blauen Vogel gehen. Sie werden von allem, was sie umgibt, begleitet – so entstehen die »Seele« des Hundes, die »Seele« der Katze, des Brotes, des Wassers und des Feuers – und noch von vielem anderen mehr. Von erstklassigen Schauspielern fast pantomimenhaft, raffiniert und etwas grotesk gespielt, entstand eine Welt vor mir, welche ich bis dahin noch nie gesehen hatte. Was war das? Menschen, Tiere, zischelnde Kobolde, liebe Freunde? Diese ganze Gesellschaft besuchte die Welt der Vergangenheit, die ungeborenen Seelen, das Reich der Nacht usw. Ich war so fasziniert, daß selbst Tom Sawyer vergessen war. Nur das war schön, nur so möchte ich sein, so wie meine Mutter in dieser Welt leben! Nein, die vielen singenden Menschen, die geschmacklosen Dekorationen, diese endlosen Arien, die komplizieren, was man so einfach sagen könnte – nein, das war nichts für mich! Meine Mutter triumphierte. Mit einem süßlichen, falsch-bescheidenen Lächeln sagte sie nichts, sie überließ mich meinen Gefühlen. Sie wisse, sagte sie zu meinem Vater, daß die Musik und die Oper etwas Großartiges sei, aber dem Ljusjok, glaube sie, hätte der »Blaue Vogel« gefallen. In diesem »glaube sie« lag soviel Hypokrisie und Zufriedenheit über den errungenen Sieg, daß mein Vater fast traurig wurde.

Dieser »Blaue Vogel« in der Aufführung des Moskauer Künstlertheaters war mein erstes künstlerisches Erlebnis und die erste Begegnung mit der wahren Kunst. Seit dieser Zeit symbolisiert das Theater für mich die *Kunst*, das Künstlerische im allgemeinen. Später liebte ich Malerei und Architektur mehr als das Theater, aber das Theatralische muß für mich in irgendeiner Form vorhanden sein, um sie zur Kunst werden zu lassen. Selbst die Natur, die Tiere und die Pflanzen, enthalten für mich etwas sehr Theatralisches – bald komisch, bald tragisch, bald ballетthaft, bald melancholisch –, das Geistige in ihr grenzt immer ans Theatralische.

Auch den Zauber der Tiere habe ich damals im Moskauer Winter kennengelernt.

Im Winter gab es für mich in der Stadt zwei Hauptvergnügen: das Theater und den Zoologischen Garten. Meine ersten Zoo-Besuche fanden noch in Begleitung von Fulja statt. Zum Zoologischen Garten mußte man ziemlich lange mit der Straßenbahn fahren, in schönen, in Belgien konstruierten Straßenbahnwagen. Ich liebte die Sitze, den Geruch und den Schaffner mit seinem Brett, auf welchem die verschiedenfarbenen Fahrscheine aufgeklebt waren. Mir gefiel es sehr, wie der Schaffner die Fahrscheine mit dem Stift anstrich, dann das ganze Brett in die Tasche steckte und an der Schnur zog, um zum Weiterfahren zu klingeln. Zu Hause habe ich manchmal Straßenbahnschaffner gespielt. Ich bekam zwei Fahrscheine in die Hand gedrückt und hielt sie mit meinem Fäustel fest.

Für diese Zoo-Ausflüge bekam ich zwei oder drei »Franzuskaja-Bulka« (französische Schrippen) mit. Es waren Brötchen, ungefähr viermal größer als ein Weckle oder eine Schrippe, die ich mitbekam, um die Tiere zu füttern. In der kalten Winterluft schmeckten mir diese Bulkas aber dermaßen, daß ich sie meistens selbst aufaß. Fulja war entsetzt über meinen Appetit und tadelte mich, weil ich nicht an die armen Tiere dächte. Der Schnee knirschte unter meinen Winterstiefeln, wenn wir aus der Straßenbahn stiegen und zum Eingang gingen. Er hatte die Form einer schottischen Ruine mit einem Turm, auf dem damals die dreifarbige russische Fahne wehte.

Wir kauften an der kleinen Kasse zwei Karten und gingen in den Garten. Links lag der zugefrorene Teich, auf dem ein paar Schwäne und Enten herumliefen. Rechts waren die Käfige mit den Raubvögeln. Dann kamen kleine Käfige mit dem Dachs, den Füchsen und, in einem größeren Käfig, dem Vielfraß. Durch die verschneite Hauptallee kamen wir zu einem runden Gebäude, in dem ein paar Affen und mehrere Aras lebten. In der Mitte des Häuschens stand ein Ofen mit einem langen Rohr, das durch eine Öffnung im Dach hinausging. Am Eingang saß, trotz der Hitze in ein Tuch gehüllt, eine Frau, die »Kedrowyje Oreschki« – die in Rußland sehr beliebten Zedernnüsse – verkaufte. Es sind Samen aus den Zapfen der sibirischen Zedern, die in Wirklichkeit keine Zedern, sondern eine Art Kiefern sind; es sind sozusagen die russischen Pinienkerne. Außerdem verkaufte die Frau die unentbehrlichen Sonnenblumenkerne. Ich bekam eine Tüte Zedernnüsse, gab davon drei Stück den Papageien und nahm den Rest in der Tasche mit. Ich bewunderte einen blauen Ara, der mit seinem großen Schnabel und der schwarzen Zunge diese schrecklich harten Nüsse knackte. Nachdem wir den Elefanten und die Elche besucht hatten, gingen wir durch die vielen verschneiten Wege zum Ausgang. Ich liebte den Geruch der wilden Tiere, der sich mit der Schneeluft mischte, und bestieg, schon etwas müde, wieder die Straßenbahn.

Um drei oder halb vier Uhr wurde bei uns zu Mittag gegessen. Es war schon früh dunkel, die vielen Pferdeschlitten, hinten und vorne mit einem Lämpchen, sausten lautlos vorbei, und man konnte sie vom Fenster aus beobachten. Im großen Zimmer wurde von unseren zwei Dienstmädchen Onja und Warja der Tisch gedeckt. Meine Zedernnüsse durfte ich erst am Nachmitag mit dem Hammer aufschlagen.

Onja wurde zu uns genommen, als ich erwartet wurde. Meine Mutter fragte die Näherin Dascha, ob sie niemanden kenne, der im Hause helfen könnte. Dascha schlug sofort ihre vierzehnjährige Schwester Anisja (Onja) vor. Es wäre ein liebes, ruhiges Mädchen und in ihrem Dorf würde sie verkommen. Sie hätte keine Mutter mehr, und jemanden in diesem Dorf zu heiraten wäre völlig unmöglich, da es überhaupt keinen Mann gäbe, der nicht ein Quartalssäufer sei. So kam dieses vierzehnjährige Mädchen vom Lande zu uns. Sie war die dritte Person, die in unserer Familie angestellt wurde. Bis dahin gab es nur die Köchin Matrjona und das schwarzäugige Dienstmädchen Warja, ein paar Jahre älter als Onja.

Onja hatte noch nie eine Stadt gesehen, schon gar nicht eine so große wie Moskau. Einmal war sie für einen Tag in die Stadt Kaschira mitgenommen worden, aber daran konnte sie sich nicht erinnern.

Das erste, was Onja in der Stadt tat, war, ihre neuen Schuhe hinter die Tür auf die Treppe des Hintereingangs zu stellen – mit dem Resultat, daß sie sofort verschwanden. Ihre Schwester Dascha brachte ihr langsam die Sitten des Stadtlebens bei, was nicht so einfach war. Sie sah zum ersten Mal ein großes Weißbrot (im Geschmack so ähnlich wie Milchbrötchen), und vor lauter Freude, daß sie davon soviel sie wollte essen durfte, aß sie das ganze Brot auf und wurde krank. Ihre größte Freude war, mit der Straßenbahn zu fahren; sie lernte eine Linie kennen und fuhr die Strecke mit solchem Vergnügen hin und her, als sei es eine Berg- und Talbahn.

Man erzählte mir, daß Onja im ersten Sommer auf dem Land, als ich noch ein Baby war, mich wickeln und pudern lernte. Sie machte das mit sehr viel Liebe und Fleiß. An einem heißen Sommertag ging unsere Familie spazieren – Papa, Mama, der dreizehnjährige Jura und Onja mit mir auf dem Arm. Irgendwo geriet Onja in die Nähe eines Bienenstocks, und die bösen Bienen – vielmehr eine besonders böse Biene – stürzten sich auf meinen unschuldigen Kopf und wollten mich in die Stirn stechen. Mit unwahrscheinlicher Geistesgegenwart bedeckte Onja meinen Kopf mit irgendeinem Tuch, so daß die böse Biene Onja selbst in die Stirn stach. An diese Geschichte kann ich mich selbst nicht erinnern, aber sie wurde mir oft als Zeichen für Onjas selbstlose Liebe und Treue erzählt. »Sie hat dich vor der Biene gerettet«, bekam ich ab und zu zu hören, wenn ich aus irgend einem Grund zu Onja grob wurde. »Schäm dich!« Es wurde zu einem Symbol der Treue; noch ein bißchen, und man hätte ein Wappen mit der Biene – wie bei Napoleon – erfinden müssen. Aber so weit kam es nicht.

Onja war tatsächlich sehr treu, sehr besonders, sehr charakterstark und, obwohl sie weder lesen noch schreiben konnte, auf ihre Art sehr klug. Sie blieb in unserer Familie, und als mein Vater krank wurde, pflegte sie ihn. Später pflegte sie meinen Sohn Aljoscha, der sie nach alter russischer Sitte »Njanja« nannte.

Ich glaube nicht, daß sie mich liebte. Wir zankten uns sehr viel, und ich fand sie manchmal unerträglich stur und eigensinnig. Sie liebte meine Mutter viel mehr, meinen Vater aber betete sie an. Sie verzieh ihm alles, und mein Vater, ein sehr nervöser Mensch, konnte manchmal nur Onja vertragen. Mein Großvater, der Vater meines Vaters, besaß ein größeres Grundstück bei Kaluga, und da Onja auch aus der Gegend stammte, sagte mein Vater immer scherzend: »Na, wir aus Kaluga« oder: »Bei uns in Kaluga wird es halt so gemacht.«

Da mein Vater ziemlich krank war, mußte man ihm helfen, sich anzuziehen. Onja tat das alles und immer leicht scherzend, als ob sie sich ärgere. Das liebte mein Vater sehr. Sie pflegte meinen Vater bis zu seinen letzten Tagen in Berlin. Im Jahre 1944, als die russische Armee schon vor den Toren Deutschlands stand, nahm sich Onja auf einem Gut in Schlesien das Leben, indem sie in einen Brunnen sprang. Ich bin überzeugt, daß ihr nach dem Tode meines Vaters das Leben sinnlos erschien.

Der Krieg, der damals mit voller Kraft und mit katastrophalen Folgen für mein Vaterland wütete, berührte mein persönliches Leben nicht im geringsten. Außer ein paar österreichischen Gefangenen, meiner Pickelhaube und dem schweren Gewehr bekam ich vom Krieg nicht viel zu sehen. Auf Spaziergängen sah ich in den Parks öfters übende Soldaten. Auf ein geschrienes Kommando hin stachen sie mit ihren Bajonetten in die Strohbrust einer auf Brettern stehenden Puppe. Dann sah ich meinen riesengroßen Vetter Grischa in Uniform, der uns ab und zu besuchte. Er war sehr groß und schmal, und mein Vater rief immer fröhlich: »Ach, da ist der kleine Grischenka wieder!« Er war der Sohn eines verstorbenen, sehr geliebten Bruders meines Vaters. Man erzählte manchmal von Onkel Iwan, aber ich habe ihn nie gesehen. Einen viel jüngeren Bruder meines Vaters, aus der zweiten Ehe meines Großvaters, Onkel Aljoscha, habe ich allerdings sehr gut gekannt und sehr gern gehabt. Er war noch so jung, daß mein Vater ihn eher als einen Sohn als einen Bruder behandelte. Auch er kam zu uns als junger Marineleutnant und berichtete uns von seinen ersten Erlebnissen auf den Kriegsschiffen während des Krieges. Auch Grischa war schon als ganz junger Offizier der Artillerie an der Front. Nur mein Halbbruder Jura war viel zu jung, um an die Front geschickt zu werden, und erschien bei uns nach wie vor in seinem weißen Hemd mit dem schmalen Seitengewehr am Gürtel. Die Front erschien mir als irgendein interessanter Ausflugsort, wo allerlei Männer in hübschen Uniformen sich versammeln, um Schlachten zu schlagen, damit sie später davon erzählen könnten. Meine drei Verwandten – Grischa, Aljoscha und Jura in ihren Uniformen – waren für mich die absoluten Garanten für den Sieg, für den Frieden, für die Sicherheit und allgemeines Wohlbehagen. Und was sollte schon geschehen, wenn Rußland einen so gerechten, starken und freundlichen Zaren hatte?

So gemütlich, warm, mollig und endlos der Winter in Moskau war, so aufregend war das Land. Im Sommer wurde alles anders, und eine völlig andere Welt kam auf mich zu, wenn wir nach anderthalb Stunden Eisenbahnfahrt auf einem kleinen Bahnhof in Bykowo ausstiegen. In einem offenen Wagen fuhren wir vom Bahnhof zu unserer Datscha. Die Luft und die Gerüche waren anders und aufregend. Die Ruhe, die kleine Straße entlang einem weiten Kartoffelfeld, dann das Feld und das Dorf Bykowo. Von da aus fuhr man durch eine Wiese auf eine Art Hügel, wo die Datscha stand – sie hieß auch »Datscha auf dem Hügel«. Sie war von einem großen Garten mit Fliederbüschen, Spiräen, vielen Birken und Pappeln umgeben. Er war nur durch eine andere kleine Wiese vom riesigen Park meiner Tante getrennt. Auch die Datscha samt dem Hügel gehörte noch zum Grundstück meiner Tante Katja.

Das Innere des Hauses roch angenehm nach Holz, durch die offenen Fenster rauschte der Sommerwind in den Birken und Pappeln, man hörte irgendwo einen Kuckuck rufen, und regelmäßig wurde ich traurig. »Du bist einfach müde«, sagte Fulja und ließ mir ein Glas Milch mit einem Stück gesalzenem Schwarzbrot bringen. Meine Eltern waren noch nicht da oder beschäftigt, und Jura lief zu irgendwelchen Bekannten an den See. Unsere uralte Foxhündin »Lady« und ihre auch schon erwachsene Tochter »Bumka« berochen alles, was zu beriechen war. Der Name »Bumka« entstammte meiner eigenen Sprache. Es war der verstümmelte Name »Bunbury« aus Oscar Wildes Stück »Ernst sein ist alles«, ein Stück, das meine Mutter sehr liebte. »Bumka« wurde mir geschenkt und lebte im Korridor unserer Wohnung in Moskau, aber ich war zu klein und zu dumm, um mich richtig um sie zu kümmern. So taten es die anderen für mich. Die alte »Lady« gehörte nach wie vor meiner Mutter.

Am ersten Tag der Ankunft auf der Datscha durfte ich abends, wenn es noch nicht zu spät war, ins Dorf gehen, um die Herde »zu empfangen«. Wir setzten uns auf eine Bank am Zaun, welcher das Dorf von der Wiese trennte.

Es war zugleich die Hauptstraße des Dorfes. Irgendwelche Bauern begrüßten Fulja und mich: »Na, wieder angekommen?« »Geht's gut?« Es roch stark nach Blumen, gebackenem Brot und Mist. Wir blickten krampfhaft in die Ferne, dorthin, wo die Dorfstraße verschwand. Zuerst erschien eine Staubwolke, dann konnte man plötzlich ein Kalb erkennen, dann ein zweites, dann einen Hammel, man hörte Kühe muhen und Hunde bellen. Plötzlich bemerkte man, daß die ganze Herde schnell lief und fürchterliche Staubwolken produzierte. Zwei Hunde versuchten, die Kälber und Schafe in die Beine zu zwicken, und schon lief jedes Tier in sein eigenes Haus. Manchmal kamen junge Mädchen mit Kopftüchern und einem symbolischen Zweig in der Hand, um die Kühe oder Kälber nach Hause zu jagen. Dann folgten der Hirt und der Hütejunge, immer ein älterer Mann und ein ganz junger. Beide hatten riesig lange Peitschen über die Schulter gelegt. Ab und zu schwang der Jüngere eine solche Peitsche wie ein Lasso in der Luft und knallte damit, so daß die Kühe zu springen anfingen. Eine solche zwölf Meter lange Peitsche mit kurzem Stiel war mein Traum. Eines Tages fertigte man mir auch so eine Peitsche an, aber sie war viel kleiner als die richtige, und auch damit konnte ich nicht fertig werden. – Nachdem die Herde verschwunden war, gingen wir langsam zur Datscha zurück.

Es war die einzige Datscha auf dem großen Stück Land, das meiner Tante gehörte. Tante Katja war nicht die Schwester meiner Mutter, sondern ihre Kusine. Sie war mit einem sehr reichen Mann, Iljin, verheiratet, dem auch all diese Grundstücke gehörten.

Tante Katja (ihren Mann Iljin habe ich nie gesehen, er starb früh) lebte in einem richtigen Schloß, das – hellrosa und weiß – in der Art eines schottischen Schlosses gebaut war. Die Rückseite, der sogenannte »Winterpalast«, ging auf einen riesengroßen, von anderen Gebäuden umschlossenen Hof hinaus. Die Hauptfassade hatte eine sehr große und breite Marmorveranda, von der man über eine weite Wiese blickte. Auf der Veranda standen viele weiße eiserne Stühle und Tische, sie war von endlosen Geißblatthecken umgeben. Mehrere Kopien italienischer und griechischer Statuen und große Vasen schmückten das Ganze im Stil von Versailles. Die Wiese war wunderbar und ging direkt zum Fluß hinunter, der wie ein Silberstreifen dalag, und hinter dem Fluß gab es noch Wiesen, irgendwelche Wäldchen – die große, weite Welt.

Ein großer Park mit einem Pavillon – der »Eremitage« –, einer Hängebrücke und mehreren italienischen Vasen breitete sich an der anderen Seite des Schlosses aus. Man mußte ihn durchqueren, um zu unserer Datscha zu gelangen. Die »Datscha auf dem Hügel« wurde nur uns, den armen Verwandten, vermietet. Meine Mutter, die Schauspielerin geworden war und nach dem Tode ihres ersten Mannes einen armen Professor geheiratet hatte, wurde etwas schief von ihrer Familie angesehen, aber da das Theater, in welchem sie arbeitete, immer sehr gut besprochen wurde und der Professor sich als netter und interessanter Mann zeigte, wurde meiner Mutter ihre Originalität verziehen. Und wir durften die Datscha haben.

Mein Vater hatte gar keine Ehrfurcht vor dem Reichtum der Leute und wurde gerade deswegen von allen Menschen geliebt, auch von den Reichen. Er sprach über Musik, Theater, Literatur, erzählte Witze und dachte die verschiedensten lustigen Sachen aus. Die reizende Anna Juljewna Petit-Pierre, die irgendwie zu der Familie gehörte, liebte meinen Vater sehr.

Man konnte abends lange auf der großen Veranda sitzen. Die großen Lampen, wie auf einem altmodischen Pariser Boulevard, wurden angezündet, das Geißblatt duftete von allen Seiten, und mehrere Dorfmädchen mit ihren Tüchern und Gießkannen in der Hand kamen lautlos, um die Blumen zu begießen. Es war eine merkwürdige Atmosphäre, eine Mischung von venezianischem Platz und russischem Gut aus den Zeiten Turgenjews.

Eine große Bernhardinerhündin namens »Hera« lief ebenfalls lautlos zwischen den Stühlen hin und her und legte ab und zu ihren großen Kopf mit dem immer etwas geifernden Maul jemanden auf den Schoß. Von vier Bernhardinern war Hera der einzige ungefährliche. Die drei anderen lebten im Zwinger und wurden nachts im Park zur Bewachung freigelassen. Sie waren so scharf, daß wir unbedingt einen Begleiter haben mußten, wenn wir spät abends vom Schloß durch den Park zu unserer Datscha gehen wollten.

Im Schloß gab es unglaublich viele Räume. Ich kannte sie schlecht. Dreimal wurde ich ins Schloß zum Essen eingeladen. Es waren die ersten und wahrscheinlich auch die letzten Gelegenheiten in meinem Leben, daß Diener in weißen Handschuhen und weißen Strümpfen »mich bedienten«. Ich kann nicht sagen, daß diese zwei Abende und das eine Mittagessen mir große Freude bereiteten. Das Essen war wunderbar, aber ich fühlte mich sehr geniert, besonders, wenn ein Diener mir irgendein Gericht auf einem silbernen Tablett vorhielt. Gott sei Dank saß Anja Petit-Pierre neben mir und half mir. Einer der Diener hieß übrigens »Nil«, ein Name, welchen ich später nie mehr gehört habe. Und obwohl die Küche großartig war, passierte mir bei diesem einzigen Mittagessen im Schloß etwas Schreckliches. Es gab Sauerampfersuppe, die ich nicht ausstehen konnte. Ich wußte aber, daß ich mich gut benehmen und alles essen mußte, und so löffelte ich schnell meinen Teller Suppe aus. Im selben Augenblick war mein Teller wieder voll, da ich die Suppe erbrach. Zitternd und mit Tränen in den Augen saß ich da, und die liebe Anna Juljewna tröstete mich, als ob nichts wäre. Der weißbehandschuhte Nil nahm mit sanftem Lächeln meinen Teller weg.

Eine »Kupalnja« ist ein russisches Badehäuschen, wie sie früher in Rußland auf dem Lande verbreitet waren. Diese »Kupalnjas« befinden sich nicht weit vom Ufer, mit dem sie durch einen Steg verbunden sind. Eigentlich sind es vier schwimmende Wände, die die immer nackt badenden Menschen isolieren sollen, und diese vier Wände schwimmen auf mehreren zusammengebundenen Fässern. Ein geschmackloser Scherz bestand darin, daß manche Herren, wenn sie wußten, daß die »Kupalnja« von Damen besetzt war, an sie heranschwammen, untertauchten und sich plötzlich in der Gesellschaft der schreienden nackten Frauen befanden. Solche Szenen kamen aber sehr selten vor, da man in Rußland damals an das Nacktbaden gewöhnt war.

In so einer »Kupalnja« lernte ich übrigens schon als ganz kleines Kind schwimmen. Ich versuchte sogar, aus der »Kupalnja« herauszuschwimmen, was mir allerdings streng verboten war.

Der Fluß in Bykowo war nicht breit, aber sehr hübsch. An den Ufern wuchsen wohlduftende Pflanzen, es gab viele weiße und gelbe Wasserlilien. Auch angeln konnte man in diesem Fluß, und Jura angelte ab und zu schöne Barsche und Hechte. Von unserer Datscha war es aber ein bißchen zu weit bis zum Fluß, und so ging meine Mutter mit mir an den Teich zum Angeln. Sie war eine leidenschaftliche Anglerin und brachte mir bei, wie und wo man schöne Regenwürmer im Misthaufen ausgraben muß oder wie man einen Teig aus Grütze und Zwiebeln mischt, um die großen Karauschen zu ködern.

Mein Vater angelte nie, ich ging allein mit meiner Mutter oder manchmal mit »Lady« oder »Bumka« zum Teich. In einem großen Panamahut saß meine Mutter da, ich, ebenfalls in einem Panamahut, daneben. Der Hund richtete sich irgendwo im Schatten ein, und wir starrten auf unsere kleinen bunten Schwimmer. Ich lernte sehr schnell dieses »Glück des Anbeißens« kennen. Der Schwimmer zuckt und verschwindet plötzlich unter dem Wasser, und man muß ziehen. Ein angenehmes Gefühl der Schwere an der Angelschnur, und ein blitzender Fisch wird hochgehoben. So fingen wir manchmal eine Menge goldener und silberner Karauschen. Fulja begleitete mich selten zu den Angelpartien. Sie, genau wie mein Vater, verstand wenig davon, und ich fühlte, daß nur meine Mutter die Poesie des Angelns richtig begriff.

Abends aßen wir manchmal die gefangenen Karauschen gebraten, in Sahne. Mir kamen sie damals ganz köstlich vor. Die vielen Pflanzen – Tabak-Reseden – um die Veranda der Datscha rochen abends besonders schön, und herrliche Nachtschwärmer kamen in großen Mengen angeflogen und ließen ringsumher ein zartes Surren vernehmen.

An meinen Vater gewöhnte ich mich immer mehr. Besonders gefielen mir die Stunden, in denen wir zeichneten. Ich setzte mich auf seinen Schoß und kritzelte etwas auf das Papier, oder ich saß neben ihm, und er zeichnete etwas »für mich«. Eines Sommerabends zeichnete er meine Mutter, Bumka und mich beim Angeln. Zu meiner Belustigung zeichnete er meine Mutter in ihrem großen Panamahut, unter welchem nur eine lange, spitze Nase herausschaute. Ich saß daneben, nur aus einem Panamahut bestehend. Zu den Illustrationen erzählte mein Vater immer etwas, und so sagte er, daß meine Mutter nur ein ganz kleines Fischchen herauszöge – er zeichnete das Fischchen –, ich aber einen riesengroßen – und er zeichnete eine Art Thunfisch an meiner Angelschnur. Anstatt mich zu freuen, war ich bis zu Tränen beleidigt. Ich fand, daß er sich über meine Mutter lustig mache, und das konnte ich nicht zulassen.

Eines Tages sagten mir meine Eltern, daß wir eine kleine Reise auf einem schönen weißen Dampfer machen würden. Wir würden die Flüsse Kama und Wolga kennenlernen, es würde mir bestimmt Spaß machen. Ich erschrak. Einen herrlichen Sommer abzubrechen, nicht im Teich angeln zu können! Unmöglich, ich würde nicht mitfahren. So ging ich im Garten zwischen den Birken hin und her und wiederholte bloß: »Ihr könnt machen, was ihr wollt, aber ich fahre nicht auf eurer dämlichen Wolga!«

Es war nicht meine erste Reise, ich hatte schon eine andere hinter mir, aber das war etwas anderes. Mein Vater liebte Italien über alles und verbrachte sehr oft seine freie Zeit in Sestri Levante an der italienischen Riviera. Eines Tages wollte er uns allen die Stätte seines Glücks zeigen, und er entschloß sich, meine Mutter, Fulja, Jura und mich mitzunehmen. Von Moskau bis Genua war es ein ganz schönes Stück, und ich war noch verhältnismäßig klein, so ungefähr drei Jahre alt. Es war eine typische Reise einer damaligen russischen Familie.

Jura war vierzehn Jahre alt und freute sich schrecklich, Fulja freute sich vielleicht noch mehr, bloß ich war etwas skeptisch und wollte unbedingt mein blaues Nachttöpfchen dabeihaben. Die Eisenbahnfahrt bereitete mir durchaus Vergnügen, aber mein reizender Halbbruder versuchte dauernd, mich zu ärgern. Auf jeder Station verließ er den Zug, um erst in letzter Minute vor der Abfahrt einen der hinteren Wagen zu besteigen. Jedesmal war ich überzeugt, er habe den Zug verpaßt, und brüllte vor Angst, was Jura natürlich sehr amüsierte und ihn veranlaßte, mich weiter zu ärgern.

Wir fuhren durch Wien, ich erinnere mich sehr gut an die Bahnhofsatmosphäre und vor allem an die östereichischen, bläulichen Käppis, die ich später auf den Köpfen der Kriegsgefangenen wiedererkannte. In Wien nahmen wir zwei Droschken und fuhren ins Hotel. Wieder sah ich die Käppis und merkte, daß die Offiziere viel höhere und elegantere trugen als die gewöhnlichen Soldaten. Dann fuhren wir in den Zoologischen Garten in Schönbrunn. Dort besuchten wir das Elefantenhaus, und ein Elefant steckte seinen Rüssel heraus und brüllte so, daß ich vor lauter Angst weglaufen wollte.

Ich hatte eine Abneigung gegen Lärm, ich hatte einmal in einem Zirkus solche Angst vor dem Lachen und Ohrfeigenklatschen der Clowns bekommen, daß man mich nach Hause transportieren und lange beruhigen mußte.

Nein, von Wien war ich nicht so begeistert wie Jura, der im Prater verschwand und erst spät nachts ins Hotel kam, was natürlich meine Mutter sehr beunruhigte. Ich versuchte wieder in salbaderndem, süßlichem Ton allen klarzumachen, daß ich nie so etwas tun würde.

In Sestri Levante fühlte ich zum ersten Mal die Wärme und die Gerüche des Südens. Es war völlig unbewußt, und doch wichtig und ernst. Ich hatte mehrere Erlebnisse, die sich für immer in meinem Innern festsetzten. Das Meer, die Sonne! In Cavi verlor ich mein kleines weißes Hütchen in den Wellen, und mein Vater erklärte mir, daß ein Delphin es mitgenommen hätte. Ich hatte keine Angst und gönnte es dem Delphin, ich hatte kurz davor Delphine springen sehen. Ein italienischer Junge, Giovanni, brachte mir im Eimer einen Taschenkrebs. Auf einem Spaziergang am Monte Telegrato kroch eine schöne grüne Gottesanbeterin in das Hutband meiner Mutter. Das alles begeisterte mich und erfüllte mich mit Glück. Mein Vater war glücklich, meine Mutter war glücklich, Jura war glücklich und badete wie ein Irrer. Fulja war glücklich, dankbar und begeistert, sie grub kleine Agaven aus, sammelte Apfelsinenkerne und saß selig auf dem hohen Balkon im Hotel »Miramare« und rauchte ihre russischen Zigaretten. Ich saß, ebenfalls von Glück erfüllt, auf demselben Balkon oder versuchte, auf die Menschen unten zu pissen.

Wie kleine, eisenharte Pfeile setzten sich diese südlichen Eindrücke in mein Herz. Der Taschenkrebs, der spielende Delphin, die Gottesanbeterin – diese drei Tiere symbolisierten damals für mich Italien, Wärme, Sonne und Glück.

Ja, das war »Italia«, aber nun diese Kama und Wolga! Dauernd wiederholte ich meinen Satz: »Ihr könnt machen, was ihr wollt, aber ich fahre nicht auf eurer dämlichen Wolga!« Meine Eltern taten so, als ob sie mit mir einverstanden wären. Na gut, ich sollte allein mit Fulja und Bumka ohne Papa und Mama in Bykowo bleiben. Langsam fing ich doch zu überlegen an und erklärte, daß ich mitkommen wolle. Meine Eltern gaben mir zu verstehen, daß das völlig normal sei und es keinen besonderen Grund gäbe, sich deswegen zu freuen. Ich war erstaunt und etwas beleidigt.

Diese Reise erregte mich lange nicht so wie die Reise nach Sestri Levante. Die weiten Ufer fand ich langweilig, sie erschienen mir wie Tortenstücke. In Kurven und Biegungen liefen große Streifen Grau, Braun, Grün, Hellocker am Horizont entlang. Auf dem unteren Deck des Dampfers transportierte man viele österreichische Gefangene, und meine Mutter sprach von oben deutsch mit ihnen. Ab und zu kam uns ein Dampfer entgegen, der mit einem Hupen begrüßt wurde. Unser Schiff war von peinlicher Sauberkeit, es glänzte auf allen Seiten. Wir bewohnten eine sehr komfortable Kabine und aßen in einem herrlichen weißen Speisesaal. Das Essen muß wunderbar gewesen sein, mein Vater hörte nicht auf, sich zu wundern, und meine Mutter verdrehte die Augen bei jedem Gericht. Gekochte kleine Sterlets, Krebse, geräucherte Fische, Fischsuppen, Stör mit Meerrettich, ohne Meerrettich, gebackene Hühner, Fischfritüren und selbstverständlich als Vorspeise zu jeder Mahlzeit ein Eiskübel mit zwei verschiedenen Sorten schwarzen Kaviar. Nichts gefiel mir! »Und gibt's Nawaga?« fragte ich, aber es gab keine Nawaga. »Na, dann möchte ich ein Kotlettchen (ein Fleischküchle) in Sahne, sonst nichts.« »Das ist doch eine göttliche Ucha (russische Fischsuppe)!« rief mein Vater. »So was wirst du nie mehr im Leben essen, du Dummkopf!« Und er hatte recht, aber ich hatte keinen Appetit.

Ich fütterte die vielen Möwen in der Luft mit Brotstückchen und freute mich zu sehen, wie geschickt diese Vögel die Stückchen in der Luft auffingen. Einmal blieben wir einen halben Tag irgendwo stehen, und meine Mutter versuchte, mit mir angeln zu gehen. Wir besorgten uns im Dorf zwei schlechte Angelruten bei einem Dorfjungen, der sie uns für einen halben Groschen verkaufte. Mit Mühe und Not fanden wir einen Platz am Ufer, aber das Wasser war so bewegt, daß unsere Schwimmer über den Wellen tanzten. Wir versuchten es von einem Boot aus, aber da wurde meine Mutter seekrank. Außerdem war es so heiß, daß wir ununterbrochen schwitzten und Durst hatten. Sehr bald kehrten wir in den schattigen Speisesaal auf dem Schiff zurück, wo mein Vater saß und Kwas trank. »Na, habt ihr viel gefangen?« begrüßte er uns.

In Perm sah ich nichts. Wir saßen auf der Veranda des Gasthauses »Petrogradskaja Gostiniza« und aßen große Portionen Pelmeni. Die Pelmeni enthielten sehr viel Zwiebel und schmeckten mir vorzüglich, aber mein Vater konnte sie nicht einmal ansehen. »Und das schmeckt dir besser als Kaviar?« fragte er mich. »Mein Gott, wie kann mein Sohn bloß so dumm sein!«

Obwohl Perm schon sehr nördlich und sehr östlich liegt, war es am Tag sehr heiß. In der Mitte der Hauptstraße war eine große Pfütze, und darin lagen vier große Schweine.

Eines Tages kam unser Dampfer an eine Stelle, wo überhaupt kaum mehr Ufer zu sehen waren. Mehrere Flöße aus großen Stämmen schwammen hintereinander. Unser Dampfer machte irgendwelche Manöver und hupte dreimal hintereinander. Wir kamen in die Nähe eines Floßes, das riesig lang und breit war. Eine Art Hütte war darauf gebaut, ein kleines Hündchen lief geschäftig hin und her, ein Mann in rotem Hemd und schwarzer Weste saß auf einer Kiste und spielte Harmonika. Einige Passagiere unseres Dampfers kamen heraus und blickten sich strahlend um. »Das ist die Wolga«, sagten meine Eltern zu mir.

In Kasan standen furchtbar viele Menschen am Kai. Dreiviertel dieses Publikums waren Tataren. Mein Vater erzählte mir, wie seinerzeit die Russen die hölzerne Stadt Kasan belagerten und schließlich eroberten. Die Tochter des Tatarenfürsten von Kasan, Sjujumbeka, war so entsetzt über den Sieg der Russen, daß sie sich von einem Turm hinunterstürzte. Dieser Turm steht immer noch da, er heißt »Sjujumbeka-Turm«.

Damals kam mir unsere Reise endlos vor, und ich bekam richtige Sehnsucht nach »zu Hause«, nach Onja, Fulja, Jura und Bumka, und als wir endlich wieder in Bykowo ankamen, war ich sehr froh.

Es war an einem herrlichen, heißen Sommertag in Bykowo. Die Spiräen blühten und alles, was sonst noch blühen kann. Meine Eltern waren in der Stadt, und Fulja war auch weg, um irgendeine alte Freundin zu besuchen. Onja mußte mich füttern und betreuen. Sie machte das sehr gut, aber etwas mittelalterlich, d. h. wie eine treue Sklavin, die das verwöhnte Söhnchen der »Herrschaften« betreut. Ich fühlte das und benahm mich entsprechend. Ich trank so viel Kwas, wie es mir sonst nie erlaubt wurde, lehnte ab, mich nachmittags hinzulegen, und äußerte den Wunsch, sofort nach dem Essen spazierenzugehen. Onja wagte nicht, mir zu widersprechen, und folgte mir. Ich setzte meine Soldatenmütze auf, hängte die Botanisierbüchse um und nahm den Alpenstock, der meinen Eltern gehörte, dazu noch ein Kinder-Schmetterlingsnetz. Ich muß schön ausgesehen haben! Aber ich war sehr mit mir zufrieden. Onja, die eine weiße Schürze und eine weiße Haube trug, folgte fünf Schritte hinter mir. (Ein herrliches Bild, um die letzten Tage des feudalen Rußlands zu illustrieren!)

In den Blüten der Spiräen sah ich mehrere Rosenkäfer. Ich stellte den Alpenstock zur Seite und sammelte drei, vier Käfer in die Botanisiertrommel. »Ich will meinem Vater eine Überraschung bereiten und eine schöne Insektensammlung zusammenstellen«, erklärte ich Onja. Onja pflichtete mir bei und lobte mich, und ich fing an, mit meinem Netz alles, was ich erwischen konnte, zu fangen. Libellen, Rosenkäfer, große Fliegen, ein paar Heuschrecken und kleine Käferchen steckte ich in meine Botanisiertrommel und freute mich, daß sie so schön darin summten. Ich legte mein Ohr an die Büchse und war sehr stolz auf meinen Fang.

Nun überlegte ich, wie ich die armen Viecher »präparieren« sollte. Ich brachte sie nach Hause, lief zum Toilettentisch meiner Mutter und fand da einen Flacon mit Kölnisch Wasser. Fast die ganze Flasche dieses Eau de Cologne goß ich in die Botanisiertrommel, wobei zwei Libellen sich noch retten konnten. Den feuchten Brei aus Insektenleichen breitete ich auf einem großen weißen Papierblatt aus und zeigte ihn Onja. Wir waren beide ehrlich davon überzeugt, daß wir eine gute, ernste, wissenschaftliche Arbeit geleistet hatten, die von der Seite eines Professors Lob verdiente. Deshalb war ich ehrlich überrascht, als ich das Gesicht meines Vaters sah. Er war wütend, und man sah an seinem Ausdruck, daß er sich ekelte und Mitleid mit den Insekten, zugleich aber auch mit mir hatte. Er beherrschte sich und sagte nur: »Bitte, mach so etwas nie wieder!« und fügte hinzu: »Falls du eines Tages tatsächlich Insekten sammeln willst, rede zuerst mit mir, wir werden das anfangs zusammen tun.«

Einige Tage später fand ich im Garten an einem Eichenstamm zwei wunderbare große Bockkäfer – ein Männchen und ein Weibchen. Vorsichtig faßte ich sie am Rücken und brachte sie nach Hause, um sie meinem Vater zu zeigen. »Papa«, sagte ich, »ich möchte eine Käfersammlung anlegen!« »Gut, dann tu die Käfer unter zwei Gläser und warte bis übermorgen!« Ich war sehr glücklich.

Tatsächlich kam am übernächsten Tag mein Vater aus der Stadt und brachte alles, was ein Insektensammler braucht, mit: zwei mittlere Sammelkästen, ein Brett zum Spannen, Pinzetten, viele Nadeln und ein Glas, um die Insekten zu töten. An diesem Tag fing meine große Leidenschaft für die Käfer an. Zuerst sammelte ich nur Käfer, keine anderen Insekten. In dem Spezialglas – mit etwas Zyankali darin – starben die Käfer im Bruchteil einer Sekunde. Ich spannte sie zum Trocknen auf und pickte sie dann nach Vorschrift im Kasten auf. Mein Vater hatte an der Universität viele Freunde, Zoologen, durch welche er sehr schöne exotische, schon präparierte Käfer bekommen konnte. Meine Sammlung wurde täglich reicher.

Sehr bald konnte ich keine neuen einheimischen Käfer mehr bekommen. Nicht einmal einen Hirschkäfer oder einen Nashornkäfer konnte man in der Moskauer Gegend finden. So fing ich an, auch Schmetterlinge zu sammeln. Diese Arbeit war viel komplizierter und verlangte noch mehr Sorgfalt. Ich lernte, die Raupen auszudrücken, sie dann durch einen Strohhalm aufzublasen und sie so zu trocknen. Ich stellte eine Sammlung zusammen, in der Raupen, Kokons und der fertige Schmetterling vereint waren. Da mir diese Arbeit sehr viel Spaß machte, gelang sie mir für ein Kind sehr gut, was meinen Vater begeisterte. In den Insektenbüchern suchte ich nach den Namen der Insekten und wußte so, was ich besitze.

Eines Tages fing ich eine Wespe, die gar keine Wespe, sondern ein ähnlich aussehender Schmetterling war. Als ich mehrere davon fing, interessierte sich mein Vater dafür; er nahm zwei Exemplare und brachte sie einem Entomologen in Moskau. Der Zoologe war begeistert. Es stellte sich nämlich heraus, daß dieser wespenähnliche Schmetterling höchst selten zu finden ist und nur ganz wenige und bestimmte Stellen des Landes bewohnt. Ausgerechnet in unserer Nähe befand sich eine solche Stelle, und ich konnte dem Zoologen viele, viele von diesen falschen Wespen liefern. Dafür bekam ich andere große exotische Käfer oder präparierte Krabben, Skorpione und Spinnen.

Mein Zoologie-Interesse wuchs, und alle waren überzeugt davon, auch ich selber, daß ich mich zu einem Zoologen entwickeln würde. Zu dieser Zeit fing mein Vater an, mir in freien Stunden viel vorzulesen. Er begann mit den Werken von Jules Verne. Sehr bald liebte ich diese Abenteuergeschichten, und da mein Vater sehr gut vorlas, wurden die verschiedenen Helden der Romane in mir lebendig. Ich sah bald Kapitän Nemo, Paganell, Robert und Mary Grant oder Pencroff als Familienmitglieder an. Die Welt der Abenteuer und auch die Welt der Insekten nahmen mich ganz gefangen. Fremde Flüsse, Urwälder, Eingeborene auf ihren Pirogen, Lianen und südliche Meere flossen irgendwie mit den exotischen Käfern, Stabheuschrecken oder irgendeinem wissenschaftlichen Käfernamen zusammen zu einer Welt voller Zauber. Manchmal saß ich ganz stumm am Tisch und fragte plötzlich: »Und wo lebt der allergrößte Käfer der Welt?« – »Das ist ja eine Käferkrankheit«, sagte meine Mutter.

Es waren endlose, warme Sommertage. Ich interessierte mich nur für Käfer, aber es gab auch sonst viele Tiere um uns herum. Eine zahme junge Krähe lebte bei uns. Ein fetter, böser Igel lebte freiwillig in der Küche und wollte nicht ins Freie gehen, da er bei uns gefüttert wurde. Dieses komische Tier ging nur gelegentlich in der Natur spazieren, kehrte dann aber freiwillig in die Küche zurück, wo er tagsüber gern auf dem Hundekissen der alten »Lady« schlief. »Lady« lag ruhig da, der Igel begann im Kreise um sie herumzulaufen und jedesmal, wenn er an »Lady« vorbeikam, die alte Hündin ganz gemein in die Nase zu pieken. Er wiederholte diese Rundgänge zwei, drei, vier, fünf Mal, bis der arme Hund aufstand und wegging. In der letzten Runde kroch der Igel auf das noch warme Hundekissen und rollte sich ein.

Mein Halbbruder bekam einmal einen wunderschönen englischen Bogen geschenkt, dazu ein Dutzend herrliche Pfeile. Es war Sonntag und wir hatten Besuch: die unentbehrliche Anna Juljewna Petit-Pierre, Sascha Kleist, mein Freund Roma Pereswetow und noch viele andere, deren Namen ich vergessen habe. Auf der Wiese vor den Spiräensträuchern sollte ein großes Bogenschießen veranstaltet werden, ein junger Mann richtete schon eine Art Zielscheibe her, als plötzlich mein Vater mit einem großen weißen Karton in der Hand erschien. Er ging zum Baum und befestigte ein sehr geschickt mit Pastellfarben gemaltes Portrait von Kaiser Wilhelm II. Dieses Portrait hatte er in zwanzig Minuten selbst gemalt und erklärte lachend, daß es die richtige Zielscheibe wäre.

Meine Mama war entsetzt. »Aber Sascha! Was machst du da? Und das vor den Kindern! Nein! Nein!« schrie sie.

Kaiser Wilhelm wurde gehaßt. Sein Schnurrbart war das Symbol für Grausamkeit und Dummheit, und die berühmten »London News« waren voll von Karikaturen. Aber meine Mutter liebte ihn, sie hatte ihre persönlichen Gründe dafür. Im Jahre 1905 war sie auf Gastspielreise mit dem Moskauer Künstlertheater in Berlin und anderen deutschen Städten gewesen. Meine Mutter war eine der zwei Personen der Truppe, die gut deutsch sprachen, und so wurde sie immer als Dolmetscherin geholt, sei es privat, in Museen oder in Restaurants, aber auch bei offiziellen Gelegenheiten. Kaiser Wilhelm kam hinter die Kulissen des Theaters, um die damals neue und eigenartige Theatergruppe zu begrüßen. Die Schauspieler standen in einer Reihe, meine Mutter als Dolmetscherin einen Schritt davor. Der kurzarmige Kaiser richtete irgendein Begrüßungswort an sie. Meine Mutter war hingerissen. Sie behauptete, daß dieser eigentlich eher kleine Mann durch seine wunderbare Haltung sehr groß und bedeutend erschien.

Meine Mutter liebte nichts mehr auf der Welt als »gute Haltung«, »Willen«, »Männlichkeit«, alles Positiv-Dynamische. (Ihre Liebe zu dem allen ging mir sogar sehr oft auf die Nerven.) In Deutschland glaubte sie all diese Eigenschaften gefunden zu haben, sie verehrte deutsche Ordnung, deutsche Sauberkeit, deutsche zoologische Gärten, von denen sie mir immer sehr viel erzählte.

Und nun war Krieg mit Deutschland!

In den großen Gewächshäusern von Tante Katja richtete man zwei Lazarette ein. Drei sehr gute Ärzte wurden geholt, und mehrere Krankenschwestern aus »guten Familien« arbeiteten mit. Die Lazarette waren auf Wirbelsäulenverletzungen spezialisiert, nahmen aber auch einige Gasvergiftete auf. Damals ängstigten mich die Erzählungen von all den schrecklichen Verwundungen überhaupt nicht. Ich dachte, ein Krieg gehöre einfach zum Alltag. Man mußte eben die Verwundeten pflegen und ihnen Schokolade und Zigaretten bringen. Und so fühlte ich mich verpflichtet, wenigstens einen Verwundeten »zu pflegen«. Mit dieser Absicht besuchte ich eines Tages das Lazarett, ging durch den schmalen Gang zwischen den Betten und suchte nach einem passenden Soldaten. Ich fand ihn bald, einen jungen, rotbackigen Menschen namens Iwan. Ich setzte mich zu ihm auf den Bettrand und übergab ihm eine Schachtel Zigaretten und eine Tafel Schokolade. Seine Bettnachbarn lachten und witzelten über ihn und mich. Das Komische war, daß ich ihre Sprache und Spötteleien überhaupt nicht verstand, ich saß da mit dummem Gesicht und wartete, wie man auf meine »gute Tat« reagieren würde. Man reagierte auch nicht böse, nur ein Mann in der Ecke fragte mich, ob ich schon mal Läuse gefüttert hätte. Ich verstand nicht, wie ich Läuse füttern sollte, und dann sagte der Schwerverwundete in der Ecke: »Sei froh, daß du das nicht verstehst, wenn die Läuse dich ganz auffressen, dann ist es zu spät!« Dann fragte mich »mein Iwan«, ob er bei mir schon stünde. Die Soldaten lachten.

Ich besuchte mehrere Male meinen Iwan, brachte ihm Zigaretten und lernte von ihm und seinen Nachbarn einige unanständige Wörter und Sprüche, die ich nie weitererzählte.

In Moskau erwarteten mich viele große Veränderungen. Ich mußte von Fulja Abschied nehmen. Sie wurde von meinen Eltern in einem Altersheim untergebracht und siedelte mit mehreren ihrer Pflanzen dorthin um. Darunter waren auch die inzwischen groß gewordenen Agaven aus Sestri Levante.

Ich bekam eine neue, junge Gouvernante, eine gewisse Karolina Gustavowna Arnemann. Es war eine dunkelhaarige, sportlich aussehende große Frau, die mir sofort sehr gut gefiel. Sie brachte eine völlig neue Atmosphäre mit. Ich bekam immer noch meine Wachtel oder eine Nawaga um elf Uhr vormittags, aber ich mußte viel früher aufstehen und mich jeden Morgen von Kopf bis Fuß mit kaltem Wasser waschen. Dann mußte ich furchtbar viel mit ihr spazierengehen, und Bumka mußte uns begleiten. Auch kleine Käufe, um die ich bettelte, wurden mir grundsätzlich abgelehnt. Wenn ich unbedingt etwas haben wollte, mußte ich es mir irgendwie mit Fleiß oder sonstigen Taten verdienen. Auch zeigte sie große Sympathie für Jura und bestand darauf, daß der Junge sich an unseren Spaziergängen beteiligte, wenn er auf Besuch war.

Eines Sonnabends erklärte sie, daß sie mit Jura und mir Ski laufen möchte. Wir wären zum Essen nicht zu Hause und würden belegte Brötchen mitnehmen. Am Sonntag früh strich Karolina mehrere gute französische »Bulkas« mit Butter, belegte sie mit Schinken und Schweizer Käse und packte alles in einen Rucksack. Das war ganz neu für mich. Mein Bruder mußte sich zivil ankleiden, wofür er eine besondere Erlaubnis erhalten hatte. Er war sehr zufrieden und neckte mich natürlich dauernd, indem er so tat, als ob ich von allem nichts verstünde. Wir gingen zur Straßenbahn, nahmen Umsteigekarten und fuhren sehr weit, hinter die »Worobjowi Gory« (Sperlingsberge). Da marschierten wir noch eine Weile durch den Schnee und kamen an ein großes, hölzernes Gebäude, das voller Menschen war. Man konnte dort Ski ausleihen, die Schuhe oder Stiefel wurden aufbewahrt. Wir erhielten schmale, finnische Langlaufski, dazu Socken und hübsche lappländische Stiefel mit nach oben gebogener Spitze und noch eine rote Binde mit einer Quaste. Ich bewunderte Karolina Gustavowna. Woher kannte sie das alles?

So ausgerüstet gingen wir in den Schnee, ich noch ganz ungeschickt, aber voller Freude. Wir liefen auf flachen Stellen zwischen Birken und Tannen. Auf irgendeinem gefällten Baumstamm ruhten wir uns aus und aßen unsere Bulkas, die mir noch besser als im Zoologischen Garten schmeckten.

Es dunkelte schon, als wir um ungefähr sechs Uhr nach Hause kamen, hungrig, rotbackig und glücklich-müde.

Meine Eltern standen beide – was nicht üblich war – und erwarteten uns. »Was soll das heißen, Karolina Gustavowna? Was hat das Kind gegessen? Was, nicht mal die Winterhose hat der Junge an? Und das alles, ohne uns zu fragen!« Es war ein Gewitter. So wütend hatte ich meine Eltern noch nicht erlebt. Ich fing an, vor Angst zu zittern. Karolina ging auf meine Eltern zu und sagte mit unnormal ruhiger Stimme: »Ich erziehe das Kind so, wie ich es für richtig halte. Wenn Ihnen das nicht gefällt, müssen wir uns trennen, meine Ansichten werde ich nie ändern.« Mein Vater zitterte vor Wut und schrie: »Dann können Sie gehen!« Ich stürzte zu Karolina Gustavowna, umarmte ihre Schenkel und schrie meine Eltern ganz böse durch Tränen an: »Nein, Karolina Gustavowna darf nicht weg! Es war ein wunderbarer Tag. Ihr versteht nichts von Skilaufen, Karolina ist gut. – Ich liebe sie!«

Es war ein solcher Sieg Karolinas, daß man es mit Worten nicht wiedergeben kann. Alles schwieg. Mein Vater verschwand und schlug die Tür zu, meine Mutter folgte ihm, und ich fiel in die Arme von Karolina Gustavowna und bedeckte sie mit Küssen, mit solcher Heftigkeit, wie ich es bis dahin noch bei niemand gemacht hatte. Karolina streichelte mich ruhig und sagte, daß ich auf meine Eltern nicht böse sein dürfe, sie meinten es nur gut mit mir.

Am nächsten Morgen trank ich mit Karolina Gustavowna meinen Kakao (sie trank Kaffee) und aß meinen halben Kalatsch. Meine Mutter kam ruhig, aber innerlich etwas aufgeregt, ins Zimmer und sagte uns freundlich »Guten Morgen«. Dann sagte sie etwas auf Deutsch zu Karolina und dann zu mir auf Russisch: »Du bleibst bei deiner Karolina Gustavowna, und sie bleibt bei uns, wir werden schon alle gute Freunde werden.« So ist es auch geworden.

Karolina blieb bei uns bis zu dem Tag, wo sie von sich aus wegfahren wollte – oder mußte, ich glaube, nach Riga. Es kam die Zeit, in der sich täglich etwas veränderte. Ich begriff so viel, wie ein treuer Hund von den Paßschwierigkeiten oder Steuererklärungen seines Herrn begreift, das heißt, ich begriff nichts, fühlte aber, daß es schlecht stand.

Karolina Gustavowna kündigte also ihre baldige Abreise an. Ein Zimmer wurde an einen schwarzäugigen Studenten, einen Georgier, vermietet. Es war ein lieber, feiner Mann mit wunderbaren, großen schwarzen Augen. Er schenkte mir einen kleinen silbernen kaukasischen Dolch mit einem dazupassenden Gürtel. Wir alle liebten ihn, er aß mit uns am Tisch und wurde von uns Grigri genannt. Grigri wurde aber bald eingezogen und wir sahen ihn später bei uns mit verbundenen, erfrorenen Ohren. Er erzählte abends furchtbare Sachen über den Krieg, über den Zusammenbruch der Front, und ich fühlte, daß mein mutiger, starker und gerechter Zar nichts mehr zu sagen hatte, daß es überhaupt schlecht stand und alles schiefging.

Unser Dienstmädchen Warja verschwand auch. Ich weiß nicht, ob sie selber weggehen wollte oder ob wir sie nicht mehr gebrauchen konnten. Jura war ständig bei uns. Er machte seine schönen Achselstücke ab, man mußte ihm sogar seine Laschen abtrennen. Sein Bajonett trug er auch nicht mehr und ließ es zu meiner Freude im Hause herumliegen, so daß ich ab und zu damit spielen konnte.

Das Geld verwandelte sich in Briefmarken. Für die Straßenbahn und in den Geschäften bezahlte man mit Bündeln von Briefmarken. Irgendwelche Bekannte gaben uns eine riesige Dänische Dogge in Pension, und wir mußten diese Dogge und unsere Bumka ernähren (Lady war in hohem Alter gestorben); zu diesem Zweck kaufte Onja Pferdefleisch, das sie immer in einem Eimer in die Küche brachte.

Ich durfte mich nun frei in der Wohnung bewegen. Die Känguruhspiele mit meiner Mutter gab es nicht mehr, sie war dauernd beschäftigt und irgendwie – das fühlte ich – voller Sorgen. Auch meine Wachtel und meine Nawaga bekam ich nicht mehr – es gab keine, statt dessen aß ich mit Karolina Gustavowna und allen anderen am großen Tisch. Mein Vater bekam schreckliche Rückenschmerzen und blieb oft zu Hause. Die Ärzte nahmen damals an, es sei »Podagra«, aber später stellte sich heraus, daß es etwas ganz anderes war.

Das Straßenbild veränderte sich völlig. Vieles verschwand, es gab keine schönen Schokoladengeschäfte mehr, die Körbe aus Spanholz, in denen die großen Krebse zum Verkauf auslagen, waren auch nicht mehr da. Man sah keine ordentlichen Kolonnen von singenden Soldaten mehr, sie gingen ohne Achselstücke, sehr oft mit einem Mantel über der Schulter. Junge Soldaten und

Matrosen spielten betrunken, eine Blume zwischen den Zähnen, Harmonika. Mir gefiel diese saloppe Art, sich anzuziehen. Ich ging immer noch in kurzen Hosen mit nackten Knien oder in langen Strümpfen, die mit einer Schnalle befestigt waren. Eine kleine Schleife mit den belgischen Farben schmückte meinen Hals. Diese belgischen Schleifen waren à la mode, seit Belgien von den deutschen Truppen überrannt worden war, und meine Mutter kaufte sie mir. Belgien! Man besang dieses Land als etwas furchtbar Zartes und Unschuldiges, das von den preußischen Stiefeln zerquetscht wurde. Ich stellte mir Belgien überhaupt nur nach dem »Blauen Vogel« von Maeterlinck vor: eine Art Garten mit vielen kleinen und hübschen Häuschen, in dem nette Knaben in kurzen Hosen und Mädchen in hübschen Hauben spielten, während die bösen Deutschen, alles zermalmend, über die Zäune hereinbrachen.

Meine Kleidung gefiel mir gar nicht! Ich fühlte mich von der Gegenwart abgeschnitten, aber meine Mutter wollte das nicht verstehen. Sie haßte alles Russisch-Bäuerliche oder Russisch-Militaristische oder überhaupt alles Russisch-Volkstümliche. Meinem Vater war alles egal, er merkte nicht einmal, wie ich angezogen war – das war Frauensache und für ihn völlig unwichtig. Für mich war es aber sehr wichtig!

Alles wurde plötzlich anders. Meine Tante Katja mußte ihr Schloß mit den vielen Bernhardinern, dem Park und dem Diener Nil verlassen. Sie rettete nur eine Perlenkette und zog in ein kleines Zimmer bei einer Freundin in Moskau. Sie erzählte lachend, mit viel Humor, von all ihren Verlusten, von der Naivität, Dummheit und Grausamkeit der Menschen, ihr taten nur die Bernhardiner leid, die man erschossen hatte. Die revolutionären Soldaten und Bauern beschuldigte sie nicht und war überhaupt niemandem böse.

In Moskau fing die Hungersnot an, jeden Tag wurde es schwerer, Nahrungsmittel zu bekommen. Meine Eltern wollten aufs Land gehen, aber unsere »Datscha auf dem

Hügel« war nun nicht mehr da. In dem Dorf Bykowo fanden wir eine Möglichkeit, in einem Bauernhaus (Isba) zu wohnen. Die Bauernfamilie Agapow kannte uns und stellte uns das halbe Haus zur Verfügung. Ich war begeistert. Es gab zwar keine Veranda mit Blumen mehr, aber einen Hof, auf dem ein Pferd, eine Kuh und ein Schwein lebten.

Karolina Gustavowna war abgereist. Meine Mutter hatte sehr viel zu tun. Mit meinem kränkelnden Vater, Onja, Bumka und der Dogge Tuska übersiedelten wir nach Bykowo. Mein Vater mußte trotz seiner Krankheit sehr oft in die Stadt fahren, meine Mutter blieb auch oft tagelang weg, und Jura war an irgendeiner »Reformierung« seiner Kadettenanstalt beteiligt. So blieb ich mit Onja und Tuska viel allein. (Bumka wurde alt und krank – sie starb sehr bald nach unserer Ankunft in Bykowo.)

Ich ging immer noch so gekleidet, wie meine Mutter es für richtig hielt, wodurch ich mich beträchtlich von der dörflichen Bevölkerung unterschied. Ich trug eine kurze Hose, die, nach Art mancher Reithosen, hinten einen Lederbesatz hatte, dazu Kniestrümpfe und Schuhe. Die bekannte belgische Schleife schmückte meinen Kragen. So lief ich in der mir wohlvertrauten Gegend herum.

Einmal versuchte ich, in Tante Katjas Park zu gehen, obwohl es verboten war. Auf Umwegen ging ich an unserer Datscha vorbei und sah, daß dort die Fenster und Türen zugenagelt waren. Niemand hielt mich auf, und ich kam in die Nähe des Schlosses, so daß ich die große Veranda mit den italienischen Vasen und den weißen, eisernen Stühlen sah. Eine lange Schnur war über sie gespannt, auf der Wäsche hing. Plötzlich sprang eine Tür auf, und mehrere Kinder mit glattrasierten Köpfen liefen schreiend auf die Wiese hinunter. Zwei weißgekleidete Frauen überwachten sie. Ich erinnerte mich, daß Tante Katja erzählt hatte, es sei ein Kinderheim in ihrem Schloß eingerichtet worden.

Ich ging am Wäldchen entlang und bog beim Fluß auf den Weg zum Dorf ein. Es war ein ruhiger Herbstnachmittag. Die großen Pappeln waren schon ganz gelb. Die kleine hölzerne Brücke klapperte so schön unter den Füßen; wenn man von ihr herunter ins klare Wasser blickte, konnte man die vielen Wasserpflanzen und die vielen kleinen, silbernen Fische sehen. Diese Fischchen – Uklejki – konnte man ziemlich leicht mit der Fliege fangen und dann als Köder für Hechte benutzen. Ich ging über die Brücke und gelangte auf eine mir gut bekannte Allee mit vielen großen Weiden. Plötzlich hörte ich Jungenstimmen hinter mir: »Na, Lederarsch, Nacktknie, Gurkenscheißer!« Ich drehte mich um und sah vier Dorfjungen, die mich frech anguckten. »Laßt mich in Ruh«, sagte ich und ging schnell weiter. »Warte, du verfluchter Barins-Sohn, dein Vater hat dich mit dem Besen gezeugt, und bei uns wirst du Scheiße fressen!«

Ich lief weg. Ich glaube, nie im Leben bin ich so schnell gerannt, mir war fürchterlich zumute. Zum ersten Mal im Leben hatte ich richtige Angst. Nie werde ich das Klatschen der vier Paar nackten Füße vergessen, ich habe es noch jetzt in den Ohren. Später las ich über das Lynchen der Neger in Amerika und ahnte, wie ihnen beim Versuch wegzulaufen zumute gewesen sein muß. Es gab keine Känguruh-Mutter mehr, die mich retten konnte, und mit diesem Weglaufen in meinen kurzen Hosen und der belgischen Schleife tauchte ich ohne Übergang in die Realität des Lebens. Mein Instinkt sagte mir, daß ich sofort in die Dorfstraße einbiegen müsse, da könnten Menschen sein, und so stürzte ich rechts auf ein Feld, hinter einer Isba.

Die Dorfknaben waren aber älter und stärker als ich, und in zwei Sekunden lag ich schon auf der Erde neben irgendeinem Strauch. Kein Mensch ringsumher. Zwei der Jungen hielten mich an den Armen fest und sagten zu den zwei anderen, die etwas kleiner waren: »Los!« Der eine sagte, nachdem er lange hinten unter seiner Hose herumgebohrt hatte: »Ich habe nichts.« »Ich aber!« rief fröhlich der andere und schmierte mir ein schönes Stück Scheiße in den Mund und ins Gesicht. »Friß, da hast du deine Wachtel!« Ich spuckte, biß die Zähne zusammen und versuchte, mich loszureißen. Irgendwo hörte man Schritte, die Jungen stießen mich weg, und ich fiel in die Brennesseln. Als ich aufstand, war keiner mehr da.

Ich ging zu einem Holzstamm, der als Tränke diente, und wusch mir Gesicht und Mund. Ich zitterte und konnte nicht weinen, war aber gleichzeitig froh, daß meine Eltern nicht da waren. Zu Hause legte ich mich aufs Bett. Onja kam herein, sie sah, daß etwas nicht stimmte und fragte, was los wäre. Ich sagte nur, die Dorfjungen seien frech. Ich wollte diese Geschichte niemand erzählen. Auch meine Eltern erfuhren sie erst, als ich schon ein erwachsener Mann war. Warum ich sie für mich behielt, obwohl ich sonst sehr gesprächig war und meinen Eltern immer alles mitteilte, ist mir bis heute ein Rätsel.

Es wurde Spätherbst, wir kehrten immer noch nicht nach Moskau zurück, und es hieß plötzlich, daß wir in Bykowo überwintern würden. In Moskau gäbe es Unruhen, unsere Wohnung sei beschlagnahmt, vor allem bekäme man dort schwer etwas zu essen. Aber mein Vater arbeitete noch, nur sehr viel weniger. Meine Mutter arbeitete viel und konnte manchmal wochenlang nicht nach Bykowo kommen.

Also blieben wir den Winter über auf dem Lande. Für die Überwinterung legen die russischen Bauern um das Haus herum eine »Sawalinka« an, d. h. man gräbt einen Graben und macht aus der Erde einen ungefähr einen Meter breiten und einen Meter hohen Wall. Diese Sawalinka schützt das Haus besser als alles andere vor der Kälte. Im Frühjahr saßen die Bauern gerne auf der Sawalinka, um sich zu sonnen und Sonnenblumenkerne zu essen. Es gibt sogar einen Ausdruck fürs Nichtstun: »Er sitzt bloß auf der Sawalinka.« Auch wir fingen an, eine Sawalinka zu bauen, und ich durfte mithelfen. Ein Bauer, Jura, und noch irgendein Kerl arbeiteten tüchtig. Ich versuchte, mein Möglichstes zu tun, aber mein lieber Halbbruder lachte wie üblich über mich und tat, als sei ich der letzte Idiot und verstünde nichts.

Es war der erste und bestimmt der letzte russische Winter auf dem Lande, den ich erlebte. Es war auch der einzige Winter in meinem Leben, der mir sehr gefiel und den ich unwahrscheinlich schön fand.

Das Haus war gut geheizt, man aß sehr einfach, aber gut: Kohlsuppe mit Fleischstückchen, Kascha und Sahne. Die Inhaber des Hauses waren sehr nett zu uns und haben uns nichts übelgenommen, selbst nicht die riesige Tuska, an die sie sich allmählich gewöhnten. Mein Vater blieb immer häufiger zu Hause und las mir viel vor. Die wenigen Male, die er nach Moskau fuhr, brachte er mir immer etwas mit. Meine Insektensammlungen waren noch alle da, und ich beschäftigte mich weiter mit ihnen. Also brachte mein Vater weitere präparierte Tierchen in Formalin mit, Taschenkrebse, Skorpione, kleine Schildkröten. Zu Weihnachten bekam ich ein großes Glas mit einem in Formalin präparierten Tintenfisch (Pulp). Dieses Glas stand neben dem Weihnachtsbaum und trug ein Etikett: »An Ljusjok von Kapitän Nemo.«

Wenn meine Mutter zu uns kam, löste sie ab und zu meinen Vater beim Lesen ab, wobei mein Vater jedesmal sagte: »Hören wir doch mal, wie man es im Künstler-Theater macht!« Meine Mutter las auch sehr gut vor, aber lange nicht so expressiv, deutlich und schön wie mein Vater. Mit meinem geliebten Jules Verne war man schon zu Ende, und so begann man mit anderen Sachen – »David Copperfield«, »Huckleberry Finn«, »Taras Bulba«, kurzen Erzählungen von A. Tschechow, Puschkin und Lermontow. Manches konnte ich nicht richtig verstehen, aber dann erzählte mir mein Vater etwas darüber. Wenn man mir zum Beispiel den »Held unserer Zeit« von Lermontow vorlas, so erzählte mir mein Vater über den Kaukasus, die Berge, Zypressen, Tscherkessenreiter usw. Wenn Dickens an die Reihe kam, schilderte er London, den Nebel, die englischen Snobs, obwohl er das alles gar nicht kannte. Die »Odyssee« las mein Vater so gut vor, daß ich dieses Buch fast genau so liebte wie Jules Verne. Den Trojanischen Krieg erlebte ich mit ganzer Seele, Achilles blieb für sehr lange Zeit der größte Held für mich. Ich wäre am liebsten selbst ein Grieche geworden.

Manchmal begleitete mein Vater diese Lesestunden mit Illustrationen. Er zeichnete Taras Bulba, der auf seinen Sohn Andrej schießt, oder den armen Polyphem, dem man das einzige Auge ausbrennt. Diese Illustrationen gefielen mir sehr, und ich bat immer um Erlaubnis, mit einem roten Stift das fließende Blut dazu zu zeichnen. Mein Vater erlaubte mir, in dieser Form meine sadistischen Instinkte auszuleben.

Eines Tages brachte er ein großes Buch in deutscher Sprache mit. Es gab nur ganz wenig Text, aber dafür ganze Seiten von Illustrationen, die aus schwarzen Konturen bestanden. Mein Vater malte das erste Blatt dieses Buches – einer Bibel – sehr schön aus und gab es mir dann, damit ich es weiter ausmale. Es war eine sehr interessante Aufgabe, aber ich machte es so gründlich und ordentlich, daß ich nicht mehr als drei Blätter bis zum Ende des Winters fertig bekam. Zu den Illustrationen erzählte mein Vater die biblischen Geschichten, die er sehr liebte, obwohl er kein gläubiger Mensch im kirchlichen Sinne war.

Eines Tages brachte er mir aus Moskau einen Kasten mit, in dem ein Schädel und ein ganzes menschliches Skelett in einzelnen Knochen lagen. Meine Mutter protestierte sehr gegen dieses Geschenk, und auch mein Vater hatte etwas Angst, daß unsere Isba-Besitzer uns für so etwas hinauswerfen würden.

So lebten wir in der großen, völlig eingeschneiten Isba. Absolute Ruhe und Stille herrschten um uns herum. Es war sehr kalt, und die kalte Sonne schien ununterbrochen. Ab und zu machten wir einen kleinen Spaziergang. Es war alles so weiß und so still, daß das Zwitschern der Meisen auf den verschneiten Zweigen uns schon laut vorkam. Vor dem Schlafengehen gingen wir noch einmal hinaus, um Luft zu schnappen. Da hörte man nicht einmal mehr die zur Ruhe gegangenen Meisen. Ein riesiger, fast dunkelvioletter Himmel hüllte alles ein, und die Sterne schienen so nahe zu sein, daß man das Gefühl hatte, man könnte sie mit einem langen Bambusstock auslöschen. Einen solchen Himmel habe ich nur noch sehr viel später in der Wüste Sahara erlebt.

Eines Tages erklärte mir mein Vater, daß wir einen Ausflug auf Skiern unternehmen würden. Es waren klobige, selbstgemachte Bauernski, die man irgendwo gefunden hatte. Der Tag war, wie üblich, ganz still und sehr sonnig. Onja machte für den Ausflug zwei große Piroggen mit Fleisch und Kascha, die sie in einen kleinen Rucksack steckte, den ich mir aufsetzte. Wir fuhren los, indem wir uns mit den Stöcken abstießen. Das Dorf Bykowo und Tante Katjas Park ließen wir links von uns liegen und zogen auf eine endlose weiße Ebene hinaus. Es gab nur zwei Farben – das grelle Hellblau des Himmels und das Weiß des Schnees. Einmal zeigte mir mein Vater die verschneite Silhouette eines Waldes. »Weißt du, was das ist?« fragte er mich. »Das ist der Wald von Wereja« – der Wald, in dem wir früher viel spazierengegangen waren und wo ich meine erste große schwarze Ringelnatter gefangen hatte. Ich erkannte nichts und war irgendwie von dem Licht betäubt. Auch weiter gab es nur Schnee, Himmel und Sonne.

Endlich kamen wir zu einem Hügel mit verschneiten Bäumen. Hier setzten wir uns auf einen Baumstamm, den wir zuvor vom Schnee befreit hatten. Mein Vater erklärte mir, daß vor uns ein kleiner Fluß fließe, aber man sah nur Schnee. Es war schon ziemlich dunkel, und ich war sehr müde, als endlich die ersten Häuser eines Dörfchens vor uns auftauchten. Mein Vater machte mich auf die Schönheit der verschneiten Birken aufmerksam, aber ich verstand nichts und wollte mich nur irgendwohin setzen und etwas Warmes essen.

An der ersten Isba angekommen, klopfte mein Vater an das Fenster, eine Frau öffnete die Tür einen Spalt und fragte, was wir wollten. Wir sagten, daß wir aus Bykowo kämen und heute noch zurück möchten, ob es möglich wäre, hier etwas zu essen und dann einen Schlitten zu bekommen. Merkwürdigerweise war die Antwort sehr höflich und positiv. Bei Lutschinins wäre das alles zu haben – das dritte Haus rechts. Wir gingen zu Lutschinins, klopften an das Haus und wiederholten unsere Bitte. Ein alter Bauer in weißem Hemd und mit langem, weißem Bart wie in den russischen Märchenillustrationen bat uns, hereinzukommen. Wir legten unsere Bretter ab und traten ein. Eine alte und eine junge Frau begrüßten uns und waren sehr um uns bemüht. Sie wollten uns möglichst freundlich empfangen und baten uns, Platz zu nehmen. »Hier am Ofen wird es wärmer sein.« – »Nein, hier, hier ist es weicher, und der Junge ist wohl arg müde?« Wir setzten uns an einen Tisch neben dem Ofen. Der alte Mann kam herein und setzte sich zu uns. »Sie kommen also aus Bykowo? Einfach so? Spazierengegangen? Hier ist das Dorf Matschikowo. Wir werden schon ein Pferd finden, das Sie nach Hause bringen wird.« Dann sagte der Alte zu der jungen Frau, sie solle zur »Türkin« gehen und ein paar Eier besorgen. Mein Vater wunderte sich, warum man eine Nachbarin als Türkin bezeichnete. »Ach was«, sagte der Bauer, »sie ist gar keine Türkin, man nennt die ganze Familie so – ›die Türken‹. Das kommt noch aus der Zeit, wo die Franzosen hier waren. Da liefen alle aus dem Dorf weg und nur die blieben bei den Franzosen – Franzosen oder Türken, das ist alles das gleiche!«

Meinem Vater gefiel diese Geschichte. Später erklärte er mir, daß die Napoleonische Armee auch viele Türken und andere orientalisch aussehende Soldaten hatte, ganz abgesehen von den Mameluken der Napoleonischen Leibgarde. – Bald aßen wir Eier mit Speck und tranken Tee. »Ja, ja«, sagte der alte, bärtige Bauer, »und jetzt soll's Revolution geben!«

Ein Bauernschlitten ist sehr niedrig und nach hinten zu breit. Man nennt ihn »Drowni«. Das Pferd ist leicht seitlich davorgespannt und wird von dem Bauern, der auf Stroh liegt, gelenkt. In einen solchen Schlitten legten wir unsere Skier, die Stöcke und uns selbst. Ein jüngerer Bauer in einem Pelzmantel (das Leder nach außen gekehrt, wie es heute modern ist) legte sich neben uns, und wir glitten lautlos, wie auf Wasser, über die verschneite Ebene. Für das Essen und den Tee wollten die Lutschinins kein Geld haben, und als Entgelt für die Fahrt bat der Bauer nur um Tabak – »Geld ist ja nichts mehr wert«, sagte er.

So glitt ich unter dem unendlichen Sternenhimmel wie in einem Märchen dahin ... und schlief ein.

In unserem Hause brannte noch Licht, Onja und meine Mutter hatten sich schon Sorgen um uns gemacht.

Was mein Halbbruder Jura machte, weiß ich nicht. Er erschien nur ab und zu bei uns in Bykowo. Manchmal gingen wir im Winter zusammen auf die Suche nach einem kleinen Bockkäfer, der sich unter der Baumrinde sein Nest baut. Es war sehr interessant, diesen Käfer mitten in seinem aus kleinen zerkauten Holzstückchen gebauten Nest zu finden. Die Rinde lösten wir mit dem berühmten Bajonett ab.

Es wurde Frühling. Endlich! Mir kam der Winter wie eine Ewigkeit vor. Mein Vater mußte in die Stadt fahren, und ich war allein zu Hause. Onja war mit Tuska irgendwo im Dorf. Ich saß da und machte meine Schulaufgaben – drei Seiten Schönschreiben. Onja kam plötzlich ganz aufgeregt zurück und berichtete, die »Mädel« im Dorf hätten ihr gesagt, heute würden alle »Burshuis« in Moskau totgeschlagen. Alle, die eine Melone trügen, würden erschlagen. Daß bloß dem Vater nichts passiert! Er ist ja heute in der Stadt! Ich bekam plötzlich panische Angst, lief in mein Zimmer an mein Bett, kniete vor den Ikonen nieder und betete, Gott möge meinen Vater beschützen. Den ganzen Tag war ich so aufgeregt, daß ich weder schreiben noch lesen konnte. Abends kam mein Vater hungrig und fröhlich nach Hause, ich stürzte ein bißchen hysterisch auf ihn zu. »Was ist los mit dir?« fragte er mich. Ich erzählte ihm die Geschichte, und er lachte. »Ja, weißt du denn nicht, daß ich nie eine Melone getragen habe?« Ich hatte noch nie so einen Hut gesehen.

Meine Mutter kam aus Moskau. Sie hatte aus irgendeinem Grund Ferien. Eine Delegation von Bauern suchte uns auf und bat meine Mutter, mit ihnen ein Theaterstück aufzuführen. Sie sollte bestimmen, welches Stück genommen wird, und die Regie führen und den Leuten erklären, wie man spielt. Meine Mutter war entsetzt und gerührt zugleich. Die Bauern kannten sie schon als kleines Mädchen, da sie ja ihre Kindheit in Bykowo verbracht hatte. »Vera Nikolajewna, bitte zeigen Sie uns, wie man es macht, wir möchten Theater spielen«, baten die Bauern. Meine Mutter sagte zu. Sie suchte ein Stück von Ostrowski aus, wählte die Schauspieler unter den Männern und Frauen des Dorfes und verteilte die Rollen. Leider konnte ich die Aufführung nicht sehen, weil ich erkältet war. Meine Mutter erzählte mir aber, daß die Bauern sich irrsinnige Mühe gaben und manche sogar mit sehr viel Talent ihre Rollen spielten. Diese Arbeit machte meiner Mutter große Freude.

Eines Tages kam der neugewählte Bürgermeister des Dorfes Bykowo zu uns und lud uns zur Enthüllung eines Denkmals ein, das, aus minderwertigem Ton hergestellt, schon vor der Einweihungszeremonie zu platzen anfing. Auf einem viereckigen Sockel stand eine verkrampfte Figur, nackt, mit halboffenem Mund, und befreite sich von ihren Ketten. Eine Kapelle aus fünf Mann spielte dazu die Internationale, und ein rotes Tuch, das ein Stück des Kunstwerks bedeckte, wurde heruntergezogen. Der Bürgermeister fragte meinen Vater, wie ihm das Bildwerk gefiele, worauf mein Vater ganz ernst sagte: »Nicht schlecht, es ist viel Ausdruck darin!« Auf dem Rückweg sagte meine Mutter, Denkmäler seien nicht die Stärke des russischen Volkes, wieviel netter sei doch die Theatervorstellung gewesen.

Am Osterfest gingen wir alle um Mitternacht zur Messe. Die große weiße, zweitürmige Kirche von Bykowo sah gar nicht russisch aus, sondern ähnelte eher den italienischen Barockkirchen. Obwohl es schon Revolution war, war die Kirche voller Menschen. Auch mein Vater, der sonst nie zur Messe ging, konnte sich Ostern ohne Kirchenbesuch nicht vorstellen. Es roch nach Schnee, und die schönen Bäume waren noch ganz kahl. Ich bemerkte in den Zweigen einige schlafende Saatkrähen. Es gab so viel Menschen, daß die Hälfte überhaupt nicht in die Kirche hineinkam. Die Bauern mit ihren Kindern und Frauen bildeten zwei dichte Reihen mit einem Gang in der Mitte. Sie hatten alle ihre Osterkuchen mitgebracht, Pascha und Kulitsch, die sie auf die Erde stellten, manchmal auf einem Teller, manchmal auf einem Stück Papier. Als diese Menschenmenge ihre Kerzen anzündete und die Tür der Kirche sich öffnete, klang der Gesang besonders schön. Die Prozession kam heraus, und der Pope segnete all die vielen Paschas und Kulitsch mit Weihwasser und gab dabei acht, daß er nicht auf die Paschas und die bunten Eier trat.

Das waren meine letzten Tage in Bykowo. In Moskau mußte mein Vater in ein Sanatorium gehen, seine Rükkenschmerzen wurden zu heftig, und er konnte nicht mehr arbeiten. Onja zog zu ihrer Schwester, und Tuska ging zu irgendwelchen Leuten. In unsere Wohnung konnten wir nicht zurück, ich weiß nicht, warum. Meine Mutter bekam ein Bett in der Wohnung ihrer guten Freundin Muratowa, ebenfalls einer Schauspielerin des Moskauer Künstlertheaters. Jura ging in die neue Schule, die man aus der Kadettenanstalt gemacht hatte, nachdem man den ehemaligen Direktor und einige Offiziere erschossen hatte. Die Jugend sollte anders erzogen werden, die schönen Uniformen wurden getragen, wie man wollte, man durfte während des Unterrichts rauchen, und, soviel ich weiß, wurde Jura selbst schon eine Art »Professor«. Ich kam in ein Internat in Golizyno, in der Nähe von Moskau. Es soll angeblich ein sehr gutes und menschliches Internat gewesen sein, aber nirgends habe ich so gelitten wie damals als Kind in Golizyno.

Zum ersten Mal war ich ohne Papa und Mama, ohne Onja und die Hunde. Ich war allein, verlassen, und um mich herum waren nur mir völlig fremde Jungen und die trostloseste Landschaft, die ich je erlebt habe. Im Sommer und Herbst ging es noch, aber der Winter war unerträglich. Das Internat lag mitten in einem Birkenwald, der aber nicht aus großen schönen Birken bestand, sondern aus kleinen, mickrigen Bäumen, die sich endlos um das Haus ausbreiteten, alle gleich hoch und gleich trostlos. Im späten Herbst standen diese Bäume im Nebel, und im Winter lag alles unter Schnee begraben. Wir waren in der Schule eingesperrt und hörten nur das unaufhörliche Hupen einer Lokomotive vom Bahnhof herüber.

Das Haus war früher wahrscheinlich einmal sehr schön gewesen, aber mir war alles egal. Ich schlief in einem Schlafsaal mit ungefähr fünfundzwanzig anderen Knaben. Ein Gongschlag weckte uns, ein Gongschlag rief uns in die Klassen, ein Gongschlag rief uns zum Essen. Es war kalt, ungemütlich, das Essen war armselig und ungenügend. Wir bekamen meistens nur Kissel aus Hafergrütze, eine schleimige, säuerliche und klebrige Masse. Ich weiß nicht mehr, wieviel Schüler wir waren. Tagsüber erschienen auch die »Externen«, die Jungen und Mädchen aus dem Dorf. In den ersten Tagen war alles so unerträglich, daß ich nachts nur weinte. Ich steckte den Kopf unter die Decke und schluchzte. Manchmal kam sogar die Aufseherin zu mir und fragte, was los sei. »Heimweh?« sagte sie und strich tröstend über die Decke. Auch mein Bettnachbar kam einmal und sagte mir, er hätte früher auch so gelitten, aber es würde schon vorbeigehen.

Nach den ersten drei Wochen bekam ich Urlaub und durfte für ein Wochenende zu meiner Mutter fahren. Sie nahm mich am Bahnhof in Empfang, und dieses Wochenende bestand nur aus Klagen und Tränen. Onja, die extra kam, um mich zu sehen, brachte mich nach Golizyno zurück. Als wir schon an der Schule angelangt waren und man uns die Tür öffnete, riß ich mich plötzlich los und wollte weglaufen. Die Direktorin und noch ein Mann packten mich an den Armen und wollten mich beruhigen. Ich fing so an zu schreien, daß die Leute Angst bekamen. Die arme Onja wußte nicht, was sie machen sollte. Ich schmiß mich auf den Boden und schrie noch lauter. Wut, Angst, Tränen und Spucke mischten sich mit irgendwelchen unverständlichen Worten. Man zwang mich, fast ein halbes Glas Baldriantropfen zu trinken – und plötzlich beruhigte ich mich. Onja fuhr weg und ich blieb.

Ich weinte nachts noch, aber immer weniger. Im Unterricht war ich schlecht. Ich schrieb mit viel Fehlern, und rechnen konnte ich überhaupt nicht. Das einzige, was ich konnte, war Gedichte auswendig lernen und Naturkunde. Was Bücher, Erzählungen und Aufsätze betraf, so verachtete ich die anderen, einmal erzählte ich den Trojanischen Krieg so, daß alle begeistert waren. Besonders genüßlich schilderte ich, wie Achilles Hektor die Sehnen durchbohrte und seine Leiche an den Wagen band.

Alle vierzehn Tage durfte man über das Wochenende zu den Eltern fahren. Jedesmal holte mich meine Mutter am Bahnhof ab und wir fuhren zu »Alator«, einem Künstlerrestaurant, wo nur Schauspieler, Maler und Dichter verkehrten. Man konnte dort eine dünne, schlechte Suppe und ein Stück Torte aus Roggenmehl bekommen. Ich fand diese Torte himmlisch. Jeden Sonnabend nahm mich meine Mutter mit hinter die Kulissen, wenn ich das Stück, das gegeben wurde, schon mehrmals gesehen hatte; sonst durfte ich die Aufführung sehen. Ich saß in der Garderobe meiner Mutter und sah zu, wie sie sich schminkte. Andere Schauspieler liefen um uns herum. Die Kostüme, die rot geschminkten Backen, die großen künstlichen Wimpern faszinierten mich. Außerdem waren alle freundlich und nett zu mir, sie sagten mir immer etwas Komisches im Vorbeigehen. Es roch nach Kulisse, Farbe, Parfüm, Theater: ein wunderbarer Geruch!

Ich schlief auf einem kleinen, unbequemen Diwan in der Wohnung der Muratowa. Nie wollte ich Sonntagabend nach Golizyno zurückkehren und versuchte immer, etwas zu erfinden, was mir erlaubte, bei meiner Mutter zu bleiben. Ich stellte mich krank, erkältet, rieb absichtlich das Thermometer hoch und tat, als ob ich hustete. Diese Tricks verfehlten aber ihre Wirkung, und meine Mutter brachte mich zu der Sammelstelle am Bahnhof. Und wieder tönte das traurige Lokomotivhupen durch den Birkenwald, und wieder rief der Gong zu irgendeiner unangenehmen Tätigkeit.

Eines Tages bekam ich ein kleines Geschwür an der Ferse. Es tat mir weh. Ich wußte, falls ich es melden würde, müßte ich am folgenden Sonnabend dableiben, statt ins »Alator« und ins Theater käme ich ins Lazarett. Also zeigte ich meine Schmerzen nicht und lief zehn Tage auf meiner kranken Ferse. Ich konsultierte nur einen Kameraden. »Mensch, sag bloß nichts!« meinte er. »Natürlich ist Nachhausefahren wichtiger.« Zum Schluß konnte ich kaum noch laufen, und als ich mit der uns begleitenden Lehrerin schon im Zug nach Moskau saß, fing ich an zu stöhnen und zog meinen Stiefel aus. Eine große Wunde war von mehreren rötlichen nach oben laufenden Geschwüren umgeben. Die Lehrerin war entsetzt. »Aber um Gottes willen! Warum hast du nichts gesagt?« Ich lächelte nur glücklich. Meine Mutter war ebenfalls entsetzt und brachte mich mit einer Droschke sofort in eine Klinik. »Na hören Sie mal, Madame, wollten Sie Ihren Jungen verfaulen lassen?« fragte sie der Assistenzarzt. Meine Mutter schwieg. Mutig ließ ich mir die Wunde reinigen und die kleinen Geschwüre auskratzen und verbinden. Bald lag ich auf dem kleinen Diwan bei der Muratowa. Wahrscheinlich belastete ich meine Mutter und ihre gute Freundin furchtbar, aber da lag ich, sah mir ein Bilderbuch an und war glücklich.

Der Winter war wieder endlos, aber es war nicht mehr der sonnig weiß-blaue Winter von Bykowo, es gab keinen Sternenhimmel und keine Bauernschlitten auf weißen Ebenen. Ich war einsam, verhungert und traurig. Die einzigen Lichtblicke waren die Sonnabende bei meiner Mutter in Moskau. Hinter den Kulissen lernte ich auch den berühmten Stanislawski kennen. »Ach, das ist Ihr Sohn«, sagte er zu meiner Mutter und gab mir die Hand. Im Theater benahm ich mich artig, störte niemand und bewunderte alles. Aber es war eben nur ein einziger Abend in zwei Wochen.

Endlich wurden die Tage länger. In Golizyno gab es eine Neuerung: Man konnte Boy Scout werden. Eine Gruppe Schüler wurde zur Jakowlew-Boy-Scout-Brigade ernannt. Jakowlew war die Direktorin des Internats. Endlich ging mein alter Traum in Erfüllung, ich konnte ein Scout werden, wenn auch erst ein »Wölflein«, da ich noch keine zwölf Jahre alt war. Ich durfte nur mit zwei Fingern und nicht mit drei der linken Hand grüßen. Aber die Uniform konnte ich tragen. Onjas Schwester Dascha, meine Mutter und die Leute in Golizyno verhalfen mir zu einer Uniform, und bald hatte ich ein Hemd mit zwei Brusttaschen, eine kurze Hose und Kniestrümpfe mit rotem Streifen. Eine Trillerpfeife, einen »Stab« und ein blaues Halstuch konnte ich auch bekommen. In dieser prächtigen Ausstattung fuhr ich nach Moskau. Es war gerade der Tag, an dem ich meinen Vater im Sanatorium besuchte.

Meine Mama war auch da – sehr aufgeregt. Man erzählte mir, daß das Moskauer Künstlertheater in den Süden fahren würde. Es sei nötig, mehr Geld zu verdienen, und vor allem, mehr Lebensmittel zu bekommen. In Moskau verhungere man ja. Meine Mutter müsse auf jeden Fall mitfahren, aber es bestünde die Möglichkeit, daß auch mein Vater, Onja und ich mitkommen könnten. Es gäbe einen ganzen Wagen für die Theatertruppe, und meine Mutter könne ihren Mann mitnehmen, ihren Sohn und Onja als Pflegerin für ihren kranken Mann. Die erste Station sollte Charkow in der Ukraine sein. Das Ganze überraschte mich. Meine Boy-Scout-Tätigkeit machte mir bereits viel Spaß, ich gab sie ungern auf, aber der Gedanke, wieder mit Papa und Mama zusammenzusein, war so verlockend, daß alles andere nicht zählte.

Mein Vater fing schon an, mir von Charkow zu erzählen. Da lebe sein geliebter Bruder Nikolai, sein alter Schulfreund Suschkin, und außerdem sei es dort viel wärmer. Es gäbe weiße Akazien mit vielen Hirschkäfern. Diese

Aussicht bezauberte mich so, daß ich alles vergaß und nur möglichst schnell zu den Hirschkäfern wollte.

Die letzten Wochen in Golizyno waren gar nicht mehr schwer. Die Frühlingssonne fing an zu strahlen, und die Boy Scouts machten ihre Übungen im Freien. Wir zündeten Feuer mit zwei Streichhölzern an, spielten Versteck, sprangen über irgendwelche Gräben und sangen Lieder. Eines Tages riefen mich ein Klassenaufseher und ein Scout-Führer zu sich ins Büro. Sie sagten, wir könnten keine Boy Scouts mehr sein, auch unsere Uniformen müßten verändert werden. Wir sollten künftig »Juk« heißen (junge Kommunisten). »Mach dir nichts draus«, fügte der Scout-Führer hinzu, »es bleibt doch dasselbe.« Ich wurde ganz traurig, da es doch ganz anders werden sollte als das, wovon ich mit den »London Illustrated News« und dem »Jolly Book« träumte. Die »Juk« wurden später zu Pionieren, aber da war ich schon weit weg.

Auf einem Moskauer Bahnhof herrschte zu der Zeit völliges Chaos. Soldaten, Matrosen, Bauern, obdachlose Kinder, hungernde Bettler, Weiber in ihren Tüchern, Bettler überfüllten alle Räume, saßen auf ihren Säcken, warteten auf etwas, rauchten, bettelten und schimpften.

Trotzdem konnten wir am Buffet etwas bekommen. Mein Vater und ich erhielten zwei Stück Schinken und zwei Flaschen Bier. Es war das erste Bier meines Lebens. Es war bitter und schmeckte mir überhaupt nicht. Eine bettelnde Frau kam an unseren Tisch. Mein Vater war geniert und angeekelt zugleich. »Ich habe doch selbst ein Kind zu ernähren«, sagte er ärgerlich, schnitt das ganze Fett von seinem Schinken ab und legte es in die schwarze, ausgestreckte Hand der Bäuerin. Dieses weiße Fett in der schwarzen Hand war sehr eindrucksvoll.

Unser Wagen, der groß die Aufschrift »Moskauer Künstlertheater« trug, stand schon da. Mein Vater, meine Mutter, Onja und ich hatten ein Abteil für uns. Die fröhlichen Schauspieler gingen durch den Gang, begrüßten uns und machten Witze. Ihre Heiterkeit paßte so schlecht zu der traurigen und chaotischen Atmosphäre des Bahnhofs. Mein Halbbruder Jura stand auf dem Bahnsteig vor unserem Fenster. Die russischen Züge stehen sehr tief auf den Gleisen, so daß die abschiednehmenden Leute fast über das Zugfenster hinausragen. Man wußte nicht, was man Jura sagen sollte. Er war noch so jung – siebzehn oder achtzehn Jahre alt, und man ließ ihn während des Bürgerkrieges allein in dieser großen, hungernden Stadt. Angeblich hatte er einen Posten an seiner Schule. Meine Mutter war sehr erregt, ihre Augen standen voll Tränen. Lautlos setzte sich der Zug in Bewegung. Meine Mutter bekreuzigte Jura. – Ein Schauspieler kam in unser Abteil, gab meinem Vater die Hand und sagte: »Angenehm, einen Gelehrten bei uns zu haben und nicht noch einen albernen Schauspieler.«

Charkow empfing uns relativ freundlich. Es war warm, und all die vielen Schauspieler, darunter wir, fanden Platz in dem großen, nicht sehr sauberen Hotel »Rossija«. Einige Mitglieder der Truppe stiegen im Hotel »Versailles« ab; das waren die beiden größten Hotels von Charkow.

In Charkow lebte der Bruder meines Vaters, Professor der Botanik, ein entzückender, zarter Mann namens Nikolai Zinger – Onkel Kolja, oder Djadja Kolja. Er hatte eine geräumige Wohnung und, soweit ich mich erinnere, vier Kinder. Onkel Kolja liebte meinen Vater sehr, und die Freude, ihn sehen zu können, war für meinen Vater groß. Außerdem arbeitete an der Charkower Universität ein Kinder- und Jugendfreund meines Vaters, der berühmte Ornithologe P. Suschkin. Er war ein Original, immer fröhlich und bereit, komische und wenig anständige Witze zu erzählen. Er benahm sich gar nicht wie ein Wissenschaftler, sondern spielte im Gegenteil ein bißchen den Bauern oder den Bonvivant. Ein Gläschen Wodka war ihm immer willkommen, und man fühlte sich sofort wohl bei ihm. »Bei ihm« bedeutete zweierlei – bei ihm in der Wohnung und bei ihm im Zoologischen Institut, wo er die ornithologische Abteilung leitete und eine herrliche Vogelsammlung besaß. Die Vögel waren nicht wie üblich ausgestopft und auf einen Ast gesetzt, sondern sehr gut präpariert in Spezialschubladen in einem riesig langen Korridor untergebracht. Suschkin hörte von meinem Vater, daß ich mich für Zoologie interessiere, und es machte ihm Spaß, mir seine Sammlung zu zeigen. Man konnte sich jeden europäischen Vogel wünschen – sofort griff er in die entsprechende Schublade und holte ihn heraus, ob es nun ein großer Adler, ein Reiher, Uhu oder Pelikan, eine Ente, ein Specht oder Mauersegler war. Man durfte die Vögel anfassen, ihre Flügel ausbreiten, ihre Füße betasten, so daß man das Tier tatsächlich gut kennenlernen konnte. Natürlich war das nur für »Auserwählte« möglich, nicht für das große Publikum. Pjotr Petrowitsch Suschkin war für mich viel interessanter als Onkel Kolja, was ich aber meinem Vater nie gestand, da er seinen Bruder sehr liebte und sich in seiner kinderreichen Familie sehr wohlfühlte.

Wieder stieß mich das Schicksal auf zwei Dinge, die mich am meisten bewegten und noch heute bewegen. Es sind die Schönheit in der Natur und die Schönheit in der Kunst. Ich fühle da eine Verbindung wie damals in Moskau zwischen dem »Blauen Vogel« und den interessanten Tieren im Zoologischen Garten oder der unerklärlichen Schönheit der Insekten. Schöne Vögel, Fische und Insekten haben etwas versteckt Künstlerisches an sich. Bei guten Tänzen und Aufführungen sehe und erkenne ich die Farben und Bewegungen der Vögel, Käfer und Schlangen, vielleicht sogar die Formen der Pflanzen. Wenn ich Käfer, Affen, Taschenkrebse beobachte, möchte ich sie tanzen sehen. Wäre ein Ballett der kleinen Schildkröten nicht schön? In der Barockzeit hat man das Theatralische der Affen sehr gut verstanden. Und wie schön könnte eine Revue von Korallenfischen aussehen oder eine Vorstellung des Lebens der Papageien und Affen in den Zweigen des Urwalds.

Damals während des russischen Bürgerkrieges waren in Charkow das Theater und der Zoologische Garten meine Hauptquellen der Freude. Fast jeden Abend ging ich ins

Theater. Die damalige rote Regierung Charkows hatte die Zeit so umgestellt, daß es noch hell war, wenn man das Theater verließ. Natürlich stand man dementsprechend früh auf. Ich sah »Hamlet«, »Das Gut Stepantschikowo« von Dostojewski, »Die drei Schwestern« von A. Tschechow, »Die Möwe« und »Onkel Wanja«, und von Dickens »Das Heimchen am Herd«.

Am Tage ging ich in den kleinen Zoo, der sich ein bißchen außerhalb der Stadt befand. Der Eintritt kostete nichts. Eine Seite des Gartens lief in eine große grüne Wiese aus, die schon Anklänge an die Steppe hatte. Auf dieser Wiese hörte ich zum ersten Mal in meinem Leben Grillen und sah mehrere grüne Smaragdeidechsen. In der Nähe befand sich ein Käfig mit einem wunderbaren dikken »Bajbak« – dem russisch-asiatischen großen Murmeltier. Es gab außerdem noch einen Löwen, drei oder vier Affen, Dachse, Füchse, Papageien und eine Riesenschildkröte. Der Zoo war, wie die ganze Stadt, voll weißer Akazien, deren Duft, wie mein Vater mir versprochen hatte, die ganze Stadt erfüllte. In den Gärten, auf der Straße, in den Höfen lagen zerdrückte Blüten unter unseren Füßen, die jungen Leute rissen sich Zweige mit Blüten ab und spielten damit. Eine wahre Orgie von weißen Akazien! Und auch den Hirschkäfer fing ich endlich. Ein schönes großes Männchen lag umgedreht in einer Allee des Zoologischen Gartens, und meine Freude war unbeschreiblich, daß ich diesen schönen Käfer mit ins Hotel nehmen konnte.

Die Stadt und das für meine Verhältnisse milde Klima gefielen mir. Die Birken von Golizyno waren vergessen. Auch das Essen war besser als in Moskau. Wir gingen öfters in ein Restaurant, »Im Höfchen« genannt, wo man sogar noch ein ordentliches Stück Schweinefleisch bekommen konnte und oft Schauspieler traf. Eines Tages ging ich vom Zoologischen Garten in unser Hotel zurück, da begegnete ich einem Wagen, der ganz mit Stroh bedeckt war. Ich ging nah daran vorüber und sah plötzlich nackte menschliche Füße unter dem Stroh hervorgucken.

Bei näherem Hinschauen entdeckte ich noch mehr nackte, menschliche Körperteile, mit anderen Worten, ich verstand, daß der Wagen mit Leichen beladen und mit Stroh bedeckt war. Ich bekam fürchterliche Angst und lief schnell ins Hotel, um meiner Mutter alles zu erzählen. Ich merkte, daß sie sich selbst sehr aufregte. Als ich abends nicht einschlafen konnte, brachte sie mir Baldriantropfen und erklärte mir, daß man so etwas eben überstehen müsse. Es sei kein normales Leben, sondern Revolution, Bürgerkrieg.

Mein Vater und ich gingen öfters zu Onkel Kolja zum Tee, während meine Mutter ins Theater fuhr und Onja im Hotel blieb. Bei einer solchen Gelegenheit fiel uns auf, daß ungewöhnlich viele Lastwagen und Pferdegespanne auf der Straße waren. Wir wunderten uns über die Menge der Fahrzeuge, dachten uns aber nichts dabei. Bei Onkel Kolja saßen wir wie üblich und tranken Tee an einem runden Tisch, auf dem ein Samowar stand. Plötzlich hörten wir einen Kanonenschuß, dann einen zweiten und dritten. Es wurde geschossen! Bald mischte sich das Knattern von Maschinengewehren unter die Kanonenschüsse. Wir schauten aus dem Fenster, sahen aber nichts. Wir gingen die Treppe hinunter und gesellten uns zu der Versammlung der Hausbewohner, die am Eingang standen und uns aufgeregt erklärten, daß die »Weißen« da seien, die Post besetzt hätten und jetzt die Brücke beschießen. Mein Vater bekam Angst um meine Mutter und sagte seinem Bruder, daß er mit mir schnell ins Theater laufen wolle. Obwohl Onkel Kolja dagegen war, packte mich mein Vater am Arm und rannte mit mir über die Straße. Maschinengewehre schossen bald nah, bald weiter weg von uns; wir blieben immer wieder in Hauseingängen stehen und gelangten so in die Nähe des Theaters. Plötzlich lief ganz nah an uns ein Mann in Uniform mit Achselstücken vorbei, der im Laufen seinen Revolver zog. »Ein Weißer, ein Weißer!« ging es durch die Menschenmasse. Wir rannten noch einmal über eine Straße und standen nun dem Theater gegenüber. »Meinen Sie, wir können zum Theater rüberlaufen?« fragte mein Vater dummerweise einen Nachbarn. »Wenn Sie mit dem Jungen ins Jenseits wollen, dann immer geradeaus«, antwortete der Mann. In einer Schießpause faßte mich mein Vater an der Hand, überquerte mit mir die Straße, und wir erreichten tatsächlich das Theater.

Wir liefen direkt hinter die Kulissen. Einige Garderobieren schrien uns an, wir möchten ruhig sein, es sei Vorstellung. Es wurde der »Kirschgarten« von Tschechow gegeben. Meine Mutter spielte die Rolle der Gouvernante Charlotte, eine ziemlich groteske Rolle. Als wir noch unentschlossen hinter den Kulissen standen, sprang plötzlich meine Mutter als alte Jungfer mit hoher Frisur komisch angezogen heraus. Sie brachte, der Rolle gemäß, noch mehrere tanzende Gäste mit, eine teuflisch-groteske Geste des Theaters in diesem gefährlichen, dramatischen Augenblick! »Gott sei Dank, ihr seid da!« rief meine Mutter, immer noch ihre kostümierten Kollegen an der Hand haltend und springend. »Und wo ist Onja?«

Ein Mann kam herein und sagte, wir sollten uns ruhig verhalten. In diesem Augenblick traten zwei weiße Offiziere ein und befahlen, die Aufführung zu Ende zu führen. Die Stadt sei erobert, einige Kommissare säßen im ersten und zweiten Rang und würden bis zum Schluß bewacht. Es dürfe keine Panik entstehen.

Die Vorstellung wurde tatsächlich zu Ende geführt. Wir warteten, bis sich meine Mutter abgeschminkt hatte, und gingen dann mit vielen anderen Schauspielern auf die Straße. Es war noch ganz hell, alles war in großer Aufregung. Eine Lenin-Statue wurde heruntergerissen, Stücke einer Marx-Büste lagen auf der Straße. Die Sumskaja-Straße herauf zogen Kanonen und viel Kavallerie, Kosaken und die kaukasische sogenannte Wilde Division mit Papachas (Pelzmützen), Säbeln und Dolchen. Das Volk jubelte und bewarf die Pferde und Soldaten mit Blumen. Unsere Schauspieler schrien auch und warfen ebenfalls Blumen. Olga Leonardowna Knipper-Tschechowa (die Witwe des Schriftstellers) hatte einen riesigen Strauß roter und weißer Rosen auf dem Arm, von denen sie gelegentlich eine in die Luft warf. Mein Vater bemerkte scherzend, sie sei ein guter Diplomat, da sie sich sofort weiße *und* rote Blumen besorgt hätte.

Wir gingen zu unserem Hotel, um möglichst bald Onja zu sehen. Dort saßen in der Halle betrunkene Kuban-Kosaken und schrien nach Wein und Schnaps. Onja kam uns entgegen: »Alles ist gutgegangen. Aber geschossen haben die Kerle! Und so viel Lastautos, so viel Pferde!« – Nun waren wir also bei den Weißen, das heißt völlig abgeschnitten von Moskau, Jura, der Universität, der Direktion des Theaters und von den Freunden.

Am nächsten Morgen herrschte strahlendes Sommerwetter. Die weißen Akazien blühten schon nicht mehr, aber es duftete immer noch nach ihnen. Die dreifarbige russische Fahne wehte von manchen Gebäuden, und Kirchenglocken läuteten. Unter der Brücke lagen acht oder zehn Leichen von Erschossenen. Menschenmassen strömten dorthin, um sie zu sehen. »Er ist aber noch so jung«, sagten sie, oder »er sieht aus, als ob er schläft« oder »was hat man mit ihm gemacht, er sieht so geschwollen aus?« Ich sah die Leichen von der Brücke aus und dachte plötzlich an die nackten Füße unter dem Stroh. Auch die Geschichte mit den Dorfjungen kam mir in den Kopf, und kalte Angst packte mich. Ich hatte zu nichts Lust und ging nach Hause.

Zum Essen gingen wir in das kleine Restaurant »Im Höfchen«, wo schon zwei bekannte Schauspieler saßen und mehrere weiße Offiziere Wodka tranken und Sakuski aßen. Woher das alles kam, war uns unverständlich. Alles war anders: Die kleinen Tischchen waren weiß gedeckt, Blumen standen in den Vasen und zwei Kellnerinnen waren feierlich angezogen. »Ja, die kapitalistische Welt zieht wieder ein«, bemerkte mein Vater.

Pjotr Suschkin kam zum Tee zu uns. Er erzählte, wie er mit einem Offizier die »Tscheka« besucht hatte und dort Wände voller Blut und Erhängte mit abgerissener Haut gesehen hatte. Ein englischer Offizier sei in Ohnmacht gefallen, als er einen Eimer voll herausgerissener Augen sah ... Man schickte mich in ein anderes Zimmer, ich hörte aber noch, wie meine Mutter sich beklagte: »Wie könnt ihr so etwas vor einem Kind erzählen?« Tatsächlich zitterte ich vor Angst, mußte mit Baldriantropfen beruhigt werden und schlief erst ein, nachdem ich lange vor meinen Ikonen gebetet hatte. Noch im Schlaf fühlte ich, wie meine Mutter mich beruhigend streichelte, mich bekreuzigte und halblaut betete: »Mein Gott, bitte, beschütze ihn.«

An und für sich habe ich ein ganz gutes Gedächtnis, aber nie konnte ich Daten oder Menschennamen behalten. Auch jetzt, da ich über meine Reisen und mein Leben zwischen den Schauspielern des Moskauer Künstlertheaters berichte, erinnere ich mich nicht genau an ihre Namen. Ich weiß nur, daß die Direktoren Stanislawski und Nemirowitsch-Dantschenko nicht dabei waren. Ich erinnere mich an Massalitinow und seine hübsche Frau, an die Kryshanowskaja, Olga Knipper-Tschechowa, Pawlow und andere. Es ist auch gar nicht wichtig, wie sie hießen, sie waren jedenfalls alle Freunde meiner Mutter und durchweg reizend zu uns. Außerdem waren sie lustig, waren nicht kleinlich und liebten das Leben, oder es kam mir so vor.

Das Theater mußte weiterleben. Nach Moskau konnten sie nicht zurückfahren, und in Charkow war das Repertoire erschöpft. Alle hatten jedes Stück schon mehrmals gesehen. Also entschloß man sich, in den Süden zu fahren. Aber es war Bürgerkrieg, und die Züge fuhren nicht wie sonst. Trotzdem bekamen wir wieder einen Wagen für uns allein, was allen ganz selbstverständlich erschien. Nur brauchten wir für eine Strecke, die man jetzt in zwölf Stunden zurücklegt, acht Tage. Das war gar nicht so schlecht, denn wenn man schon in der Stadt ohne Auto soviel mehr sieht und entdeckt, kann man sich vorstellen, wieviel von der russischen Steppe man in acht Tagen sehen kann.

Für mich war es ein Fest. Ich fühlte mich als Held eines

Jules-Verne-Abenteuers und blieb doch bei Vater, Mutter und Onja, konnte mit ihnen in einem Raum auf einem schmalen Bett schlafen. Morgens schien die Sonne auf den Vorhang, man zog ihn hoch und stellte fest, ob man fährt oder steht. Der Himmel war immer wolkenlos. Zuerst kam die ukrainische Landschaft: weiße, saubere Bauernhäuser mit Strohdächern und hochaufragenden Pappeln, die es bei Moskau nicht gibt. In hohem grünem Gras gingen Störche spazieren. Dann kamen endlose Sonnenblumenfelder, und auch da sah man Störche. Langsam verschwand das alles, und die Steppe fing an, niedriges Gras, das von einem ständigen, leichten Wind wellenförmig bewegt wurde. Ab und zu konnte man einen großen Ball aus vertrockneten Pflanzen beobachten, der vom Wind geformt worden war. Und über allem der immer wolkenlose Himmel. Manchmal blieb der Zug stehen, um andere Züge durchzulassen, was mitunter Stunden dauerte. Die entgegenkommenden Züge waren meist Militärzüge, die Kanonen, Menschen und Pferde transportierten.

Einmal stand der Zug eineinhalb Tage so, zusammen mit einem Militärzug aus der Gegenrichtung, der seinerseits auf etwas wartete. Die Schauspieler gaben im Freien Vorstellungen, um die Weißgardisten zu amüsieren. Sie spielten kleine Sketches, lasen vor oder gaben humoristische Vorführungen. Um ihre Begeisterung und ihren Dank zu manifestieren, taten die Soldaten dies ebenfalls, die Kosaken sangen und tanzten. Die Steppennacht brach völlig unerwartet herein, und Lichter wurden angezündet. Die Soldaten sangen bis ein oder zwei Uhr nachts, ihre Lieder wurden immer melancholischer und stimmungsvoller. Von allen Seiten hörte man das Piepsen der Zieselmaus und konnte dieses reizende gestreifte Nagetier laufen sehen. Nun verstand ich, was tagsüber die großen Steppenadler am hohen Himmel suchten. Bisher hatte ich das Gefühl gehabt, es gäbe hier kein lebendes Wesen. – Der Zug stand immer noch, und am nächsten Morgen brachten uns die Soldaten einen Sack Krebse, den sie in irgendeinem Fluß gefangen hatten.

Einmal traf Frau Olga Knipper ihren Neffen in solch einem Militärzug. Er war ein weißer Leutnant und fuhr irgendwohin. Olga Leonardowna freute sich sehr, ihren jungen Neffen zu treffen, und war stolz auf den jungen Helden. Er fuhr eine Weile mit uns und erzählte tolle Kriegserlebnisse. Es war Ljowa Knipper, der spätere Musiker, der das berühmt gewordene Lied »Steppe, du Steppe« komponiert hat und dann von den Sowjets sehr verehrt wurde.

Der Zug fuhr immer langsamer. Die Störche verschwanden vollkommen, dafür konnte ich vom Fenster aus die Wiedehopfe auf den Telegrafendrähten beobachten. Die Landschaft verengte sich, der Zug verließ die Ukraine und fuhr auf die Halbinsel Krim. In zwei Stunden waren wir in Simferopol.

In Simferopol übernachteten wir alle vier in einem Zimmer, da alle Hotels und Häuser besetzt waren. Die Straßen gefielen mir hier sehr, alles war schon sehr südlich. Droschken mit weißem Verdeck rollten durch die Straßen, und die Mimosenbäumchen standen so leicht und staubig da. Am nächsten Tag mieteten wir eine Droschke und fuhren nach Eupatoria. Es war eine lange Fahrt durch eine völlig flache Landschaft. Plötzlich zeigte meine Mutter auf ein großes Schiff, das in der Steppe stand. Es war Eupatoria, wir fuhren spätabends in diese flache und helle Stadt ein.

Das Ballett der Taschenkrebse

Eupatoria im Sommer war das absolute Gegenstück zu Golizyno im Winter. Es war eine Welt aus hellem Sand, Sonne und Meer. Die Steppe ging direkt in den Sand über und bildete einen riesigen, endlos hellen Sandstrand. Die Häuser der Stadt waren zweistöckig und ebenfalls hell. Kleine Mimosenbäumchen warfen zerrissene bläuliche Schatten auf die Straßen. Verkehr gab es überhaupt nicht. Um die Stadt herum standen mehrere kleine weiße Villen mit Gärten voll bläulicher Bäume und Sträucher und unendlich vielen Blumen. In solch einer Villa namens »Swetlana« fanden wir eine Wohnung. Nach und nach fanden auch die anderen Schauspieler Unterkunft in den Villen. Der »Speisesaal« und Treffpunkt wurde die Villa von Katschalows, auf deren großer schattiger Veranda ein riesiger Tisch mit Krügen voll eiskalten Wassers und großen Schalen voll duftender kleiner Melonen und Aprikosen stand. Es war keine Stadt, es war kein Dorf, es war eine Art Traum. Zwischen Mimosenbäumchen, Sand und warmem, salzigem Wasser schwebte man von Villa zu Villa, von einer Melone zur anderen. Alles war in absolute Ruhe getaucht und duftete nach zarten Blumen und Mimosen. Nur abends hörte man Tausende von Ligusterschwärmern durch die Sträucher flattern.

Am ersten Abend war ich überzeugt, ich träume. Ich war todmüde, und man legte mich sehr schnell in ein Bett bei geöffnetem Fenster, durch das warme, duftende Luft hereinwehte. Selbst meine Mutter hatte keine Angst vor Erkältung. Am nächsten Morgen erwachte ich bei den ersten Sonnenstrahlen und verstand nicht, wo ich bin. Man rief mich lachend zum Tee (Kakao und Kalatsch gab es nicht). Mein Vater wollte trotz großer Rückenschmerzen mit mir einen kleinen Spaziergang machen. Er kannte das Land nicht und war neugierig auf alles. Mit Rußland hatte dieses Land nichts mehr zu tun.

Im Mimosenschatten gingen wir ans Meer. Ein sehr breiter Strand dehnte sich vor uns aus. Die Sonne strahlte, und der weiße Sand verlief sich im ruhigen, hellblauen Schwarzen Meer. Wir gingen zum Wasser und stießen auf Tausende kleiner toter heller Taschenkrebse. Ein toter Delphin war gestrandet und lag in der winzigen Brandung. Ein krummbeiniger alter Tatar (noch in der damaligen Tracht) kam langsam den Strand entlang. Mein Vater sprach ihn an, da er wissen wollte, wie die Tataren einen Delphin nennen. Er sah uns freundlich an, betrachtete lange den toten Delphin und sagte: »Dieser Fisch heißt Stör!«

Wir gingen weiter den Strand entlang. Ein langer Steg ging über den Sand ins Meer. Mein Vater hatte Rückenschmerzen, er wollte nicht über den schmalen Steg gehen und ließ mich diese interessante Stelle allein untersuchen. Es war so warm und alles so durchsichtig – das Wasser, die Luft, der Sand – es gab nichts anderes. Ich guckte in das durchsichtige Wasser und merkte, daß es voll von schwimmenden, lustigen Taschenkrebsen war. Diese Tierchen krabbelten auf dem Sand, griffen einander an, sprangen in die Luft, die für sie aus Wasser bestand, und bildeten kleine Gruppen. Ich habe das später nie mehr gesehen, und niemand konnte mir erklären, was so eine Krabbenversammlung bedeuten soll. Ich konnte mich von dem Schauspiel nicht trennen, und als mein Vater rief, wurde ich fast aus einem Traum geholt. Das Ballett der kleinen Taschenkrebse in der großen, völlig leeren Landschaft beeindruckte mich sehr; es symbolisierte für mich einen Wunsch, eine Sehnsucht nach Ruhe, Wärme und Schönheit.

Das Mittagessen mit den Schauspielern und den schönen Melonen brachte mich in den Alltag zurück. Die Schauspieler sprachen nur vom Strand, dem Sonnenbrand und von den Melonen.

In Eupatoria besuchte mein Vater auf ärztliches Anraten die Schlammbäder. Ich hatte praktisch Ferien, denn man ließ mich hier mit Schreiben, Lesen und Rechnen völlig in Ruhe. Ich begleitete in einer Droschke mit weißem Verdeck meinen Vater in das »Solarium«, wo er warme Bäder nahm und dann große, schwarze Schlammbrocken auf den Rücken geklebt bekam. Dann mußte er in einem roten oder schwarzen Hemd (gegen den Sonnenbrand) lange Zeit seinen Rücken der Sonne aussetzen. Die Schmerzen wurden dadurch nur noch unerträglicher, aber man bezeichnete das als »Reaktion«.

Ich ging mit zwei Jungen namens Warschawski, die wir dort kennengelernt hatten, oft an den Strand, durfte aber nicht zu lange baden, da es angeblich für die Nerven und das Wachstum schlecht sein sollte. Ich versuchte natürlich dieses Verbot möglichst zu umgehen. Die Hitze war unerträglich und ein Bad das schönste, was man sich denken konnte. Es gab in der Nähe einen »Liman« – eine Art großen Meerwasserteich, mit sehr salzigem Wasser. Man konnte da nicht tauchen, nicht die Augen unter dem Wasser aufmachen und auch nicht untergehen. Aus unverständlichen Gründen sollte das im Gegensatz zum Baden im Meer gesund sein, und dort durfte ich plantschen, soviel ich wollte – gar keine so große Freude für einen Schwimmer. Unsere Onja und zwei Schauspielerinnen gingen sehr gern an den Liman, und ich durfte mitkommen.

Ich galt noch als völlig unschuldiges Kind, und die drei Frauen machten sich nichts daraus, sich völlig nackt vor mir zu zeigen. Eine entzückende blonde Frau, die Gattin eines Schauspielers, interessierte mich besonders. Die Frauen zogen sich aus, plantschten auf dem Rücken im Wasser und liefen auf dem Ufer in der Sonne herum. Sie machten sich aus dem schwarzen Schlamm »Handschuhe« und »Strümpfe« und amüsierten sich wie die Dorfmädchen. Ich schwamm oder lag im Wasser und beobachtete die Frauen. Die schöne blonde junge Schauspielerin, Frau Massalitinow, machte sich aus Schlamm lange schwarze »Strümpfe« und sonnte sich stehend ganz in meiner Nähe. Ich sah sie etwas von unten an und bewunderte ihre Haare und Haut. Plötzlich bemerkte sie das und fragte mich ganz böse: »Was machst du da? Schämst du dich denn nicht?« Diese nackte blonde Frau in schwarzen Schlammstrümpfen konnte ich lange nicht vergessen, und sie verschaffte mir sogar einige schlaflose Stunden. Ich dachte an Walja mit ihren Zöpfchen und ihrer kleinen Spalte. Wie anders sah das alles bei diesen Frauen aus. Mein Herz klopfte, wenn ich an sie dachte, nicht an alle drei, sondern eben an »sie«. Ich teilte meine Erlebnisse am Liman den Jungen mit, den Söhnen einer Freundin meiner Mutter. Sie lachten über mich, interessierten sich aber für gewisse Probleme und führten mich auch in die Geheimnisse des Kinderkriegens und der Geburt ein. Ich war etwas schockiert und unangenehm berührt, als ich dabei an meine Mutter dachte, aber nicht lange, denn im Vergleich zu den Erlebnissen mit den Leichen im Stroh, meinem »Scheißefüttern« und den Erzählungen über die Grausamkeiten des Krieges machte diese neue Erkenntnis keinen zu starken Eindruck auf mich.

Der Monat August ging zu Ende, aber wie warm, wie sommerlich war es noch im Vergleich zu Moskau! Die Kur meines Vaters ging auch zu Ende, und ich wußte, daß wir bald nach Jalta weiterfahren würden. Meine Mutter sollte uns dann verlassen und mit der Theatertruppe auf Gastspielreise in andere Städte gehen. Ich sollte mit meinem Vater und Onja in Jalta überwintern.

In den letzten Tagen dieser Sommerferien ging ich mit den Warschawskis in die Steppe, um Springmäuse zu fangen. Es sollte dort angeblich viele geben, und man würde sie am Abend sehen. Man könnte sie fangen, wenn man Wasser in ihre Löcher füllte. Wir nahmen also vier Eimer mit, die wir an einem kleinen Liman füllten. Wir fanden auch irgendwelche größeren Löcher und schütteten das Wasser hinein, aber nirgends kam eine Springmaus heraus, und ich habe bis heute keine gesehen.

Eines Tages fuhren wir in die Stadt. Ein Dampfer stand sehr weit von der Küste entfernt, und mehrere Ruderboote transportierten die Reisenden zum Schiff. Schließlich kamen auch wir an die Reihe, und unser Ruderboot glitt über das völlig durchsichtige Wasser. Man konnte ganz genau den sandigen Grund beobachten, und ich dachte an mein »Taschenkrebsballett« am ersten Tag in Eupatoria. Wie lange war das schon her, dachte ich. Diese kleinen Taschenkrebse, dieser Sand, diese zarten Mimosenbäumchen und der Flaum der blonden Schauspielerin! Es war wirklich ein Aufenthalt im Paradies gewesen. – Das Hinaufklettern auf den Dampfer war mühsam. Meine Mutter und Onja hatten Angst, mein Vater hatte Rückenschmerzen, und alles, was man anfaßte, war brennend heiß von der Sonne.

Unsere erste Station war Sewastopol. Nach dem traumhaften Eupatoria erschien es mir eher chaotisch. Ich hatte noch nie vorher einen größeren Hafen gesehen. Unser Dampfer kroch förmlich durch die Boote und stellte sich schließlich zwischen ein Kriegsschiff und einen anderen großen, schmutzigen Dampfer. Wir standen auf Deck und betrachteten den Betrieb. Noch nie hatten wir ein Kriegsschiff mit einer kleinen Kanone auf dem Deck so nah vor uns gesehen. Ein Offizier in Weiß ging hin und her. »Aljoscha! Onkel Aljoscha!« rief plötzlich meine Mutter. Mein junger schöner Onkel Aljoscha drehte sich um und winkte uns zu. In ein paar Minuten war er bei uns, wir gingen alle in die Schiffsbar und setzten uns an einen kleinen Tisch. Was für ein Zufall! Mein Onkel wußte nichts von uns, wir nichts von ihm. Er dachte, wir seien noch in Moskau, wir dachten überhaupt nichts. Gott sei Dank war er noch am Leben, und Gott sei Dank ging es ihm gut! Er hätte nicht viel zu tun, da der Bürgerkrieg sich höchst selten auf den Meeren abspielte (nur gelegentlich in der Ostsee), erzählte er uns. Wir führen weiter nach Jalta, berichteten wir. Und Ljusjok? Mein Gott, ist er groß geworden, und so braun. Ach, ihr wart in Eupatoria? Aber Onkel Sascha (mein Vater) ist mager geworden und auch so braun. »Weißt du«, sagte Onkel Aljoscha zu ihm, »du siehst aus wie eine Mischung zwischen Iwan dem Schrecklichen und einem Zigeuner.« Unser Dampfer hupte schon zum dritten Mal, und die weiße Silhouette meines Onkels verschwand.

In Jalta kamen wir gegen Abend an. Wir standen auf der Mole, als Onja plötzlich aufschrie: »Mein Gott, was für eine riesige Gewitterwolke!« Es war keine Wolke, es war das Jaila-Gebirge, die ersten Berge, die Onja sah.

Jalta war nun überhaupt nicht flach: eine malerische, weiße Stadt, die an einem Berg klebte. Einige Zeit lebten wir in einem Haus in einer steilen Straße, dann zogen wir in eine Villa in einer noch viel steileren Straße. Wir teilten sie mit einer Familie. Die Familie Woloschin – auch ein Physiker – bewohnte die untere Etage mit Frau und Sohn

Pawlik, wir bewohnten die obere Etage und besaßen einen Balkon, der direkt in einen Garten überging. Eine große Zeder, drei riesige Zypressen und drei Magnolien waren sehr eindrucksvoll und machten aus dem Gärtchen einen Park.

Nebelhafte, kindliche Erinnerungen aus Sestri Levante stiegen in mir hoch. Wieder fühlte ich den Charme des Südens. Wieder diese Gerüche, diese Wärme und diese »Leichtigkeit des Daseins«, die man in Moskau gar nicht kannte. Besonders die Gerüche beeindruckten mich – diese Mischung aus Pfefferminz, Thymian und Kiefern.

In Jalta trafen wir die Familie Catoire – die Kusine meiner Mutter, auch eine geborene Pawlowa; Tante Manja hatte einen Franzosen, Lolo, geheiratet. In Moskau hatten wir sie nie gesehen, aber hier waren wir glücklich, sie anzutreffen. Manja Catoire hatte vier Söhne, von denen drei bei ihr in Jalta waren. Der jüngste, Boris Catoire, ging auf das »Handelsgymnasium«, wo auch ich bald Schüler werden sollte. Boris war etwas älter als ich, er besuchte die Klasse über mir. Mein Vater verliebte sich damals regelrecht in diesen Jungen. Er fand ihn klug, fleißig, schön, gut erzogen, voller Interessen, geistvoll. Ich erinnere mich, daß ich manchmal fast eifersüchtig war, wenn mein Vater für diesen Borja schöne Rebusse ausdachte und zeichnete. ›Früher, in Bykowo, zeichnete er Rebusse für mich‹, dachte ich, ›und jetzt bin ich vergessen.‹

Meine Mutter verschwand. Sie fuhr mit der Theatertruppe nach Odessa. Ich bekam eine Schuluniformmütze mit grünem Rand und zwei Äskulapschlangen als Kokarde. Der Direktor des Gymnasiums war ein reizender Mann, und ich liebte besonders den Biologielehrer, Herrn Rossilewitsch. Das Lernen fiel mir ziemlich schwer, besonders Orthographie und Mathematik. Mein Vater half mir bei den Schulaufgaben und war manchmal verzweifelt. »Wann wirst du bloß schreiben lernen?« rief er. »Du schreibst ganz gute Sätze, aber man schreibt doch das nicht mit ›a‹, und hier kommt noch ein ›e‹ dran! Du schreibst wie ein Analphabet.« Bei Grigori Jakowlewitsch

Rossilewitsch war ich ein guter Schüler, und ich durfte sogar die kleine Sammlung der Schule betreuen: die Insektensammlung, Schlangen und Eidechsen in Formalin, eine ausgestopfte Eule und einen ausgestopften Dachs. Die Gymnastikstunden haßte ich. Man turnte wenig und marschierte endlos durch die Berge. Einmal fing ich beim Marschieren eine herrliche, mir völlig unbekannte Heuschrecke. Der Lehrer brüllte mich an: »Zinger, laß die Heuschrecke fallen!« Ich glaube, ich kann ihm das bis heute nicht verzeihen.

Zu dieser Zeit lagen im Hafen von Jalta sehr viele internationale Kriegsschiffe, englische, amerikanische, französische und italienische. Selbstverständlich brachten diese Schiffe viel Betrieb mit sich. Schon morgens blickte man in die Bucht, um zu sehen, welches Schiff abgefahren, welches angekommen war. Wir Jungen wurden zu Spezialisten der internationalen Flotte, wir sprachen nur noch über die Zahl der Kanonen, die Schornsteine, die Tonnage etc. Die Familie Woloschin hatte Beziehungen zu den englischen Schiffen, mit denen sie irgendwelche Geschäfte machte. So kam ich mit Pawlik auf zwei englische Kriegsschiffe, den Minenträger »Montrose« und ein Riesenschiff, »Emperor of India«. Es war sehr aufregend. Man brachte uns mit einem Motorboot auf das Schiff. Der Geruch der englischen Zigaretten (Players – Navycut), die muskulösen, tätowierten weißen Arme der Matrosen gefielen mir sehr. Die Matrosen mit ihren kleinen Mützchen waren freundlich, sie schenkten uns Zigaretten und süße kondensierte Milch in Büchsen. In ihrer Kantine zeigten sie uns eine Banklehne, in die unanständige Wörter eingebrannt waren – französische, holländische, indische, chinesische und natürlich auch ein paar russische, die uns zum Lachen brachten. Die englische Sprache gefiel mir sehr und erinnerte mich an das »Jolly Book«, die »London Illustrated News« und die Boy Scouts.

Il est bien plus beau de savoir quelque chose de tout que de savoir tout d'une chose

Pascal

Die ersten herbstlichen Tage begannen damit, daß ich auf einem Rasen nicht weit von uns eine große dicke grüne Gottesanbeterin fing. Freudestrahlend brachte ich sie meinem Vater, der gerade liegend ein Buch las.

Der Herbst war warm und unwahrscheinlich schön. In einem großen Raum unserer Villa war ein Fenster, das als riesiger samtener Bilderrahmen ausgestaltet war – vielleicht eine etwas kitschige Idee, aber sehr wirkungsvoll. Es ging nicht auf das Meer, sondern auf die Ostseite der Stadt und die Berge. Man sah die Ausläufer von Jalta, das Dörfchen »Derekoj« und die »Massandra«, einen herrlichen großen Park. Im Herbst sah man kaum gelbes Laub, nur die Luft wurde durchsichtiger. Ich dachte an die Herbsttage im Norden und triumphierte: Wieviel schöner war der Süden! Wie wird es jetzt in Golizyno aussehen, dachte ich. Nein, ich fühlte, daß ich kein Wintermensch bin trotz des einen schönen Winters in Bykowo. Aber Lolo Catoire, der Vater des geliebten Boris, ein typischer Franzose mit kleinem gallischen schwarzen Schnurrbärtchen, litt. Er liebte Rußland. Er fühlte auch, daß er mit seiner Familie Rußland bald verlassen würde. Ab und zu ging er mit meinem Vater im Stadtgarten spazieren, wo eine kleine, verkümmerte Birke wuchs, setzte sich auf eine Bank und weinte. Auf Wiedersehen, Birken, Rußland, vergangenes Leben! Mein Vater hatte Mitleid mit ihm und fand seine Liebe zu Rußland rührend. Er selbst hatte gar keine Sehnsucht nach Moskau, er liebte vielleicht Sestri Levante mehr als das nördliche Rußland, und die neu entdeckte Krim gefiel ihm sehr gut. Er wiederholte immerzu, er hätte nie gedacht, daß es so schöne Ecken in Rußland geben könnte.

Meine Mutter nahm auch aus finanziellen Gründen an der anstrengenden Theatertournee teil. Geld wurde knapp bei uns. Noch bevor sie abreiste, dachte sie zusammen mit Frau Woloschin eine Verdienstmöglichkeit aus. Sie wollten Piroschki im Hafen verkaufen. Zu diesem Zweck wurde Onja mit einem Tablett an einem Schulterband ausgerüstet. Frau Woloschin und meine Mutter bereiteten den Teig und die Füllung – Kohl und Fleisch. Diese klassischen russischen Piroschki fanden im Hafen großen Anklang, und Onja hörte nicht auf, mit vollem Tablett hinunter und mit leerem Tablett hinauf zu laufen. Auch nach der Abreise meiner Mutter lief das Geschäft weiter.

Mein Vater wurde eingeladen, bezahlte Vorträge zu halten. Sie fanden in den Räumen einer großen Schule (nicht da, wo ich Schüler war) statt. Mein Vater sprach über alles. Bald hielt er einen Vortrag über Archimedes, bald über die Bäume in Rußland, bald über Galilei, über Lomonossow, sogar über die »Gedanken Peters des Großen«, über Leonardo da Vinci, ganz zu schweigen von den kleineren physikalischen und botanischen Plauderabenden. Diese Vorträge hatten riesigen Erfolg, und bald wurde mein kranker Vater ein berühmter Mann in Jalta. Auf diese Weise sicherten Piroschki und Geist unsere Existenz in diesem Winter.

Weihnachten feierten wir ohne Mama. Wir besorgten uns eine kleine Kiefer anstelle einer Tanne, die auf der Krim nicht zu bekommen war. Mein Vater zeichnete und bemalte mit wenigen Buntstiften auf Karton verschiedene Tiere und Pflanzen, die für die Krim typisch waren. Sie wurden dann ausgeschnitten und mit einem Faden an die Zweige gehängt.

In den zwei Wintermonaten saßen wir meist zu Hause, gingen wenig spazieren, und mein Vater las mir vor, unter anderem schon »Krieg und Frieden«, aber auch manchmal alberne Geschichten. Ich erinnere mich an ein Buch, das »Die verlorenen Erzählungen des Wanderers, des Sängers und des Narren« hieß. Auch »Cuore« von Amicis las er mir vor. Diese patriotischen und sentimentalen Geschichten des berühmten Italieners gefielen mir damals sehr. Die Abwesenheit meiner Mutter und vor allem das Ausbleiben ihrer Briefe belasteten meinen Vater mehr als mein egoistisches Kinderherz. Ich war mit der Schule, mit der neuen Landschaft und mit mir selbst so beschäftigt, daß ich nichts merkte.

Ein französisches Kriegsschiff nahm die Familie Catoire mit – sie fuhren über Konstantinopel nach Frankreich. Mein Vater nahm sich die Abreise von Boris Catoire sehr zu Herzen. Ich bekam später einen sehr lieben und netten Brief von Boris aus Konstantinopel, aber nichts außer mir selbst berührte mich sehr.

Den ganzen Winter lebten wir ohne meine Mutter. Erst nach Ostern kam sie wieder. Die Freude war unbeschreiblich, zumal meine Mutter jetzt »für immer« in die Familie zurückkehrte. Sie erzählte uns von ihren Gastspielen in Odessa, in Rostow am Don, in Melitopol, in Taganrog. Sie berichtete auch, wie schwer es gewesen sei, nach Jalta zu kommen. Der Bürgerkrieg war in vollem Gange, die Kämpfe an der ukrainischen Grenze waren sehr hart, und man sprach viel über den möglichen Zusammenbruch der Weißen. Die Theatertruppe fiel auseinander, da viele Schauspieler nach Moskau zurückkehren wollten, während andere der kommunistischen Regierung auswichen und flüchteten. Mit Müh und Not hatte meine Mutter einen Platz auf einem englischen Kriegsschiff gefunden, und das auch nur, weil ein Vetter der Catoires in der englischen Armee diente. Das Kriegsschiff transportierte auch Typhuskranke; Typhus herrschte überall, und die Menschen starben wie die Fliegen. Meine Mutter hatte fürchterliche Angst vor Ansteckung gehabt, da sie zwischen Typhuskranken schlafen mußte. – Eisenbahn- und Schiffsverkehr waren wegen des Bürgerkriegs fast lahmgelegt, da die weiße Armee alles beschlagnahmte. Trotzdem wurde die Theatertruppe überall gut empfangen und freudig begrüßt. Meine Mutter lebte z. B. eine Zeitlang in Odessa in einer jüdischen Familie, die sie umsonst beherbergte, beköstigte und liebevoll pflegte, nur weil sie Theaterschauspielerin war. – Der Hafen von Odessa war überfüllt von Flüchtlingen und Reisenden, alle wollten irgendwohin, jeder Mensch hatte irgend jemanden, zu dem er wollte. Man sah Hunderte von herzzerreißenden

Szenen. Meine Mutter hatte schreckliche Angst, keinen Schiffsplatz zu bekommen. Und dann kamen die Engländer, diese freundlichen, rotbackigen Engländer, mit ihren muskulösen und tätowierten Matrosen in kleinen weißen Mützen mit schwarzen Bändern. Sie waren freundlich, und so war sie endlich wieder bei uns in Jalta.

Die Piroschkis und die Vorträge meines Vaters reichten nicht mehr aus, um uns zu ernähren, und wurden auch immer weniger verlangt. Doch plötzlich zeigte sich ein Ausweg aus dieser Notlage: Zwei junge Frauen erschienen bei uns und Woloschins. Sie waren Lehrerinnen und boten meinem Vater und Herrn Woloschin an, sich am Aufbau eines Internats zu beteiligen. Mein Vater sollte Direktor und spiritus rector der Schule sein, Woloschin sollte naturwissenschaftliche Fächer, meine Mutter Französisch und Deutsch unterrichten. Onjas Arbeit sei ohnehin unentbehrlich. Die Schule würde sich neun Kilometer von Jalta entfernt in einem ehemaligen Sanatorium am Rande eines Waldes in dem Örtchen Temis-Ssu befinden, unweit des berühmten Botanischen Gartens von Nikita. Es seien auch schon drei Pensionäre da.

Das alles klang sehr verlockend, und so ging meine Mutter mit mir zu Fuß nach Temis-Ssu (was auf tatarisch »Klares Wasser« bedeutet). Es war ein herrlicher Spaziergang, zuerst auf der Chaussee, dann durch die Berge. Große Pinien, Zedern und Zypressen wuchsen am Rande des Weges, ausgedehnte Weinberge führten uns an den Fuß eines hohen Berges, der Palikaster hieß. Die beiden Frauen empfingen uns freudig und richteten uns ein schönes Zimmer für die Nacht her. Ich weiß noch, wie entsetzt eine der Lehrerinnen war, daß meine Mutter mich so »komisch« anzog. »Und wozu diese Unterhose? Um Gottes willen, auch noch ein Unterhemd! Und diese Krawatte!« »Bei dieser Hitze!« Ich durfte ein einfaches Hemd ohne Ärmel und eine kurze Hose anziehen.

Die Damen hießen Julija Fjodorowna und Natalja Wassiljewna. Beide waren große Verehrerinnen von Isidora Duncan und Griechenland. Julija Fjodorowna trug ein tunikaartiges Kleid und hatte ein Band um ihre rötlich-blonden Haare geschlungen. Natalja Wassiljewna trug auch eine Tunika und hatte genauso ein Band um ihre pechschwarzen Haare. Sie sah tatsächlich wie eine Griechin aus, trotzdem gefiel mir Julija Fjodorowna sehr viel besser. Ich war bezaubert von ihrem rundlichen Gesicht, ihrem fraulichen Ausdruck, ihren wunderbaren, nicht zu dünnen Armen, die bei manchen Bewegungen die rötlichen Haare in den Achselhöhlen zeigten. Wärme und ein angenehmer Geruch gingen von ihrem Körper aus. Beide lebten in einem großen Zimmer, wo ein prächtiger Blumenstrauß vor dem offenen Fenster stand und eine Reproduktion des »Raubes der Europa« von Serow an der Wand hing.

Wir blieben über Nacht in Temis-Ssu und kehrten am nächsten Tag nach Jalta zurück. Nach einer kurzen Sitzung wurde der Vorschlag der Lehrerinnen angenommen, und wir zogen nach Temis-Ssu um.

Die Stadt war verschwunden, wir lebten nun inmitten der südlichen Natur der Krim. Unsere Familie hatte ein eigenes Haus mit geräumiger Veranda zu ihrer Verfügung, nur ein paar Meter vom Hauptgebäude entfernt. Die beiden Lehrerinnen und Woloschins wohnten im großen Haus. Es gab genügend Schlafräume, drei große Säle, zwei große Korridore und eine große Treppe im Innern des Hauses. Unten befanden sich eine große Küche und zwei weitere Räume, in welchen die Köchin Lena, eine schöne junge Frau, mit ihrem unehelichen Kind, Walja (Walentin), wohnte. Ein Mann, Iwan Karpowitsch, besorgte die Heizung und sonstige männliche Arbeiten, die die Wirtschaft verlangte. Wahrscheinlich sorgte er sich auch um das Glück der Köchin Lena, die sehr bald ihr zweites Kind erwartete. Es war alles vollkommen – wie auf der geheimnisvollen Insel bei Jules Verne. Drei Pensionäre – ein Mädchen und zwei Jungen – waren schon da. Dann kamen die Kinder des Nachbargutes, Tata und Andrej Brulow, genannt Marik, zu uns. Weitere Pensionäre folgten mit unwahrscheinlicher Geschwindigkeit, in zwei Wochen war das Haus voll. Eine Schulordnung mit strenger Disziplin wurde ausgearbeitet, alles klappte viel besser, als man hätte annehmen können.

Mein Vater blühte auf. Die Nähe des wunderbaren, südlichen Botanischen Gartens beglückte ihn. Dort lernte er einen netten Botaniker, Herrn Stankow, kennen und befreundete sich mit dem Direktor, Alexander Eduardowitsch Albrecht, einem reizenden, milden, gebildeten Herrn, welcher mit seiner sehr großen Familie in einem Haus direkt im Botanischen Garten wohnte. Es gab dort auch eine ziemlich reiche botanische Bibliothek, wo ich sogar meine Bände von Brehms »Tierleben« wiederfand und vieles andere.

In unserer Schule unterrichtete mein Vater Geographie, Geschichte, Literatur und Naturkunde. Ich erinnere mich noch, wie er für den Anfang eine große Karte von Rußland zeichnete und jedes Gouvernement einzeln durchnahm – Städte, Flüsse, Hauptbeschäftigung, Klima usw. Wenn wir ein solches Gouvernement durchgenommen hatten, malten wir die Fläche mit Buntstift aus. Dasselbe machte er mit der Europakarte und sogar mit der Weltkarte. So erzählte er zum Beispiel sehr fesselnd von Italien und zeichnete dabei die Städte ein – Genua, Florenz, Rom. Schließlich malten wir den italienischen Stiefel in Grün aus. Dann ging er auf Heidelberg, München, Berlin über – Deutschland wurde rot ausgemalt. – Nachmittags oder abends las er vor, das hatte einen solchen Erfolg, daß selbst mein Vater erstaunt war. Er las zum Beispiel »Les Misérables« von Victor Hugo vor, ein Junge erlebte das Schicksal von Jean Valjan so mit, daß er hinausging und weinte. Natürlich begleiteten den Roman Erklärungen, was Paris ist, wie die Franzosen leben und wie die Seine fließt, oder was Waterloo, was Belgien oder was ein Murmeltier ist.

Meine Mutter unterrichtete die deutsche und die französische Sprache, Woloschin Mathematik. Die beiden Lehrerinnen sorgten für Disziplin und unterrichteten Gymnastik, Plastik, Singen und russische Grammatik.

Wir Kinder wurden einfach, aber gut ernährt. Die Schule besaß zwei Esel, »Tscheka« und »Mischka«, und einen großen, schwarzen Spitz, »Scharik«. Mischka gehörte eigentlich irgendwelchen Nachbarn, die aber nie da waren, so daß die Schule ihn adoptierte. Dazu kam bald eine entzückende, ganz junge Dobermannhündin namens »Bulka«. Sie war die Tochter eines reinrassigen Paares »Nora« und »Treff« von einem benachbarten Gut. Trotzdem hatte unsere Bulka einen ganz kleinen weißen Fleck, der zwar sehr hübsch aussah, aber gegen ihre Rassereinheit sprach.

Das Leben mit ungefähr zweiundzwanzig Kindern in Temis-Ssu fing an – eine sehr glückliche Zeit. Die Worte unserer Temis-Ssu-Hymne von meinem Vater geben gut die Atmosphäre unseres damaligen Daseins wieder. Die Melodie dieser Hymne war die irgendeines albernen französischen Liedchens. Die Worte lauteten ungefähr so: In unserem Temis-Ssu leben wir im Walde. Das Haus liegt an einem Berghang. Hinten steht wie eine Mauer die Jaila und unten liegt das blaue Meer. Hier haben wir Freiheit und können in den Bergen springen und auf die Bäume klettern. Wir stehen früh auf und quaken den ganzen Tag lang wie die Laubfrösche im Gebüsch.

Abgesehen von den Schulstunden entsprach das ungefähr unserem Kinderleben.

Etwa drei Kilometer von Temis-Ssu befand sich hinter einer Schlucht das tatarische Dörfchen Nikita, und gleich daneben fing der große Botanische Garten an, der fast bis zum Meer ging. Vor kurzem hat dieser Nikitski Sad sein einhundertfünfzigjähriges Jubiläum gefeiert. Einen so schönen und so großen südlichen botanischen Garten habe ich nie mehr gesehen. Herrliche große Pinien wuchsen überall auf der Krim, fast wie in Italien, aber der Nikitski Sad besaß auch prächtige große kalifornische Kiefern, die riesige Zapfen produzierten. Vor vielen Jahren hatte man da nicht nur mehrere dieser Kiefern als kleine Bäumchen gepflanzt, sondern auch die entsprechende

Erde aus Kalifornien mitgebracht, um den Bäumen heimatlichen Boden zu verschaffen.

Obwohl mein Vater Physiker war, begeisterte er sich für die Botanik. Die neue südliche Pflanzenwelt und so ein Garten waren das reinste Paradies für ihn. In jeder freien Stunde ging er dorthin. Der Übergang über die Schlucht war nicht einfach, und Bulka und ich begleiteten ihn oft. Alexander Eduardowitsch Albrecht besaß ein eigenes Haus, zu dem man durch einen Obstgarten gelangte. Die Türen seines weißen niedrigen Hauses waren immer offen – man konnte denken, ein Symbol für seine Gastfreundschaft. In allen Zimmern roch es nach Blumen, Melonen und Pfirsichen. Dieser Geruch war allgegenwärtig. Sommers und winters lagen auf den vielen Holzschränken Pfirsiche, Birnen, Melonen, verschiedene Pflanzen und Zapfen. Selbst in der großen Bibliothek lagen Früchte. Herr Albrecht war seit mehreren Jahrzehnten auf der Krim zu Hause, und da er dazu Botaniker war, fanden mein Vater und er eine gemeinsame Sprache und wurden Freunde.

Ich erinnere mich sehr gut an den großen Diwan, auf dem Alexander Eduardowitsch mit seinem weißen Bärtchen neben meinem Vater in weißem Hemd und sonnengebräunt saß und ihm irgendwelche Geheimnisse von der Flora der Krim mitteilte. Beide rauchten Zigaretten aus selbstgezogenem Tabak, der – große gelbe Blätter – überall zum Trocknen herumhing, um dann später fein geschnitten zu werden. In jedem Haus des Tatarendörfchens hingen Tausende solcher Tabakblätter. – In der Bibliothek von Herrn Albrecht fand ich außer Brehms »Tierleben« auch andere zoologische Bücher, u. a. eines von Wilhelm Haacke mit vielen Illustrationen von Wilhelm Kuhnert. Diese Illustrationen faszinierten mich, und ich konnte nicht genug von ihnen bekommen. Jedesmal, wenn ich mit meinem Vater zu Herrn Albrecht kam, hieß es »und du mit deinem Haacke (es waren drei Bände) kannst dich dahin setzen!«

Der Sommer in Temis-Ssu überwältigte mich. Zum ersten Mal hörte ich Millionen von Zikaden schreien. Ab

Mitte Sommer erschienen dann unendlich viele Gottesanbeterinnen in den verlassenen Reben, in den Gräsern und in Büschen. Wir fingen gelegentlich die dicken großen Scheltopusiks (Äskulapnattern) oder fanden große, metallen schimmernde blau-grüne oder rötliche Laufkäfer. Mein Vater ließ ein kleines »Museum« in der Schule einrichten. Da nahmen wir auch die Anatomie der Zikaden durch und erfuhren, wie kompliziert ihr Schreiapparat gebaut ist.

Ich durfte ein Terrarium einrichten. Man stellte mir einen großen schmalen Raum zwischen zwei Fenstern zur Verfügung, die nie aufgemacht wurden. Es war ein Terrarium für alle, da es sich in dem großen Haus befand. Ich hielt zwei Äskulapnattern, die so grausam die schönen Eidechsen verschlangen, und große Laufkäfer (auch schreckliche Raubtiere), die sich in die Weinbergschnekken hineinfraßen. In einem anderen, kleineren Fenster lebte eine herrliche Leopardennatter. Als sie die Haut wechselte, mußten das alle Kinder, still um sie herumstehend, beobachten. Einmal lebten dreihundert Gottesanbeterinnen bei mir – grell grüne, braune, fast orangene und gelbe. Ich liebte dieses Insekt so, daß ich von den Kindern eine Zeitlang selbst »Bogomol« (Gottesanbeter) genannt wurde.

Einmal in der Woche ging die ganze Schule ans Meer. Die beiden Lehrerinnen begleiteten uns. So liefen wir ungefähr eineinhalb Stunden an heißen Sommermorgen durch Oliven und Korkeichenwäldchen den Berg hinunter. Die Zikaden hörten nicht auf zu zirpen, und alles war so bläulich und warm. Die Korkeichen mischten sich mit einfachen kleinen Eichen, auf jedem Baum saßen mindestens vier bis zehn Zikaden. Es roch nach heißen Kiefern und nach Pfefferminz, und alles ging ineinander über wie auf dem Bild von Antoine Watteau, von dem ich damals natürlich noch nichts wußte.

Der Strand war steinig, und man konnte von vielen Steinen und Felsen ins Wasser springen. Julija Fjodorowna und Natalja Wassiljewna zogen sich aus und paßten auf, daß alles gut ging, besonders bei den wenigen, die noch nicht schwimmen konnten. Erst wenn wir alle genug gebadet hatten und wir unsere Brote, Tomaten und Pfirsiche im Schatten aßen, gingen die beiden Frauen ein wenig weiter weg und zogen sich hinter einem Felsen nackt aus, um zu schwimmen. Julija Fjodorowna gefiel mir immer mehr, jedesmal versuchte ich, sie deutlich zu sehen, aber immer erblickte ich sie nur in der Ferne. »Welche gefällt dir besser?« fragte mich Max von Stackelberg. »Julija Fjodorowna«, antwortete ich. »Mir auch«, sagte Max, »Natalja Wassiljewna hat eine viel zu lange Nase!«

Max von Stackelberg war ein baltischer Baron, den man irgendwo gefunden und als Obdachlosen zu uns gebracht hatte. Er hatte zwei Schwestern, Nina und Manja. Manja war von seltener Schönheit. Max liebte meinen Vater abgöttisch, während Manja mehr an unserer Familie im allgemeinen hing. Max führte oft meinen Vater spazieren, was er sehr liebevoll und geschickt machte. Die Schmerzen hatten bei meinem Vater nachgelassen, aber sein Rücken war ganz krumm geworden, er gewöhnte sich daran, mit dem Stock zu gehen, auf den er sich wie ein alter Mann stützte.

Es gab auch einen ungefähr vierzehn- oder fünfzehnjährigen Jungen polnischer Herkunft namens Bogus. Er hatte zwei Schwestern, Tolja und Cäcilia. Die Familie konnte polnisch sprechen, und natürlich wollte mein Vater dauernd wissen, wie dieses und jenes auf polnisch hieß. Bogus war stärker als alle anderen, er war mutig, schön und hatte schon einiges in seinem Leben erlebt. Dann gab es Oskar Mirowitsch, einen kleinen jüdischen Jungen mit fetten Knien, der unseren Esel Tscheka liebte und ihn versorgte, was ihm als Aufgabe übertragen worden war. Dussja Kaltschinski – ein anderer, schon größerer jüdischer Junge – war ganz besessen davon, Vulkane zu erforschen. Er las alles, was von Vulkanen handelte, kannte die Erdformationen aller Länder und Inseln auswendig und quälte meinen Vater mit seinen Fragen, die er nicht immer beantworten konnte, da das nicht gerade zu seinen Spezialgebieten gehörte. Seine kleine Schwester, deren Namen ich vergessen habe, wollte dagegen Schriftstellerin werden. Ihr Traum war, in einer eigenen Bibliothek zu sitzen, wo an allen Wänden die Werke von Fräulein Kaltschinski stehen. Sie hat diesen Wunsch sogar einmal sehr poetisch beschrieben, und mein Vater war von diesem Werk begeistert. – Es gab auch eine reizende Tatarengruppe. Ihre Eltern, ziemlich wohlhabende Tataren, brachten uns eines Tages ihre fünf Kinder: Umer, Amer, Achmed, Saineb und Iskander. Sie erklärten unserer »Direktion«, daß die Kinder gläubige Mohammedaner seien und nie Schweinefleisch äßen. Sie wüßten aber, daß die Zeiten schwer seien und man äße, was es gerade gäbe, und so möge man die Kinder ruhig damit füttern, ohne ihnen jedoch je zu verraten, daß es Schweinefleisch sei. Meine Eltern handelten dementsprechend, aber als drei Wochen später die Eltern ihre Kinder besuchten, zogen diese in Taschentücher gewickelte Stückchen Speck und Schweinefleisch heraus und zeigten sie vorwurfsvoll ihren Eltern: »Seht mal, was die Christen uns zu essen geben!« Alle waren peinlich berührt, und wir versprachen den Kindern, in Zukunft nie mehr Schweinefleisch zu verwenden.

Das war das einzige rassistische oder religiöse Mißverständnis in der ganzen Geschichte der Schule von Temis-Ssu, aber auch das wurde diskret und ohne Haß bereinigt. Im übrigen merkten wir gar nicht, wer was ist.

Saineb war ein zartes, schwarzäugiges Mädchen mit mehreren geflochteten Zöpfchen. Sie lernte leidenschaftlich gern Deutsch und Französisch bei meiner Mutter. Der kleine Umer lief den ganzen Tag herum und schrie: »Le chat – die Katze! – la maison – das Haus!«

Ich befreundete mich mit Marik Brulow, einem bildschönen Jungen mit dunklen Haaren und etwas mandelförmigen Augen. Er wußte und konnte alles und imponierte mir unheimlich. Er stammte aus der Gegend und lebte mit seiner Mutter auf einem Gut nicht weit von

Temis-Ssu. Er lernte und lebte mit seiner Schwester Tata zwar in unserer Schule, aber ihr Zuhause war nicht weit. – Als wir das Kiplingsche »Dschungelbuch« fast auswendig konnten, richteten wir in einem Kiefernwäldchen einen »Felsen des Rates« ein. Ich erzählte dort Marik von meinen Interessen und meiner Liebe zu Schlangen, Eidechsen und Insekten, was ihm sehr gefiel. Ich meinerseits bewunderte einfach alles bei ihm: seine schönen Haare, seine schönen Stiefel, seine Fertigkeit, Aprikosen und Birnen zu trocknen, zu reiten und zu schießen. Das einzige, was er nicht gut konnte, war schreiben; er hatte eine kindliche, hochgezogene Handschrift. Aber auch sie gefiel mir, und ich fing an zu schreiben wie er – hochgezogen mit Klecksen und unsauber. Erstaunt sah mich Julija Fjodorowna an und fragte: »Ist das dein Heft?« Sie schüttelte den Kopf und war sehr unzufrieden. Meine Eltern waren auch nicht begeistert über meine Verliebtheit in Marik, aber es war nichts zu machen, ich bewunderte den Jungen nach wie vor.

Ich erinnere mich, wie mich an einem sonnigen Nachmittag Marik unter einer großen Pinie fragte: »Was muß ein Mann immer bei sich haben?« Ich dachte eine Weile nach und sagte: »Drei Sachen. Zuerst ein Taschenmesser …« Marik zog ein Taschenmesser heraus. »Dann eine Schnur …« Auch eine aufgewickelte Schnur kam aus Mariks Tasche zum Vorschein. »Dann ein Säckchen!« Und triumphierend zeigte er mir ein Leinensäckchen. Ich war voller Bewunderung und Begeisterung.

Die Zeit verging, und alles veränderte sich. Viele Kinder reisten ab. Ihre Eltern kamen und nahmen sie mit, die meisten verließen Rußland und fuhren nach Konstantinopel. Auch die Familie Woloschin hatte uns längst verlassen. Unsere Schule hatte immer mehr Schwierigkeiten, genügend Nahrung zu besorgen, da die bezahlenden Eltern immer weniger wurden. Man sprach dauernd vom Zusammenbruch der weißgardistischen Front. Charkow mit seinen weißen Akazien war von der Roten Armee zurückerobert worden, es wurde schon in der Südukraine gekämpft. Die Halbinsel Krim wurde ein Zufluchtsort für die Flüchtlinge. Die schönen englischen und französischen Schiffe hatten längst die Bucht von Jalta verlassen, und täglich fuhren kleinere Dampfer, griechische Dschunken und türkische Fischerboote, mit Flüchtlingen ab.

Unsere Schule blieb noch da als modernste und beste Schule der Gegend. Manche Eltern ließen ihre Kinder vor der Abfahrt für vier oder fünf Tage bei uns, und auch diese Kinder wurden gewaschen und gefüttert.

Wir lagen in Form eines Sterns auf dem Fußboden und sangen. Es sei gut und gesund, in dieser Position zu singen, sagten unsere zwei lieben Lehrerinnen. Wir machten täglich Gymnastik und plastische Übungen, hoben zu rhythmischer Klavierbegleitung die Arme, bückten uns und bewegten uns »fließend« weiter.

Einmal in der Woche fuhr Iwan Karpowitsch oder meine Mutter mit einem Karren nach Jalta, um Vorräte zu holen. Unser Esel Tscheka wurde eingespannt, und so ging es in die Stadt.

Das zweite uneheliche Kind der schönen Köchin Lena kam zur Welt und gedieh.

Essen und Waren jeglicher Art wurden aber doch immer knapper, und zum Schluß hungerten wir. Der Krieg stand schon an den Toren der Krim – da, wo ich vor einiger Zeit langsam mit dem Zug die große Steppe verlassen und die Wiedehopfe beobachtet hatte. Immer mehr Schiffe verschwanden, und zuletzt war der Horizont leer. Es herrschte eine unheimliche Stille! Nichts passierte, fast alle Kinder waren weg. Es blieben nur Marik, Tata, die drei Stackelbergs und einige andere. Wir hatten kein elektrisches Licht, und so las mein Vater, der immer weniger unterrichtete, abends vor einem Kaminfeuer vor. Max warf regelmäßig Wacholderzweige ins Feuer, damit es heller wurde, und mein Vater las: »Les Misérables«, »Krieg und Frieden«, »Don Quichotte«, Geschichten von Turgenjew, »Die Räuber« von Schiller und noch vieles andere. Es war sehr warm und gemütlich, aber der Hunger quälte uns.

Auf der Krim gab es drei Perioden im Jahr, in denen man einigermaßen satt werden konnte: Im Sommer gab es Früchte, im Herbst Weintrauben und im Winter kleine Fische. Exportiert wurde nichts, alles was da war, wurde aufgegessen, aber es reichte nie aus. Onja hungerte dermaßen, daß ihr ab und zu schlecht wurde.

All die vielen Kaninchen, die wir uns vorher angeschafft und so mühsam mit Efeu gefüttert hatten, waren weg – verzehrt. Der mutige Bogus brachte einmal für sich, für mich und für drei andere Jungen eine Katze, die er erschlagen hatte. Wir haben sie heimlich gekocht und gegessen. Einmal stieg ich mit Onja auf den Speicher, wo ich viele Stoffpuppen fand. Ich wußte, daß die Puppen mit einem mehlähnlichen Zeug ausgestopft waren. Wir rissen daher die Puppen auf und machten aus ihren Eingeweiden einen Brei, der ganz scheußlich schmeckte.

Meine Mutter und die Lehrerinnen fuhren dauernd in die Stadt, um dort auf einer Behörde etwas Mehl oder ähnliches zu bekommen. »Für die Kinder, für die Schule«, hieß es immer sehr dramatisch, aber man bekam sehr wenig, etwas Maismehl, einige Äpfel und manchmal etwas Honig. Eines Tages sammelte meine Mutter alles, was als Tauschobjekt geeignet war, die Lehrerinnen taten das gleiche, und so gingen Julija Fjodorowna und meine Mutter, Jeka Falomina und ein Junge auf Tauschexpedition in die tatarischen Dörfer. Dort gab es noch getrocknetes Obst, Speck, manchmal Kaninchen. Meine Mutter nahm ihre Eheringe, zwei oder drei Ketten, eine Uhr, verschiedene Stücke Stoff, einige Krawatten, Servietten und ähnliches mit, sogar kleine Fotorahmen.

Wir aßen ein Stückchen gebratenen Maiskuchen – eine Art Polenta – und brachen bei schönem Wetter auf. Wir kamen bis Gursuf und besuchten von dort aus verschiedene Dörfchen. Die Krimtataren haben wenig mit den asiatischen Tataren – den Kasantataren – zu tun. Sie haben hübschere, längere Gesichter und sind ganz schwarzäugig, d. h. sie haben große dunkle Augen und keineswegs mongolische Schlitzaugen. Vor dem Kriege fuhren angeblich viele russische Damen auf die Krim, um ihre Männer mit den Krimtataren zu betrügen, die angeblich zarte und leidenschaftliche Liebhaber waren. Diese Zeiten haben wir nicht mehr erlebt. Es gab schon hübsche Männer, aber auch viele krummbeinige Alte und in Tücher gehüllte Frauen. Ihre Dörfer waren damals noch unversehrt und beherrschten die Krimlandschaft. Man sah ihre Minarette und hörte abends den Muezzin zum Gebet rufen. Die niedrigen Häuser waren sehr sauber und innen und außen ganz weiß. Es roch immer nach Obst und Tabakblättern darin.

Wir übernachteten drei Nächte in solchen Tatarenhäusern auf dem Fußboden. Meine Mutter, die noch keine vierzig Jahre alt war, war amüsiert, als ein Tatare ihr freundlich und nett etwas als Unterlage gab und sagte: »Und das ist für die Babuschka (Großmütterchen)«. Wir kehrten mit etwas Mehl, Eiern, Speck und zwei Hühnern zurück. Die Weintrauben fingen schon an zu reifen. Es herrschte eine Ruhe wie noch nie. Die schwarzen Zypressen ragten wie schwarze Pfeile in den Himmel, und zwei große Pinien standen an unserm Haus wie Wächter. Ich ging mit Max, Bogus und einem anderen Jungen auf einen Weinberg, um nachzusehen, ob die Trauben schon reif wären. Auf der Chaussee erschien ein Reiter in Uniform. Er trug noch Achselklappen und war sichtlich betrunken. Er bedeutete uns mit einer Geste, herunterzukommen, und wir standen alle um ihn herum. Es war ein noch ganz junger Kerl mit blauen, vom Trinken ganz trüben Augen. »Was macht ihr hier?« fragte er uns. »Wir sind von der Schule da oben in Temis-Ssu.« »Laß mich dich in den Arsch ficken«, sagte er zu mir und packte mich an der Schulter. Ich fing an, künstlich zu weinen und zu schreien. »Nein, bitte nicht!« Der Mann lächelte und sagte: »Na, dann nicht, geht hin, woher ihr gekommen seid!« Wir liefen fröhlich nach Hause, und Bogus lachte ununterbrochen und sagte, daß Julija Fjodorowna an meiner Stelle nicht so leicht davongekommen wäre. Ich fand den Gedanken schrecklich.

Bekannte (die Herren von Bulkas Eltern) kamen aus der Stadt und erzählten uns, was dort für ein Chaos herrsche. Die letzten Schiffe seien überfüllt gewesen, die Leute seien ins Wasser gesprungen, jedes kleine Boot würde im Sturm genommen. Überall liefen Pferde herum, manche Kosaken hätten ihre Pferde erschossen. Alles sei geschlossen oder zerstört, man erwarte die Roten in zwei, drei Tagen.

Ich stand mit Marik, Tata, Julija Fjodorowna und meiner Mutter auf dem Balkon, als ein gutaussehender Mann aus der Richtung von Nikita kam. Er kam auf uns zu. Der Hund der Schule, der große schwarze Spitz Scharik, lief auf ihn zu und bellte ihn an. Der Mann zog wie nebenbei seinen Revolver heraus und knallte ihn nieder. Ohne Übergang trat er an uns heran und fragte nach dem Weg nach Jalta. Wir waren sprachlos.

Mit meinem Vater und Bulka ging ich auf der »oberen Chaussee« spazieren. Ein Lastwagen voller Soldaten kam uns entgegen. Kaum war er hinter uns, knallte ein Schuß, und eine Kugel sauste zwischen mir und Bulka hindurch und prallte pfeifend von einem Stein ab. Wir drehten uns um und sahen einen grinsenden Soldaten, der sein Gewehr wieder sicherte.

Es wurde noch ruhiger. Keiner kam aus Jalta zu uns, keiner ging dorthin. Diese unheimliche Ruhe voller Spannung und Erwartung dauerte drei Tage. Plötzlich erschienen drei Soldaten ohne Achselklappen, dreckig und angetrunken. Man schickte meine »alte« Mutter zu ihnen und versteckte die Lehrerinnen und die Mädchen. Ich blieb bei meiner Mutter, die ich nicht allein lassen wollte. »Was ist das hier?« fragte der eine. »Hier ist eine Schule, ein Internat.« »Aha, und wo sind die Kinder?« »Sie sind gerade mit einer Arbeit beschäftigt.« »Und das ist dein Sohn?« »Ja.« »Na gut. Habt ihr Wein oder Schnaps?« »Nein.« »Und das soll eine Schule sein! – Nun ist unser Mütterchen Rußland ganz rot geworden, ins Schwarze Meer werden wir nicht springen!« Und sie gingen weg.

Der Bürgerkrieg war praktisch beendet.

Das Wetter war sagenhaft schön. Niemand kam, nichts geschah. Wieder kamen Bekannte vom benachbarten Gut und erzählten uns Schauermärchen aus Jalta, die sich aber als wahr erwiesen. Die Roten waren nun da, und es regierte eine »Troika« (Dreiergruppe). Diese Troika bestand aus einer Frau, einem vierzehnjährigen Jungen und einem Matrosen. Alle drei trugen rote Bänder und waren bis an die Zähne bewaffnet. Sie bildeten ein revolutionäres Tribunal, das fast jeden zweiten erschießen ließ, der vor ihm erschien oder sich im Hauptkommissariat meldete. Die Frau, der Junge und der Matrose standen dauernd unter der Wirkung von Kokain oder waren betrunken. Auf Plakaten, mit Hammer, Sichel und einem roten Stern verziert, stand deutlich zu lesen, daß sich alle Einwohner Jaltas und alle Bürger der Umgegend, die älter als vierzehn seien, auf dem Kommissariat in Jalta melden müßten. Diese Vorladung habe lediglich den Zweck, die Bevölkerung zu registrieren. Bei vielen Bürgern, die der Aufforderung Folge leisteten, wurde dann etwas Antirevolutionäres gefunden, und sie wurden liquidiert, wie man damals so schön sagte.

Die Troika herrschte ungehindert, und man riet uns allen – Vater, Mutter, den Lehrerinnen, Albrechts –, uns ruhig zu verhalten und uns nicht zu melden, was wir auch befolgten. Bei ihrem Wüten unterlief der Troika ein Fehler: Sie ließen aus Versehen zwei wichtige Kommunisten erschießen, auf deren Ankunft in Petersburg Lenin selbst schon lange wartete. Das wurde bekannt, worauf eine andere Troika erschien und die erste liquidierte. Diese zweite Troika bestand aus einer Frau und zwei Matrosen, auch voller Kokain und mit roten Bändern behängt. Sie endete nach kurzer Zeit wie die ihrer Vorgänger, und an ihre Stelle trat eine Dwoika (Zweiergruppe).

In dieser Zeit aßen wir unser letztes Maismehl, dazu Weintrauben und tranken Traubensaft. Viele wilde, verlassene Pferde streunten in der Umgebung umher. Marik und ich fingen uns zwei Pferde, und auch hier erwischte Marik das schönere und klügere. Es hieß »Zoscha«, Marik sah mit seinen Stiefelchen sehr gut auf ihm aus. Ich bekam eine große Stute, die mich immer ins Knie beißen wollte. Schließlich band ich sie unter einem Ast an, von dem aus ich sie bestieg. Wir ritten ohne Sattel, nur mit einer kleinen Filzunterlage oder auf Säcken. Dieser Zeitvertreib wurde von meinen Eltern nicht gutgeheißen, da meine Mutter fürchterliche Angst um mich hatte und ich auch einige Male ordentlich hinfiel. Zum Schluß lernte ich aber doch richtig reiten und fand großen Spaß daran. Dazu fanden wir mehrere schöne Militärgewehre und sehr viel Munition. Meine Mutter war verzweifelt, aber mein Vater war dafür, daß ich schießen lerne. Das »Lernen« wurde nicht gerade sehr fachmännisch betrieben, wir schossen allein, wann und wo wir wollten. Ich hatte großes Vergnügen daran, eine Kiefer zu durchschießen. –

Die Aufsicht und die Disziplin in der Schule hatten sehr nachgelassen, wir hatten sehr viel freie Zeit. Ein Junge namens Kartawtschenko aus dem Dorf Nikita war ein Feind unserer Schule, und es gab manchmal kleinere Zusammenstöße mit ihm und seiner Bande aus drei anderen Jungen. Die Sache wurde ernst, als wir anfingen, aufeinander zu schießen. Die Gewehre wurden uns daraufhin abgenommen und ins Meer geworfen, wohin wir sie nicht ohne Mühe trugen. Das tragische Ende kam aber erst: Kartawtschenko hat sich zufällig selbst erschossen. Er spielte barfuß mit seinem Gewehr, während er den Lauf gegen das Kinn hielt und sich ein Schuß löste. Seine alte Mutter, eine Bäuerin, war außer sich vor Kummer über das Unglück, und eine Wolke der Trauer legte sich über unsere sportlich-kriegerische Betätigung.

Es rührte sich immer noch nichts, und so entschloß sich meine Mutter, trotz allem in die Stadt zu fahren, um festzustellen, woran wir eigentlich seien. Sie nahm den Karren mit Tscheka davor und fuhr nach Jalta, von wo sie abends ganz aufgeregt zurückkehrte.

Ein Kommissar hätte sie empfangen, von dem sich herausstellte, daß er ein früherer Student meines Vaters war. »Was, Professor Zinger lebt! Und er ist Direktor einer

Schule? Das kommt uns sehr gelegen. Sie bekommen alles.« Außerdem sei ein anderer Student meines Vaters, Semaschko, Volkskommissar in Moskau, und sobald der Eisenbahnverkehr wieder hergestellt sei, müsse Professor Zinger nach Moskau zurückkehren. Vorläufig solle die Schule aber obdachlose Kinder aufnehmen, wir würden das Notwendigste bekommen. Meine Mutter brachte schon einen Sack Mehl, ein Stück Speck, einen Sack Kartoffeln und Äpfel mit. Alles veränderte sich von da an vollkommen. Wir wurden die »Volksschule der Südlichen Krim«, wir halfen dem Volk und beherbergten die Kinder, die man uns schickte.

Alles veränderte sich in Temis-Ssu. Früher wurden alle Kinder einmal monatlich von einem Arzt untersucht, der uns zwar nicht gerade schwindsüchtig, aber doch sehr schwächlich fand, und auf dessen Anordnung wir alle nachmittags zwei, drei, manchmal sogar vier Stunden ruhen mußten. Wir hatten Gesangsunterricht im Liegen, Unterricht in plastischer Bewegung, abends Lesen und Diskutieren. Das alles fiel weg. Der berühmte Arzt verließ Rußland, wir waren dauernd hungrig und beschäftigt. Täglich kamen neue Kinder an, manchmal völlig verwildert und verhungert, die oft zuerst gewaschen und entlaust werden mußten. Die alte Garde, Marik und Tata Brulow, Bogus, Max von Stackelberg mit seinen beiden Schwestern und ich, halfen dabei. Cäcilia, Bogus' ältere Schwester, wusch die Kinder, man besorgte Kleidung und irgend etwas zu essen. Dabei konnte weder Geographie noch Französisch noch Deutsch unterrichtet werden. Die Lehrerinnen, meine Mutter und die größeren Mädchen hatten alle Hände voll zu tun und erzielten auch gute Resultate. Die Kinder waren zufrieden und fühlten, daß man es gut mit ihnen meinte. Es gab aber auch Fälle, wo Jungen einfach wegliefen. Eines Tages erschien ein Mann, der etwas hinter sich her zog, was sich als ein völlig verdreckter und zerlumpter Junge erwies. Der Vater schmiß uns diesen Haufen Lumpen vor die Füße und drohte ihm mit der Faust. »Hier wirst du bleiben, Halunke! Verstanden? Sonst schlag ich dich tot!« Dann wandte er sich an meine Mutter und die Lehrerinnen und sagte: »Hier habt ihr meinen Kolka, macht mit ihm, was ihr wollt!« Kolka warf sich weinend vor die Füße seines Vaters und schrie: »Väterchen, schlag mich tot, aber ich will bei dir bleiben. Liebes Väterchen, ich werde alles machen, alles, aber laß mich zu Hause leben.« Der Vater stieß ihn mit dem Fuß weg und sagte zu den Schuldamen: »Na, da seht ihr selbst, was das für ein Idiot ist. Was soll ich mit ihm?« und verschwand. Man hat den Jungen gewaschen, ihm die Haare geschnitten und ihn irgendwie angezogen. Er bekam Brot und Polenta. Drei Tage saß er bei uns, ohne ein einziges Wort zu sprechen, dann verschwand er.

Am selben Tag fingen wir im Kaninchenstall ein ganzes junges Füchslein. Wahrscheinlich war es mit seiner Mama und seinen Geschwistern gekommen und konnte nicht rechtzeitig mit ihnen entwischen. Es lebte drei Tage in einer großen Tonne bei uns, fraß aber nichts. Da ließen wir es frei. Irgendwie hat es mich an diesen Kolka erinnert.

Ja, Kaninchen hatten wir auch wieder. Das Kommissariat hatte uns vier Weibchen und ein Männchen zugeteilt; es stellte sich allerdings später heraus, daß zwei der vier Weibchen auch Männchen waren. Von verschiedenen Nachbarn und Tataren bekamen wir weitere dazu, und unsere Zucht ließ sich gut an. Ich bekam ein großes weißes Männchen »Taska« in Pflege, das frei bei uns auf dem Balkon und in der Wohnung lebte. Merkwürdigerweise war dieser Kaninchenbock immer sehr aufgeregt, wenn Julija Fjodorowna kam und im Zimmer stehenblieb. Er fing jedesmal an, im Kreise um sie herumzulaufen und eigenartig zu stöhnen. Sie gefiel ihm offensichtlich sehr gut. Da ich merkte, wie sehr Julija Fjodorowna geniert war, holte ich »Taska« immer absichtlich heraus. Und jedesmal begann er seine Werbung, und Julija wurde rot. Es war, da sie mir selber sehr gut gefiel, eine Art Ersatzwerbung um sie.

Um diese Zeit bekamen wir viel zu viele Kinder, die alle einigermaßen ernährt und gekleidet werden mußten. Die Fahrten nach Jalta wurden viel häufiger, und auf einer neuen Spezialbehörde mußte man dort lange warten, um Stoffe, Hütchen, Sandalen, Grütze, Reis und weiß Gott was sonst noch zu erhalten. Trotzdem hungerten wir mit den Kindern. Wenn meine Mutter oder sonst jemand mit dem Eselskarren in die Stadt fuhren, kamen immer drei oder vier Jungen zur Hilfe mit. Während der Esel mit seinem Karren geduldig im Hofe wartete und meine Mutter auf der Behörde saß, hatten wir zwei bis drei Stunden freie Zeit.

Die Fahrten mit dem Eselskarren waren ermüdender, als man annehmen sollte. Auf der Hinfahrt konnte man eventuell noch sitzen, auch ging der Weg nach Jalta eher bergab. Aber die acht Kilometer Rückweg zu Fuß und bergauf nach einem langen Tag auf der Behörde und mit beladenem Karren waren sehr mühselig.

Wenn wir nach Jalta fuhren, kam uns öfters eine alte Frau aus dem benachbarten Gut entgegen und bat uns, sie mitzunehmen. Es war eine kleine, bösartige Alte, die ich gut kannte und die jedesmal versuchte, irgendwie zu profitieren. Mal bettelte sie um ein Stück Brot, mal um Knöpfe oder ein Stück Stoff. Das nahm ich ihr nicht übel. Ich war ihr aber böse, daß sie immer absichtlich so tat, als ob sie gebrechlich und alt sei, was keineswegs den Tatsachen entsprach, um den Platz meiner Mutter einzunehmen. Es gab nur einen Sitzplatz auf unserem primitiven Karren, die anderen mußten nebenher laufen. Ich hatte schon einige Male erlebt, daß meine Mutter ihren Platz räumte, damit die Alte sitzen konnte.

Eines Tages begleiteten Bogus und ich meine Mutter nach Jalta, und aus irgendeinem Grunde tat mir meine Mutter an diesem Tag besonders leid. Als wir uns der Straße näherten, sah ich von weitem die Alte stehen. Ich sagte Bogus, daß ich ihr heute nicht erlauben würde, meine Mutter von ihrem Sitz zu vertreiben. Er verstand mich nicht ganz und lächelte. Und wirklich, die Alte fing an, um den Sitzplatz zu betteln. Ich sprang auf sie los und begann, sie mit Fäusten zu schlagen, nicht so stark, wie ich einen gleichaltrigen Jungen geschlagen hätte, aber immerhin so, daß sie beeindruckt war. »Sie dürfen ihr nicht den Platz wegnehmen! Meine Mutter ist müde, ich lasse sie nicht zu Fuß laufen!« schrie ich wie ein Irrer. Bogus und meine Mutter versuchten, mich zu beruhigen. Die Alte ging nach Hause und verschob ihren Gang nach Jalta. Meine Mutter schimpfte mit mir, und Bogus lachte. – Diese Geschichte blieb für immer in der Erinnerung meiner Mutter, und noch nach vielen, vielen Jahren liebte sie es, mit leicht tragischem Unterton zu sagen: »Es gab Zeiten, wo du deine Mutter mit den Fäusten verteidigt hast!«

Das war der erste Versuch, meine Eltern zu verteidigen. Der zweite betraf, etwas später, meinen Vater. Er wurde eingeladen, in einem Saal in Gursuf einen Vortrag über die Pflanzenwelt und die Natur im allgemeinen zu halten. In den ersten Jahren der Revolution war diese Art Vorträge ganz üblich, sie wurden in leicht verständlicher Form vor Arbeitern, vor Kranken, vor Soldaten oder Kindern gehalten. Alle Themen waren recht, Pflanzen, Shakespeare, Puschkin oder gesundes Leben. Der Vortrag in Gursuf war für kranke Rotgardisten bestimmt.

Gursuf ist ein entzückender Ort, vielleicht fünfzehn Kilometer von Temis-Ssu entfernt. Man schickte eine Droschke und eine junge, spitznäsige Dame, die meinen Vater begleiten sollte. Ich kam mit. Eine Fahrt frühmorgens auf der Krim in einer Droschke ist ein unbeschreibliches Vergnügen. Links von der Chaussee liegen die Weinberge, rechts geht es hinab zum Meer. Große Erdbeerbäume breiten ihre Zweige über die kleinen steinernen Balustraden am Chausseerand, riesengroße Zypressen stehen wie schwarze Säulen, und ab und zu sieht man das glatte, hellblaue Meer. Nach einiger Zeit erblickten wir den runden Berg »Adjudag«, der direkt neben Gursuf liegt und aussieht wie ein riesiges, wolliges Tier, das aus dem Meer trinken will. Auf tatarisch soll übrigens das Wort »Ajudag« Bär-Berg heißen.

In dem Örtchen mußten wir lange warten, und zwar in dem Häuschen von Olga Leonardowna Knipper-Tschechowa. Ich erinnere mich an die sehr steinige Küste und an die Leiche eines kleinen, ganz weißen Delphins, die zwischen den schwarzen Steinen schwamm.

An das, worüber mein Vater sprach, kann ich mich nur verschwommen erinnern – die Eigenart der Krim-Natur, dieses Stückchens mittelmeerähnlicher Natur im großen Rußland. Unter anderem erzählte er auch von Scheltopusiks und erwähnte, daß auf der Halbinsel Krim keine giftigen Schlangen vorkämen.

Das Publikum bestand tatsächlich aus genesenden Rotgardisten.

Als wir nach diesem ermüdenden Vormittag in ein Casino kamen, in dem ihnen das Essen serviert wurde, stellte sich heraus, daß die Küchendirektion keine Order erhalten hatte, drei Mittagessen mehr zu servieren, daß – typisch russisch – niemand benachrichtigt worden war, daß ein Professor dort essen sollte. Wir saßen wie drei Idioten am Tisch und warteten vergeblich auf unser Essen – eine Sache von größter Wichtigkeit in der damaligen Zeit. Mein Vater war wütend, sagte aber nichts, und die spitznäsige junge Frau war vollkommen verzweifelt. Ich war so gekränkt für meinen Vater, daß ich leise aufstand, in die Küche ging und dort mit zitternder Stimme erklärte, es sei unglaublich, meinen Vater ohne Essen zu lassen. Der Chef antwortete mir ziemlich streng, daß es nicht seine Absicht gewesen sei, meinen »Papa« ohne Essen zu lassen, daß aber die Direktion früher daran hätte denken müssen. Ich kehrte an den Tisch zurück, und nach fünf Minuten brachte man uns drei Mahlzeiten. »Aha«, sagte mein Vater, »die haben doch noch ein Gewissen«, ich habe ihm nie von meiner Tat erzählt. Als wir nach dem Essen durch einen Park spazieren gingen, fanden wir eine große tote Leopardennatter, sichtlich erschlagen, die auf einem Gitter aufgehängt war. »Da sieht man die Resultate meines Vortrags«, sagte mein Vater.

Um auf die Jalta-Fahrten zurückzukommen: Eines Tages begleitete ich mit drei anderen Jungen, Korsekin, Gawalo und Tschipatschi, meine Mutter nach Jalta. Alle drei waren ziemlich gerissene Straßenjungen. Unser einziges Gesprächsthema war, wie üblich, das Essen. »Mensch!« schlug Korsekin vor, »gehen wir doch betteln! Wir verteilen uns in den verschiedenen Straßen den Berg hinauf, bearbeiten auch die Nebenstraßen und treffen uns in zwei Stunden hier.« Ich schämte mich, hatte Angst, konnte aber nicht nein sagen. Ich sehe mich jetzt noch eine Marmortreppe hinaufgehen. Ich läutete an der Tür, ein kleines Mädchen machte auf. Mit salbadernd-tragischer Stimme fragte ich, ob sie nichts für mich zu essen hätten. Das Mädchen verschwand, und es erschien die Mutter, die mich von Kopf bis Fuß anguckte und den Kopf schüttelte. Dann verschwand sie, und in zwei Minuten brachte sie mir ein Stück Schafkäse. Im zweiten Haus bekam ich eine Tüte Mandeln, im dritten zwei Tomaten und wieder ein Stück Schafkäse. Einmal hat man mir die Tür vor der Nase zugemacht mit den Worten, sie hätten selber nichts zu fressen. Ich war aber schon sehr mutig geworden und klingelte an allen Türen, als ob das gar nichts wäre. In einem Haus öffnete mir eine Dame, und ich fing schon wieder meine tragische Litanei an. Die Dame betrachtete mich und meinen verschnürten Sack. »Du bettelst also schon lange?« fragte sie. »Komm mal herein. Wo kommst du her?« »Aus Temis-Ssu«, antwortete ich. »Dann kennst du vielleicht den Professor Zinger?« »Ich bin ja sein Sohn«, sagte ich und wurde ganz rot. »Na schön, du bist also sein Sohn. Schämst du dich eigentlich nicht? In schönen Zeiten leben wir. Hier hast du eine Tomate und drei Scheiben Brot, teile das mit den Halunken, die dir so schöne Sachen beibringen.«

Als ich wieder an die Mauer der Behörde kam, sah ich meine Freunde schon dasitzen. Sie hatten alle etwas mitgebracht. Wir teilten alles in genau vier Teile und aßen es auf der Stelle auf, während wir auf meine Mutter warteten. Ich erzählte den Jungen den Vorfall mit der Dame.

»Ach was«, sagten sie, »deine Dame ist ein Arsch, mach dir nichts draus!«

Bei einem anderen Jalta-Besuch sagte mir ein anderer Junge: »Wir haben ja drei Stunden Zeit, gehen wir in den ›Erlangen‹-Park, ich will dir was zeigen.« Es war ein unangenehmer, nasser Novembertag. Wir liefen ziemlich lange durch die Stadt, dann durch die nassen Alleen des Parks und dann durch die Büsche. Die Erde klebte an den Schuhen, es war kalt und feucht. Der Junge führte mich zu einem großen Graben und zeigte mit dem Finger auf etwas. Ich erkannte mehrere menschliche Körper voller Erde und Blut, große rote Streifen zeichneten sich auf den Oberschenkeln ab, und die Schultern waren voller Wunden und Blut. Ich bekam Angst und wollte weglaufen, mein Kamerad hatte auch Angst, blieb aber noch eine Weile stehen. »Weißt du, das sind die Weißen«, sagte er. »Man schneidet ihnen die Offiziersstreifen aus der Haut heraus, und in die Schultern, da, wo die Achselklappen sind, schlägt man große Nägel als ›Sternchen‹ hinein. Sag bloß niemand, daß ich dich hierher geführt habe.« Wieder dachte ich an die Erzählungen von Suschkin in Charkow, an die Beine im Stroh, aber ich nahm mich zusammen und erzählte niemandem etwas.

Die Kinder von Temis-Ssu saßen an einem langen Tisch, alle merkwürdig angezogen, und tranken Eichelkaffee aus zurechtgeklopften Konservenbüchsen.

Die Unterrichtsstunden fanden nur abends statt und bestanden aus Vorlesen und Erzählen, was mein Vater sichtlich gerne tat. Es machte ihm Freude, diesen wilden Geschöpfen etwas mitzuteilen. Zu diesem Unterricht zu kommen war aber nicht Pflicht, und gerade deswegen kamen viele. Andere blieben zu Hause und »brieten« Pinienzapfen.

Die schönen großen Pinienzapfen waren sehr begehrt. Es war außerordentlich schwer, auf die großen, feuchten und breiten Nadelbäume zu klettern, aber der mutige Bogus konnte es. Er zog Schuhe und Socken aus und zog sich mühsam bis zum ersten Ast hoch. Dann mußten wir ihm die Strümpfe hinaufschmeißen, weil er an den Beinen fror. Wir taten Steine in die Strümpfe, um sie hochwerfen zu können, und er fing sie auf. Die Pinienkerne waren sehr geschätzt, und zu Weihnachten schenkten wir einander zwei, drei, manchmal sogar zwanzig Pinienzapfen. Tata Brulow schenkte ich fünfzehn Zapfen, um ihr damit meine Liebe auszudrücken. Seit dieser Zeit liebe ich Pinien und Pinienzapfen. Später, in Italien, sah ich viele antike Darstellungen davon und lernte in der Natur noch größere Pinienwälder kennen. Ich fühlte, daß ich nicht der einzige war, der diese wunderschöne Naturschöpfung verehrte.

Zu Weihnachten machte Max von Stackelberg einen Weihnachtsbaum für meinen Vater. Es war weder Tanne noch Kiefer, sondern eine entzückende, sehr gut gewachsene Zeder. Er schmückte dieses Bäumchen mit getrockneten Zikaden.

Im Dorf Nikita richtete man ein Polizeikommissariat ein. Es gab viele Räuber, die man die »Grünen« nannte. Angeblich sollten das sich verbergende Weiße sein, aber keiner wußte etwas Genaues darüber. Einmal kam meine Mutter allein mit dem beladenen Eselskarren aus Jalta zurück. Ein gutgewachsener Mann, mit schwarzen Lokken und vielen Ringen auf den feinen, braunen Fingern und einer Maske vor dem Gesicht kam aus einem Olivenwäldchen auf sie zu und bedrohte sie mit dem Revolver. Der Mann, immer mit dem Revolver auf sie zielend, nahm mit der linken Hand die Ware – Nähgarn, zwei Brote und fünf Paar Sandalen – weg und steckte sie in einen Sack, der über seiner Schulter hing. Dann lief der Mann weg, und erst da fühlte meine Mutter, daß ihre Beine zitterten.

Zu Hause angekommen, erzählte sie uns ihr Unglück. Man meldete es in Nikita auf dem Polizeikommissariat. Ein uniformierter Mann an einem Tisch bat sie, Platz zu nehmen. Im selben Raum saß ein anderer Mann in Uniform – gut gewachsen mit schwarzen Locken und vielen Ringen an den feinen Fingern. Meine Mutter erkannte ihn sofort. Der Mann hinter dem Tisch schrieb alles noch auf. »Ja«, fragte er, »würden Sie den Mann erkennen? Wie sah er ungefähr aus?« »Das kann ich Ihnen nicht sagen«, antwortete meine Mama. Der Schwarzlockige verschwand. Da fragte meine Mutter: »Bitte, können Sie mir sagen, wer dieser schöne Mann ist?« »Wieso? Warum wollen Sie das wissen? Ist Ihnen etwas aufgefallen?« »Nein, nein, ich fragte nur so! Wahrscheinlich ist er Kaukasier?«

Und nun wurde die Bahnverbindung zwischen Sewastopol und Moskau wieder hergestellt. Meine mutige Mutter verließ uns wieder und fuhr allein nach Moskau, um »das Terrain zu erkunden«, Freunde zu sehen, zu erfahren, was los war und wie man weiter leben könnte. Papa, Onja, Bulka und ich blieben allein. Der Frühling fängt ja auf der Krim schon im Februar an. Die ersten kleinen Schwärmer fliegen, die ersten Büsche blühen.

In Bogus' Schlafraum lebten an seiner Waschschüssel (fließendes Wasser gab es nicht) zwei schöne grüne Laubfrösche völlig frei. Sie kletterten an der Wand herum, saßen ruhig am Rand der Waschschüssel, während Bogus sich wusch. Diese reizenden Tiere fingen morgens viel zu früh mit ihrem Gequake an, aber sie amüsierten uns alle.

Nach Jalta fuhren nun Natalja Wassiljewna oder Onja. In den berühmten Schluchten (Balkas) war es noch kühl und feucht, aber etwas höher wärmte die Sonne schon. Ich ging mit Onja durch so eine Balka, wo wir im Sommer Süßwasserkrabben fanden, als es plötzlich stöhnte. Es stöhnte wie ein Mensch, der große Schmerzen hat. Wir waren sehr erschocken. Ein Tatar aus dem Dorf kam vorbei. »Ja, ja, die Erde stöhnt«, sagte er, »zuviel Blut mußte die arme Erde trinken.« Ich dachte an den »Erlangen«-Park und bekam Angst. Dieses »Stöhnen« hörte ich später noch mehrere Male. Herr Albrecht erklärte uns, es sei eine Sache der Feuchtigkeit und Wärme, das sei immer so im Frühling.

Endlich kam meine Mutter zurück. Sie brachte Brot, Mehl, Zucker, Speck und sogar Datteln mit. Sie hatte in

Moskau ihre Freunde gesehen und die Theaterleute besucht. Ein Institut hätte den Namen Zinger bekommen, da man angenommen hatte, daß mein Vater tot sei. Wir müßten unbedingt nach Moskau zurück, aber zuerst müßten wir noch einen Arzt in Sewastopol konsultieren. Außerdem würden in ein paar Monaten bessere und schnellere Züge nach Moskau fahren, im Augenblick sei die Zugfahrt noch eine Qual. Unsere Freude war unbeschreiblich! Onja weinte vor Glück, Bulka bekam ein Stückchen Speck, und ich durfte Datteln essen. Mein Vater bestand darauf, Bogus mit seinen Schwestern und Max von Stackelberg – ebenfalls mit Schwestern – zum Essen einzuladen. In einem Monat sollten wir Temis-Ssu verlassen.

Die Überfahrt dauerte nur einige Stunden, war aber die Hölle. Das Meer war sehr bewegt, Bulka, die artige, gut erzogene Bulka, wollte ihr Geschäft nicht auf Deck verrichten. Meine Mutter war seekrank und lag wie betäubt in ihrer Kabine. Mein Vater und ich führten die zitternde Bulka an Deck spazieren und beobachteten die vielen springenden Delphine.

Als wir in Sewastopol ankamen, wollte man Bulka nicht an Land lassen. »Warum ein Hund, wozu ein Hund, wessen Hund?« »Aber hier ist die Genehmigung und sonstige Genehmigungen!« »Wo ausgestellt?« »In Jalta.« »Und hier ist Sewastopol! Na, gehen Sie schon mit ihrem Hund!«

In Sewastopol hatten meine Eltern Freunde, den Zoologen Wassili Nikititsch Nikitin und seine Frau Vera Rostislawowna. Er war nicht sehr groß, glatt rasiert, trug einen Kneifer und sah sehr englisch aus. Seine Frau hatte die schönsten Augen, die man sich vorstellen kann, und, obwohl vielleicht erst dreißig Jahre alt, ganz weißes Haar. Sie hatten keine Kinder, der Mann war in seine Frau völlig verliebt, was ich sehr gut verstand. Er war Direktor der Biologischen Station in Sewastopol und stand dem dazugehörenden Museum und dem Aquarium vor. Dazu hatte er ein größeres Motorboot mit einem Mast – eine richtige Yacht, die der Forschung diente. Sie hieß »Alexander Kowalewski«.

Um die Stadt herum fuhr eine Straßenbahn. Die Wagen waren offen, und man konnte auf die durchgehenden Sitze steigen, wie man wollte. Das gefiel mir sehr. Die Stadt besaß auch ein wunderbares »Panorama«, ein großes, rundes Gebäude, in dem die Belagerung Sewastopols dargestellt wurde. Ein solches Panorama hatte ich schon einmal in Moskau mit Karolina Gustavowna gesehen. Es stellte die Schlacht von Borodino dar. Die reitenden Dragoner hatten mich damals sehr beeindruckt, und ein echter Helm, der im Vordergrund lag, hatte mich besonders angezogen. Das Sewastopoler Panorama war aber noch besser. Man sah in der Ferne die versenkten Schiffe, man sah die berühmte »Vierte Bastion« ganz nah, man sah angreifende Schotten und Zuaven und ein paar russische Leichen unter einer Ikone mit brennenden Lämpchen liegen. Das Panorama ist eine Kunst, die mit allen Mitteln versucht, die Realität darzustellen – also wird Malerei mit realen Gegenständen vermischt, die Beleuchtung täuscht Tiefe vor usw. Auf die Malerei übertragen, ergäben solche Bemühungen Kitsch, aber ich bin der Meinung, daß man das »Panorama« nicht vom malerischen Standpunkt sehen darf, es ist eine Kunst für sich. Damals verstand ich von der Malerei nichts und war überzeugt, es sei die Aufgabe der Kunst, die Natur möglichst getreu wiederzugeben. Merkwürdigerweise nahm ich diesen Standpunkt nur der Malerei, nicht aber dem Theater gegenüber ein.

Sewastopol lebte stark in der Vergangenheit, die Belagerung spielte immer noch eine große Rolle in seinem Bewußtsein. Da ich damals schon die Erzählungen Tolstois über Sewastopols Verteidigung kannte, beeindruckte mich das alles sehr. Balaklawa, Inkerman, Alma, Malachow-Hügel (ein schönes Stück der Pariser Metro), Tschornaja Retschka (der schwarze Fluß), das alles erstand vor mir.

Die »Vierte Bastion«, die Tolstoi so eindrucksvoll beschrieben hat, war genauestens rekonstruiert. Nur die Sandsäcke wurden von Zementsäcken ersetzt. Ich kannte das Panorama in- und auswendig und liebte es, Leute, die uns besuchten, dorthin zu führen. Eine kleine gewundene Treppe führte von der Kasse zum Panorama selbst. Ein alter Invalide mit rätselhaften Orden führte das Publikum. »Da können Sie unsere versenkten Schiffe in der Bucht des Schwarzen Flusses sehen – unsere Batterie beschießt gerade den rechten Flügel der französischen Batterie neben diesen Tatarenhäusern! Beachten Sie die roten Jacken der englischen Kavallerie ...« usw. usw.

Das Museum von Sewastopol enthielt viele Pläne, Uniformen, Gravüren, Zeichnungen und Waffen. Mich beeindruckte besonders der Matrose Koschka (Katze), der seinerzeit Wunder an Mut bewiesen haben soll. Koschka rettete sich bei einer Beschießung unter eine Leiche. Er wurde in Bronze neben dem großen Nachimow-Denkmal verewigt.

Der Sewastopol-Krieg interessierte mich aber nur nebenher, mein Hauptinteresse galt dem Meer, den Matrosen, den wenigen Schiffen und den vielen Booten. Auch die zoologische Station und das Aquarium zogen mich an.

Wir lebten in einer Wohnung etwas außerhalb der Stadt. Meine Sehnsucht und mein Heimweh nach Temis-Ssu waren in den ersten Tagen sehr groß. Ich schrieb sogar einen langen, traurigen Liebesbrief an Manja Stackelberg, nur wußte ich nicht, wie ich ihn absenden sollte. Allein wegen des Meeres, des Aquariums und der »Vierten Bastion« konnte ich mein Heimweh verhältnismäßig schnell überwinden. Alles war neu und interessant für mich. Den Hunger in Jalta konnten wir auch bald vergessen, da auf dem Markt Rochen, Steinbutt und Delphine in großen Mengen angeboten wurden. Beim Zubereiten der Delphine mußte man nur aufpassen, daß nicht das geringste Stück der breiten Fettschicht mit ins Fleisch kam, weil es sonst tranig schmeckte. Delphinleber und Delphinhirn schmeckten wunderbar. So viel Fisch hatten wir vorher nie gesehen, und unsere Onja geriet jedesmal in

Ekstase, wenn sie die vielen Makrelen, Rochen und riesigen Steinbutte vor sich sah.

Ich ging nun oft zu Herrn Nikitin. Ich interessierte mich sehr für das Aquarium, und im Museum fing ich an, alle präparierten Fische zu zeichnen. Meine Zeichnungen gefielen Herrn Nikitin. Ich erinnerte mich an die schönen Zeichnungen, die mein Vater in Temis-Ssu von den verschiedenen Tannenzapfen gemacht hatte, und wollte dasselbe mit den Fischen machen. Ich hatte aber weder die Farben noch das nötige Können. Trotzdem machte ich fünfundzwanzig genaue Fischzeichnungen.

Wir saßen oft bei Nikitins. Manchmal schloß er beim Nachtessen die Tür, schenkte allen (außer mir) ein Gläschen Wodka ein und sagte: »Auf den Untergang!« Wir verstanden alle gut, wessen Untergang er meinte. Nikitin war lustig, witzig und sehr temperamentvoll. Er imponierte mir sehr, weil er vor vielen Jahren auf einer Expedition in Afrika gewesen war. Es gab sogar ein Foto, das ihn auf einem Klappstuhl in seinem Zelt zeigt, während Chameläons auf ihm herumkriechen. Er nahm mich einmal auf eine dreitägige wissenschaftliche Reise auf der »Alexander Kowalewski« mit. Wir fuhren nach Cherson, um dort den Meeresboden zu erforschen, und dann den Schwarzen Fluß hinauf. Es war eine großartige Reise, von der ich für meinen Vater einen schriftlichen Bericht anfertigen mußte. Die vielen Matrosen, die Boote, Schiffe und vor allem die Atmosphäre des Meeres beeindruckten mich so sehr, daß ich mich entschloß, Seemann zu werden. Das erste, was ich tat, war, einen Anker auf meinen linken Arm zu tätowieren, d. h. zwei, die ich mir selbst ungeschickt einpiekte. Meine Eltern merkten es lange nicht, und als sie es sahen, waren sie entsetzt. »Was für ein Dummkopf!« sagte mein Vater, und mit diesem Abenteuer war meine seemännische Karriere für immer beendet.

Das Traurigste, was wir in Sewastopol erlebt haben, war Bulkas Tod. Das arme Tier konnte sich nicht an die Leine gewöhnen, und eines Tages lief sie auf der Hauptstraße einem fahrenden Auto nach. Sie bellte es an, überholte es und kam unter die Räder. Das Auto, das bestimmt irgendeiner höheren Persönlichkeit gehörte, hielt nicht an, und wir mußten das zitternde Tier nach Hause bringen. Die Leute auf der Straße blieben stehen und bedauerten uns. »Was für ein schöner Hund.« Drei Tage war Bulka krank, sie lag in ihrem Korb und sah uns an. Am dritten Tag starb sie. Wir fühlten, daß wir einen sehr lieben und großen Freund verloren hatten. Ein Angestellter des Zoologischen Gartens warf das Tier ins Meer.

Es war neun Uhr abends. Wir saßen alle bei Nikitins. Plötzlich kam ein Diener herauf und meldete, daß Leute das Aquarium sehen möchten, das um sechs Uhr zugemacht wurde. »Bestimmt Leute von der Partei«, flüsterte der Diener. Nikitin, der keine Lust hatte hinunterzugehen, bat mich, die »Führung« zu übernehmen. Das damalige Aquarium von Sewastopol war weder groß noch reich an Tieren. Es gab nur die Fische und Krebse des Schwarzen Meeres darin (manchen Taschenkrebs habe ich geliefert). Mir genügte das damals alles, und ich fand das Aquarium sehr schön. Ein großer Stör schwamm in einem großen Becken, es gab Flundern, Seezungen und Rochen, Knurrhähne und andere Fischchen. Ich kannte das alles auswendig.

Unten erwarteten mich drei phantastische Revolutionsgestalten. Ein großer Matrose mit riesigem Ausschnitt, durch welchen der gestreifte Sweater hindurchschaute. Zwei lange rote Bänder hingen auf seinem Rücken, und seine Hosen waren unten so breit, daß man keine Schuhe sehen konnte. Eine Rose steckte hinter seinem Ohr, und ein Gürtel voller Patronen war um seine Hüften geschlungen. Links hielt er eine Frau in einem grünen Schal an der Hand und rechts eine andere mit einem kleinen Strohhütchen voller Blumen.

Alle drei rauchten und warteten auf die »Führung«. Der Diener schloß die Tür auf, führte uns hinein und schaltete das Licht der Becken ein. »Hier ist eine kleine grüne Aktinie«, fing ich an. »Im Schwarzen Meer gibt es nur diese

Aktinie im Gegensatz zu den vielen Arten im Mittelmeer ...« Eine der Damen guckte mich an und sagte zu dem Matrosen: »Ein netter Junge«. Der Matrose bot mir eine Zigarette an, aber ich sagte, nein danke, und wollte weitererzählen. »Das ist ein schöner bunter Fisch«, bemerkte der Matrose. »Komisch so ein Fisch, zeige ich ihm einen Nagan (einen russischen Revolver), hat er keine Angst, mache ich aber eine Bewegung mit dem Taschentuch, gerät er in Panik!« Er zog tatsächlich einen Nagan heraus und hielt ihn an das Glas vor das Maul des Fisches, der gerade etwas beknabberte. Seine Dame machte eine Bewegung mit dem Taschentuch, und der Fisch verschwand wie ein Blitz. Die Damen lachten.

Die Führung war bald zu Ende. Der Matrose steckte mir einen Schein in die Hand, und die drei verschwanden. Oben saßen immer noch mein Vater, meine Mutter, Nikitin und Vera Rastislawowna. »Na, wie war es?« fragten sie. Ich zeigte den Schein und berichtete. Nikitin machte die Tür zu und lachte. »Liebe Freunde, ein Gläschen auf den Untergang!«

Zu Ostern schenkte mir Nikitin ein Kinderbuch, das in Rußland sehr bekannt ist, »Von Norden nach Süden«. Es ist die Geschichte der nach Süden fliegenden Zugvögel von einem gewissen Karasin, der das Buch auch selber illustriert hat. Die Illustrationen gefielen mir lange nicht so gut wie die Zeichnungen von Wilhelm Kuhnert, und doch lag etwas in ihnen, was ich nur fühlte, aber nicht verstand. Trotzdem fing ich an, die Unterschrift von Karasin zu imitieren.

Meine Eltern bekamen nun öfters Briefe aus Moskau, sie hatten immer mehr Kontakte, und eines Tages fuhren wir weg. Wir saßen alle vier in unserem Zugabteil, Nikitins standen auf dem Bahnsteig, und wieder setzte sich ein Zug lautlos in Bewegung. Ein schwerer Stein legte sich auf mein Herz, ich nahm Abschied vom Süden.

Wie anders war diese Fahrt nach dem Norden als die vor drei Jahren nach dem Süden. Mir war zum Weinen. Die ukrainische Steppe, die Störche, die Gärten interessierten mich nicht. Dazu war es Nacht und ich schlief. Frühmorgens hielt der Zug in Charkow. Onkel Kolja, den man vorher mit einem Telegramm benachrichtigt hatte, kam mit seiner Frau und den Kindern auf den Bahnhof. Der Zug hatte nur eine Dreiviertelstunde Aufenthalt, es roch nach Frische und nach Frühling, aber alles, alles war für mich traurig.

Moskau machte auf mich einen fürchterlichen Eindruck. Lange fuhr der Zug durch die Vororte. Kleine weiße Häuser mit grünen und roten Dächern, Zäune, schmutzige Mauern, wieder Häuser, Pferdedroschken und Lastautos und Zäune, hinter denen feuchte Birkenholzstapel lagen. Ein junger Mann stand neben mir und sagte – ein wenig an mich gewandt –: »Nun sind wir also in Moskowien angekommen.«

Wir fuhren sofort ins Institut, wo uns eine kleine Wohnung zur Verfügung stand. Mein Vater scherzte, daß, da man ihn schon als Toten geehrt habe, man dem Auferstandenen zumindest eine Wohnung geben müsse. Ich fand nichts komisch. Es fing an zu regnen. Überfüllte Straßenbahnen, überall Menschenschlangen, dazwischen Lastautos, Droschken, irgendwelche Asiaten, Matrosen, zerlumpte Kinderbanden. Ich wollte nur zurück nach Temis-Ssu. Nur noch einmal durch die Eichenwäldchen gehen, die Zikaden hören, das Meer sehen, die wärmende Sonne fühlen. In der neuen Wohnung legte ich mich auf einen kleinen Diwan und weinte. – Schon am nächsten Tag kamen viele Freunde zu uns. Meine Eltern waren sichtlich aufgeregt und glücklich, noch Reste des alten Lebens zu finden. Ich kam mir verlassen vor und hatte das Gefühl, meine Eltern hätten den Süden verraten. Wie konnte man die Zikaden, das Meer, die Sonne wegen diesem gottverdammten dreckigen blöden Moskau vergessen! »Was schimpfst du da?« fragte mich Onja.

Nach ein paar Tagen beruhigte ich mich. Merkwürdigerweise waren viele unserer Sachen gerettet. Viele der Bücher befanden sich bei Freunden meines Vaters oder meiner Mutter. Meine Lieblingsbücher und -alben tauchten auf, und sogar meine Insektensammlungen fanden sich intakt bei einem Freund an der Universität.

Es waren merkwürdige Tage, die einer Ausgrabung ähnelten. Dazu gehörte auch die Entdeckung meiner Halbbrüder und -schwestern. Bislang wußte ich nichts von ihnen. Man sprach nie über sie, sie waren für mich eine Art gelegentlich erwähnter Phantasiegestalten. Und nun traten sie in Erscheinung. Es waren aber nur drei von vieren da. Ich hatte einen Halbbruder Jascha aus der ersten Ehe meines Vaters, der nun als Student der Zoologie vor mir stand, einen zweiten Halbbruder Dima (Wadim), den ich nie gesehen habe, da er zu der Zeit weit weg in asiatischen Ländern war, und zwei Halbschwestern. Eine, Shenja (Jewgenija), war Schauspielerin, die andere, Tanja (Tatjana), Zeichnerin. Jascha, der Zoologe, freute sich, mich kennenzulernen und über mein Interesse an Tieren und Insekten. Tanja mit ihren kurzen Haaren gefiel mir »als Frau«, irgendwelche brüderlichen Gefühle ihr gegenüber hatte ich nicht. Shenja war blond, groß, stark und lustig. Sie spielte im Korsch Theater, und das Theater war ihre Welt. Sie spielte mit mir fast wie meine Mutter, bloß witziger und lustiger. Sie versprach uns Theaterkarten und ein aufregendes Leben in Moskau.

Zwischen meinen Büchern fand ich die Werke eines gewissen A. Tscheglok, der ausschließlich über Tiere schrieb. Diese Tiergeschichten erschienen in einzelnen Heften und waren reich illustriert. Tscheglok war viel in Afrika gereist und schrieb über afrikanische Tiere. Jedes Heft war irgendeinem Tier gewidmet und eine kleine Geschichte. »Mpungu« war eine Geschichte über Gorillas, »Der Zweinäsige« eine über Springmäuse, »Die elektrische Lampe« eine über Schuppentiere und so in unendlicher Folge über russische und afrikanische Tiere. Schon in meiner frühen Kindheit hatte mein Vater angefangen, diese Geschichten vorzulesen, aber erst jetzt verstand ich ihren ganzen Charme und den der Illustrationen. Die letzteren gefielen mir außerordentlich. Sie waren irgendwie eckig, stilisiert, nicht banal naturalistisch. »Kunst« entströmte diesen Zeichnungen. In zwei, drei Bücherläden fand ich noch andere Tscheglok-Heftchen, ich kaufte sie mir alle und las sie intensiv. Die Illustrationen waren von einem gewissen W. A. Watagin. Ich sah sie mir ununterbrochen an und war richtiggehend verliebt in sie. Das war meine erste Begegnung mit der Kunst und den Tieren, und Tscheglok und Watagin waren die Grundsteine meines ganzen späteren Lebens.

Als ich von den Illustrationen sprach, erinnerte sich mein Vater, daß er diesen Watagin einmal bei Alexander Karlowitsch Kots, dem Direktor des Zoologischen Gartens, kennengelernt hatte. »Ja, der Zoologische Garten. Was ist bloß aus ihm geworden?« Wir fuhren mit der Straßenbahn (sie hatte noch dieselbe Nummer) dorthin. Es war nicht mehr die Fahrt meiner Kindheit mit Fulja, mit netten Schaffnern und bunten Fahrscheinen. Man stand zusammengepfercht wie Sardinen in der Büchse. Ein böses Weib, in große Tücher gehüllt, schrie dauernd: »Wer hat noch keinen Fahrschein?« Zerlumpte Kinder hingen wie Trauben an allen Seiten des Wagens, wurden ab und zu weggejagt und hängten sich wieder an.

Der Zoologische Garten existierte wie früher, nur erschien er mir etwas kleiner. Der pseudo-schottische Turm war auch noch da, nur wehte jetzt eine große rote Fahne darauf. Mein Vater fragte nach dem Direktor Kots, und sehr bald wurden wir von ihm und seiner jungen Frau Natalja Nikolajewna empfangen. Von diesem Augenblick an nahm mein Leben bestimmte Formen an: Ich wollte nur noch Tiere zeichnen.

Der Garten selbst war kümmerlich, es waren kaum Tiere da, aber mir genügte es. Ich war begeistert. Es gab ein Känguruh, einen Vielfraß, zwei Emus und natürlich Wölfe, Bären, Rehe und Hirsche. Ich bekam die Erlaubnis, jeden Tag im Garten zu zeichnen, was ich auch tat. Ich befreundete mich mit einem Wärter und ging in die Käfige der Raubvögel, des Vielfraßes und der Wölfe. Es machte mir Freude, die stinkenden Fleischstücke an die Tiere zu verteilen. Der Wärter war ein Junge von fünfzehn Jahren, der Sohn eines anderen Wärters, der im Zoo wohnte. Manchmal zeichnete ich den ganzen Tag und aß in der Familie des Wärters zu Mittag. Es gab immer Kohlsuppe mit einem winzigen Stück Fleisch und Brot mit Salz dazu.

Professor Kots war ein vielgereister und bekannter Mann. Damals fing man in Moskau an, die »Psychologie der Tiere« zu erforschen, und die junge Frau Kots, Natalja Nikolajewna, hatte bereits ein Buch über das »Verhalten eines Schimpansen« geschrieben, was sehr berühmt wurde. Sie war etwa fünfundzwanzig oder dreißig Jahre jünger als ihr Mann, trug hübsche Blüschen mit weißem Kragen und einen dicken Zopf über der Schulter. Ich war völlig verliebt in diese Frau, ihre Papageien und Wölfe, an denen sie die Psychologie der Tiere studierte. Einmal schenkte sie mir ein Foto von sich mit dem Äffchen Daisy und dem unvermeidlichen Zopf. Ich stellte das Foto bei mir auf, und meine Mutter wurde sichtlich eifersüchtig. »Was für eine Geschmacklosigkeit – dieser Zopf!« sagte sie.

Meine Tierzeichnungen machte ich im Stil von Watagin, aber sie gelangen mir nicht. Ich war mit mir sehr unzufrieden. Mein Vater und auch Direktor Kots versprachen mir immer, mich mit Watagin bekanntzumachen, aber es kam nicht dazu.

Eines Tages war ich wie üblich im Zoo und zeichnete Pelikane. Vor dem Käfig einer kaukasischen Bergziege sah ich plötzlich einen Mann auf einem Klappstühlchen sitzen, der die Ziege in Aquarell malte. Ich wußte sofort, daß es Watagin war. Mit viel Unternehmungslust und Mut ging ich zu ihm und fragte: »Sind Sie Herr Watagin?« – »Ja«, antwortete der Mann etwas schüchtern. »Ich bin Zinger, Oleg. Sagen Sie bitte, haben Sie schon mal einen Gorilla gesehen?« – »Nein, einen Gorilla nicht, aber Orang-Utans und viele Schimpansen.«

Das war für mich eine historische Begegnung und

meine erste Unterhaltung mit Watagin. Das Ganze erinnerte an Stanleys Begegnung mit Livingstone. Ich kannte damals schon das berühmte: »Mr. Livingstone, I presume?«

So fing unsere Freundschaft an, die das ganze Leben dauern sollte. Wir begannen sofort, über Tiere und Zeichnungen zu sprechen, und Watagin sagte mir, daß er zwischen zwei Stühlen säße, zwischen Natur und Kunst. Er könne so schön Tiere zeichnen, aber das seien dann eben nur Tiere, keine Kunst. Ich wurde stutzig. Die Stilisierung zog mich sehr an, und ich fühlte, daß die Kunst und die Zoologie zwei völlig verschiedene Dinge seien. So beschloß ich, Zoologe zu werden, da ich sowieso nur Tiere, Fische, Insekten und Vögel liebte. Nichts anderes würde ich je zeichnen, ich wollte der Zoologie dienen.

Meine Mutter fing wieder an, Theater zu spielen, und wir gingen alle viel ins Theater. Meine Schwester schleppte mich zu Korsch, meine Mutter ins Künstlertheater, dazu bekamen wir noch Karten für die anderen Theater – Meyerhold, Tairow und Wachtangow. Die letzteren drei waren ganz avantgardistisch. Musik, Akrobatik, groteske Figuren und kubistische Kostüme und Bühnenbilder. Ich war erschlagen von so viel Neuheiten und Farben. Die Aufführung von »Turandot« bei Wachtangow beeindruckte mich. Die kubistischen Bühnenbilder und Programme faszinierten mich, und ich fing an, kubistisch angehauchte Wölfe und Pelikane zu zeichnen. »Sieh mal an! Was sehe ich?« sagte Watagin, als er meine Zeichnungen sah. »Wo ist nun deine Zoologie geblieben?«

Direktor Kots war Zoologe, die schöne Natalja mit dem Zopf war Zoologin, mein Halbbruder Jascha war Zoologe, mein Vater war kein Zoologe, aber Wissenschaftler, Watagin war ein halber Zoologe. Sie alle liebten nur die Natur und verachteten das Modernistische (Watagin nicht, er war nachdenklich), Meyerhold, Kubismus, verzerrte Gesichter und die vielen Drei- und Vierecke und Linien empfanden sie als Dekadenz und Blödsinn. Nur meine Mutter hatte das alles gern, obwohl sie aus einem naturalistischen Theater kam. Aber der Naturalismus des Moskauer Künstlertheaters war fragwürdig – »Das Leben des Menschen« wurde im Stil von Audrey Beardsley aufgeführt. »Wie es euch gefällt« war phantastisch bunt und der Commedia dell'arte ähnlich. »Turandot« von Wachtangow schlug für mich alle Rekorde in der Kunst überhaupt, und die Zoologen fingen an, mich zu ärgern. In der Tretjakow-Galerie bewunderte ich natürlich Werestschagin und Repin, aber schon damals nahm in meiner kindlichen Seele Serow mehr Platz ein und beeindruckte mich mehr.

Nach wie vor, das heißt von neuem, besuchte ich mit meinem Vater die Oper. Im Institut, wo wir lebten, wurde ein Kino eingerichtet, und ich als Institutsbewohner durfte jederzeit umsonst dorthin. Praktisch verbrachte ich den halben Tag im Zoo, und ohne zu übertreiben war ich jeden Abend im Theater, in der Oper oder im Kino. Die ersten amerikanischen Stummfilme gefielen mir gewaltig, und die »Geschichte des Roten Ringes« konnte ich lange nicht vergessen.

Am 1. Mai hat man die Stadtgärten bemalt und dekoriert. Man bespritzte die Sträucher mit roter oder hellblauer Farbe und stellte kubistische Werke aus Holz auf. Andere waren aus Glas. Manche Bäume waren ganz rot bespritzt, und zwischen ihnen waren rote Tücher gezogen. Frauen, Kinder, viele Soldaten und Matrosen in weißen Hemden und mit Blumen hinter dem Ohr gingen feierlich dazwischen spazieren. (Später, 1952, mußte ich lächelnd an diese Manifestationen denken, als ein junger Portugiese in Paris einen Vortrag über die Kunst hielt und dabei behauptete, die östlichen Länder, besonders Rußland, hätten den Kubismus nicht gekannt und es sei dort nie zu avantgardistischen Exzessen gekommen.)

Damals konnte man noch nicht ahnen, daß ein Lissitzky oder Malewitsch in Westeuropa viel bekannter werden würde als z. B. Nesterow.

Der blaue Maihimmel strahlte über den bemalten Büschen, die Menschenmenge aß ununterbrochen Sonnenblumenkerne und bedeckte mit den Schalen den Boden wie mit einem Teppich.

Onjas Schwester Dascha und ihr Töchterchen Walja lebten etwas außerhalb der Stadt in Patylicha. Manchmal fuhr ich mit Onja hinaus, um ein bißchen Dorfluft zu atmen. Patylicha war ein hübsches, malerisches Dörfchen mit einer weißen Kirche direkt am Fluß Moskwa. Daschas Mann, ein großer starker Kerl, hatte dort irgendeinen Posten. Er ging jeden Morgen so um sieben Uhr früh an den Fluß baden. Da sonst kein Mensch außer kleinen Dorfjungen badete, ging ich mit Kolja (so hieß der Mann) an den Fluß und sprang mit ihm in das kalte Wasser. Kolja behauptete, es sei sehr gesund, morgens zu baden. »Früh am Morgen baden, und dann die Ernährung! Gute Ernährung ist alles!« Und: »Wenn du gut ißt und morgens badest, wirst du nie krank.« Walja war inzwischen ein Fräulein geworden. Statt zwei Zöpfchen hatte sie nun einen Zopf. Sie stellte mir ihre Freundinnen und Freunde vor. Eine Freundin hieß Galja und war sehr hübsch. Einmal blieb ich mit ihr allein und bat sie, mir das gewisse Etwas zu zeigen. Sie tat es auch, und ich küßte sie auf die Stelle. Das war mein erstes und letztes erotisches Erlebnis in meiner Heimat.

Meine Eltern unternahmen alles mögliche, um die Ausreisegenehmigung nach Deutschland zu erhalten. Das Physikbuch meines Vaters wurde damals in 100 000 Exemplaren gedruckt. Mein Vater sei ein bekannter und sehr kranker Mann, der unbedingt Spezialisten in Deutschland aufsuchen müsse. Da wir viele Fürsprecher besaßen, bestand für uns die Möglichkeit, im Herbst nach Berlin zu fahren.

Die Ausreiseerlaubnis wurde erteilt, die Pässe lagen bereit mit dem deutschen Visum darin. Onja und meine Mutter packten. Meine Mutter hatte ständig Tränen in den Augen. Diesmal fiel es ihr sehr schwer, den Sohn zu verlassen. Mir tat es um alles leid. Es tat mir leid, Jura zu verlassen, den Zoologischen Garten, Watagin, alles. Tränen kamen mir in die Augen, und Jura sagte zu Onja:

»Oleg hat gesehen, daß Mama weint, und nun muß er auch weinen.« Ich haßte ihn in diesem Augenblick und dachte, daß dieser viel größere, stärkere und geschicktere Bruder nie meine Gefühle ihm oder etwas anderem gegenüber verstanden hat. Vielleicht haßte er mich?

Am Bahnhof kaufte ich an einem Kiosk ein Büchlein, »Die Cowboys von Texas«. Wir hatten Schlafwagen. Der Zug fuhr ab.

Das Fenster nach Europa

Die erste westliche Stadt war Riga. Mir kam sie unglaublich still, menschenleer und sauber vor. In unserem, einem guten Hotel sprach man mit uns russisch, was mich sehr enttäuschte. Wie immer überließ mein Vater alle Arbeit, alle Pflichten meiner Mutter. Er machte nie die Betten, besorgte nie Karten, bestellte nie Zimmer, schickte nie Gepäck ab und lief nie auf Behörden. Immer mußte meine Mutter alles machen. Natürlich konnte Onja viel besser die Betten machen und kochen, und sie tat es auch, aber alles, was Geschicklichkeit, Sprachen und Verstand verlangte, oblag meiner Mutter. Auch in Riga mußte sie sich um das Hotel kümmern, das Gepäck weiterbefördern lassen und Rechnungen bezahlen.

»Ich nehme Ljaguschka (mich), Onja und meinen Spazierstock mit, wir treffen uns nachmittags im Hotel.« Wir gingen durch die ruhigen Straßen, kamen auf irgendeinen Platz und betraten ein großes Restaurant. Es gab wenig Gäste, zwei große Palmen schmückten den Raum, und mehrere Tische mit steifen weißen Tischtüchern standen da. Wir suchten uns einen schönen Eckplatz aus, wo Pflanzen standen und auf den Sitzen viele Kissen lagen. Fünf Kellner in Fracks stürzten sich auf uns. Onja und ich wurden ganz klein und staunten. »Ja«, sagte mein Vater, »jetzt zeige ich euch, wie man essen kann.« Die Kellner sprachen unter sich lettisch, aber mit uns fließend russisch. (Doch kein Ausland, dachte ich.) Nun erlebten Onja und ich zum ersten Mal ein Restaurant, wie »es sich gehörte«. Zuerst erschien eine Karaffe Wodka im Eiskübel. Dann eine Sakuski-Platte mit rotem und schwarzem Kaviar, geräuchertem Aal, Sprotten und kleinen Piroschkis. Als Hauptgericht bestellte mein Vater eine gebratene Ente mit kleinen Kartoffeln. Dann gab es Käse, nach dem Käse kam eine Schokoladentorte und Kaffee. Zum ersten Mal durfte ich zwei Gläschen Wodka trinken und dazu auf einem Toast Kaviar essen (er schmeckte mir besser als auf der Fahrt auf der Kama und Wolga).

Zur Ente gab es Rotwein und nach dem Kaffee ein Glas Kognak. Wir waren alle beduselt und sagten nichts mehr. Als der Kellner die Rechnung brachte, stellte sich heraus, daß mein Vater seine Geldtasche im Hotel gelassen hatte, in einer anderen Jacke. Wir hatten keinen Pfennig bei uns. Onja und ich blickten den beschämten Vater still an. Der Kellner zeigte Verständnis. »Aber ich bitte Sie! In welchem Hotel sind Sie abgestiegen? Na, dann bringen Sie halt heute nachmittag das Geld.«

Als wir ins Hotel kamen, war meine Mutter voller Unruhe. »Wo seid ihr bloß so lange geblieben? Das Gepäck habe ich schon abgegeben, ich mußte so viele Papiere ausfüllen, ich habe noch nichts gegessen, können wir nicht irgendwo eine Kleinigkeit essen?«

»Ja«, sagte mein Vater, »kannst du so freundlich sein und in dem Restaurant da über dem Platz unsere Rechnung bezahlen?«

Aus Lettland herausgekommen, gelangten wir nach Ostpreußen. Auf den Bahnhöfen sprach man deutsch.

»Saschok, Saschok!« rief meine Mutter fast mit Tränen in den Augen. »Bier! Richtiges deutsches Bier!« Bier und Würstchen, Würstchen mit Senf.

Wir stiegen alle aus und tranken entzückt jeder ein Glas Bier und aßen Wiener Würstchen mit Senf. – Ich verstand das nicht, schon wieder verschwand Deutschland und wir durchquerten den Polnischen Korridor.

Endlich kam das richtige Ausland, das richtige Deutschland! Durch hohe Häuser fuhren wir in die große Stadt

Berlin ein. »Berliner Kindl«, »Manoli Zigaretten«, »Sarotti Schokolade« – endlich hielt der Zug auf dem Bahnhof Zoo. Der ehemalige Assistent meines Vaters Jakow Alexandrowitsch Lipschitz und seine Frau Raissa Lwowna standen auf dem Bahnsteig und winkten uns zu. Sie hatten uns erwartet und sogar schon eine Wohnung für uns gefunden. In zwei Droschken fuhren wir alle mit den vielen Koffern durch die breiten Straßen Berlins zur Nollendorfstraße und gingen in das Haus Nr. 17, in eine dunkle Berliner Wohnung mit vielen schlechten Teppichen und grauenhaften Bildern. Das war unsere erste Berliner Wohnung, die wir bei einer gewissen Frau Glogauer mieteten.

»Probieren geht über Studieren« und »Abends in die Scala«

Noch in Moskau hatte ich Deutschstunden genommen. Ich konnte sagen »ich bin, du bist, er ist, dieses Mädchen ist groß, und dieser Knabe ißt eine Birne«. Außerdem kannte ich ein Gedichtchen:

> Bauer, bind den Pudel an,
> Daß er mich nicht beißen kann.
> Beißt er mich, verklag ich dich,
> Hundert Taler kostet's dich.

Mit diesen großartigen Sprachkenntnissen konnte ich nichts anfangen, allein war ich völlig verloren; ich klebte wie ein kleines Kind an meinen Eltern.

Von Direktor A. Kohts und auch von Watagin hatten wir Empfehlungsbriefe an den damaligen Berliner Zoodirektor Geheimrat Ludwig Heck mitbekommen. Über den Berliner Zoo hatte ich schon so viel gehört, daß ich das Gefühl hatte, ihn schon einmal gesehen zu haben. Überhaupt hatten meine Eltern viel über Berlin erzählt. Zum Beispiel sollten die Polizisten dick sein, dunkelblaue Kittel mit glänzenden Knöpfen und weiße Hosen dazu anhaben. Und natürlich sollten sie Pickelhauben tragen, darauf freute ich mich schon sehr. Aber es war wie verhext mit diesen Pickelhauben! Die Polizisten waren mager, blaß und trugen Tschakos, die gar nicht blau waren. Man nannte sie sogar »die Grünen«. Das war die erste Enttäuschung.

Die zweite große Enttäuschung, der Zoo war geschlossen. Schon am ersten Tag gingen wir hin und standen vor der geschlossenen Tür. Aber das Aquarium war geöffnet. Ein Kassierer gab uns drei Karten (Onja hatte uns nicht begleitet), und wir gingen hinein. Ich hatte noch nie vorher so etwas gesehen und war vollkommen überwältigt. Meer- und Süßwasserbecken, exotische Fische und im zweiten Stock die vielen Reptilien, Schlangen und Krokodile. Plötzlich erschien der Kassierer und sagte uns, daß gerade im dritten Stock die Fütterung der Schimpansen beginne, das würde uns vielleicht interessieren. Wir folgten ihm (er war wohl an der Kasse abgelöst worden) und standen bald vor einem großen, verglasten Käfig. Ein großer schwarzer Schimpanse saß auf einem hölzernen Tisch, daneben stand der Wärter und goß ihm eine weiße Flüssigkeit in einen Krug. Der Kassierer bekam von meinem Vater ein Trinkgeld. Das war der Beginn einer sechsundzwanzigjährigen Bekanntschaft, die fast zu einer Freundschaft wurde. Der Schimpansenwärter war der berühmte Pfleger Herr Liebetreu, der auch ein guter Bekannter von uns wurde.

Der Schimpanse hieß »Sultan«, er war der letzte Überlebende der berühmten Teneriffa-Schimpansenstation. Bis dahin hatte ich erst einen Menschenaffen gesehen. Als dreijähriges Kind sah ich in der Zoohandlung des bekannten Tierhändlers Achilles in Moskau einen jungen Schimpansen, der dem Besitzer gehörte. Bei unserem Besuch kam dieser junge Schimpanse ganz leise zu mir und biß mich in die Wade. Ich hatte aber Strümpfe und wattierte Hosen an, so daß der Biß nur leichte Abdrücke hinterließ. Herr Achilles entschuldigte sich und schimpfte mit dem Affen. Ich hatte gar keine Angst und verstand die Situation kaum, so schnell hatte sich alles abgespielt. Die Wunde blutete nicht, es war, wie gesagt, nur ein leichter

Abdruck. Mein Vater scherzte später viel darüber, er behauptete, daß der kleine Schimpanse mir für ewig die Liebe zu den Affen eingeimpft hätte. Vielleicht war es auch so, wer weiß?

Schon am nächsten Tag gingen wir zu Geheimrat Heck und überbrachten ihm die Briefe von Kots und Watagin. Das erste, was ich in dem Kabinett des würdigen Herrn sah, waren zwei große Aquarelle und ein Mandrillkopf aus Holz von Watagin. Geheimrat Heck war überaus freundlich, er freute sich, von Kots und Watagin zu hören. Mein Vater, meine Mutter und ich bekamen je eine Jahreskarte für den Zoo, den wir auch besuchen konnten, wenn er geschlossen war. Dieser Tag war so erfolgreich, daß wir ihn feiern wollten. Wir gingen in ein Restaurant. Da hing eine große, gepflegte Reklame, die mehrere rotbackige Herren am Tisch mit Likörgläsern in der Hand darstellte. Darunter stand: »Probieren geht über Studieren«. Mein Vater wollte, daß ich diesen mir unverständlichen Satz entziffere.

Die viele Reklame in Berlin beschäftigte uns überhaupt sehr. Sie war so bunt und wollte Eindruck machen: In die Hände, meine Lieben, wurde Euch MM geschrieben. Überall, selbst auf den Stufen der U-Bahn stand: ...und abends in die Scala!

»Das ist eine Idee«, sagte mein Vater. »Abends in die Scala!« Ich hatte noch nie ein Variété gesehen, nur zweimal eine Zirkusvorstellung, was mir überhaupt nicht gefallen hatte. Das hier war etwas völlig anderes: die hübschen roten Sitze, der rote Vorhang, die Bühne, die rasche Folge der Nummern, Akrobaten, Exzentriker, dressierte Seelöwen und ein kurzer Film mit Harold Lloyd zum Schluß. Ich dachte, ich träume! Gestern das Aquarium und der schwarze Schimpanse Sultan, nun dieses Variété! Nein, dachte ich, Berlin ist bestimmt die schönste Stadt der Welt.

So vergingen die ersten drei Tage in Berlin. Sie beeindruckten mich, wie mich später nichts mehr beeindrukken konnte, Berlin prägte sich stark in mein Herz ein.

Nach diesen schönen Tagen begann eine hektische Tätigkeit. Mein Vater mußte ununterbrochen zu den Ärzten und in die Kliniken. Meine Mutter nahm den Kontakt zu den Schauspielern des Moskauer Künstlertheaters auf. Die Schauspieler wollten nicht nach Rußland zurückkehren, sie bildeten die sogenannte »Prager Truppe«, die in Prag anfing und dann in Berlin weiterarbeitete. Diese Truppe bestand aus begabten Kräften, sie bot sehr schöne Vorstellungen. Viele altbekannte Freunde waren dabei. Die »Prager Truppe« nahm meine Mutter auf, und so mußte sie wieder viel herumreisen – nach Prag, Dresden, Zoppot, Dubrovnik, Belgrad, Wien usw. In solchen Zeiten blieb ich mit meinem Vater und Onja allein in der Nollendorfstraße.

Ich bekam einen Lehrer, einen gewissen Sergej Platonowitsch Woinow. Dieser sehr große und magere Mann kam zu uns und unterhielt sich sehr lange mit meinem Vater, während ich in meinem Zimmer saß und das Buch von Karl Hagenbeck »Von Tieren und Menschen« auf russisch las.

Am nächsten Morgen um halb zehn erschien Woinow bei mir. Ich war furchtbar geniert und saß wie angenagelt da. Sergej Platonowitsch sagte: »Nun leben Sie jetzt in Deutschland, haben Sie Sehnsucht nach Rußland?« »Überhaupt nicht!« antwortete ich. »Sie möchten also gar nicht zurück?« »Aber überhaupt nicht, ich will nie wieder nach Rußland zurück!« »Das können Sie jetzt noch nicht beurteilen, und außerdem kommt es darauf an, was Ihre Eltern tun werden.«

»Was interessiert Sie so im Leben?« »Tiere, Afrika, Tiere fangen und zeichnen, ich möchte nach Afrika fahren«, legte ich los. »Ja, das ist schon ganz gut. Haben Sie schon etwas gelesen, kennen Sie irgendwelche Gedichte?«

»Ich kenne mehrere Gedichte, aber ich weiß jetzt keins auswendig, außer einem einzigen.« »Welchem?« Und ich sagte ihm ein Gedicht über eine in der Bibliothek gefangene Maus auf. Sergej Platonowitsch fand das Gedicht entzückend. »Von wem ist es?« fragte er. »Von Wladislaw

Chodassewitsch«. »Und was kennen Sie an großen klassischen Gedichten, sagen Sie mir nur die Titel.« Ich zählte auf. »Erstaunlich viel, und was haben Sie sonst gelesen?« Ich sagte es ihm. »Was, Sie kennen schon ›Anna Karenina‹, ›Krieg und Frieden‹, Puschkin, Victor Hugo, Merimée und Tschechow!« Mir wurde es ganz heiß, und ich wurde rot. »Vieles habe ich nicht selbst gelesen, man hat es mir vorgelesen.«

»So, nun setze ich mich ans Fenster, rauche und lese Zeitung, und Sie schreiben mir etwas – ja, was? Na, schreiben Sie mir ›Warum ich nicht nach Rußland zurück will‹. Ich gebe Ihnen eine Dreiviertelstunde.« Ich werde diesen Augenblick nie vergessen! Ja, warum wollte ich denn nicht nach Rußland zurück? Bykowo, der Zoo, Temis-Ssu, wie herrlich war das alles gewesen! Und das Theater – plötzlich stand eine unangenehme Erinnerung vor mir. Ich erinnerte mich an Sewastopol, ich ging mit meiner Mutter am Strand spazieren, plötzlich stießen wir auf eine Menschenmenge. Als wir näher kamen, sahen wir einen kleinen Kinderfuß auf den Steinen liegen. Die Frauen und Männer um uns her erzählten von der Hungersnot und sonstigen schrecklichen Sachen, unter anderem behaupteten sie, daß man in den Felsen von Inkerman Kinder tötet, um ihr Fleisch zu verkaufen. Diese Erinnerung half mir, etwas sehr Vages über Leichen, diesen Kinderfuß, tote Tataren usw. zu schreiben. Die Idee war, daß ich nicht in dieses »Schreckensland« zurückkehren wollte.

Sergej Platonowitsch las langsam alles durch. »Na, vielleicht übertreiben Sie ein bißchen – das ist nicht Rußland, sondern die Revolution, aber Sie schildern das ganz gut, nur schreiben Sie wie ein Analphabet. Es wimmelt nur so von orthographischen Fehlern – das ist ja schrecklich!«

»So, nun gehe ich, und morgen um neun Uhr früh fangen wir an.« Ich war erleichtert.

Am nächsten Morgen punkt neun Uhr erschien Sergej Platonowitsch. Das erste, was er verlangte, waren Gymnastikübungen. Ich mußte ein paar Kniebeugen machen, die Arme bis auf den Boden hängen lassen, sie dann hochschmeißen und tief ein- und ausatmen. Mitten in diese Betätigung kam mein Vater herein. »Guten Morgen, Professor«, begrüßte ihn Sergej Platonowitsch. »Ich finde, daß einige körperliche Übungen vor der geistigen Anstrengung gut tun.« »Sehr schön«, sagte mein Vater sichtlich zufrieden. »Wenn es sowas bloß zu meiner Gymnasiumszeit gegeben hätte! – Aber bitte nennen Sie mich nie Professor, ich hasse das.«

Und so blieb Sergej Platonowitsch bei uns. Er war eigentlich ein verspäteter Student der Technischen Hochschule, und seine Unterrichtsstunden fielen in verschiedene Zeiten – wenn er gerade frei war. Bald wurde er ein Freund der Familie, blieb öfters zum Essen bei uns, meine Mutter besorgte ihm Theaterkarten, und zu meinem Geburtstag kam er auch mit in die Scala.

Damit ich schneller Deutsch lernte, erschien ein rotbackiger, junger Student, ein Freund von Woinow, Herr Höchst. Er war sehr lustig und verlangte von mir bloß, daß ich ihm etwas auf deutsch erzähle. Ich erzählte ihm also die afrikanischen Geschichten von Tscheglok, Herr Höchst lachte sich über meine Sprache kaputt. Er lernte mehr russische Wörter von mir als ich deutsche von ihm.

Es gab noch einen dritten Lehrer, einen für Mathematik, einen sehr vornehmen Herren, einen ehemaligen russischen Gardeoffizier, der wahnsinnig höflich war und sehr schnell sprach. Er erklärte mir alles so, als ob ich es selbstverständlich verstand, bat mich, etwas vorzubereiten, und verschwand eilig. Er war nie böse, nie verärgert und sagte nichts, wenn ich überhaupt nichts verstand und nichts vorbereiten konnte.

Nachdem der liebe Herr Höchst etwas Russisch bei mir gelernt hatte und für immer gegangen war, erschien ein gewisser Herr Kossatz. Das war ein schnurrbärtiger Deutscher, der aber russisch sprach wie ein Russe. Er kam immer auf dem Rad, ließ mich lange Diktate schreiben und schnauzte mich an. »Du mußt dir doch Mühe geben, verflucht noch mal!« Das war auch der Mann, der mir das

Radfahren beibrachte. Für deutsche Verhältnisse war ich viel zu alt und zu groß, um Rad fahren zu lernen, und es war mir schrecklich peinlich, in der Nollendorfstraße hin und herzufahren, während Herr Kossatz mit seinem langen, steifen Schnurrbart nebenher lief und mich am Sattel festhielt. Dieser Kossatz war natürlich viel gröber und einfacher als mein Vater und als Sergej Platonowitsch, aber er war lebendig, und ich war in seiner Gegenwart ganz unbefangen. Ab und zu mußte ich zu ihm in die Wohnung kommen. Manchmal war er wütend, manchmal klopfte er mir auf die Schulter und lobte mich. Er war glücklich, mir das Radfahren beigebracht zu haben. Auch war er der erste, der mit mir in Berlin überall herumfuhr, und zwar nicht mit einem Taxi oder der Droschke, sondern mit der Stadtbahn, der U-Bahn, mit Bussen und der Straßenbahn. Er fuhr immer in einem Raucherabteil, da er ständig einen Zigarrenstummel im Mund hatte. In der Hand trug er immer eine Aktentasche. Berlin kannte er auswendig, und es machte mir sehr viel Spaß, mit ihm nach Moabit, Wannsee, Zehlendorf, Weißensee, Alexanderplatz, Pankow oder sonstwohin zu fahren. Er zeigte mir, noch ganz oberflächlich, die Museen, die Passage, das Schwimmbad und noch vieles andere. Er war ein sehr temperamentvoller Mensch, und ich verdanke ihm sehr viel.

Eines Tages kam ein gewisser Herr Durow aus Moskau nach Berlin. Die Durows waren in Moskau eine sehr bekannte Clowns- und Tierdresseur-Familie. Seit drei Generationen beschäftigten sie sich mit nichts anderem, und zu meiner Zeit war »Großväterchen Durows Tierecke« sehr bekannt. Er liebte Tiere sehr, und seine Dressuren waren wunderbar. Er besaß einen ganz zahmen Dachs, »Borka«, der ihm wie ein Hund nachlief und auf seinen Befehl zwei, drei Purzelbäume machte. Ich kann mich noch sehr gut an dieses entzückende Tier erinnern. Durow kam also nach Berlin und besuchte uns. Er war ein kleiner, alter, lockenhaariger Mann, der den Wissenschaftler hervorkehrte, obwohl er weit entfernt von ihm war. Er besaß aber einen unglaublichen Instinkt für Tiere. Eigentlich war er nur auf der Durchreise, er wollte in Hamburg den Sohn von Karl Hagenbeck besuchen. Meine Eltern ergriffen die Gelegenheit und fuhren mit Durow und mir nach Hamburg.

Der Stellinger Park war damals ebenfalls geschlossen, aber selbstverständlich hat John Hagenbeck Herrn Durow und meine Eltern empfangen. Ich kannte das Hagenbecksche Buch »Von Tieren und Menschen« sehr gut und war begeistert, nur allein den Eingang des Parks zu sehen. Auch erkannte ich die Trieratops, den Stegosaurus, den Diplodocus und die anderen Tiere aus Zement, die da halb im Wasser standen. John Hagenbeck führte uns durch den Garten, Durow erzählte ihm etwas Unverständliches auf deutsch, was meine Mutter verbesserte. Ein ganz junges afrikanisches Nashorn begleitete uns, und ich durfte es streicheln und tätscheln.

Der damalige Zoologische Garten in Hamburg war aber offen, und ich konnte viele, für mich ganz neue Tiere sehen. Die Hafenrundfahrt und ein Mittagessen an der Alster waren etwas ganz Märchenhaftes für mich. Wir aßen in irgendeinem großen Raum, wo in der anderen Ecke eine Hochzeit gefeiert wurde. Aus irgendeinem Grunde erschien ein Schusterjunge mit zwei großen schwarzen Stiefeln über der Schulter. Die Leute tranken und waren sehr ausgelassen, dann erschien auch noch ein als Hummel-Hummel gekleideter Mann im Zylinderhut. Ein großer roter Hummer wurde serviert. – Mir gefiel Hamburg so, daß ich keine Lust hatte, nach Berlin zurückzukehren, zumal mein Leben dort nur aus Unterricht bestand.

Herr Durow kaufte bei John Hagenbeck irgendwelche jungen Tiere – ich glaube, drei Waschbären. Ich habe sie nie gesehen. In Berlin sah Durow meine Tierzeichnungen und bestellte bei mir für ein Buch von sich einen Marabu, ein Zebra und ein Känguruh. Das war der erste »Auftrag« in meinem Leben.

Meine Mutter fuhr mit dem Theater weg, und im Mai

zog ich mit meinem Vater nach Tegel in eine Art Pension oder Sanatorium. Dazu gehörte ein großer Park an einem schönen See. Ich erinnere mich an das Fichtennadelbad jeden Morgen und den herrlichen Vogelgesang, der durch die offenen Fenster wie eine fröhliche, lebensbejahende Hymne hereindrang. – In diesem Monat erhielt mein Vater die Nachricht, daß Onkel Kolja in Charkow gestorben war. »Weißt du«, sagte er zu mir, »Onkel Kolja ist tot.« Ich verstand nicht, wie traurig ihm zumute war.

Anfang Juni kam meine Mutter von ihren Gastspielen zurück, und wir fuhren nach Nürnberg und nach Überlingen am Bodensee, wo mein Vater sich in einem Sanatorium nach den vielen ärztlichen Behandlungen und Untersuchungen erholen sollte.

In Nürnberg war herrliches, warmes Juniwetter. Ich bekam eine hellblaue Jacke aus Leinen mit Hornknöpfen, dazu einen Spazierstock aus braunem, knorrigem Holz mit einer Stahlspitze. Das war damals fast eine Art Uniform in dieser Gegend. Es lagen unbeschreiblich viele trockene Kirschkerne auf der Straße, und es machte mir Spaß, sie mit dem Absatz zu zertreten. Natürlich besuchten wir den Tierpark und aßen Bratwürstchen im »Bratwurst-Glöckchen«.

In Friedrichshafen war es sehr sonnig, und der Bodensee erfüllte mich mit Sehnsucht nach dem Meer. Das Sanatorium von Dr. Saitz befand sich auf einem Hügel über dem Ort Überlingen, zu dem man bergab über eine schöne grüne Wiese lief. Wir bekamen ein schönes Zimmer.

Sehr früh am Morgen mußte mein Vater aufstehen – und ich mit ihm –, um auf einer umzäunten Wiese Gymnastik-Übungen zu machen. Mehrere nackte Männer standen da und schwangen die Arme. Dr. Saitz, auch nackt und mit Spitzbärtchen, stand vor den Männern und machte die Bewegungen vor. Er war ein Witzbold, behandelte seine Gäste auf etwas kameradschaftlich-grobe Art, klopfte ihnen auf die Schulter, machte Witze, war aber gleichzeitig sehr streng. Man durfte nicht rauchen, was meinen Vater ganz düster stimmte, und er erklärte jedes gute Essen für ungesund. Für sehr teures Geld bekam man dauernd nur Salzkartoffeln mit Spinat oder rohe Äpfel serviert. Das stimmte meinen Vater noch düsterer. Abends wurden »Lachabende« veranstaltet. Irgendeine Frau sang etwas vor, oder vier Kerle erzählten mir unverständliche Witze auf bayrisch. Mein Vater kam gar nicht zu diesen Abenden, sondern saß rauchend in seinem Zimmer. Ab und zu wurde man um vier Uhr morgens geweckt, um die Alpen bei Sonnenaufgang zu bewundern. Natürlich kam mein Vater auch da nie mit, ich aber nahm zu meinem Leidwesen dreimal daran teil. Zusammen mit verschlafenen Gästen in Pyjamas und Schlafröcken begab man sich auf einen Balkon, von wo man in rosa-bläulichem Licht die Schweizer Alpen deutlich sehen konnte. Der Anblick war wirklich schön, wenn es nur dabei geblieben wäre und es nicht diese unerträglich falsch-leidenschaftliche Bewunderung der Berge gegeben hätte. Viele kannten die einzelnen Gipfel mit Namen, und alle stritten, wo was wäre. Zwanzigmal fragte man mich, ob das nicht großartig sei, ich tat auch so, als ob ich entzückt wäre, aber in Wirklichkeit gingen mir die Leute und ihre einfältige Landschaftsbewunderung auf die Nerven.

Am Tisch erschienen fremde Kinder, die aus dem Ruhrgebiet zur Erholung kamen. Diese unangenehmen Kinder sahen wohlgenährt aus und konnten nichts erzählen, aber das ganze Gespräch am Tisch drehte sich nur darum, wie grausam die Franzosen gegen die Kinder seien, und überhaupt – diese Senegalneger in der französischen Armee! Diesen Rummel hielten wir nicht lange aus, bezahlten unsere hohen Rechnungen und siedelten nach Goldbach bei Überlingen in eine mehr bäuerliche Wirtschaft um. Der Inhaber war ein rotbackiger, schwarzlockiger Bayer und seine Frau ein zartes, blasses Wesen, die er sehr liebte. Die beiden waren reizend und sehr freundlich. »Meine Frau will ja nichts essen, sie ißt nur saure Gurken.« Wir empfahlen ihm, sie zu Dr. Saitz zu schicken. Es war ganz billig, und man bekam sehr gut zu essen. Endlich sahen wir wieder gebratene Enten, Leber, gebackenen Hecht und Spiegeleier mit Speck. Aus Berlin kam mein Fahrrad, das man mir dort gekauft hatte. Die ganze Zeit fuhr ich damit in der Gegend herum und perfektionierte mich in der Fahrradkunst.

Gegen Ende August fuhr ich mit meiner Mutter nach Freiburg im Breisgau. Da sollte ich in die Schule gehen, und mein armer Vater sollte wieder irgendwelche Ärzte besuchen. In Freiburg stiegen wir in einem sehr netten Hotel ab, soviel ich weiß, in der Bahnhofstraße. Ich erinnere mich nur, daß ich dort aus der Zeitschrift »Die Woche« heimlich das Foto von einem kleinen Tapir herausgerissen habe.

Meine Mutter fand Freiburg entzückend. Ich verstand damals den Charme einer Kleinstadt nicht, die Schönheit des Freiburger Münsters ließ mich kalt, und ich empfand große Sehnsucht nach Berlin. Nur eines befriedigte mich: die Schutzleute trugen Pickelhauben. Aber es gab keinen Zoo. Zwei Rehe, einige Fasanen und ein Storch im Stadtgarten genügten mir nicht, und die Übersiedlung nach Freiburg begeisterte mich keineswegs. Meine Mutter hatte Bekannte in Freiburg – die Familie Krafft. Ihre Tochter Vera ging damals in eine Privatschule, wo auch ich hinkommen sollte.

Wir fuhren also nach Überlingen zurück, und in vierzehn Tagen waren wir zu viert wieder in Freiburg. Wir stiegen im Pfauenhospiz in der Friedrichstraße ab. Nach wenigen Tagen wurde ich in der Familie von Professor F. Schmidt in der Zähringerstraße als Pensionär untergebracht. Da sollte ich endlich deutsch lernen, da sollte ich wohnen, essen und von da aus in die Schule von Dr. Hoerth mit dem Rad fahren. Mein Vater ging mit Onja in das Sanatorium Rebhaus in Güntherstal. Meine Mutter kehrte nach Berlin zu ihrem Theater zurück. Mein Gott, wie ich sie beneidete!

Berlin, Kinos, Theater, Zoo … und meine Eltern verschwanden irgendwohin in die Weite! Die Erinnerungen an Golizyno tauchten auf, und ich wurde traurig. Es war wieder furchtbar schwer für mich, ohne Vater und Mutter zu sein, dazu noch in einer fremden Familie, in einer fremden Stadt und mit einer fremden Sprache. Jeden Sonntag durfte ich zu meinem Vater fahren. Ich fuhr immer mit der Straßenbahn (ich glaube Nummer 2) bis zur Haltestelle Rebhaus. Durch eine Allee ging ich zum Haus, und meistens kam mir mein Vater mit Onja entgegen. Wir aßen alle drei im Zimmer meines Vaters, wo uns das Sanatoriumsessen serviert wurde. Nachmittags gingen wir in der Umgebung spazieren, und dann fuhren wir ins Kino, in die Casino-Lichtspiele, wo irgendeine nicht enden wollende, dumme Abenteuerserie gegeben wurde. Diese Filmbesuche waren für meinen Vater bestimmt ein großes Opfer, das er mir brachte. Er liebte das Kino nicht, und die Filme, zu denen Jugendliche zugelassen waren, waren von einer seltenen Blödheit. Nach dem Kino verabschiedeten wir uns. Onja fuhr mit meinem Vater ins Rebhaus, ich kehrte zu Schmidts zurück, in die Zähringerstraße. Das war immer schrecklich traurig.

Ich fühlte mich sehr allein und verlassen. Alles war so fremd um mich herum, so seelisch kalt, mein Zimmer, das Eßzimmer, das kalte Badezimmer und der Vorraum, in dem das viereckige Bildchen mit den Veilchen von Dürer hing. Herr und Frau Schmidt waren jungverheiratet, sie waren sehr nett zu mir, fragten immer, ob ich satt wäre, und Herr Schmidt machte die Schulaufgaben mit mir. Aber die ganze Atmosphäre war so anders als die, an welche ich gewöhnt war. Zu Hause sprachen wir über alles sehr offen, oft in humorvoller Weise. Ich liebte damals die Filmschauspielerin Mary Pickford sehr, und mein Vater neckte mich damit. Ein anderes Mal fragte mich mein Vater, wen ich am liebsten als Vater haben würde. Meine Mutter war entsetzt, aber ich antwortete: »Na, vielleicht Carl Hagenbeck!« – »Sehr gut gewählt«, meinte mein Vater. Ein Bild von Mary Pickford durfte ich ohne weiteres in einem Rahmen auf dem Tisch stehen haben. Nur einmal fragte mich mein Vater, ob mir Mary Pickford immer noch besser gefiele als die bezopfte Natalja Nikolajewna

Kots. Bei Schmidts stellte ich naiverweise auch das Foto von Mary Pickford auf, aber schon nach drei Tagen fand ich eine Karte mit Fliegenpilzen in dem Rahmen. »Das ist viel passender für einen Jungen in deinem Alter«, sagte mir Frau Schmidt. Hat die eine Ahnung, dachte ich.

Nach einem kleinen Examen in der Schule Hoerth, bei dem ich in einem Satz von fünf Wörtern sieben Fehler machte, wurde ich in die Schule aufgenommen.

Rechtschreibung mußte ich mit den ganz Kleinen zusammen lernen, Geschichte bei den Großen, Naturkunde wieder woanders.

Die kleinen Kinder amüsierten mich. Sie kamen meist aus benachbarten Dörfern und trugen komische bestickte Ranzen – zwei Tauben vor einem Bündel Kirschen, der Wolf mit Rotkäppchen oder einfach eine Berglandschaft. Hin und wieder sah ich die attraktive Vera Krafft mit wehendem blondem Pferdeschwanz auf dem Rad ankommen und wieder wegfahren. Auch gab es ein stupsnäsiges, sehr reizvolles Mädchen, Olga von Geyling, die in irgendeiner Beziehung zu Ljonja Bismarck stand – einer Verwandten meiner Mutter, die in Baden-Baden lebte und ab und zu nach Freiburg kam.

Ich bin nie klug geworden aus dieser deutsch-französisch-russischen Verwandtschaft meiner Mutter. Sie hatte – eine geborene Pawlowa – Verwandte und verschiedene Cousins, die in die ausländische Kolonie von Moskau einheirateten, und so gab es die Redlichs, Lists, Catoires, Kraffts, Mutzenbecher, Haspergs und noch andere, die alle etwas mit Rußland zu tun hatten. Auch Ljonja Bismarck aus Baden-Baden war eigentlich eine Russin. Als sie nach Freiburg kam, machte sie uns mit Olgas Mutter bekannt, und so kam ich öfters in das Schloß Ebnet, wo Olga lebte.

Olga gefiel mir sehr. Ihr Stupsnäschen, ihre Zöpfe und ihre Bewegungen hatten einen eigenen Charme. Einmal brachte ich ihr eine griechische Landschildkröte als Geschenk, die sie an eine lange Schnur band. Sie bohrte dazu ein kleines Loch in den Panzer. Wir fingen zusammen Grillen im hohen Gras, die sonnigen Sommertage in Ebnet waren sehr schön.

Meine Mutter kam aus Berlin zurück, ich konnte die Familie Schmidt verlassen, unsere Familie war wieder beisammen. Wir waren wirklich besonders begabt, was die Veränderung der Adressen angeht. In Berlin lebten wir in acht verschiedenen Wohnungen, in Freiburg in vier, ohne mein Leben bei Professor Schmidt und Vaters Aufenthalt im Rebhaus zu rechnen. Wir wohnten in der Jakobistraße, in der Stadtstraße und in der Uhlandstraße, in der Wiehre, vorher im Pfauenhospiz. Es war eine riesige Freude für mich, wieder in der Familie zu leben, ich blühte seelisch richtig auf.

In der Hoerthschen Schule befreundete ich mich mit einem Jungen, der meistens einen Matrosenanzug trug und eine Ponyfrisur hatte. Er hatte eine spitze Nase, war ein guter Schüler und sprach nicht dauernd badisch. Man sah ihm an, daß er aus einer intellektuellen Familie stammte. Er sammelte, wie wir alle, Briefmarken, und er wollte unbedingt dieselbe Briefmarke besitzen wie ich – eine Liberia-Marke mit einem Zwergflußpferd darauf. Ich sammelte überhaupt nur Tierbriefmarken, so daß ich gar kein richtiger Briefmarkensammler war. Nach der Unterhaltung über das Zwergflußpferd kamen wir auf die Tiere im allgemeinen, und es stellte sich heraus, daß ich bereits fünf zoologische Gärten kannte und mein Freund noch keinen einzigen. Er war allerdings auch zwei Jahre jünger als ich.

Einmal kam ich nach Hause, und mein Vater fragte mich, ob ich in der Schule einen Freund hätte, vor zwei Stunden wäre ein Junge in einem Matrosenanzug dagewesen und hätte sich vorgestellt: »Ich heiße Ernst Theodor Sehrt und bin mit Oleg befreundet.« Meine Eltern fanden den Jungen sehr nett und begrüßten diese Freundschaft. Ich lernte auch seine Familie kennen. Sein Vater war Arzt und sah völlig anders aus als sein Sohn. Der Sohn war blaß und spitz, der Vater war rot und rund. Die Mutter, Frau Olly Sehrt, war eine zarte, etwas ängstliche Frau. Man sah sofort, daß Ernst Theodor ihr Sohn war. In ihrem großen Eßzimmer hingen ringsherum große Fotos von Ernst Theodor als Baby. Wir spielten in Ernst Theodors Zimmer, das sich gleich neben dem Eßzimmer befand. Wir spielten – eigentlich wie ganz kleine Kinder – mit den vielen Gipstieren von Ernst Theodor, die wir auf dem Boden aufstellten und mit denen wir kleine zoologische Gärten bauten. Ich erzählte Ernst Theodor von den Zoos, die ich kannte, von der Krim, der Revolution und Berlin. Berlin war meine größte Sehnsucht. Nach Berlin zurück! In all meinen Erzählungen gab ich natürlich etwas an.

Einmal fragte ich Ernst Theodor, ob es im Schwarzwald Bären gäbe. Er war erstaunt, aber komischerweise war gerade diese Frage keine Angabe. In Rußland sprach man oft vom Schwarzwald, der übrigens auf russisch auch »Schwarzwald« heißt, man nahm fälschlicherweise an, daß es der größte und wildeste Wald Westeuropas ist. Angabe war aber, daß ich andeutete, ich hätte in Bykowo einmal einen Bären getroffen. Von Bykowo aus hätte man aber mindestens 1000 Kilometer fahren müssen, um mit sehr viel Mühe einen Bären anzutreffen.

Ich kam oft in die Familie Sehrt und verbrachte eigentlich meine ganze freie Zeit mit Ernst Theodor. Von den Spielzeugtieren gingen wir sehr bald zu den lebenden Tieren über. Seine Wohnung befand sich in der Friedrichstraße – dem jetzigen Friedrichring –, und es gab dort einen schönen Erker, der auf die Straße ging. In diesem Erker richtete Ernst Theodor zwei hübsche Terrarien ein. Wir gingen zusammen Ringelnattern fangen, kauften uns Landschildkröten und Laubfrösche. – Ich erzählte meinem Freund aber nicht nur von zoologischen Gärten, sondern auch die Sherlock-Holmes-Geschichten von Conan Doyle, die mein Vater mir vorlas. Mein Vater liebte sie sehr, und es sind die einzigen Detektivgeschichten, die ich je im Leben gelesen habe. Merkwürdigerweise packten die Sherlock-Holmes-Geschichten Ernst Theodor viel mehr als die Geschichten über Tiere, und später erzählte er mir, daß sie der Anfang seines Interesses für alles Englische waren. Er wurde ein bedeutender Anglist an der Universität Göttingen.

Nachmittags mußte Ernst Theodor sich lange ausruhen – wie wir früher in Temis-Ssu. Manchmal klingelte ich an der Tür, und es hieß, daß ich etwas später kommen solle. Unsere Geburtstage feierten wir immer zusammen, und es war Tradition, daß wir in einer Konditorei ganz bestimmte Kuchen kauften, die in Form von Schildkröten gebacken waren.

Manchmal blieb ich auch zum Abendbrot da, und dann spielten wir abends mit Vater und Mutter Sehrt Mah-Jong – ein chinesisches Spiel, das damals sehr beliebt war.

Im ersten Sommer unseres Aufenthalts in Freiburg fuhr unsere ganze Familie – Papa, Mama, Onja und ich – nach Italien. Diesmal ging es nicht nach Sestri Levante, sondern nach Santa Margherita. Unterwegs blieben wir zwei Tage in Mailand. Mein Vater war außer sich vor Freude, in Italien zu sein. Ich war auch sehr glücklich, wieder eine große, belebte Stadt zu sehen. Die Bersaglieri mit ihren Hahnenfedern beeindruckten mich stark. Es war der Anfang der Zeit des Faschismus, und jeder dritte Italiener ging in Uniform. Abends sagte mein Vater zu mir, daß wir in die Oper gehen. Die Scala war zu, und wir gingen in das Teatro Carcano, wo gerade »Rigoletto« gegeben wurde. Mein Vater sagte mir, daß es völlig anders als in Moskau sein werde, ich solle nicht erstaunt sein. Das Theater wäre nicht so groß, man würde Schokolade und Bonbons zwischen den Arien anbieten, die Leute würden reden, und der Held trüge, falls er blond sei, eine hellblaue Pelerine, falls er brünett sei, eine rote. Das sei eben Tradition, und diese ganze Unordnung sei auch der Charme einer Oper in Italien.

Wir gingen hin. Der Vorhang bestand aus Reklame und sah wie eine bunte Zeitung aus. Tatsächlich verkaufte man Schokolade und Limonade, ja sogar Zeitungen und Zigaretten, und tatsächlich sprachen alle so laut miteinander, daß von einer »Theaterstimmung« nichts zu merken war.

Und siehe da – der junge Prinz war dunkelhaarig und hatte eine rote Pelerine an. Mein Vater quietschte vor Vergnügen. Das Publikum war nur still, wenn die wichtigsten Arien vorgetragen wurden. Zwei Tage später fing ich an, ununterbrochen »La donna è mobile« zu singen.

Nach einem kurzen Aufenthalt in Genua stiegen wir in Santa Margherita Ligure in dem großen Hotel »Lido« direkt am Strand ab. Das Meer lag vor unseren Fenstern, unsere Betten hatten Moskitonetze, und es war so sonnig und hell wie in Eupatoria.

Ich stand sehr früh auf und betrachtete das Meer. Meistens war es glatt wie ein Spiegel und so hell wie der Himmel. Mein Herz klopfte vor Glück und Aufregung. Ich hatte drei Freunde, drei Bagninos – Luigi, Onorato und Nicoli. Nach einer Woche wußten diese Bademeister und Bootsvermieter sehr gut, wer ich war, und daß sie immer ein anständiges Trinkgeld von uns bekamen. So konnte ich jederzeit und für wenig Geld ein Boot haben und damit herumrudern. Ich ruderte nicht weit, meistens zu den nächsten Felsen, wo ich meiner »Jagd« nach Seetieren nachging. Ich tauchte nach den schönen roten Seesternen, nach Seeigeln und suchte in den Felsen nach Taschenkrebsen. Ich hatte vor, eine kleine Sammlung von verschiedenen Mittelmeertieren anzulegen. Zu diesem Zweck besorgte ich mir drei große Gläser mit Formalin, die einen entsprechend dichten Deckel besaßen. Einfach war es nicht, diese Gläser zu bekommen, wir mußten dafür extra nach Genua fahren. Der Morgen gehörte mir. Ich konnte fischen und baden, soviel ich wollte, um halb eins erst mußte ich im Hotel erscheinen, mich waschen, um für das Mittagessen sauber auszusehen.

Bei uns im Hotel lebte auch mein Pate Prof. Alexander Alexandrowitsch Eichenwald mit seiner Frau, und ein russischer Zoologe, Michail Michailowitsch Nowikow. Nowikow und mein Pate lebten in Prag, wo sie als Professoren tätig waren. Dieser Nowikow brachte mir übrigens bei, wo und wie man die kleinen schwarzen Skorpione fängt. Er erzählte mir, daß sie immer an feuchten Stellen zu finden sind, manchmal unter so schweren Steinen, daß man gar nicht vermutet, daß darunter überhaupt etwas Lebendiges existieren kann. Ich suchte und fand öfters solche Skorpione. Sie lebten bei mir in Gläsern, und ich legte immer ein Stückchen feuchtes Löschpapier neben die Steinchen, so, wie Nowikow es mir beigebracht hatte. Einmal nahm ich fünf kleine Skorpione, steckte sie in einen Briefumschlag und schickte sie an meinen Freund Ernst Theodor nach Freiburg. Die Skorpione kamen auch lebend an. Ernst Theodor lag gerade erkältet im Bett, als der Brief ankam, und meine Skorpione krabbelten über seine Decke.

Den Nachmittag verbrachte ich meistens mit meinen Eltern und Onja. Wir machten dauernd Ausflüge, in einer Droschke – nach Portofino, Portofino Vetta, Rapallo. Auch mit dem Zug fuhren wir manchmal, nach Sestri Levante oder Gavi. Sestri Levante erkannte ich. Das Hotel, auf dessen Balkon ich gestanden und auf das Publikum gespuckt hatte, war noch genau so erhalten. Nur kam mir alles etwas kleiner vor. Auf dem Weg von Santa Margherita, kurz vor Portofino, stand ein kleines Hotel, das Piccolo Hotel. Dort entdeckten wir ganz unerwartet einige Schauspieler der »Prager Truppe«. Die Freude, sich wiederzusehen, war groß, und wir veranstalteten ein großes Essen. Wir saßen alle unter den Weinblättern auf der Veranda, tranken Chianti und aßen Spaghetti.

Es war ein dermaßen lustiger und netter Tag, und ich war dermaßen glücklich, daß die Schauspieler mir vorschlugen, jeden Tag bei ihnen zu essen. Meine Eltern erlaubten es, und so fuhr ich nach meiner morgendlichen Meeresjagd mit einem altmodischen Bus nach Portofino. Es gab sogar eine Haltestelle, die »Piccolo Hotel« hieß. Die Stimmung und die Atmosphäre bei den Schauspielern war natürlich völlig anders als bei meinen Eltern – unanständige Witze wurden erzählt, so begabte Schauspieler wie Pascha Pawlow und Vera Gretsch machten dauernd jemanden nach oder spielten etwas vor. Manchmal kam es zu richtigen komischen Vorstellungen bei Tisch, und nach kurzer Pause unter Palmen ging es ins Wasser, oder man mietete ein Boot und fuhr nach St. Fruttuoso. Alle waren jung, braun, satt und lustig.

Mein Vater war so glücklich in Italien, daß er sofort einen Plan entwickelte, wie man für immer hier bleiben könnte. Man fuhr sogar nach Genua, um dort eine Wohnung zu suchen, aber die Resultate waren unbefriedigend. Onja war auch gern in Italien, die Ausflüge nach Rapallo und Portofino gefielen ihr sehr. Sie trug einen schönen weißen Hut und saß furchtbar gern in Cafés und aß Vanilleeis. Ein merkwürdiger, halb österreichischer Concierge machte ihr den Hof, und als er mehr von ihr wollte, bekam sie als eingefleischte Jungfer fürchterliche Angst.

Es war ein großes Ereignis für mich, als ich mit einem Netz einen Tintenfisch fing. Auch dieses Tier endete in Formalin. Es war schwer, auf der Rückreise die drei Gläser zu transportieren, ich mußte den ganzen langen Weg auf sie aufpassen. Wir kehrten nämlich doch nach Freiburg zurück. Beim ersten Gang in die Stadt traf ich Ernst Theodor mit seiner Mutter. »Da ist ja Oleg!« rief Ernst Theodor. »Und wie braun sieht er aus!«

Und wieder kam der Winter, aber in diesem Winter erlebten wir eine angenehme Überraschung. Unser Onkel Aljoscha, der Marineoffizier Djadja Aljoscha, lebte, war da und wollte uns sehen. Nach großen Abenteuern in Rußland war er per Schiff bis nach Biserta in Tunis gelangt, hatte lange Zeit dort gelebt und war dann nach Paris gekommen. Dort traf er seinen Jugendfreund Donat Kasarinow, der in der Zwischenzeit ein reicher Amerikaner geworden war. Die beiden wollten uns in Freiburg besuchen. Wir lebten damals in der Stadtstraße, Djadja Aljoscha und Donat Kasarinow feierten mit uns Weihnachten. Sie stiegen in irgendeinem Hotel ab, saßen aber den ganzen Tag bei uns, das gab jedesmal einen fürchterlichen Betrieb. Am ersten Weihnachtstag gab es zwei gebratene Gänse. Als meine Mutter protestiert hatte, »wozu zwei?«

meinte Djadja Aljoscha, daß bei Donat alles doppelt so groß sein müsse – er ist ja jetzt Amerikaner!

Wir bekamen auch von Donat Geschenke – meine Mutter ein Cape aus Maulwurfspelz und ich einen großen Farbkasten. Die beiden Männer mokierten sich über die Ruhe in Freiburg, über meinen komischen Freund, über Mutters Parfüm. Donat Kasarinow brachte ihr ein anderes aus Paris mit. Alles war für sie klein, dumm und irrsinnig komisch. Nur das Münster und die Weine gefielen ihnen.

Die Uhr am Rathaus spielte um zwölf Uhr mittags zwei Melodien, von denen mein Onkel behauptete, daß es russische seien. Eine war »Bete, Landsmann im fremden Lande«, die zweite »Gaudeamus igitur«. Mein Vater bemerkte, »Gaudeamus« sei nicht russisch. »Ach was«, rief mein Onkel, »alle Studenten in Rußland singen ›Gaudeamus‹ und verstehen den Sinn des Liedes besser als die Deutschen!« Damals beschimpfte mein Onkel meinen Vater, weil er noch für Rußland arbeitete, weil er noch Geld von diesen Halunken annahm. Genauso redete später unser lieber Grischa, der aus Bulgarien zu uns nach Berlin kam und es »unmöglich« fand, daß mein Vater noch mit diesen »Sowjetschweinen« zu tun hatte. Beide verstanden nicht, daß es außer der Politik noch Menschen, Wissenschaft, Sehnsucht nach Wahrheit und zivilisiertem Leben gibt. Mein Vater versuchte, alles ins Scherzhafte zu wenden, da er Grischa gern hatte und seinen jüngeren Bruder Aljoscha auch. Ich hörte bloß zu.

Djadja Aljoscha schwärmte für Mussolini, und auch ich fing an, für Mussolini zu schwärmen, weil die Monate in Santa Margherita so schön gewesen waren. Ich äußerte sogar etwas in der Art – wie großartig Mussolini wäre – und mein Vater ärgerte sich. »Misch dich nicht in die Politik ein! Bleib bei deinen Tintenfischen und Käfern, das ist so viel weiser!«

Wir zogen wieder um, in die Uhlandstraße, die nicht weit von dem Flüßchen Dreisam lag. Onkel Aljoscha besuchte uns auch dort einmal. An der Dreisam beobachtete ich Wasseramseln, die ich nur aus einer Geschichte von

Tscheglok kannte. An Freiburg war ich nun schon gewöhnt, im Frühling, zu Ostern, gab es dort so schöne Hasen aus rotem gesponnenem Zucker.

»Weißt du«, sagte da meine Mutter, »wir werden bald nach Berlin zurückziehen.« Ich freute mich und war traurig zugleich. Bei Hoerth in der Schule gab es ein Mädchen namens Elisabeth von Puskario. Sie lebte in Herdern, und ich fuhr sie stets mit dem Rad bis dorthin. Sie saß auf dem Rahmen meines Fahrrads, und ich fuhr mit ihr die Tivolistraße hinunter. Beim Fahren drückte ich mich an sie und küßte ab und zu ihre Backe. Eines Tages fragte meine Mutter mich: »Liebst du sie mehr als mich?« – »Wen ›sie‹?« frage ich. – »Na die, mit der du immer auf dem Rad herumfährst.« Das war mir sehr peinlich. Dr. Hoerth rief mich einmal zu sich. »Hör mal, Oleg«, sagte er, »man hat mir erzählt, daß du mit Elisabeth von Puskario Rad fährst und dich unanständig benimmst. Ich kenne deine moralischen Ansichten nicht, aber das muß aufhören!« Das war mir noch peinlicher.

Frau Professor Schmidt hat mich einmal zu ihren Eltern nach Neustadt eingeladen. Ich kam in ein riesengroßes, echtes Schwarzwälder Bauernhaus. Der Vater war ein rotbackiger, rundlicher Mann mit Schnurrbart. In einem großen Zimmer lag auf dem Tisch ein ungeheuer dickes Buch, eine Gesamtausgabe der Schillerschen Dramen. Der Vater gab mir das Buch in die Hand und sagte: »Bevor wir essen, guck dir das Buch an! Das habt ihr in Rußland nicht!« (Ich kannte schon längst »Kabale und Liebe«, »Die Räuber« und die »Jungfrau von Orleans«.)

Wenn ich über die Zeit in Temis-Ssu sprach, sagte Frau Olly Sehrt regelmäßig: »Ihr wart also ›kleine Wilde‹«, wenn ich bei Schmidts die Veilchen von Dürer betrachtete, sagte Frau Schmidt jedesmal: »So mußt du eines Tages zeichnen können.« Bei Hoerths freute sich die ganze Klasse, wenn im Geschichtsunterricht bei der Behandlung von Rom das Lied gesungen wurde: »Als die Römer frech geworden, zogen sie nach Deutschland ein«.

Auf einem Spaziergang auf den Schloßberg mit Ernst

Theodor und seinem Vater sagte ich zu Dr. Sehrt, daß die russischen Schriftsteller doch sehr gut seien. »Ja«, sagte er, »aber so gut auch wieder nicht. Die Qualität liegt ungefähr da...« und er zeichnete mit dem Stock eine Kurve auf dem Boden. Die höchste Spitze stellte Shakespeare dar, die zweite, fast ebenso hohe, Goethe, die dritte Schiller, »und erst danach kommen die Russen«, er machte eine Zick-Zack-Linie.

Das alles, diese verlogenen, falschen Gedanken und Ansichten machten mich verrückt. Ich hatte Lust, laut zu sagen, daß alles, was um mich herum geäußert wurde, sentimentaler, blöder und böser Kitsch war. In Temis-Ssu waren wir keine »kleinen Wilden«, Schiller kannte man in Rußland besser als in Freiburg, die Römer waren besser als die dämlichen Germanen, und die Alpen, die man um fünf Uhr morgens bewundern mußte, waren um nichts besser als die Krim. Ein Junge von fünfzehn Jahren mußte nicht unbedingt dümmer sein als eine dicke Frau von fünfzig Jahren, und ich wollte kein »strammer Junge« sein. Mich widerte die dumme, badische Kleinstadtatmosphäre an, so schön war es nicht damals, sondern langweilig und spießig, auch wenn man sie ununterbrochen lobte und besang. »Meine« Schauspieler, die Krim, unsere Leseabende, alles war tausendmal besser als dieses Schwarzwaldglück. Mit solchen Gefühlen verließ ich Freiburg.

Nach Berlin, nach Berlin,
Nach Berlin umzuzieh'n
aus der dümmsten Stadt der Welt –
Joachim Ringelnatz

Endlich waren wir wieder in Berlin. Endlich eine große Stadt! Die Deutschen hatten die Rentenmark erfunden, und das Leben nahm neue Formen an. Jede Woche erschienen neue Zeitschriften, neue Lichtreklamen, jede Woche kamen neue, interessante Tiere in den Zoo und wurden neue Filme und Theateraufführungen an den Litfaßsäulen angekündigt.

Ich wurde in einer neuen Schule in Schöneberg aufgenommen, wo ich überhaupt nicht mitkam. In den meisten Fächern war ich gar nicht so schlecht, aber in Mathematik, Physik und Chemie. Ein neuer Nachhilfelehrer mußte gefunden werden. Es war ein gewisser Professor Voss. Er sah aus wie Dr. Unrat, und er kam nicht zu mir, sondern ich mußte nachmittags zu ihm fahren. Er war der ehemalige Nachhilfeprofessor des Sohnes unserer Freunde, von Pawlik Lipschitz. Während des Unterrichts trank Professor Voss dauernd Kaffee und sog an einer Zigarre. Er war mit mir gar nicht zufrieden und schnauzte mich durch den Kaffee oder durch die Zigarre an. Außerdem hörte er nicht auf, Pawlik Lipschitz zu loben und ihn mir als Beispiel aller Tugenden zu preisen. Eine gewisse Sturheit überkam mich, ich verstand überhaupt nichts mehr, konnte und wollte nichts verstehen. Mein Vater und meine Mutter waren verzweifelt. Das alles dauerte ziemlich lange.

Nach unserer Ankunft lebten wir wieder in der Nollendorfstraße, allerdings nicht bei Frau Glogauer, sondern eine Etage höher. In den Jahren zuvor hatte mein großer Vetter Grischa bei uns gewohnt, nachdem er aus Bulgarien kommend bei uns erschienen war. Jetzt studierte er in Lille in Frankreich.

Nach der Nollendorfstraße wohnten wir in Lichterfelde-Ost, in der Boothstraße, in einer großen, privaten Villa, die einer amerikanisch-deutschen Familie gehörte. Der Vater war Amerikaner, die Mutter Deutsche. Die Familie Ahrens hatte zwei Kinder, Tom, ungefähr einundzwanzig Jahre alt, und Dolly. Der vollständige Name von Dolly, in die ich mich sofort verliebte, war Dolly Wingate Hall Ahrens. Sie hatten einen schönen, großen Garten und zwei Hunde, einen Schäferhund, Hasso, und einen schwarz-weiß gefleckten Fox namens Russki. Als wir die obere Etage in dieser Villa mieteten, entschuldigte sich die liebe Frau Ahrens, daß der Hund Russki hieß. Ein Vetter hätte ihn als ganz kleinen Hund aus Rußland mitgebracht.

Wir befreundeten uns mit der Familie Ahrens. Es waren sehr kultivierte und liebenswürdige Menschen. Frau Ahrens spielte Geige, und in der Villa veranstaltete man öfters Musikabende mit sehr guten Musikern. Meinem Vater gefiel das sehr. Ich verstand nichts von der Musik, aber nach irgendeinem Quartettabend drückte auch ich den manchmal schon sehr alten Musikanten die Hand und bedankte mich mit falschen Tränen in den Augen für die geistige Freude, die sie mir bereitet hatten.

Ich lernte also sehr schlecht und schrieb unendlich lange Briefe an Watagin in Moskau und an Frau Kots. Ich korrespondierte regelmäßig mit ihnen.

Die Zeit bei Ahrens in Lichterfelde ist unvergeßlich. Das Halbamerikanische gefiel mir sehr. Zum ersten Mal kam ich in Gesellschaft. Schöne Räume, Sessel, Hunderte von Grammophonplatten, teure Zigaretten, schöne Kleider und vor allem ein Smoking. Dieser Smoking ließ mich nicht in Ruhe. Ich wollte einen Smoking haben! Mein Traum, mein Vorbild war der damalige Schauspieler Conrad Veidt. Ich wollte den Morgen mit einer Zigarette beginnen, blaß aussehen und abends im Smoking auf Kissen sitzen. Ich malte mehrere Male einen mageren jungen Mann, zwischen Kissen liegend. Ich malte Phantasie-Mexikaner mit Paradiesvögeln oder sich aus Liebeskummer erschießende Männer – immer im Smoking und auf geschmacklosen, bunten Kissen. In Dolly war ich hoffnungslos verliebt, ich schenkte ihr dauernd Aquarelle und Zeichnungen und brachte ihr heimlich Orchideen aus der Stadt mit. Diese ganze Beschäftigung brachte mich endgültig ab von jedem Lernen, und mein verzweifelter Vater erklärte eines Tages, daß ich etwas tun müsse. Wenn ich schon kein Abitur machen könnte, also nie Zoologie studieren würde, sollte ich Künstler werden, »aber vielleicht hast du auch dafür nicht das Zeug!« fügte er aufgeregt hinzu.

Er nahm eine Anzahl meiner Tier- und sonstigen Zeichnungen, die alle sauber auf bunten Papierblättern aufgeklebt waren und in einer Mappe lagen (ich war immer außerordentlich genau und liebte es, alles aufzukleben, auszuschneiden, einzurahmen und sauber aufzubewahren), und wir fuhren zu einem sehr guten Bekannten,

Leonid Ossipowitsch Pasternak. Leonid Pasternak war schon lange, schon von Rußland her mit meinem Vater bekannt, wo sie sich auf dem Gut von Leo Tolstoi in Jasnaja Poljana getroffen hatten. Damals fand ich den Maler Pasternak großartig und hatte große Ehrfurcht vor ihm. Er trug eine weiße Schleife unter seinem weißen, spitzen Bärtchen. Ich wußte, daß er in Rußland einen Sohn zurückgelassen hatte (er hatte noch mehr Kinder, die mit ihm auswanderten), der ihm Kummer machte. »Stellen Sie sich vor, er ist ein überzeugter Marxist!« stöhnte er. »Er soll ein begabter Poet sein, ich verstehe nichts von dem, was er schreibt, aber man lobt ihn.« Das war der berühmte Boris Pasternak.

Wir kamen also in sein Atelier. Man ließ mich etwas abseits stehen, und ich betrachtete die Malerei, die Skizzen, die Farben und Staffeleien. Lange guckte sich Leonid Pasternak meine Zeichnungen an und sagte dann zu meinem Vater: »Doch, nur das wird sein Beruf sein. Er meint es ernst, ohne es noch selber zu wissen.« Mein Vater war glücklich. Als wir von Pasternak weggingen, schlug er vor, Würstchen essen zu gehen und ein Glas Bier zu trinken. »Schließlich hat man ja genug Physiker, Mathematiker und Botaniker in unserer Familie – und ein Maler darf ruhig Analphabet bleiben.«

Pasternaks Atelier war nicht das erste Maleratelier, das ich besuchte. Vorher hatte ich das Atelier von Wilhelm Kuhnert besucht, kurz nach seinem Tode (ich glaube, er nahm sich das Leben). Ich sah die Malerei und viele Zeichnungen des Künstlers im Original und dachte an die Besuche bei Alexander Eduardowitsch Albrecht in Nikitski Sad, wo ich in den Büchern von W. Haacke zum ersten Mal die Zeichnungen von W. Kuhnert gesehen hatte. Diesmal bewunderte ich sie auch, aber nicht mehr so wie früher. Der absolute Realismus störte mich schon sehr, ich suchte etwas anderes.

Leider wollten Ahrens' ihre schöne Villenwohnung nicht mehr vermieten, sie verkauften die Villa und zogen in die Stadt in die Xantener Straße. Auch wir zogen um, was nichts Neues für uns war, und zwar in die Kaiser-Wilhelm-Straße in Lankwitz, zu einem Fräulein Tietz. Meine Eltern wohnten in der unteren Etage, und ich bekam eine Art Mansardenzimmer, das ich ganz nach meinem Geschmack einrichten konnte. Ich machte daraus ein »Maleratelier«, obwohl ich da gar nicht malte. Die Wände waren voller Zeichnungen und Skizzen von mir, Tierfotos und Bilder, die mir gefielen, waren überall sauber angebracht. Um diese Zeit, da endlich meine Schulqualen zu Ende waren, wurde ich in eine private Kunstschule geschickt. Eigentlich hatte man mich in die »Hochschule für Freie und Angewandte Kunst« schicken wollen, aber ich war dafür noch zu jung. In dieser Hochschule, die man fälschlicherweise überall nur als Akademie bezeichnete, hatte man uns die Adresse der Zeichenschule gegeben. Sie wurde von Professor Müller-Schönefeld geleitet, einem kleinen, kahlköpfigen Mann in weißem, farbverschmiertem Kittel mit einem Zigarrenstummel im Mund. Ich ging viermal in der Woche zu ihm. Wir waren so ungefähr zwölf Schüler und Schülerinnen. Wir standen alle vor unseren Staffeleien und zeichneten Köpfe nach einem sitzenden Modell oder Frauen- und Männerakte, ebenfalls nach einem lebenden Modell. Ich war etwas aufgeregt, als ich das erstemal eine völlig nackte Frau vor mir sah, merkte aber schon in den nächsten zehn Minuten, daß das Aktzeichnen nichts Erotisches in sich birgt. Die fremden Herren, die, wie ich später erlebte, in den Zeichenraum hineinblickten, um etwas »Aufregendes« zu finden, waren meist sehr enttäuscht. Müller-Schönefeld malte oder zeichnete mit, und alle zwanzig Minuten brachte er Korrekturen an. Er sprach über die Anatomie des Kopfes und des Körpers, erklärte die ewig gleichen Verhältnisse, die Ausgangspunkte, die anatomischen und zeichnerischen Gesetze. Er machte das sehr gut und verstand es, den Schüler zu packen und sein Interesse an der Arbeit zu wecken. Er erinnerte mich etwas an Menzel, vielleicht, weil er so klein war. Außerdem fand ich bei ihm etwas von den Deutschrussen oder von den Deutschen in der russischen Literatur, d. h. er war ein Original, er war kein grober, sondern ein feiner und witziger Mensch, obwohl er unmöglich aussah.

Einmal, manchmal zweimal in der Woche machte er mit uns einen Ausflug in die Museen. Bis dahin kannte und verstand ich die große Malerei nicht und sah etwas »von oben herab« auf die Museumsmalerei – all diese Rembrandts und Ruben's. In der Kunst liebte ich nur das Moderne, im Theater wie in der Malerei. Etwas Höheres als van Gogh und Picasso gab es für mich nicht. Natürlich war ich einmal im Kaiser-Friedrich-Museum gewesen, aber so oberflächlich, daß man es nicht ernstnehmen konnte. Mit Müller-Schönefeld war es etwas völlig anderes. Ich weiß nicht, wie es zuging, aber er öffnete mir die Augen. Er erklärte uns nichts, er sprach über das Bild, erzählte, was er daran schön fände, wie unglaublich genau dieser oder jener Strich säße, wie raffiniert der Maler hier mit dem Pinsel umgegangen sei, wie geschmackvoll die Auffassung des Frauenkörpers war. Natürlich nannte er den Maler, seine Zeit, aber es kam nicht auf die Daten und Namen bei ihm an, sondern lediglich auf die Qualität. Seine Lieblingsworte waren »malerisch« und »zeichnerisch«. Mit diesen beiden Worten erklärte er sehr überzeugend und gut die Technik des Künstlers. Auch zog er ab und zu Vergleiche mit der Malerei unseres Jahrhunderts, und man stellte mit Erstaunen fest, daß in der alten Malerei viel »Modernes« zu finden ist und in der modernen Malerei so wenig Neues – wenn überhaupt. Nach vier oder fünf Museumsbesuchen fing ich an, viele alte Meister zu lieben. Es war ein Wunder! Es war, als ob ich plötzlich eine Sprache verstand, die für mich vorher nur aus sinnlosen und unverständlichen Lauten bestanden hatte. Ich war über diese Entdeckung sehr glücklich und schrieb sofort an Watagin einen langen Brief darüber. Ich schrieb damals gern Briefe an Watagin, um ihm das Erlebte mitzuteilen. Auch an meinen Freund Ernst Theodor schrieb ich ziemlich oft und zeichnete meine Briefe mit »immer (unterstrichen) Dein Freund«.

Müller-Schönefeld war ein ausgezeichneter Lehrer und ein sehr guter Mensch. Manchmal mußten wir eine »Komposition« machen; diese Kompositionen wurden bei ihm ausgestellt, und er übte Kritik an ihnen – ziemlich streng, aber witzig und intelligent. Ich verdanke ihm sehr viel und denke mit Zärtlichkeit an ihn.

Ich sammelte Bildreproduktionen, zeichnete immer noch ein bißchen im Zoo, schrieb Briefe, fuhr zu Müller-Schönefeld in die Schule und ging ab und zu mit Mama, oder auch mit Onja, ins Kino oder ins Theater. Es gab damals eine Negerrevue aus New York, die erste dieser Art in Deutschland. Natürlich war ich begeistert. Es war so laut, so farbig und so neu! Noch nie hatte ich Leute so steppen sehen, so singen gehört. Eigentlich war alles, was ich später in dieser Art sah, nur eine Wiederholung, so daß meine erste Erinnerung auch die stärkste geblieben ist.

Eines Abends war ich mit meiner Mutter in irgendeinem mittelmäßigen Stück gewesen. Wir kehrten nach der Theatervorstellung zurück, und in unserer Wohnung sagte ich meiner Mutter »Gute Nacht«, um die Treppe in mein Zimmer hinaufzusteigen. Ich bemerkte, daß die Tür zu Fräulein Tietz' Zimmer, das sich unmittelbar neben meinem Atelier befand, etwas offenstand und daß Licht brannte. Es durchfuhr meinen Körper wie ein Blitz. Jede Müdigkeit verflog, mein Herz fing an, stark zu klopfen, und ich fing an zu zittern. Etwas Vages, gleichzeitig sehr Reelles kam über mich. Die Erinnerung an die beiden badenden Schauspielerinnen, an die entblößten Mädchenhüften von Walja und Galja, der Zopf von Frau Kots, Dolly Ahrens, alles ordnete sich zu einem Ganzen, zu einer Realität, für die der rechte Augenblick gekommen war. Das fühlte ich – der Moment ist gekommen.

»Sind Sie es?« fragte die zarte Stimme von Fräulein Tietz. Ich zitterte noch mehr und konnte nichts sagen, ich war stumm, das Herz schlug mir bis zum Halse. »Frieren Sie?« fragte die Stimme, und ich merkte, daß ich schon die Tür ihres Zimmers aufgemacht hatte und vor ihrem Bett stand. »Ja, mmmmmir ist etwas kalt«, antwortete ich. »Kommen Sie, ich werde Sie wärmen«, und sie hob ihre warme Bettdecke, und ich sah unser Fräulein Ilse Tietz im Nachthemd daliegen. Ich zog mich blitzartig aus, legte mich neben sie und betete zu Gott, daß ich alles richtig machen möge, daß ich mich nicht blamiere! Die Wärme von Fräulein Tietz war so zauberhaft beruhigend, daß ich tatsächlich ruhiger wurde. Ich drehte mich zu ihr und küßte sie auf den Mund, während meine rechte Hand ihr Nachthemd hochzog. Es geschah alles ruhig und normal. Ich erwachte morgens früh in ihrem Bett neben ihr. Ich gab ihr einen Kuß auf die Backe, sammelte meine Kleider und ging in mein Zimmer, wo mir mein Bett schrecklich kalt vorkam.

So befreundete ich mich mit Fräulein Ilse Tietz. Sie war eine zarte Frau und hatte mich sehr gern. Ich war gar nicht verliebt in sie, aber irgendwie gefiel sie mir doch. Sobald ich freie Zeit hatte, suchte ich sie auf, und meine abendlichen Besuche wurden fast etwas Selbstverständliches. Meine Eltern merkten nichts, auf alle Fälle mein Vater nicht. Manchmal hatten wir Besuch von einem alten Freund, Herrn Lewitzki. Lewitzki liebte es, mit meinem Vater Patience zu legen. Wenn ich zufällig da war, sagte ich öfters, ich ginge nach oben, um zu arbeiten. Eines Tages fragte mich mein Vater, was ich da oben für einen Lärm mache, und ich erklärte, ich mache Quatsch mit Fräulein Tietz, wir veranstalteten manchmal richtige Ringkämpfe. Mein Vater fand das nett und lachte bloß, aber der gute Lewitzki kniff beim Abschiednehmen ein Auge zu und sagte zu mir: »Schön, so ein Ringkampf, was?« Ich wurde rot.

Das Schlimme bei Ilse Tietz war, daß sie schrecklich eifersüchtig war, eifersüchtig auf alle und auf alles, eifersüchtig, daß ich zu Müller-Schönefeld gehe, eifersüchtig, wenn ich mit jemandem telefonierte, und eifersüchtig sogar auf die eigene Freundin. Diese Freundin hieß auch Ilse, und diese Ilse bestellte einmal sogar zwei Bilder bei mir, einen großen farbigen Papagei und einen Tukan. Ich war natürlich auf den Auftrag sehr stolz und malte die gewünschten Bilder. Sie war auch zufrieden, lobte mich, packte die Bilder ein und ging weg. Fräulein Tietz bekam schlechte Laune, und als ich abends zu ihr kam, fand ich sie in Tränen. Ich verstand zuerst nicht, warum sie so weinte, aber dann sagte sie mir durch die Tränen: »Du liebst Ilse mehr, du hast ihr den Papagei so schön gemalt ... und außerdem hat sie einen größeren Busen.«

Die Zeit verging. Eines Tages war ich mit Onja im Kino am Bahnhof Lichterfelde-Ost. Als wir so um halb zwölf nach Hause kamen, sah ich noch Licht bei meiner Mutter. »Komm, ich möchte dich sprechen«, sagte sie zu mir. Ich fühlte, daß etwas Unangenehmes im Gange war. Meine Mutter saß an ihrem Schreibtisch und spielte mit einem Stück Papier. Dann sagte sie plötzlich: »Ljusjok, ich weiß, ich wußte immer, daß es mal kommen muß, aber warum gerade im selben Haus?« Ich stand ganz stumm und blöde da. »Weißt du, wer mir das gesagt hat? Sie selbst! Sie liebt dich und möchte dich heiraten. Ich sagte ihr bloß, aber Fräulein Tietz, der Junge ist siebzehn Jahre alt und Sie sind zweiunddreißig!« »Sie haben recht«, antwortete sie, »aber bitte, bitte, verlassen Sie dann meine Wohnung!«

Bei mir im Zimmer fand ich ein Buch über die deutsche Malerei, in welchem stand:

> »Ich habe die Grille, nichts halb zu tun«
>
> *Friedrich der Große*
>
> Für Oleg von Ilse T.

Noch etwas anderes ereignete sich um diese Zeit. Mein Freund, der Tiermaler Wassili Alexandrowitsch Watagin kam nach Berlin, um mich zu besuchen. Damals, beim Abschied in Moskau, war ich noch ein Kind, aber unsere gemeinsamen Interessen waren so groß, daß wir ständig miteinander korrespondierten. Jetzt war ich schon fast erwachsen. Meine Insektensammlung in Rußland hatte ich Watagin geschenkt. Er freute sich sehr darüber, und ich wußte, daß die Sammlung bei ihm gut aufgehoben war.

Watagin fand Unterkunft bei einer befreundeten Familie, bei dem jungen Genetiker N. W. Timofejew-Ressowski. Die Timofejews – er, seine entzückende Frau Jelena Alexandrowna und das Söhnchen Dmitri (Fomka) – wohnten in irgendeiner Straße in Steglitz bei Frau Dunke. Da Watagin in der Wohnung von Timofejew ein Zimmer bekommen konnte, war es selbstverständlich, daß ich Timofejews kennenlernte. Wir waren seit dieser Zeit befreundet, und ich habe unzählige Abende in dieser gastfreundlichen Familie verbracht.

Meine Arbeit bei Müller-Schönefeld hatte ich auf einen Tag in der Woche reduziert, die übrige Zeit verbrachte ich mit Watagin im Zoo. Wir machten uns mehrere belegte Brötchen und nahmen sie mit in den Garten. Nachdem wir den Vormittag vor irgendeinem Käfig verbracht hatten und ununterbrochen gearbeitet hatten, setzten wir uns in die Waldschenke und bestellten zu unseren Brötchen Malzbier. Wenn das Wetter schlecht war, blieben wir in einem Vogelhaus oder im Affenhaus mit unseren Broten. Ich spüre jetzt noch den Geschmack eines Mohnbrötchens mit Mettwurst und dazu den Geruch der Tiere. Diese Arbeit und unsere Unterhaltungen waren endlos. Wir sprachen über alles. Damals fing ich an, Dostojewski zu lesen und lebte vollkommen in einer Welt »herzzerreißender« Gefühle. Watagin erzählte mir von seinen Reisen nach Indien, Ceylon und auch in die europäischen Städte vor dem Kriege – London, Paris und Wien. Natürlich sprachen wir viel über die Kunst, ich erzählte ihm von Müller-Schönefeld und von den Bildern im Kaiser-Friedrich-Museum. Manchmal, wenn wir vom Zoo genug hatten, gingen wir auch zusammen in die Museen. Watagins Ansichten über verschiedene Bilder unterschieden sich von denen Müller-Schönefelds, aber das störte mich keineswegs. Watagins Lieblingsbilder waren Portraits: Peter Cristus (Bildnis eines jungen Mädchens), Rogier v. d. Weyden, Jan van Eyck und andere mit ihrer vollkommenen Ruhe und Ausgeglichenheit. Am liebsten gingen wir in das Ägyptische Museum. Da konnte Watagin stundenlang die herrlichen Tierplastiken bewundern. Ich bewunderte sie auch, und die schönen Zeichnungen von Watagin erschienen mir zum ersten Male »schwach« im Vergleich zu diesen ägyptischen, stilisierten, so ausgesuchten Formen. Es steckte soviel mehr darin als nur die Darstellung des Tieres.

Ich sagte das meinem Freund auch, und er beichtete mir, daß er mit sich gar nicht zufrieden sei, die Zoologie hätte ihn aufgefressen, und er bliebe zwischen zwei Stühlen sitzen. Er erklärte mir, wie schwer es ist, sich von der Natur zu lösen. Man muß von der Natur beeindruckt sein, sie »erleben«, aber man muß das Erlebte auch verdauen können und eine völlig eigene Sehform schaffen. Ich erinnere mich noch, wie wir beide uns in den Kopf der ägyptischen Prinzessin, der Tochter von Amenophis, verliebten. Im Völkerkundemuseum begeisterte sich Watagin für die schönen vorkolumbianischen peruanischen Tierplastiken in Gestalt von Krügen, Schüsseln und Tellern und zeichnete davon ein ganzes Album. Er wies mich auf den Charme dieser grotesken Köpfe, Vögel, Frösche und Schlangen hin. Ich selbst konnte im Museum nie richtig zeichnen, und so hörte ich meist zu, wenn Watagin erzählte.

Watagin liebte nicht das Mondäne, er haßte es sogar. Alles, was zu modern, zu modisch, zu elegant war, war ihm zuwider. Das Gegenteil war bei mir der Fall. Ich liebte die Negermusik, Kinos, Cafés und modische Kleidung. Ich merkte, daß diese Vorliebe Watagin aufregte und genierte, und betonte sie noch. Meine Jugend und Geldlosigkeit erlaubten mir nicht, ein Dandy zu sein, aber ich tat mein Möglichstes. Ich kaufte mir Krawatten, irgendeine englische Pfeife und trug möglichst weite Hosen. Es machte mir großen Spaß, den armen Watagin in irgendein elegantes Café zu führen und zu beobachten, daß er sich nicht wohlfühlte. Da er kein Deutsch sprach, amüsierte es mich, vor ihm deutsch zu sprechen, irgendwelche modischen Magazine zu kaufen oder ihn ins Kino zu führen. Manche Filme haben ihm allerdings sehr gut gefallen, er bewunderte sehr die kurzen amerikanischen Grotesken.

Natürlich schleppte ich ihn in die Scala (... und abends in die Scala) und zwang ihn, in der Pause Bier zu trinken. Ich ging sogar einmal mit ihm in die Haller-Revue, wo es Frauen mit nackten Brüsten und mit Straußenfedern zu sehen gab. Die Jazz-Musik konnte er nicht ertragen, selbstverständlich führte ich ihn in ein großes Café, wo ein großes Jazz-Orchester spielte.

Meine Freundschaft zu Watagin nahm die Form einer mystischen Verbrüderung an. Ich erzählte ihm alles! Wie ich mit meinen Eltern lebte, was ich schön und was ich häßlich fand, auch mein Abenteuer mit Fräulein Ilse Tietz. Das interessierte ihn sehr, und ich mußte es ihm in allen Einzelheiten schildern. Er beschrieb mir die Schönheit der zwölf-, dreizehnjährigen Mädchen in Indien und der Jünglinge in Turkistan, die man fast wie Sklaven kaufen kann, und wie diese Jungen mit parfümiertem Öl eingerieben werden und abends vor dem Feuer tanzen müssen. Er beschrieb, wie sie im Feuerschein glänzen und die Turkmenen mit gefärbten Bärten ringsherum sitzen und in die Hände klatschen. Ich erzählte ihm von Temis-Ssu, wie ich dort die Äskulapnatter gefangen und wie ich in Patylicha ein Mädchen zwischen die Beine geküßt hatte. Unsere Freundschaft, unsere Arbeit und Ausflüge bekamen sehr bald eine erotische Note, und wir fingen an, einander auch körperlich zu lieben, allerdings nur bis zu einem gewissen Grade.

Die Freundschaft mit Watagin wurde von meinen Eltern sehr begrüßt. Alle, auch Timofejews, fanden, daß Watagin einen sehr guten Einfluß auf mich hatte, daß ich mich entwickle und gut arbeite. Watagin war sehr oft bei uns im Hause, wir aßen zusammen und fuhren ab und zu gemeinsam in den Zoo. Mein Vater fand den Mann reizend, so kultiviert, so interessant und dabei so schüchtern und zurückhaltend. Von unseren intimen Erlebnissen erfuhren weder Timofejews noch meine Eltern.

Als Watagin nach drei Monaten wieder nach Moskau zurückreiste, war ich sehr traurig. Beim Abschied schenkte er mir eine Zeichnung der ägyptischen Prinzessin.

Mit den Timofejews blieb ich befreundet. Jeden Sonnabend besuchte ich sie. Das Haus war immer voller Menschen, es ging immer lustig zu, und sie waren sehr herzlich. Ein gewisser Wladimir Iwanowitsch Selinow lebte in der Familie als Behüter des Söhnchens Fomka. Da beide Timofejews als Genetiker arbeiteten, mußte Selinow nicht nur das Söhnchen pflegen, sondern sogar für die Familie kochen. Kochen konnte er nur ein Gericht – die russischen Fleischküchle. Er servierte sie solange, bis die Familie Vitaminmangel spürte und krank wurde. Mit Fomka ging der gute Selinow oft spazieren, aber jedesmal verlor er den Jungen, und es gab eine Tragödie, die allerdings immer gut endete, da der kleine Fomka den Weg nach Hause schon allein fand.

Am Sonnabend ging Timofejew sehr oft mit einigen Freunden in ganz ordinäre Ringkampf- und Catchvorführungen, in eine richtig ordinäre Berliner Bude mit einem unmöglichen Publikum. Ich war mehrere Male dabei, und mir gefiel die Atmosphäre sehr gut. Nach drei oder vier Runden gingen wir nach Hause, wo Ljolja (Frau Timofejew) schon das Essen (die Fleischküchle) mit Hilfe von Selinow zubereitet hatte. Jedesmal gab es Wodka, und da meine Eltern fast fanatische Antialkoholiker (trotz Riga) waren, so erzählte ich nie, wie angenehm so ein paar Gläschen Wodka sind.

Die Arbeit bei meinem lieben Müller-Schönefeld ging zu Ende. Mein Freund Watagin war wieder in Moskau.

Nun sollte ich die Aufnahmeprüfung für die »Hochschule für Freie und Angewandte Kunst« machen.

Am Steinplatz, in dem großen Gebäude der Schule, erschien ich zur festgesetzten Zeit mit einem Reißbrett und im weißen Kittel. Ich habe vergessen, wieviel junge Männer und Mädchen zur Prüfung kamen. Auf alle Fälle waren es sehr viele. Die Prüfung dauerte eine Woche. Man mußte eine eigene, in der Schule gemachte »Komposition« abgeben, eine in der Schule gemachte Aktzeichnung und eine perspektivische Zeichnung. Außerdem mußte man ein Stoffmuster zeichnen. Ein Stoffmuster – ein großes Stück – wurde zehn Minuten lang aufgestellt und dann wieder entfernt; man mußte nach der Erinnerung zeichnen.

Ich fand die Atmosphäre sehr aufregend. Das Wetter war schön, die großen Fenster standen offen, und man lief von einer Klasse in die andere, von einem Tisch zum anderen und konnte mit vielen unbekannten Menschen sprechen. Alle hatten dieselben Examenssorgen und verstanden sich sehr gut. Was mich sehr beeindruckte und mich in große Angst versetzte, war die Qualität der Arbeiten bei den anderen. Als ich meinem Vater von diesem »Kummer« erzählte, fand er das sehr gut. »Die beste und gesündeste Enttäuschung, die man haben kann«, sagte er.

So verbrachte ich eine sehr aufregende Woche, nach deren Ablauf wir wieder erscheinen mußten – diesmal ohne Reißbrett und ohne weißen Kittel. Wir mußten ziemlich lange in den Klassenräumen warten. Dann wurden unsere Namen aufgerufen, aber nicht alphabetisch, sondern nach irgendeinem anderen System. Endlich kam ich an die Reihe und ging in einen großen Saal, wo mehrere Professoren an einem langen Tisch saßen. Man fragte mich nach meinem Alter, nach meiner Familie, nach meinen Interessen und Vorlieben. Der Direktor, Professor Bruno Paul, besonders freundlich und höflich, stellte mir viele Fragen. – Zwei Tage später fand ich meinen Namen in der Liste der Aufgenommenen. Ich war außer mir vor Freude und rief sofort meine Eltern an.

So wurde ich ein deutscher Student der »Akademie« bei Professor O. H. W. Hadank. Jeder Student bekam im Korridor eine große Schublade und ein Fach für das Reißbrett dazu. Die Klassen waren sehr geräumig und hell, jeder hatte einen großen Tisch und einen bequemen Stuhl. Ich war bei fünf verschiedenen Professoren eingeschrieben, konnte aber kommen und gehen, wie ich wollte. Ein angenehmes Gefühl der Freiheit. Man ging furchtbar wichtig, im weißen Kittel, durch die Korridore, man konnte sich im großen Hof der Schule zwischen den vielen Gipskopien und Abgüssen ins Gras legen und sonnen. Eine außerordentlich gemütliche und große Kantine war immer geöffnet und bildete den Treffpunkt vieler Studenten, auch der der Technischen Hochschule.

Dieser erste Teil meines Studiums war eine sehr glückliche Zeit. Ich befreundete mich mit Dodja Dobushinski, dem Sohn des in Rußland sehr bekannten Malers, Grafikers und Bühnenbildners Mstislaw Walerianowitsch Dobushinski. Meine Mutter kannte ihn noch sehr gut aus den Zeiten des Moskauer Künstlertheaters. – Die Eltern von Dodja lebten in Paris, ebenso sein schon verheirateter Bruder Stiwa. Dodja mietete ein kleines Zimmer in der Carmerstraße, gegenüber der Akademie.

Dodja gefiel mir gleich sehr gut. Er war ungefähr zwei Jahre älter als ich, lebte ohne Eltern – sehr asketisch. Er aß nicht in der Kantine, sondern kochte sich selbst täglich Milchreis, den er mit Zucker und Zimt aß. Er trug nur weiße Hemden und einen dunkelblauen Anzug. Mit meinen bunten Krawatten und kleinen Angebereien kam ich mir neben ihm wie ein Fatzke vor. Sehr bald brachte ich Dodja mit zu uns nach Hause, wo er von meinen Eltern sehr herzlich aufgenommen wurde. Wir freundeten uns an und begannen, alles gemeinsam zu unternehmen. Wir fuhren zu Dodjas Freunden, den Wolffs, nach Grunewald, gingen zusammen in die Ausstellungen und fuhren nach Wannsee. Wir kauften uns gute englische Pfeifen und versuchten, sie richtig zu rauchen, was wir aber sehr bald zu mühselig fanden. Bald trug Dodja auch Hemden, die nicht weiß waren, bald ging er gelegentlich in die Kantine essen oder sogar irgendwo ein Glas Bier trinken.

In diesem Sommer fuhr ich sogar mit Dodja nach Paris. Mein Onkel Aljoscha in Paris wurde von meiner Ankunft unterrichtet und fand ein Zimmer für mich in demselben Hotel, wo er selbst wohnte, in der Rue Humblot. Als Sowjetbürger benötigte ich damals ein Visum für Frankreich und ein Transitvisum für Belgien. Endlich war alles bereit, und Mama brachte mich zum Bahnhof Zoo, von wo ich mit Dodja nach Paris abfuhr. Meine Mutter war so um mich besorgt und hatte solche Angst, daß mir in der Fremde etwas zustoßen könnte, daß es mir peinlich war, besonders, weil ich das Lächeln von Dodja sehr wohl bemerkte.

Wir fuhren über Köln, wo wir die »Presseausstellung« besuchen wollten. Übernachten sollten wir in Essen bei einem Freund aus unserer Akademie.

In dieser sehr großen Presseausstellung war eine riesige Abteilung, die dem Weltkrieg von 1914 bis 18 gewidmet war. Ich habe vergessen, welche Partei oder Organisation für diese Abteilung verantwortlich war, auf jeden Fall beeindruckte sie mich außerordentlich.

Ich erinnerte mich sehr gut an den Weltkrieg, aber hier waren es nicht harmlos marschierende russische Soldaten oder friedliche österreichische Gefangene oder arme verwundete Soldaten im Park von Tjotja Katja. Ein völlig anderes Bild erstand vor mir. Eine Orgie von verstümmelten Körpern. Ein Foto zeigte z. B. einen siebzehnjährigen Soldaten mit Pickelhaube vor der Abfahrt an die Front und drei Tage später – erst ein strahlender Junge und dann derselbe mit abgerissenem, neben ihm liegenden Kopf. Russische, deutsche und französische durch Gas getötete Soldaten lagen da, hingen durchschossen im Stacheldraht und lagen zerquetscht im Dreck! Ich merkte plötzlich, daß ich eigentlich nie erfahren hatte, was ein Krieg ist. Ein Angstgefühl, ähnlich dem in Charkow, überkam mich und vernichtete meine ganze Fröhlichkeit. Auch Dodja war sehr beeindruckt. Darüber hinaus führte unsere Reise gerade durch die Gegenden, wo dieser schreckliche Krieg stattgefunden hatte.

In den frühen Morgenstunden empfing mich Djadja Aljoscha auf der Gare du Nord. Ich hatte sehr weite Hosen an, trug einen Canotier (»Kreissäge«) und einen Bambusspazierstock.

Es war das Paris der zwanziger Jahre. Josephine Baker, Mistinguette, Maurice Chevalier waren auf dem Höhepunkt ihrer Karriere. Ich war beeindruckt, wie verschieden von Berlin alles war, aber ich hatte kein Gefühl für den Charme, verstand wenig und wollte nicht, daß man »mein Berlin« miesmachte.

Ich wohnte in einem kleinen Hotel in der Rue Humblot nahe der Metrostation Duplaix. Bei meiner Ankunft war ich so müde, daß ich zuerst sechzehn Stunden ununterbrochen schlief. Das Klappern von Pferdehufen weckte mich. Ich schaute aus dem Fenster und erblickte unter mir eine Schwadron Spahis, welche in roten Fezen und weißen Burnussen auf der ganzen Breite der kleinen Straße dahinritten.

In den drei Wochen, die ich in Paris verbrachte, dachte ich ununterbrochen an die in Köln gesehenen Kriegsfotos und an meine Kindheit. Wieviel man damals über den Krieg gesprochen und wie wenig ich tatsächlich von diesem Krieg gesehen hatte! Hier, ich weiß nicht warum, rückte plötzlich die Vergangenheit näher. Auch mein Onkel erzählte mir viel von der Revolution, sprach über den Krieg und das Leben gleich nach dem Krieg. Er kannte sich in Uniformen sehr gut aus und erklärte mir, wer was sei. Ich sah die Soldaten in Blau, die, wenn sie Wache hielten, an der Seite ein Gewehr mit langem, spitzem Bajonett trugen. Mein Onkel zeigte mir alles. Versailles, Saint Germain-en-Laye, den Louvre und das damalige Luxembourg-Museum. Wir aßen meistens in einem kleinen russischen Restaurant. Wenn ich aus irgendwelchen Gründen allein essen mußte, ging ich in das Restaurant »Medwed«, weil ich da nicht französisch zu sprechen brauchte.

Dodja brachte mich zu sich nach Hause, und ich lernte seine Eltern, seinen Bruder Stiwa mit Frau Lida, und seinen Neffen Walerian kennen. Einmal besuchte ich mit Dodja und seinem Vater einen Kunstsalon, es war sehr interessant für mich zu hören, wie Mstislaw Walerianowitsch die Malerei beurteilte. Mit Dodja ging ich einmal in den damaligen Lunapark, und Onkel Aljoscha zeigte mir die berühmte Josephine Baker und Mistinguette. Obwohl mir vieles sehr imponierte, versagte ich mir, etwas zu loben. Jedes zweite Wort bei mir war: »Bei uns in Berlin gibt's das auch« oder »in Berlin ist es besser«.

Ich legte sofort eine andere Platte auf, als ich nach Berlin zurückkam. Schon am Bahnhof Zoo, der mir ziemlich provinziell erschien, fing ich an, so zu tun, als ob ich manche deutschen Worte vergessen hätte, und ohne jeden Grund sagte ich »ne«, »bon« oder »ça va – d'accord«.

Meine Eltern holten mich am Bahnhof ab, und ich sollte ihnen von Onkel Aljoscha und meinen Eindrücken erzählen. Wir wohnten damals schon in der neuen Wohnung in Lichterfelde-Ost, Schillerstraße 10, bei Frau Sogalla. Nach dem Abenteuer mit Fräulein Tietz mußten wir schleunigst eine neue Wohnung suchen, und die fanden wir eben bei Frau Sogalla.

Es war eine sehr liebe, verwitwete Frau, welche einen erwachsenen, gutverdienenden Sohn hatte und eine anomale Tochter, Lottchen. Dieses Lottchen war ungefähr neunzehn Jahre alt, konnte aber nicht sprechen und sich auch sehr schlecht bewegen. Man führte sie wie eine unbewegliche Puppe spazieren, manchmal mußte sie im Vorzimmer sitzen und auf etwas warten. Sie saß wie eine ausgestopfte, leicht stöhnende Puppe da, und der Speichel floß ihr aus dem Mund. Der gutverdienende Sohn wohnte mit seiner Familie ganz woanders und besuchte die Mutter einmal in der Woche. Der zweite Sohn war mit achtzehn Jahren an der italienischen Front gefallen und lag in Bolzano begraben.

Wir bekamen vier Zimmer in der oberen Etage, und ich bekam ein Zimmer im Parterre, wo sich auch die Küche und Onjas Zimmer befanden. – Frau Sogalla und wir wurden gute Freunde, die Wohnung gefiel uns auch gut.

Nach meiner Rückkehr aus Paris blieben wir aber nicht lange in Lichterfelde, wieder fuhr die ganze Familie – Papa, Mama, Onja und ich – in die Ferien nach Santa Margherita Ligure.

Ende August kehrten wir immer noch nicht nach Berlin zurück. Wir fuhren nach Florenz. Florenz zog mich damals gar nicht an, ich war eher enttäuscht und bekam Sehnsucht nach Berlin, nach der Akademie und meinen Kameraden. In Florenz lebten wir in der Pension Katschaturow, Piazza Donatello 1. In der Mitte des Platzes befand sich eine Ruine oder vielleicht ein Friedhof mit herrlichen großen Zypressen ringsumher. Angeblich hat dieser Platz seinerzeit Arnold Böcklin zu seiner »Insel der Toten« inspiriert (ob das stimmt, weiß ich nicht).

Die Pension Katschaturow hatte die eigenartigsten Gäste – einen Maler, einen Dichter, irgendeine ungarische Malerin und einen Conte Sczibani, der genau wie Dante aussah. Wir saßen beim Essen alle an einem Tisch, und Frau Katschaturow versuchte krampfhaft, eine lustige Stimmung hervorzurufen.

Auf Empfehlung der ungarischen Malerin fing ich an, eine Zeichenschule zu besuchen. Es war ein großer, kühler Raum, in dem mehrere Schüler hinter ihren Staffeleien standen, meist Engländer, Mädchen und Männer. Die Frauen- und Männermodelle trugen alle ein kleines Höschen, und die Aufseherin war eine schweigsame Nonne.

Das alles gefiel mir damals nicht. Ich fand die Stadt sehr tot, kühl und provinziell. Berlin mit seinem Kurfürstendamm und der Friedrichstraße zogen mich an, und ich fing an, klagende Briefe an meine Freunde zu schreiben, an Watagin, an Onkel Aljoscha, an Ernst Theodor Sehrt und an Dodja. Alle, außer Ernst Theodor, antworteten mir dasselbe. Daß ich mein eigenes Glück nicht verstehe, daß ich ein Idiot bin, weil mir eine blöde Jazzkapelle in Berlin fehle, während ich von den schönsten Kunstwerken der Welt umgeben sei. Alle waren gewissermaßen gegen mich. Mein Vater litt am meisten, da er Florenz sehr liebte, und es tat ihm weh, daß mir diese schöne Stadt nichts sagte. Wir fuhren öfters zusammen in einer Droschke durch die engen Straßen der Stadt, besuchten Fiesole, die Piazzale Michel Angelo und tranken Kaffee in einem tea-room in der Via Tornabuoni. Ich merkte, daß mein Vater öfters traurig gestimmt war wegen meines damaligen

Unverständnisses. Nur der gute Katschaturow, ein kahlköpfiger Armenier, verstand mich. Er fühlte sich in Florenz nicht wohl und hatte Sehnsucht nach Paris, wo er einmal zwei Wochen verbracht hatte.

Einmal führte mich dieser Katschaturow in ein Bordell. Es war in einer schmalen, dunklen Straße. Eine kleine, ebenfalls sehr dunkle Tür öffnete sich in einen schmalen Korridor, welcher in eine Wohnung führte. In einem rotbeleuchteten Raum standen zwei kleine Tische und ein sehr großer, roter Diwan. Wir setzten uns auf den Diwan, während eine Dame uns fragte, was wir trinken wollten. Wir bestellten eine Flasche Asti Spumante und luden zwei halbnackte Mädchen an unser Tischchen ein. Es waren fünf ziemlich schöne Frauen da, alle fünf verschieden angezogen. Eine war fast ganz nackt und trug nur eine riesige grüne Schleife um den Leib. Ein anderes Mädchen war in einem kurzen Nachthemdchen, das gerade unter dem Nabel aufhörte. Ich war aufgeregt, mir gefiel das alles nicht. Ich fühlte, daß es nicht das war, wonach ich mich sehnte. Katschaturow merkte das und sagte: »Ach, das ist doch alles nichts«, er wurde ganz traurig. Die Mädchen saßen neben uns und wollten uns aufheitern, indem sie etwas Lustiges erzählten, aber ich verstand nicht, was sie sagen wollten. Katschaturow bezahlte und gab den Mädchen ein großes Trinkgeld. Wir gingen weg.

In meiner Malschule zeichnete ich dreimal in der Woche, und das zwei Monate lang. Langsam fing ich an, zuerst mit meinen Eltern und dann allein die unzähligen Kirchen, Klöster und Museen zu besuchen. Und es erging mir wie damals bei Müller-Schönefeld – ganz plötzlich sah ich die Schönheit der Malerei, der Tapisserien, die Schönheit des Marmors und des Holzes.

Ich verstand, daß die Stadt fast nur aus Schönheit bestand. Meine veränderte Einstellung äußerte sich darin, daß ich mir eine große Menge Postkarten kaufte, auch größere Reproduktionen von den Werken, die mir besonders gefielen. Eines Abends setzte ich mich hin und schrieb einen langen Brief an Müller-Schönefeld über die Schönheit von Botticelli, von Martini, Filippo Lippi usw. Wahrscheinlich schrieb ich nur Banalitäten, aber ich war wirklich begeistert. Ich legte mehrere Postkarten bei. Der gute Mann antwortete mir mit einem sehr langen und netten Brief. Er schilderte, wie er seinerzeit ebenfalls in Florenz gewesen sei und wie sehr er all diese Originale liebe. Er empfahl mir, Verschiedenes, was ich noch nicht gesehen hatte, anzuschauen. Der Brief endete mit vielen guten Wünschen und herzlichen Grüßen. Ich zeigte ihn meinem Vater, der ganz entzückt war.

Die letzten zwei Wochen in Florenz waren sozusagen eine »Wiedergutmachung«. Ich verstand endlich, daß ich mich dumm benommen hatte, noch dümmer als damals als Kind bei der Dampferfahrt auf der Kama und Wolga. Damals hatte ich die Nase bei Sterlet und Kaviar gerümpft, und hier hatte ich die Schönheit von Florenz nicht verstehen wollen. Nun versuchte ich, jeden Tag etwas nachzuholen. Meinem Vater gefiel das, und unsere Spaziergänge wurden wieder fröhlicher, obwohl sich schon eine gewisse Traurigkeit hineinmischte. Giardino di Boboli, Piazza Signoria, alles wurde zur Abschiedsdekoration. Es war schon Herbst, und wir fuhren nach Rom.

Rom hat mir sofort gefallen. Erstens war es eine sehr große Stadt im Vergleich zu Florenz, und zweitens war es dort viel südlicher, exotischer und keineswegs traurig-museenhaft. Als ich die ersten Backsteinmauern mit Marmorstücken und Eukalyptusbäumen sah, dazu einen Negerseminaristen, verstand ich, daß es eine Stadt war, die ich lieben würde.

Wir richteten uns in der Pension Onatzki auf dem Corso d'Italia ein. Der Corso d'Italia lag direkt an der Villa Borghese, und aus meinem Fenster sah ich die schönen großen Pinien des Parks.

Die Zeit in Rom war für mich das reinste Fest. Eine Orgie von Jugend, Schönheit und Freude. Und das nicht, weil ich viel ausging und nichts tat, sondern weil so vieles auf mich zukam. Ich war noch sehr jung, aber doch schon erwachsen, ich war in einer großen Stadt, die aber doch voller Pinien, Zypressen und Palmen war, ich war im Süden, aber nicht in der Wildnis. Herrliche Architektur umgab mich, meine geliebten Eltern waren bei mir, alles war international und leicht mondän. In unserer Pension wohnte Nikolai Benois, der Sohn des russischen Malers Alexander Benois, mit seiner jungen Frau Maria Nikolajewna Benois, genannt Kika. Er selbst hieß Koka. Also Koka und Kika.

Kika gefiel mir sehr. Sie war dunkelhaarig, sehr fraulich und von schönem Körperbau. Es dauerte nicht lange, und ich verliebte mich schrecklich in sie.

Koka und Kika lebten nicht die ganze Zeit in der Pension Onatzki, sie zogen bald in eine eigene Wohnung in der Via Vicenza. In dieser hübschen, geräumigen Wohnung versammelte sich eine fröhliche Gesellschaft, die dauernd etwas feiern wollte. Koka arbeitete als Bühnenbildner an der Königlichen Oper in Rom. Er war schon ein sehr erfolgreicher Bühnenmaler, machte viele Dekorationen für Südamerika und andere Länder. Er besaß ein Auto, einen Renault, und war jung und unternehmungslustig. Der Sohn von Maxim Gorki, Max Peschkow, der in Sorrento lebte, kam mit seinem »Lancia« auch öfters nach Rom. Außerdem waren da ein gewisser Kolja Dunin-Barkowski, der gerade seinen Militärdienst bei den Granatieri di Sardegna absolvierte, eine junge Frau, Nastja Gall, und ein junger italienischer Bühnenmaler, Paraviccini. Diese Gesellschaft nahm auch mich auf. Ich war der Jüngste und wahrscheinlich Dümmste von allen. Ich ging in dieser Atmosphäre völlig auf, und meine Liebe zu Kika Benois hatte mich vollkommen verblendet. Ich lebte drei Leben: ein Leben mit meinen Eltern in der Pension Onatzki, ein zweites Leben in der lustigen Gesellschaft mit Koka, Kika und den anderen, und das dritte Leben mit Kika, in dem ich mit ihr in den Zoologischen Garten gehen, mit ihr in Tea-rooms Kuchen essen und reden, einfach sitzen und sie leidenschaftlich küssen konnte. Trotz meiner geringen Erfahrung war diese meine Liebe völlig rein, kindlich und echt leidenschaftlich. Ich hatte ständig das Gefühl, morgen oder übermorgen würde etwas passieren, aber weiter als zu einem Kuß kam es nicht. Damals war ich sogar sehr wütend deswegen. Wütend auf mich und auf die Umstände. Ich verstand nicht, warum nichts geschah, und ich fühlte, daß ich etwas nicht verstand. Warum ging es bei Ilse Tietz und hier nicht? Ja, damals war ich manchmal sehr unglücklich, aber jetzt bin ich zufrieden, daß meine Liebe zu Kika keine reelleren Formen annahm.

Mit Kokas Renault fuhren wir oft in die Campagna Romana, nach Castel Gandolfo, Lago di Nemi Frascati, Orvieto, Tivoli und natürlich nach Ostia ans Meer. All diese Fahrten wurden von fröhlichen Abendessen gekrönt, einmal in Trastevere, einmal bei Alfredo, einmal woanders. Glücklich und müde kehrte ich spät abends, manchmal nachts in unsere Pension zurück. Manchmal blieb ich an irgendeinem herrlichen Barockbrunnen stehen und wusch mir das Gesicht mit kaltem Wasser, einfach so, nicht, um mich zu erfrischen, sondern vor lauter Glück.

In Rom gefiel mir alles! Die Zypressen, die Pinien, die Gerüche, die Via Veneto, die Villa Borghese, der kleine Zoo und San Pietro. Mir gefiel auch die »geistige Großartigkeit der römischen Vergangenheit«. Hier saß Gogol immer, da lebte Franz Liszt, hier schrieb Lord Byron, Ingres zeichnete diese Häuser, Goethe liebte diese Stelle, Christus erschien hier Petrus. Mein Vater war sehr zufrieden, daß mir Rom so gefiel. Er selbst liebte Rom sehr, war als ganz junger Mensch öfters da gewesen und hatte Verständnis für meinen Zustand. Meine Mutter dagegen war sehr unzufrieden, daß ich so spät zu Bett ging und in Kika verliebt war. Sie wartete manchmal spät nachts auf mich und das machte mich rasend. »Geh doch schlafen«, sagte ich ärgerlich, und ich hörte sie wütend murmeln: »Alles wegen dieser unbedeutenden Frau! Wegen dieser Frau läßt er mich so leiden!«

Einmal lud mich Max Peschkow zu einer größeren Fahrt mit seinem »Lancia« ein. Sie war für den folgenden Tag vorgesehen, ich freute mich schon sehr darauf. Meine

Mutter kam zu mir und bat mich, nicht mitzufahren. Sie hätte soviel Schlechtes von Max Peschkow gehört, er führe viel zu schnell und tränke außerdem zu viel. »Ljusjok, ich bitte dich, mir zuliebe, fahr nicht mit!« Was sollte ich machen? Mir war die Situation sehr peinlich, und ich stellte mich am nächsten Tag krank.

Non t'arrabiare
La vit' è breve
Tutto si deve
Dimenticar

Einmal besuchten uns die Nikitins in Rom, die lieben Nikitins aus Sewastopol. Sie waren nach Berlin, dann nach Paris gereist, und nun waren sie in Rom. Wir hatten uns seit der Sewastopol-Zeit nicht mehr gesehen. Sie waren von allem so begeistert, daß es die reinste Freude war, sie herumzuführen, was mein Vater einfach meisterhaft konnte. Wenn mein Vater etwas liebte, zum Beispiel Rom, konnte er den Freunden – und selbst flüchtig Bekannten – die Stadt so präsentieren, wie es kein Reiseführer der Welt könnte. Museen fielen dabei weg (mein Vater war kein Museumsmensch), aber es blieben die »schönen Ecken« – hier ein Brunnen, da die Fassade einer Kirche, hier die schönsten Pinien, in diesem Keller ein Glas Wein und zum Essen eine Fahrt dorthin. Und so ohne Ende, alles war immer neu und eindrucksvoll.

In Rom lebte auch eine alte Freundin meines Vaters, eine gewisse Theresa Piscitello. Er kannte sie noch aus seiner Jugend, und ich nehme an, daß er ihr seinerzeit den Hof gemacht hat. Aber das war lange her. Ich kannte sie als eine Frau, die seit Jahren mit einem verheirateten Mann lebte. Da diese Theresa aber offiziell als Fräulein galt, war sie immer von ihrer Mama begleitet. Den betreffenden Mann, Signore Rossi, haben wir auch kennengelernt, und alle drei wurden gute Freunde von uns. Mit meinem Vater und dieser – leicht snobistischen – Theresa habe ich viele Abende verbracht. Einmal saßen wir in einem kleinen, fast fellinihaften Kabarett. Ich war sehr traurig, weil ich in Kürze Rom verlassen mußte. Auf der Bühne ging es sehr laut, bunt und witzig zu. Eine nur halbbekleidete Frau tanzte dicht vor unseren Augen und sang:

> La vit' è breve!
> Tutto si deve
> Dimenticar.

Man soll nicht tutto dimenticare, sagte mein Vater leise zu mir, nur den vorübergehenden Kummer.

Mein Kummer war sehr groß. Vierzehn Tage vor meiner Abfahrt kaufte ich in den Albanischen Bergen ein kleines weißes Hündchen, einen Fox, und schenkte es Kika Benois, die sich einen Hund gewünscht hatte. Sie war sehr glücklich, und wir richteten dem Tier ein Körbchen ein. Ein langer, zauberhafter Kuß war gleichzeitig Dank und Abschied. Ich sollte nach Berlin zurückkehren, dort in der Akademie mein Semester anfangen. Zu Ostern sollte ich für vier oder fünf Tage nach Freiburg fahren, um dort meine Eltern und Onja zu treffen. Meine Eltern sollten solange in Rom bleiben, ich sollte in Lichterfelde bei Frau Sogalla wohnen. – Kika schenkte mir ein goldenes Kettchen, auf dem »Roma« eingraviert war. »Lies es doch umgekehrt!« sagte sie mir. Ich zeigte es meinem Vater, und er antwortete mir: »Mein Lieber, das kennt man schon seit tausend Jahren.«

Eingerichtet in der Schillerstraße 10 in Lichterfelde, lief ich sofort in die Akademie. Ich war so unglücklich, nicht mehr in Rom zu sein, zugleich so glücklich, wieder die Akademie zu besuchen, daß ich vor lauter Aufregung nicht schlafen konnte. In der Kantine der Akademie schüttete ich Dodja mein Herz aus, er hörte mich kameradschaftlich und freundlich an. In der Akademie mußte ich mir viele Stempel und Unterschriften von den Professoren besorgen und eine Art zweite Prüfung ablegen. Diese Prüfung bestand allerdings nur aus der Abgabe einer

Mappe mit Arbeiten des vergangenen Jahres. Gott sei Dank hatte ich dauernd, wenn auch nicht jeden Tag, gezeichnet, und so konnte ich eine schöne Mappe zusammenstellen, meine Akademiearbeiten vom Vorjahr und all die vielen Skizzen, die ich sonst gemacht hatte. Ich gab diese sauber zusammengestellte Mappe in der Direktion ab. Auf der Mappe stand mein Name Oleg Zinger und dazu: Berlin, Paris, Rom. Als ich die Mappe zurückbekam, hatte jemand mit Bleistift dazugeschrieben: Chicago.

Diese nicht schwere Prüfung wurde bestanden, ich bekam einen neuen Stempel in meine Studentenkarte. Bei einem kleinen Wettbewerb bekam ich sogar einen Preis für einen Tukan, der mit bestimmten Farbstiften ausgeführt werden mußte. Ich teilte das siegesbewußt meinen Eltern mit, schickte an Kika einen Zoo-Führer und bereitete mich auf die Fahrt nach Freiburg vor.

Es war das erste Mal, daß ich ganz allein und selbständig reiste. Allein ging ich in den Speisewagen und bestellte mir nach dem Essen einen Kaffee und einen Kognak. Nach Karlsruhe fiel mir plötzlich auf, wie verschieden doch die Landschaft Süddeutschlands von der des Nordens ist. Mit ganz anderen Gefühlen stieg ich in Freiburg aus als damals, vor so vielen Jahren. Ich war aufgeregt, diese Stadt und meinen alten Freund Ernst Theodor wiederzusehen. Die Tatsache, daß ich in fünf Tagen wieder wegfahren würde, ließ mir die Stadt mild und sympathisch erscheinen. Ich stieg in einer Pension ab, in der meine Eltern schon von Rom aus Zimmer bestellt hatten. Den Namen habe ich vergessen. Das Wiedersehen mit meinem Freund war sehr aufregend, das heißt ich war aufgeregt. In dieser Zeit bestand ein großer Graben zwischen uns. Ernst Theodor bereitete auf dem Realgymnasium sein Abitur vor. Sein Leben bestand aus Arbeit und nochmals Arbeit. Er war sehr gut im Englischen, die vielen Schulaufgaben belasteten ihn, und nachmittags mußte er viel schlafen. In der ganzen Zeit war er vielleicht zweimal im Basler Zoo gewesen (wo ich damals wegen meines sowjetischen Passes nicht hinkommen konnte), dann einmal in Hannover und in Frankfurt. Er erinnerte sich an die Geschichten von Sherlock Holmes und daran, wie wir Sherlock Holmes spielten (ich wollte natürlich der kluge Detektiv sein, er sollte den beschränkten Watson darstellen!). Mit diesen Spielen hatte die angelsächsische Entwicklung meines Freundes ihren Anfang genommen. – Er hatte die ganze Zeit gearbeitet, ich irgendwo geschwebt: Watagin, Fräulein Tietz, Akademie, Rom, Florenz. Ich konnte schon etwas Auto fahren, zeichnete ab und zu und war in der Lage, einen Martini-Gin zu bestellen. Ich kam mir zu dieser Zeit so viel weiser vor als mein Freund.

Als meine Eltern mit Onja kamen, war die Freude so groß, daß wir dauernd etwas feiern wollten. Wir fuhren mit Ernst Theodor in einem Taxi nach Titisee, wo ich mit ihm spazierenging. – Das Münster und die alten Häuser Freiburgs gefielen mir diesmal sehr viel besser als früher. Ich fühlte, daß ich älter geworden war, mein dummes Benehmen in Florenz hatte mich vorsichtig gemacht. Ich verurteilte die kleine Stadt Freiburg nicht mehr so wie früher. Rom war es nicht, aber etwas anderes! Trotzdem fuhr ich gern, diesmal mit der ganzen Familie, wieder nach Berlin zurück.

Die nächsten zwei Jahre in Berlin waren eine glückliche Zeit für mich.

Mein Vater arbeitete an einem neuen Buch, und meine Mutter half ihm dabei. Die Leseabende waren für eine Weile vergessen. Meine Mutter tippte auf der Maschine, klebte und tippte von neuem. Mein Vater war streng in der Arbeit, vergaß alles und konnte manchmal wegen irgendeiner Ungeschicklichkeit schrecklich schimpfen.

Als das Buch fertig war und die vielen Sendungen nach Moskau abgegangen waren, atmeten alle auf. Für dieses Buch benötigte mein Vater viele technische Illustrationen. Ich konnte ihm dabei nicht so helfen wie bei seinem Buch »Unterhaltsame Botanik«. So arbeiteten ab und zu Dodja

Dobushinski und ein Freund aus der Akademie, Robert Lissowski, für ihn. Aber auch diese beiden Graphiker schafften es nicht, und ein fremder Zeichner, Herr Belsen, fertigte teure Illustrationen für das Buch an. Ein Freund, ein gewisser Leo von Malachowsky – ein begabter Karikaturist – versuchte zu helfen, aber auch ihm gelangen die Illustrationen nicht. So machte er uns mit einem ehemaligen russischen General, Noskow, bekannt. Dieser Noskow machte alles so, wie mein Vater es haben wollte. Außerdem mochte mein Vater ihn gern, und so blieb Herr Alexander Alexandrowitch Noskow öfters zum Essen bei uns und legte in den Pausen mit meinem Vater Patience.

Wir hatten kein Auto, aber mein Vater fuhr sehr oft mit dem Taxi. Es ergab sich, daß ein Taxichauffeur namens Wudtke eine Art Leibchauffeur wurde. Man konnte ihn telefonisch bestellen, oder er kam von sich aus zu uns und fragte: »Fahren wir heute irgendwohin?« Und es hieß dann entweder »Heute nicht« oder »Ich bin in zwanzig Minuten fertig!« Mein Vater liebte Wudtke, und Wudtke liebte uns. Unsere gewöhnlichen Wege kannte er auswendig: Botanischer Garten – Zoo – Onkel Toms Hütte –, aber manchmal unternahmen wir auch andere und größere Ausflüge. Herr Wudtke brauchte nie auf uns zu warten. Entweder er brachte uns in den Botanischen Garten und kam nach zwei Stunden wieder, oder er begleitete uns, das heißt, er aß mit uns und erzählte von seinen Kriegserlebnissen. Manchmal bestellte mein Vater Sekt, und Herr Wudtke sang für uns, wenn er lustig wurde, »Wenn der weiße Flieder wieder blüht« oder »Ich küsse Ihre Hand, Madame«. Meinen Vater amüsierte das kolossal.

Meinen Vater zeichnete eine unbeschreibliche Leichtigkeit im Umgang mit Menschen aus. Für sein botanisches Buch, zum Beispiel, wollte er plötzlich wissen, wie »Ginkgo biloba« auf japanisch heißt; er rief einfach im japanischen Konsulat an und erwischte einen Botanikliebhaber, der von der Frage begeistert war. Oder: Er wollte Genaueres über die Ahorne wissen und schrieb an einen Botaniker, der sich als der größte Spezialist für die Ahorne Deutschlands erwies, an einen gewissen Grafen von Schwerin. Es kam zu einer leidenschaftlichen Korrespondenz. Er konnte irgend jemand im Korridor des Botanischen Museums anhalten, um ihn in seinem schlechten Deutsch etwas zu fragen, es ging gut. Die Leute verstanden, gaben Auskunft und waren bereit zu helfen. Manchmal habe ich das Gefühl, mein Vater kannte die Grobheit, Sturheit und Vulgarität der Menschen überhaupt nicht. Wahrscheinlich irre ich mich, aber es erschien mir so, weil diese unwahrscheinliche Leichtigkeit ihn stets begleitete. Er konnte unser letztes Geld verborgen (was auch ein paar Mal geschah), aber auch um Geld bitten. Man zahlte es ihm zurück, er sorgte sich nicht darum, daß irgend etwas schiefgehen könnte, und es ging nie schief. Auch war er zu allen gleich freundlich – zu Herrn Wudtke, zu Herrn Liebetreu, zu Schaljapin, zu Stanislawski, zu Dodja – im rein menschlichen Sinn verdienten alle Menschen für ihn die gleiche Aufmerksamkeit.

Was er haßte, waren die häuslichen Sorgen, Unzufriedenheiten und Schwierigkeiten, die Sorgen des täglichen Lebens. Wenn er zuviel gearbeitet hatte und es zuviel von solchen alltäglichen Sorgen um ihn herum gab, konnte er manchmal auf alles pfeifen und sagen: »Komm, wir fahren in den Botanischen Garten« (»Bo«, wie er ihn nannte) oder einfach irgendwohin, um »über etwas Vernünftiges zu sprechen«, wie er es nannte. Ich liebte diese Gespräche sehr. Er fing mit irgendeinem Thema an – zum Beispiel mit Ahornarten – und endete »im Allgemeinen« – Tolstoi, Theater, Botanik, die Erforschung Südamerikas – egal was, aber plötzlich wurde das Leben wieder interessant, die Menschen erschienen nicht mehr so dumm und kleinlich, man bekam wieder Lust zum Leben.

Eines Tages kam zu uns ein Mann von ungefähr achtundzwanzig, neunundzwanzig Jahren und präsentierte sich als Freund von Koka Benois. Er käme eben aus Rom, und Kika Benois (Maria Nikolajewna) hätte ihm gesagt, daß sie einen sehr guten Freund in Berlin hätte, einen gewissen Igor Singer.

Jefim Israilewitsch Schapiro, so hieß er, hatte lange gebraucht, um uns zu finden, und meine Mutter bemerkte triumphierend: »Was für ein Spatzengehirn hat doch diese Kika!« Und ich dachte, wie schnell alles vergehen kann. Vom Großen bis zum Lächerlichen ist nur ein Schritt, wie Napoleon schon bemerkt hatte.

Dieser Jefim Israilewitsch Schapiro kam zu mir, aber er merkte sehr schnell, daß ich viel zu dumm, viel zu jung und viel zu ungebildet für ihn war, und so befreundete er sich mit meinem Vater und wurde für sein weiteres Leben ein guter Freund unserer Familie.

Ich war nun dick befreundet mit Dodja Dobushinski. Dazu gesellte sich ein etwas älterer Schüler der Schule, Robert Lissowski. Wir waren bekannt als die »drei russischen Grafiker«. Ich brachte öfters meine Freunde mit zu uns, wir gingen viel in Ausstellungen, ins Theater und ins Kino, machten Radausflüge und diskutierten endlos über die Kunst. Unsere Kritik war – selbstverständlich – erbarmungslos dem gegenüber, was uns nicht gefiel. Das Wichtigste für uns war das »Moderne«. Am liebsten hatten wir, was grotesk war. Grotesk und plakativ waren unsere Lieblingsworte. Das Plakat als solches, möglichst ganz ohne Schrift oder Text, das Groteske im Bild, auf der Bühne, selbst in der Literatur.

Zu dem Leben und Treiben der damaligen Berliner Studenten der Akademie gehörten auch die »Akademiebälle« oder Akademie-Kostümfeste. Mein Vater brachte nicht das geringste Interesse für sie auf, meine Mutter hatte keine Ahnung, um was es ging, aber die Studenten (und auch andere) liebten sie über alles. Wenn meine Mutter über das Kostümfest sprach, so dachte sie dabei an die Bälle ihrer Jugend oder an etwas, was ihrer Phantasie entsproß; aber ihre Fragen, ob es auch schöne Kostüme gegeben und wer einen Preis erhalten hätte, brachten mich zum Lachen.

Es war schwer, ihr zu erklären, daß so ein Kostümfest nichts mit Kostümen und Tanzen zu tun hatte. Es war ein »Zustand« und nicht ein Ball. Große und kleine Räume wurden wochenlang vorher dekoriert, so daß man sie nicht wiedererkannte. Die Feste hatten immer ein Motto, nach dem die Dekorationen angefertigt wurden. Mehrere tausend Menschen versuchten, eine der begehrten Karten zu bekommen, die sehr teuer waren. Nur wir, die Studenten, waren privilegiert und hatten Anrecht auf zwei große Feste und ein Zwischenfest.

Schon wenn man abends die Räume betrat und sich in der Masse der geschminkten und kostümierten Menschen zur Garderobe bewegte, wurde man von der Stimmung erfaßt. Es waren »Nächte des Vergessens«, eine Orgie der Freiheit. Die Augen glänzten, die Atmosphäre war angenehm gespannt. Man kann diese Bälle mit nichts anderem vergleichen, es war kein Karneval, keine vulgäre Party, wie es zur Zeit Mode ist. Die tanzenden Kröten, flötenspielenden Raben und sich ringelnden Schlangen haben mich immer sehr angezogen! In drei großen Sälen spielten Orchester, die Säle waren vollgestopft mit tanzenden Paaren. Neben den großen Sälen gab es kleinere mit leiserer Musik, mit Bars, Tischchen und Ständen, an denen Sekt, Bier, Schnaps oder sogar Würstchen verkauft wurden. Außerhalb der großen Säle lag alles im Halbdunkel, überall war es sehr warm. Deswegen waren die Kostüme meist sehr leicht und bestanden hauptsächlich aus Schminke und irgendeinem Quatsch. Wenn man aus den halbverdunkelten Korridoren oder den anderen Räumen in einen der Säle kam, stürzte die laute Jazzmusik wie eine gigantische Ozeanwelle über einen.

Das Alter spielte keine Rolle, ein fünfzig- oder sechzigjähriger Professor oder dessen Frau waren genauso geschminkt, genauso glücklich, man sagte zu allen »Du«, und dieses Du klang verlockend und geheimnisvoll. Die Pärchen kletterten auf die Schränke, die Studenten »entführten« die Mädchen und Damen an nur ihnen bekannte Stellen, um später wieder in das Bad der Jazzmusik zu tauchen. Kein Mensch war einem fremd, und wenn sich einem ein kaum bekanntes Gesicht näherte und einem leise ins Ohr sagte: »Mensch, wenn es bloß immer so wäre!«, dann lag etwas so Menschliches, fast Mystisches in diesen Worten.

Für viele waren diese Kostümfeste in der Akademie allerdings fatal. Es kam zu Scheidungen, Streit, aber auch zu glücklichen Ehen. Das war bei mir der Fall. Dodja hatte gute Freunde in Grunewald, die jungverheirateten Andrej und Dina Wolff. Andrej Wolff war der Sohn des bekannten russischen Verlegers Wolff, Dina war die Schwester von Konstantin Tschetwerikow, Tschet, wie er sich nannte. Dieser Tschet wurde ein bekannter Kameramann in der Ufa. Leo von Malachowsky, Kostja Tschetwerikow, Dina und Andrej Wolff bildeten zusammen mit Sergej Mamontow aus der Technischen Hochschule eine Art Clique, die dauernd zusammensteckte. Dodja, der zuerst auch dazu gehörte, führte mich dort ein. Wir lernten da ein russisches Mädchen kennen, das erst vor kurzer Zeit mit ihrem Vater aus Moskau nach Berlin gekommen war. Sie hieß Tatjana List, genannt Tototschka. Tototschka gefiel Dodja sehr gut, und als die Zeit der Kostümfeste kam, schlug er vor, sie einzuladen (jeder Student hatte das Recht, einen Gast für die Hälfte des normalen Preises mitzubringen). Das hieß, er lud sie ein, ich ging mit meiner Freundin Charly Lipschitz. Ein Kunststudent aus der Akademie, ein gewisser Jura Richter, bastelte für Tata ein merkwürdiges grünes Kostüm. Dodja ging als Pariser Apache, Charly als französischer Matrose mit einem Pompon auf der Baskenmütze und ich als unbestimmtes Etwas. Mit Charly hatte ich mich vorher etwas gezankt, es ging um eine Schwangerschaftsgeschichte, bei der sich Charly sehr seltsam benahm. Auch fühlte ich, daß sie auf eine Heirat hinauswollte, und war unzufrieden. Mit anderen Worten, auf diesem Kostümfest zog ich Tata vor und tanzte hauptsächlich mit ihr. Mir machte es ungeheuren Spaß, eine aus Moskau kommende Russin in eine solche dort wenig bekannte Atmosphäre einzuführen. Ich ließ sie Sekt trinken, zeigte ihr, wie man auf die Schränke klettert, und küßte sie. Dem russischen Charakter entsprechend hat sie mir einen richtigen Kuß nicht erlaubt. Gegen Morgen gab es eine Tragödie. Dodja mit seinem gemalten Schnurrbärtchen versuchte Charly zu beruhigen, ich wartete an der Garderobe auf Tatas Mantel, Charly schrie und schmiß ihre Mütze in den Schnee. Sie war auf Tata so wütend, daß ich Angst bekam, sie würde ihr eine Flasche ins Gesicht werfen. »Diese Person, diese dumme Person!« hörte man sie schreien. Tata stand in der Kälte, wartete auf ihren Mantel und zeigte die souveräne Ruhe einer »Siegerin«. Endlich steckte man Tata in ein Taxi, Dodja begleitete (mit mir sehr unzufrieden) Charly nach Hause, wo er auch wohnte, und ich nahm die Morgenstraßenbahn nach Lichterfelde.

Es folgten höchst unangenehme Auseinandersetzungen mit Charly. Sie machte Szenen, verlangte Geld und weinte im Schoße meiner Mutter. Alle waren etwas gegen mich, meine Eltern, Dodja und am meisten die Familie Lipschitz. Mit Charly war es aus.

Ab und zu war ich mit Dodja bei Wolffs, und fast jedesmal traf ich dort Tata. Ihr Vater, Alexander List, war Ingenieur und arbeitete in der sowjetischen Handelsvertretung in Berlin, wo übrigens auch unser Freund Jefim Israilewitsch Schapiro tätig war. Der Name List war meiner Mutter sehr geläufig, da die zwei Brüder List auch in Bykowo verkehrten, der Bruder von Tatas Vater, Kolja List, wollte meine Mutter sogar heiraten, als sie neunzehn Jahre alt war. Tata war eine große Schlittschuhläuferin und rannte dauernd in den Sportpalast, entweder um selbst zu laufen oder um irgendwelchen Vorführungen beizuwohnen. Sie beobachtete alle Einzelheiten dieses Sportes und bemerkte immer wieder, daß die Deutschen den Russen in vielem überlegen seien. Mich berührte das überhaupt nicht, aber ich tat so, als ob es auch für mich sehr interessant sei.

Eines Tages erzählte Tata allen mit der ihr eigenen Offenheit, daß sie in den nächsten Tagen am Blinddarm operiert werde, und fragte mich, ob ich sie im Krankenhaus besuchen würde. Das tat ich dann auch. Sie lag in einem Einzelzimmer und erzählte mir von der Operation. Ich saß auf einem Stühlchen und hörte zu. Dann fragte sie, ob ich ihr böse sei, weil ich mich ihretwegen mit Charly verkracht hätte. Ich sagte nein. Dann fragte sie mich, ob ich ihre Narbe sehen möchte, ich sagte ja, und nachdem ich die zugeklebte Narbe bewundert hatte, gab ich ihr einen Kuß. Später kam der Chirurg Prof. Rudnow ins Zimmer und fragte: »Na, alles in Ordnung, mein Fräulein? Mit den Gasen alles gut gegangen?«

Nachdem Tata gesund war, besuchte ich sie einmal in ihrer Wohnung, wo sie mit ihrem Vater lebte. Der Vater war nicht da. Ich fing an, irgend etwas zu erzählen, aber meine Worte dienten nur dazu, das Mädchen zu dem zu überreden, wozu die Männer die Mädchen immer überreden wollen. Hinterher weinte Tata bitterlich und war furchtbar besorgt, daß ihr Vater etwas merken würde. Sie rannte herum, reinigte alles, brachte das Zimmer zwanzigmal in Ordnung. Ich versuchte, Tata zu trösten, und versprach ihr, sie nicht zu verlassen. »Aber ich werde dich bald verlassen«, sagte sie. »Ich muß mit meinem Vater nach London fahren, wohin er versetzt worden ist.« Und tatsächlich fuhren beide sehr bald weg. Ich fing eine rege Korrespondenz mit Tata an und entschloß mich zu heiraten – was Tata auch als selbstverständlich betrachtete.

Die Nachricht von meinem Heiratsentschluß freute meine Eltern keineswegs, ganz im Gegenteil. Sie sagten aber nichts. Ich war noch so jung, studierte noch und hatte keine Arbeit, ja noch nicht einmal einen richtigen Beruf. Aber je länger Tata von mir entfernt war, desto fester wurde mein Entschluß.

Tatas Vater Alexander Gustavowitsch erfuhr von unseren Plänen von Tata und aus zweien meiner Briefe. Er war ganz dagegen und sogar sehr böse. Er war ein selten pessimistischer und trostloser Mensch, er bestand nur aus Ängsten und Trostlosigkeit, sein Wesen war Trostlosigkeit. Er sah Schwierigkeiten in allem und überall, und ein »schlechtes Ende« war für ihn grundsätzlich unvermeidlich. Er war unglücklich in Moskau gewesen, unzufrieden mit der Arbeit in Berlin und noch unzufriedener mit der Arbeit in London. Er sprach ausgezeichnet Englisch, liebte die Engländer aber nicht, verabscheute das englische Essen, die englische Heizung, die englische Lebensart ging ihm auf die Nerven. Die Riesenstadt London erfreute ihn keineswegs, und der große Verkehr enervierte ihn. Ich, ein Maler und Zeichner von kaum zwanzig Jahren, ohne Beruf, erschreckte ihn so, daß er seelisch fast krank wurde. Nur eines tröstete ihn, die Tatsache, daß vor vielen Jahren sein Bruder Kolja meine Mutter hatte heiraten wollen. Er betrachtete das ein wenig als eine Garantie für meine »Herkunft«. Zumindest kam ich für ihn aus einer guten Familie, und so gab er nach einiger Zeit nach und gestattete, daß ich im Januar Tata in London besuchte. Meine liebe Mutter besorgte mir das englische Visum, das belgische Durchreisevisum und die Fahrkarte. Ich war sehr aufgeregt. »Nun wirst du etwas sehen und erleben, was ich nie gesehen habe«, sagte mein Vater, und es lag etwas furchtbar Trauriges in diesen Worten, als sei ich nun in mein eigenes Leben entlassen.

Ich fuhr über Ostende und Dover nach London. In Dover nahm ich einen Gepäckträger, der mich zu dem richtigen Zug brachte. Dieser Gepäckträger trug einen dunkelblauen Pullover zu einem Matrosenmützchen. Er erinnerte mich an die englischen Matrosen in Jalta und gefiel mir sehr. Er strahlte einen bestimmten englischen Charme aus, eine Mischung von Männlichkeit und fast zarter Zurückhaltung. Diesen Charme fand ich später noch einige Male, aber immer nur bei Engländern. Ich gab ihm eine halbe Krone Trinkgeld, was viel zuviel war, wie ich später erfuhr.

Am Victoria-Bahnhof empfing mich Tata in einem blauen Ledermantel und in einem blauen Hütchen.

Ihr Vater und sie lebten in einer Pension in Hampstead, und ich bekam ein feuchtes Zimmer ihnen gegenüber. Jeden Morgen ging ich zum Frühstück in die Pension, und da beging ich meinen ersten Fauxpas. Wie ein Idiot streckte ich meine Hand aus und wünschte den einzelnen Männern und Frauen einen »Guten Morgen«. Die Engländer erwiderten meinen Gruß höflich, aber Tata erklärte mir später, daß ich mich wie ein Provinzler aufgeführt hätte.

London gefiel mir sehr. Tata führte mich überall hin, ins British Museum, in den Tower, in den Zoo. Ich begriff sofort, daß man mit Handschuhen und einem sehr langen Schal, aber ohne Mantel herumlaufen muß. Die roten Busse und die schönen Pfeifen imponierten mir sehr. Es war nicht so einfach, sich irgendwo gemütlich hinzusetzen und eine Kleinigkeit zu essen, diese Art Gemütlichkeit fehlte vollkommen. – Einmal fuhren wir mit dem Bus nach Oxford, wo wir uns mit einem jungen, verfrorenen Studenten mit sehr langem, gestreiftem Schal trafen, der uns die vielen Universitätsgebäude zeigte. Er mühte sich rührend, erzählte und lief so schnell, daß ich ganz müde wurde. Ich hätte ihn und Tata gern in ein russisches Restaurant oder in eine Berliner Kneipe eingeladen, zu Piroggen mit Wodka oder Eisbein mit einem guten Bierchen. Aber wir fanden nur einen tea-room, wo jeder ein Ei mit Toast und dazu sehr starken, guten Tee bekam. Ich kaufte mir eine schöne Dunhill-Pfeife, und Tata schenkte mir einen schottischen Schal.

In Berlin angekommen, weinte ich aus lauter Sehnsucht nach London. Dodja tröstete mich, und in der Akademie bot ich ab und zu echte englische Zigaretten an.

Meinen Eltern erzählte ich von der Reise in allen Einzelheiten, angefangen von Ostende, von den flämischen Bauern, die ich gesehen hatte, bis zu dem unvergeßlichen englischen Matrosen und dem Londoner Verkehr. Mein Vater war sichtlich zufrieden. »Ich wünsche dir von Herzen, das Interesse und die Liebe zu dem, was dich umgibt, für das ganze Leben zu behalten«, sagte er zu mir.

Diese Reise nach London war die letzte nicht von mir selbst bezahlte Reise.

Ein Jahr vor meiner Bekanntschaft mit Tata hatte ich mich entschlossen, den Führerschein zu machen. Dodja, der schon in Rußland seine Fahrprüfung bestanden hatte (sein Führerschein war in Deutschland aber nicht gültig), schloß sich mir an, da er, wie er sagte, alles vergessen hatte. Wir gingen also zur Fahrschule Wolf in Steglitz. Die Fahrstunden erteilte uns ein typischer Berliner, ein gewisser Herr Woi. Jeden Morgen ganz früh trafen wir uns mit noch anderen Schülern vor der Fahrschule. Sobald wir den ersten Schock überwunden hatten, machte uns die Fahrerei großen Spaß. Nach Beendigung jeder Lehrfahrt gingen wir alle in eine Kneipe, wo Herr Woi eine Runde Molle mit Korn bestellte. Dann zog er eine Schachtel Zigaretten heraus und sagte: »Na, wollen wir uns ein bißchen vergiften!« Nach bestandener Prüfung brachten wir Herrn Woi eine Flasche Kognak. »Das ist aber häßlich, meine Herrn, det is aber häßlich! Na, wollen wir uns ein bißchen vergiften«, und er zog die Zigaretten heraus.

Nachdem wir den Führerschein in der Tasche hatten, mieteten wir uns ab und zu ein Auto; das Autofahren bereitete uns großes Vergnügen und wurde ein teurer Spaß.

In der damals sehr bekannten Fachzeitschrift »Gebrauchsgraphik« ließ der Herausgeber Prof. Frenzel einen Artikel über mich veröffentlichen. Den Artikel schrieb ein russischer Maler, Nikolai Sarezki, und ungewöhnlich viele Reproduktionen meiner damaligen Werke begleiteten diesen lobenden Artikel. Ich war außer mir vor Freude und dachte, daß ich fast schon ein »gemachter Mann« sei. Dazu kam noch die Anfrage der Londoner Transport-Gesellschaft, die ein Zooplakat bei mir bestellen wollte. Als ich Tata in London besuchte, suchte ich die Londoner Transport-Gesellschaft auf, es entstand tatsächlich ein Kontakt mit dieser Firma, und ich fertigte drei Plakate für sie an.

Mein Studium an der Akademie näherte sich seinem Ende. Ich wurde nun Atelierschüler von Prof. Hadank. Dieser Prof. Hadank sagte mir immer, daß ich kein »Sitzfleisch« für eine richtig gute Grafik hätte. Er dachte dabei an seine wirklich erstklassigen Packungen für die »Haus Neuerburg Zigaretten«. Er wiederholte immer wieder, daß ich mich mehr den Illustrationen oder Plakaten widmen sollte, wenn nicht gleich der Malerei.

Ja, die glücklichen Tage meines sorglosen Lebens gingen nun zu Ende. Inzwischen war ich schon ein alter Schüler der Akademie, die Treffen mit den Freunden in der Kantine unserer Hochschule waren Routine. Ich erinnere mich noch deutlich an diesen Zustand der absoluten Freiheit und Leichtigkeit, als ob es im Leben nichts anderes gäbe als unsere Gespräche und unsere Kameradschaft. Bis spät abends, bis die Kantine geschlossen wurde, saßen wir da und diskutierten. Wir diskutierten über die Kunst, über die Literatur, über die Ansichten im allgemeinen. Das Angenehme und Merkwürdige dabei war, daß wir bei völlig verschiedenen Ansichten meist doch einig waren und daß, obwohl wir unsere Standpunkte leidenschaftlich darlegten, es doch nie zu einem wirklichen Streit kam. Das Schönste aber war die Zeitlosigkeit.

Ich erinnere mich besonders an einen Abend, an dem wir bis zum Schluß in der Kantine blieben und dann in eine Kneipe wanderten, um unsere Gespräche fortzusetzen. Es war Vorfrühling, und die Luft fing an, nach Erde und Frühling zu riechen. Es waren Dodja, unser alter Freund Alexander Lohman, Andrej Wsewolaschski und die junge geschiedene Frau Olga Brusack. Um ein Uhr morgens verspürten wir immer noch nicht die geringste Lust, nach Hause zu gehen. Wir wollten weiter sprechen, wir wollten verreisen! So fuhren wir zum Bahnhof Friedrichstraße und erkundigten uns nach dem nächsten Zug. Um zwei Uhr gab es einen Zug nach Frankfurt an der Oder, wir nahmen ihn. Vorher nahmen wir noch ein Bad im Bahnhof, um uns zu erfrischen.

Im Morgengrauen in Frankfurt an der Oder angekommen, konnten wir keine offene Kneipe finden. So liefen wir in der leeren Stadt herum und diskutierten weiter. Dann tranken wir in einem Lokal Kaffee, und um zwölf Uhr mittags aßen wir herrliche Schweinekoteletts und tranken Bier. Am selben Abend waren wir wieder in Berlin in der Kantine unserer Akademie – etwas müde, aber irgendwie wahnsinnig befriedigt von unserer zeitlosen Freiheit, die sich nie mehr mit solch selbstverständlicher Leichtigkeit wiederholt hat.

Durch meine Mutter kannten wir die Schauspielerin Olga Leonardowna Knipper, die Witwe des Schriftstellers Anton Tschechow, sehr gut. Ich kannte Olga Leonardowna schon lange, bevor sie die roten und weißen Rosen an die Weißgardisten in Charkow verteilte. Sie war die Tante der in Berlin damals schon bekannten Schauspielerin Olga Tschechowa. Diese Olga heiratete als ganz junges Mädchen den Neffen des Schriftstellers, den genialen russischen Schauspieler Michail Tschechow. Olga Tschechowa hatte eine entzückende Schwester, Ada, und eine kleine Tochter, Olga (Oletschka). Ada hatte wiederum eine Tochter, Marina, die später den Komiker Rudolf Platte geheiratet hat. Damit man Oletschka nicht mit der berühmten Mutter Olga Tschechowa verwechselt, gab man ihr den Künstlernamen Ada.

Wir waren mit der Familie sehr befreundet, und besonders die Schwester Ada war eine gute Freundin von uns. Damals verkehrten wir viel mit Olga Tschechowas Familie und waren informiert über alle Einzelheiten, weswegen uns oft die Berichte in der Presse oder von Bekannten, die alles besser wußten, komisch vorkamen. Als Olga Tschechowa einen Belgier namens Marcel heiratete, wurde ich sogar zur Hochzeit eingeladen. Der Schauspieler Georg Alexander hielt dabei die Gratulationsrede. Für diesen feierlichen Tag schaffte ich mir sogar einen Frack an. Es war ein sehr fröhlicher Abend, an dem ich viele Filmschauspieler aus nächster Nähe sah: Wolf Albach Retty, Sibylle

Schmitz, Jakob Tiedtke und andere. Die kleine Oletschka gefiel mir sehr. Ich fühlte, daß ich damals auch ihrer Familie gefiel und daß aus unserer Sympathie etwas entstehen könnte, aber ich war mit Tata verlobt, und das Filmmilieu zog mich nicht sehr an.

Bei einem anderen Abendessen waren auch Olga Leonardowna Knipper und Michail Tschechow dabei. Olga Tschechowa fragte mich, ob ich nicht Lust hätte, Schauspieler zu sein. Ich antwortete: »Nein«. Michail Tschechow, ein fürchterlicher Cabotin, sprang von seinem Stuhl auf, kniete vor mir nieder und rief laut: »Oh, ein junger Mann, der kein Schauspieler sein will! Was für eine Weisheit! Oleg, Sie sind klug und weise, und Gott bewahre Sie vor diesem entsetzlichen Beruf!« Ich wurde ganz rot. Meine Mutter aber träumte ihr Leben lang davon, daß ich Schauspieler werden sollte. Sie liebte das Theater und den Film, und keine Tätigkeit auf der Welt erschien ihr würdiger und interessanter.

Damals spielte meine Mutter auch kleinere Rollen in Filmen und war dazu in der »Prager Truppe« tätig. So spielte sie in dem Film »Überflüssige Menschen«, der aus verschiedenen Novellen von Anton Tschechow zusammengestellt wurde, die Frau eines Dorftischlers. Den Tischler spielte der ausgezeichnete Schauspieler Albert Steinrück. Ich erinnere mich, wie er von meiner Mutter die Maße für einen Sarg nahm. In dem Film »Tagebuch einer Verlorenen« mit Luisa Brooks spielte meine Mutter die Erzieherin. Irgendeine groteske Rolle hatte sie auch in einem Film mit der damals so berühmten Schauspielerin Lil Dagover. Meine Mutter unterhielt sich viel mit ihr über das Theater und fand sie reizend. Den Film »Tagebuch einer Verlorenen« drehte der bekannte Regisseur Pabst. Meine Mutter richtete es ein, daß ich zu den Aufnahmen ins Atelier kommen konnte. Sie wollte mich Pabst vorstellen. Pabst war auch sehr freundlich zu mir und ließ für eine vorgesehene Szene (junge Leute in einem Bordell) viele Probeaufnahmen von mir machen. Meine arme Mutter freute sich sehr und war sehr aufgeregt, aber die Antwort von Pabst darauf war, daß ihr Sohn für den Film völlig ungeeignet sei. Er sei steif und so wenig fotogen wie nur möglich. – Ihre Enttäuschung war groß.

Olga Leonardowna Knipper hat mir und Olga Tschechowa – ich meine die Tochter – einen kleinen Sketch von A. Tschechow gewidmet, der »Das Rendezvous fand nicht statt« hieß. Er handelt von einem jungen Studenten, der sich mit einem jungen Mädchen verabredet, sich aber bei einer Feier so betrinkt, daß aus dem Zusammentreffen nichts wird. Ich sollte das mit Oletschka spielen.

Ich versuchte es auch, aber es gelang mir nicht. Sobald ich auf der Bühne stand, war ich steif und wie vor den Kopf geschlagen. Noch drei- oder viermal versuchte ich, in Liebhaber-Vorführungen mitzuwirken, und jedes Mal war ich der Unbegabteste und der Ungeschickteste. Ich habe sehr bald verstanden, daß ich nicht für die Bühne geboren bin. Wenn ich etwas gut erzähle oder jemanden nachmache und man sagt mir: »Aber Sie haben Ihren Beruf verfehlt, Sie hätten Schauspieler werden sollen!«, muß ich innerlich lachen.

Trotz meiner gänzlichen Untauglichkeit blieb ich der Theaterkunst immer irgendwie verbunden. Mein Vater ging ständig in die Oper, meine Halbschwester war Schauspielerin, ein entfernter Verwandter, Alexander Wyrubow, brachte aus Rumänien die junge Sängerin Maria Cebotari, die später in Deutschland sehr bekannt wurde, mit. Sascha Wyrubow liebte Maria Cebotari sehr, tat für sie, was er konnte, und als sie später den Filmschauspieler Gustav Dießl heiratete, blieb er bei ihr als Sekretär. – Mein Vater war mit Fjodor Schaljapin gut bekannt. Die Familie von Nemirowitsch-Dantschenko war mit uns sehr befreundet wie so viele aus dem Moskauer Künstlertheater. Wo man hinsah, Schauspieler, Sänger, Theater oder Film! Bis ins hohe Alter habe ich die Liebe zum Theater und zum Film behalten, ohne sie wäre das Leben viel ärmer für mich.

Tatas Aufenthalt in London ging zu Ende. Ihr Vater wollte auch nach Berlin zurückkehren. Hier angekommen, verließ er die sowjetische Handelsvertretung und erwarb die deutsche Staatsangehörigkeit.

Um mir das Leben mit meiner Frau zu ermöglichen, hatten wir eine Wohnung, ebenfalls in Lichterfelde und ebenfalls in der Schillerstraße, gemietet. Diese Wohnung war viel größer als nötig, und wir vermieteten ein Zimmer an eine dicke, alte Dame namens Elisabeth Preusse. Wir nannten sie einfach Tante Lisa (Tjotja Lisa). Es war irgendeine gute Bekannte aus der Jugendzeit meines Vaters.

In dieser Wohnung feierten wir auch unsere Hochzeit. Zuerst mußten wir uns auf der sowjetischen Botschaft als Verheiratete eintragen, und auf Grund dieses Zettels wurden wir in der russischen Kirche getraut. Die Feier fand bei uns in der Schillerstraße statt. Unsere Trauzeugen waren Tatas Bruder Wolodja, Leo von Malachowsky, Sergej Mamontow und Kostja Tschet. Herr List war etwas fröhlicher als sonst. Er hatte sich mit der Sache abgefunden und hat uns geldlich viel geholfen. Meine Eltern, besonders mein Vater, waren nicht sehr froh, das fühlte ich. Die lustige Gesellschaft mit Wodka und Wein, mit Witzen und Gelächter hat ihn sichtlich nicht amüsiert. Dazu kam noch die Sache mit dem russischen Taxichauffeur, der uns zum Bahnhof fahren sollte. Aus unverständlichen Gründen war er besonders froh, trank dauernd auf unser Wohl und rief, es sei so selten, daß ein Moskauer eine Moskauerin heirate, daß er noch eins trinken müsse. Meine Mutter zitterte vor Angst.

Nach der Feier verabschiedete ich mich von meinen Eltern allein, und nach alter russischer Sitte gaben sie mir ihren Segen. Es dauerte nur einen Augenblick, aber es war entsetzlich traurig. Ich fühlte, daß mein Vater solche Szenen nicht sehr schätzte, daß er sich nicht wohl in seiner Haut fühlte und daß auch ich etwas Altes und Gutes für immer hinter mir ließ.

Wir fuhren für zwei Tage nach Hamburg und dann nach

Ahrenshoop an die Ostsee. In Ahrenshoop verbrachten unsere Freunde, die Timofejews, ihre Ferien und hatten uns schon ein Zimmer in ihrer Pension reserviert. In Hamburg führte ich Tata sofort nach Stellingen, und in irgendeinem Laden kaufte ich mir eine Affenhaut (eine der Meerkatze Diana).

Von der Ostsee war ich etwas enttäuscht. Es gab keine Seesterne, keine Taschenkrebse, Geruch und Farbe waren nicht wie am Mittelmeer. Was mir sehr gefiel, war der »Ostseeurwald« zwischen den Dünen, ein Naturschutzgebiet mit vielen Laubfröschen und Vögeln. Zum ersten Mal in meinem Leben sah ich dort eine schwarze Kreuzotter. Im Darß lebte in einem Zelt ein junger Mann, den wir täglich in einem ausgeblichenen Trainingsanzug nach Ahrenshoop gehen sahen. Das war Alexander Bothas, den wir später kennenlernen sollten.

Unsere Pension war voll von jungen Leuten. Natürlich war unser Koljuscha Timofejew, wie man so schön sagt, »die Seele der Gesellschaft«. Er scherzte, erzählte und machte Späße. In dieser Pension hörte ich zum ersten Mal den Namen Adolf Hitler. Der Name sagte mir nichts, aber die drei Familien, die über ihn sprachen, waren voller Begeisterung.

Fröhlich kehrte ich mit Tata nach Lichterfelde zurück, ohne im geringsten zu ahnen, daß es vielleicht für Tata nicht so ein Heim war wie für mich. In meiner Naivität dachte ich, daß alle meine Eltern liebten, daß allen unser Lebensstil gefällt, daß alle Tiere, Leseabende und Botanische Gärten allem anderen vorziehen.

Am zweiten oder dritten Tag unseres Ehelebens hatte ich wieder Sehnsucht nach einem Leseabend. Es wurde also beschlossen, nach dem Abendbrot vorzulesen. Ich kann mich an diesen Abend erinnern, als ob es gestern gewesen wäre. Wir wählten »Die Geschichte zweier Städte« von Charles Dickens, ein Buch, in das meine Mutter verliebt war. Ich kannte es schon, Tata aber nicht. Mein Vater las viel besser vor als meine Mutter, mochte aber gerade

Dickens nicht vorlesen und überließ die Aufgabe meiner Mutter mit den üblichen Worten: »Na, das Moskauer Künstlertheater soll uns zeigen, wie man liest!«

Ich saß am Tisch und skizzierte, wie meistens, etwas auf einem Blatt Papier, Tata richtete sich in einer Ecke des Diwans ein. Nach ungefähr fünfzehn Minuten des Vorlesens hörte ich plötzlich ein leises Schnarchen. Zuerst verstand ich nicht, was das war, dann merkte ich, daß Tata mit leicht geöffnetem Mund schlief.

Eigentlich war das ganz unschuldig, aber damals kam es mir völlig unmöglich vor. Das widersprach jeder Höflichkeit! Ich schrie wütend: »Das ist doch unmöglich!« Tata erwachte und fing an zu weinen. Mein Vater beruhigte sie scherzend und wurde böse auf mich. »Sei doch nicht so ungeduldig!« sagte er ärgerlich und verließ das Zimmer. Ich kehrte mit Tata in unser Schlafzimmer zurück, stumm vor Wut. »Blöde Kuh«, dachte ich rücksichtslos.

La vie est une tragédie pour ceux qui sentent,
et une comédie pour ceux qui pensent...

Drei Jahre schmerzhafter Geldlosigkeit fingen für uns alle an. Für meinen Vater waren es die letzten drei Jahre seines Lebens. Ich weiß, es war nicht meine Schuld, daß es so gekommen ist, aber ich kann mich nicht von dem Gefühl befreien, daß ich die Harmonie unseres Familienlebens durch meine Heirat zerstört habe. Es kam alles zusammen. Ich brachte eine Frau ins Haus, und mit dem Einkommen meiner Eltern war Schluß. Sowjetrußland weigerte sich, irgendwelche Devisen zu exportieren. Nichts half! Weder die Briefe von Maxim Gorki noch die Fürsprache von Nemirowitsch-Dantschenko – nichts. Außerdem wurden manche Bücher meines Vaters nicht mehr herausgegeben. Und so kam es, daß wir plötzlich ohne Geld dastanden. Ich fühlte, daß ich arbeiten mußte, ich war nun der Hauptverdiener, aber ich war einundzwanzig Jahre alt und überzeugt davon, daß alle Menschen nichts anderes wünschten, als mir zu helfen. Meine

Kenntnisse beschränkten sich auf das, was ich liebte – Tiere, ins Kino gehen und völlig unkommerzielle, hübsche Grafik erfinden. Mit diesen wunderbaren Voraussetzungen stürzte ich mich ins Alltagsleben.

Inzwischen hatten meine Eltern auch etwas unternommen. Wir besaßen nämlich ein scheußliches Grundstück im Nordosten Berlins, in Borgsdorf. Warum meine Eltern dieses Grundstück seinerzeit erworben hatten, weiß ich nicht, wahrscheinlich hat irgendein geschickter Makler sie dazu überredet. Dann gab es da Tante Lisa, welche etwas Geld hatte. Also überredete man die gute Tjotja Lisa, ihr Geld in unserem Unternehmen anzulegen – einem russischen Delikatessengeschäft. Unseren Hausarzt Dr. Reh überredete man, Borgsdorf zu übernehmen und uns die Hypothek zu zahlen. Beide, selten liebe und leichtgläubige Menschen, gingen darauf ein. Wir mieteten einen Raum in der Schloßstraße in Steglitz. Sergej Mamontow und ich bemalten die Wände des zukünftigen Ladens – eine Wand grellgelb, die andere rot und die dritte blau. Den Zentralheizungskörper in all diesen Farben gestreift. Nachdem Tata, Tante Lisa und ich (o Gott!) Wodka, eigenartige Konserven und Zigaretten eingekauft hatten, machte ich daraus eine höchst künstlerische Dekoration, etwas, was ein bißchen an Tairows kubistische Bühnenbilder erinnerte. Die Kundschaft war überrascht und hatte Angst, in den Laden hineinzugehen. Angenehm bei dem Unternehmen war, daß wir selbst jeden Abend Sprotten, Sardinen, Schinken und sonstiges Zeug zu essen hatten. Ich erinnere mich nur an einen Tag (vielleicht ein Sonnabend vor irgendwelchen Feiertagen?), an dem viele Menschen in den Laden kamen und Zigaretten und Schnaps kauften. Sonst saßen Tata oder Tante Lisa in ihren weißen sauberen Kitteln den ganzen Tag da, lasen irgend etwas und warteten vergebens auf Kunden. – Nach einem Jahr dieser jämmerlichen Existenz wurde der Laden geschlossen.

Inzwischen übte ich meine zeichnerische Tätigkeit aus. Ich besuchte Firmen, schrieb Briefe und telefonierte. Ab und zu bekam ich auch Aufträge, die sich indessen völlig von dem unterschieden, was ich mir vorgestellt hatte. Von irgendeiner künstlerischen Gestaltung war nicht die Rede. Ich mußte furchtbar eilig, einen Klapptisch zeichnen oder eine junge Mutter, die ihrem Kind die Flasche gibt. Alles war immer sehr eilig, und man benötigte nicht im geringsten etwas von dem, was ich in der Akademie gelernt hatte. Die Auftraggeber waren meist grob, völlig unkultiviert, betrachteten mich von oben herab und drängten auf möglichst schnelle Erledigung. Ich zeichnete für die Werbeagentur Thompson und hatte da einmal nach Thüringen in die Mercedes-Schreibmaschinenwerke zu fahren. Dort mußte ich Karikaturen für ein Werkblatt anfertigen. Für denselben Thompson mußte ich auch als Schnellzeichner auftreten. Mit großem Barett und Schleife stand ich vor einer Staffelei und zeichnete zu vorgetragenen Gedichten. Natürlich fand vorher eine kleine Probe statt. Für eine indische Tänzerin mußte ich eine indische Gottheit aus Pappe ausschneiden. Für einen Arzt zeichnete ich irgendwelche Furchen im menschlichen Gehirn.

Ich war ununterbrochen unterwegs, saß bis spät in der Nacht zu Hause am Tisch und quälte mich mit all diesen lächelnden Frauen, Flaschen, Mottenpulverpackungen und sonstigem Kram herum. Merkwürdig, wie wenig mir die Schule dabei half. Meine Bewunderung für Cassandre oder Paul Colin war zu nichts nütze. All die vielen Regeln der Ausgeglichenheit, des Nachdenkens und des guten Geschmacks waren umsonst. Wenn mir etwas half, dann war es das, was ich bei Müller-Schönefeld gelernt hatte, das heißt ein bißchen Anatomie des menschlichen Körpers und des menschlichen Kopfes. Auch meine gewissen Kenntnisse der Geschichte und der Kostüme kamen mir zustatten, ich konnte ziemlich schnell etwas illustrieren.

Ich war dauernd beschäftigt und konnte doch sehr wenig Geld für die große Familie aufbringen. Wir gingen nicht mehr ins Theater, sehr wenig ins Kino und aßen sehr bescheiden. Auch zu den Leseabenden kam es nur noch selten. Mein Vater war müde und nervös. Wenn zum Beispiel Tante Lisa ihm eine Tasse Tee reichte, tat sie immer Zucker mit dem Löffelchen hinein, das konnte er nicht vertragen. Er beschäftigte sich mit Botanik und machte für irgendwelche Zwecke Ablichtungen. Wir entwickelten und fixierten die Fotos selber. Ich kann mich erinnern, wie Tante Lisa stundenlang, ganz hingegeben, die Fotos in der Fixier-Flüssigkeit badete. Auch das ging meinem Vater auf die Nerven. Diese gute, alte Frau, welche ihr ganzes Geld und eigentlich ihr Leben für uns geopfert hat, ging uns nur noch auf die Nerven. Da die Stimmung in der Familie getrübt war, versuchte sie so zu tun, als ob alles zum besten stünde. Um das auszudrücken, sprach sie dauernd halb singend vor sich hin. »Das ist so schöön, die Bratkartoffeln!« »Natürlich bringe ich deeen Teee.« »Das ist doch eine Kleinigkeit ... « usw.

Obwohl sie so tat, als sei alles in Ordnung, war sie ziemlich giftig. Ich hatte eine Reproduktion von einem van-Gogh-Bild, den Zuaven. Sie wußte, daß ich van Gogh sehr liebte, und jedesmal, wenn sie diese Reproduktion sah, sang sie süßlich vor sich hin: »Manche finden so etwas schön!« Später, als Hitler erfolgreich war – Einführung des Militärdienstes, Aufrüstung, Besetzung des Rheinlandes usw. – wollte sie nicht glauben, daß das Ganze zu einem Krieg führen könnte, und sang dauernd dummes Zeug vor sich hin: »Man will ja nur gerecht sein«. »Das ist doch nicht schlimm, wenn die jungen Leute Beschäftigung haben«. »Diese Kanonen auf dem Dach sind ja nur Übungen« usw. Manchmal konnte mein Vater das nicht mehr aushalten und schloß sich in sein Zimmer ein.

Später, als der Krieg mit Polen anfing, konnte ich mich nicht halten und sang, ihre Stimme nachmachend: »Es ist ja nicht so schlimm, das ist ja nur ein Probekrieg.«

Als nun mein Vater nicht mehr die Möglichkeit hatte, einen guten Platz in der Oper zu bekommen oder im Zoo-Restaurant zu essen oder mit unserem lieben Herrn Wudtke ins Grüne zu fahren, hat er sich irgendwie in sich selbst zurückgezogen. Er lag viel, las oder legte Patience. Manchmal kam es zu einer Unterbrechung, und er sagte zu mir: »Schon lange haben wir uns nicht mehr über etwas Vernünftiges unterhalten«, und wir fuhren in den »Bo« nach Dahlem. Es war schrecklich traurig, und ich wußte nicht, wie ich die Lage verbessern könnte. Geldsorgen und völlig idiotische Arbeiten fraßen mich auf.

Wir hatten sehr gute Freunde, Leo Bothas und seine Frau Doris. Ljowa Bothas war der ältere Bruder von Alex Bothas, einem Naturphotographen. Doris Bothas war eine eigenartige, ultraenergische Frau, halb Deutsche, halb Amerikanerin. Sie liebte Vögel über alles, verstand sehr viel davon und hatte eine reizende, zahme Dohle bei sich.

Wir sahen uns sehr oft. Meine Akademiefreunde waren nicht mehr da. Robert Lissowski ging als Professor nach Prag, und Dodja kehrte nach Litauen zurück, wo er seinen Militärdienst absolvierte. Das Zusammensein mit Bothas war damals unsere einzige Freude. Wir besaßen eine Zeitlang ein zusammenklappbares Paddelboot. Auf zwei Räderchen konnte man es bis zum Teltowkanal rollen, und auf dem Kanalweg konnte man überallhin gelangen, da dieser Kanal den Wannsee mit dem Müggelsee verbindet. Im Sommer verbrachten wir unsere freie Zeit meistens mit Bothas auf dem Wasser.

Zu unserem so schon trost- und geldlosen Leben kam noch hinzu, daß wir auf der Suche nach einer billigeren Wohnung dauernd die Wohnungen wechselten. Von der neuen Wohnung in der Schillerstraße zogen wir wieder in das alte Haus in der Schillerstraße, aber nicht zu Frau Sogalla, sondern in eine neuausgebaute Kellerwohnung, von da zogen wir nach Lichterfelde-West in die Theklastraße und dann schließlich nach Lichterfelde-Ost in die Ahornstraße. Mein Vater haßte die Umzüge, aber er ertrug sie tapfer und ohne Kommentar. Gehorsam nahm er seinen Spazierstock und ging dorthin wohnen, wo man es ihm eingerichtet hatte. Die Wohnung in der Theklastraße (ich weiß nicht, warum Doris Bothas jedesmal, wenn sie das Straßenschild sah, »hoppla, Thekla!« sagte) befand sich direkt gegenüber der ehemaligen Kadettenanstalt von Lichterfelde (die roten Mauern von Lichterfelde). Hier, wo zu Wilhelms Zeiten blonde, rotbackige, saubere und stramme preußische Jungen in preußisch-blauen Jacken, weißen Hosen und Pickelhaube zu sehen waren, war zu unserer Zeit die Kaserne der SS-Leibstandarte Hitler. Diese großen Burschen in schwarzen Uniformen mit schwarzen Stahlhelmen, dem Schulterriemen unter der einzigen Schulterklappe, zogen jeden Morgen zu Übungen aus und kamen jeden Abend um sechs in die Kaserne zurück. Ihre Lieder klingen mir jetzt noch in den Ohren! »Oh, du schöner Westerwald« oder »Lore, Lore, Lore« und dann das Klappern des Metalls der Gewehrkolben, wenn sie stehenblieben. Sie sangen sehr schön und imponierend.

Hier wieder eine kleine Geschichte, die man mir nicht glauben wird, die aber wahr ist. Ich habe von schwarzen Stahlhelmen geträumt, bevor sie eingeführt wurden, und als ich sie bei der SS sah, erkannte ich sie sofort. Auch hatte ich einen Alptraum, in dem ich von KZ-Lagern träumte. Ich sah allerdings keine Gasöfen, sondern riesige Räume, in denen viele Menschen eingesperrt waren. Alle waren nackt, jeder stand auf einem betonierten Viereck von etwa 30 cm, so daß er gerade Platz für seine Füße hatte. Zwischen diesen betonierten Karos liefen Rillen. Ich stand auch nackt auf so einem Betonviereck und fragte meinen Nachbarn, einen alten Mann mit großem Bauch, wozu die tiefen Rillen da wären, der Mann antwortete nicht, sondern zeigte nur mit einer Augenbewegung auf die riesige, eiserne Decke, die sich langsam senkte. Dann sagte der Mann ganz leise zu mir: »Wir müssen singen«, und ich verstand, daß die riesige, kilometerlange Decke all die nackten Menschen zerquetschen sollte. Ich verstand auch, daß die Rillen zum Abfließen des Blutes gedacht waren – eine Art riesige Waffelmaschine, in der Tausende von Menschen zerdrückt würden. Alle fingen an zu singen: »Deutschland, Deutschland über alles«, ich wollte mich hinlegen, um durch eine Spalte zu entkommen, und fing an zu schreien, aber kein Laut kam aus meiner Kehle, und ich erwachte.

Die SS-Leibstandarte Adolf Hitler gehörte mit ihren Liedern bald zu unserem täglichen Leben. »Da kommen sie«, sagten wir und warteten, daß sie den »Schönen Westerwald« zu Ende sängen. Dann bereiteten wir in einem winzigen Garten das Abendessen für uns oder auch für die Bothas oder Jefim Schapiro, der uns oft besuchte.

Diese Bothas gründeten ein Zeichenatelier. Sie arbeiteten hauptsächlich für Druckereien und mußten sehr viele Schokoladenverpackungen machen. Sie engagierten mich als Zeichner, ich wurde sozusagen ihr Angestellter. Das Arbeiten im Atelier Bothas war sehr angenehm. Während der Arbeit diskutierten wir viel, spaßten, alles war sehr ungezwungen, manchmal litt fast die Arbeit darunter. Ljowa und Doris Bothas behielten mich auch oft zum Essen, und es gab Tage, an denen ich nicht mehr wußte, ob ich Gast oder Angestellter bin. Der Verdienst war natürlich noch sehr gering. Bothas hatten in ihrem Geschäft einen zu fünfzig Prozent beteiligten Mitinhaber, einen Herrn Grünberg, der aber bald unter sehr unangenehmen Umständen das Geschäft verlassen mußte.

Eines Tages rief mich ein Mann von der »Zentrale Dyckhoff« an. Er hätte meine Adresse von der »Gebrauchsgraphik« erhalten, ich möchte doch einmal vorbeikommen. Natürlich ging ich in diese Zentrale, die sich in dem großen Bekleidungshaus »Esders & Dyckhoff« befand. Ein junger, großer, rundlicher Mann namens Erwin Göke empfing mich, er war gerade aus Köln von der Firma »Bamberger & Herz« nach Berlin übergesiedelt. Er war ein junger Werbeberater und benötigte einen jungen Grafiker als Mitarbeiter. Der liebe Professor Frenzel, der Herausgeber der »Gebrauchsgraphik«, hatte an mich gedacht und mich Göke empfohlen. Wir unterhielten uns, ich zeigte meine Arbeiten und wurde engagiert. Der Abschied vom Atelier

Bothas war schwer. Ich wußte, daß ich die freundschaftliche Atmosphäre vermissen würde, aber bei Dyckhoff verdiente ich das Dreifache, und ich mußte es wagen.

Herr Göke blieb mein Leben lang mein Arbeitgeber, mein Freund und mein Quälgeist. Er war ein Mann von absoluter Ehrlichkeit sich selbst und anderen gegenüber. Dazu besaß er eine höllische Energie, war offen bis zur Unhöflichkeit und konnte sentimental und brutal zugleich sein. Er war streng mit den anderen, aber auch mit sich selbst. Wenn jemand ihn beschimpfte, fragte er sich zuerst, was er falsch gemacht habe. Diese Auffassung hat mir sehr imponiert. Sein Lieblingsspruch war »reinen Wein einschenken!« Sein Bildungsvermögen und sein Intellekt waren ziemlich schwach entwickelt. Er sah die Welt und alle menschlichen Probleme so vereinfacht, daß er annahm, alles müßte ihm völlig klar sein. Da er gleichzeitig sehr ehrlich war, stieß er dauernd auf Fragen, die er nicht beantworten konnte, was ihn stutzig und nachdenklich machte wie ein kleines Kind. Er war fest davon überzeugt, es müsse ein Buch – vielleicht in mehreren Bänden – geben, aus dem man alles sehr schnell und einfach erfahren kann: was ist an Beethoven so gut, was ist Kunst, was ist Literatur und dieser Aberglaube, Religion, was wollten Goethe und Shakespeare eigentlich sagen. Sein Weltbild war so primitiv, daß er seelisch und geistig völlig unbelastet dahintrottete.

In den ersten zwei Wochen hatte ich große Schwierigkeiten, diesen Menschen zu verdauen. Es kam auch sehr bald zu einem Krach, da ich seine Art des Herumkommandierens nicht mehr aushalten konnte. Ich ging wütend, fast die Tür zuschlagend, eine Stunde vor Schluß weg. Am nächsten Tag wollte Herr Göke mich einen Augenblick sprechen. Wir gingen in eine benachbarte Kneipe und setzten uns an einen Tisch. Fünf Minuten lang sagten wir beide kein Wort, dann fragte er mich plötzlich mit ruhiger Stimme: »Halten Sie mich für dumm, Herr Zinger?« Ich wußte nicht, was ich antworten sollte, und war furchtbar geniert. »Los, Herr Zinger, sagen Sie mir, was Sie über mich denken, was ich nach Ihrer Meinung falsch mache!« Ich schwieg. »Sagen Sie ganz ehrlich, was Sie denken, ich werde mich entweder bessern, oder wir trennen uns auf der Stelle.«

Es war für mich ein fürchterlicher Augenblick. Die Stellung wollte ich natürlich nicht verlieren, andererseits fand ich Göke unerträglich, ich fühlte, daß eine nur taktvolle Bemerkung nicht am Platze war. So versuchte ich, mich zu konzentrieren und sagte ganz offen, daß ich ihn zu grob fände, daß er in vielen Dingen völlig unwissend sei, daß es mir schwerfiele, mit solch einem Menschen zu arbeiten, daß ich ihn aber als Werbefachmann schätze und ihn grundsätzlich keineswegs für dumm halte. Herr Göke hörte mir ernst zu, er wurde immer nachdenklicher. Dann sagte er mir, er sei mir für meine Ehrlichkeit dankbar. »Ich bin halt sehr ungehobelt«, sagte er, und er schien mir rührend traurig und kindlich in diesem Augenblick.

Am nächsten Tag gab er mir seine dicke Hand und lächelte mir freundlich zu. Und so blieben wir zwölf Jahre in der Firma »Zentrale Dyckhoff« zusammen und später dann noch eine lange Zeit.

Es war die Zeit von Hitlers Aufstieg. Wie leicht wäre es, so zu tun, als ob man damals schon alles voraussah. Wie gerne verfälscht man die Gefühle und Empfindungen, wenn man weiß, wie alles ausgegangen ist. Aber die Gegenwart damals wußte nichts von der Zukunft, die jetzt jedem längst bekannte Vergangenheit geworden ist. Natürlich hatten Menschen, die sich mit Politik befaßten, andere Ansichten als die große Masse, aber auch diese Ansichten waren lange nicht so wahr, richtig, klug und weitsichtig, wie sie jetzt dargestellt werden.

Zuerst waren alle froh. Ja, alle, weil man wieder Arbeit finden konnte. Wie, warum und wieso das so war und wohin das später führen sollte, machten sich nur ganz wenige klar. Man arbeitete, kaufte Wohnungen und Autos, und das war für die Menschen das Wichtigste. Man sagte »Heil Hitler« statt »Guten Morgen«, und man gewöhnte sich daran, jeden Tag neue Uniformen zu entdecken. Auch die Judenfrage war lange Zeit nicht aktuell. Von einer revolutionären Stimmung konnte keine Rede sein. Zwei Tage trugen manche Berliner Schupos eine Binde mit Hakenkreuz am linken Ärmel, das wies darauf hin, daß die Hakenkreuzfahne in den folgenden Tagen die Staatsfahne wurde. Die Erfolge der Hitlerschen Politik imponierten den meisten, und erst nach und nach erlebte jeder seine Enttäuschung.

Auch ich hatte nun die Möglichkeit, wieder zu etwas Geld zu kommen. Im ersten Jahr, in meinen ersten Sommerferien, fuhr ich mit Tata nach Rom und Positano. Nach vier Jahren Geldlosigkeit war das ein Fest. Ich zeigte Tata mein geliebtes Rom. Es war Sommer, die römischen Polizisten waren alle in Weiß, und die Zikaden sangen in den Pinien. Positano war damals noch ein Dorf mit nur zwei Hotels. Es roch nach heißen Feigenbäumen und Oleander, es gab noch viele Esel, und sie schrien abends so herzzerreißend. Die Gekkos saßen im Schein der Laternen auf den Mauern, und wir konnten wieder im Mittelmeer baden. Die drei Wochen Ferien vergingen wie im Fluge. Die Fahrt mit dem Zug war so lang und brachte uns aus dem sonnigen, faschistisch-jubelnden Italien in ein graues, nationalsozialistisches Berlin. Wieviel netter, leichter, malerischer erschienen mir damals die Faschisten Italiens als die immer mehr marschierenden SA-Leute, Soldaten und die immer trostloser werdenden Deutschen. Meine geliebten Maler wurden verdammt, viele Bücher verbrannt. Diese Bücherverbrennungen waren der erste große Schlag für manchen.

Die Arbeit in der Zentrale Dyckhoff ging weiter, aber die Zeit krankte.

Unser Freund Schapiro lebte noch in Berlin mit einem sowjetischen Paß, aber er bereitete seine Auswanderung nach Paris vor. Unsere Freunde Lipschitz waren schon in Paris. Die Unzufriedenheit der Intellektuellen wuchs, aber sie hatten nichts zu sagen.

Die Arbeit in der Firma lief. Ich entwarf damals das Figürchen von »Meister Zwirn« (Meister Zwirn, das ist der Meister, der des Hauses gute Geister zu der höchsten Leistung führt). Es wurden Werbefilme, Inserate und Plakate daraus gemacht. Wir waren nun schon mehrere in der Werbeabteilung der Zentrale Dyckhoff. Ich bekam einen Gehilfen, den Graphiker Rolf Kluth, Herr Göke einen Assistenten, Joachim Wilmsen. Dieser Joachim Wilmsen war ein junger Mann aus einer sehr guten Potsdamer Familie. Er litt sehr unter der Vulgarität der Werbeleute, und Reklame machte ihm keinen Spaß. Er wollte Offizier werden, da er sehr national war und an Hitler glaubte. Er war chauvinistisch, aber gut erzogen, menschlich nicht grob, fast naiv, man konnte sich gut mit ihm unterhalten. Wir begannen, zusammen essen zu gehen, und freundeten uns an.

Mit Erwin Göke ging es soweit auch ganz gut. Er war sehr streng und verlangte viel von uns allen. Ich glaube, sein Beruf war das einzige, was ihn interessierte. Er telefonierte, schrieb, machte Korrekturen und hatte ununterbrochen Wünsche. Es gab aber auch ruhigere Tage, und dann sprach er über private Dinge. Wir saßen beide in einem großen, geheizten Raum an einem riesigen Tisch. Er saß mir gegenüber, neben ihm stand das Telefon und lagen unendlich viele Papiere. Wenn er gut gelaunt war, fing er an, mit mir zu sprechen. Seine Fragen sind unvergeßlich: »Herr Zinger, war Hamlet eigentlich ein Jude?« – »Nein, wieso, er war ein dänischer Prinz.« – »Na, weil Gründgens in dieser Rolle so ein komisches Hütchen aufhat!«

»Was halten Sie von diesem verrückten Franzosen, wie heißt er bloß, ach, Jules Verne? – Ist doch Quatsch, was er schreibt, so was gibt's doch gar nicht!«

Ich erzählte ihm manchmal von Büchern und empfahl ihm, einige zu lesen. So las er sogar »Krieg und Frieden« von Tolstoi und fand es sehr gut. Mir fiel auf, wie frisch und treffend seine Kritiken waren. Er gab sich unerhörte

Mühe, sich zu bilden, und seine Ehrlichkeit und Aufrichtigkeit, sein gesunder Instinkt imponierten mir immer mehr. Damals schon fühlte ich, daß ich es mit einem selten starken und »wahren« Charakter zu tun hatte. Bald merkte ich, daß ich in Göke einen Mitstreiter hatte, auf welchen man sich in jeder Beziehung menschlich verlassen konnte. Und so war A. E. Göke nicht nur mein Quälgeist, sondern auch ein richtiger Freund – eigentlich der einzige, zu dem ich volles Vertrauen hatte.

Damals war er verlobt mit einem deutschen Mädchen, das in Kopenhagen lebte. Er schrieb ihr dauernd Briefe, die ich oft illustrieren mußte. Dabei spielten zwei Scotch-Terrier eine große Rolle – ein schwarzer (er) und ein weißer (sie), die sich küßten, beschnüffelten, einander Blumen brachten usw. Herr Göke wollte wissen, ob ich ihm zur Heirat rate. Natürlich sagte ich ja. Eines Tages unternahm er eine Reise nach Kopenhagen und kam sehr befriedigt zurück. »Herr Zinger, Sie hatten recht, ich werde Helma heiraten!« Wieso ich recht hatte, war mir unverständlich.

In den Wochen vor Weihnachten war ich mit Arbeit so überlastet, daß ich Überstunden machen mußte. Ich war nicht der einzige, unser Schaufensterdekorateur Herr Nicolaus hatte ungeheuer viel zu tun. Wer diese Vorweihnachtsatmosphäre als Arbeitender kennt, haßt dieses Fest. Die Tage der Kindheit, wo man sich auf die Geschenke freut, sind längst vergessen, es bleibt nur Eile, Hetze, Pflichten und ermüdende Arbeit. Das alles, um einmal ausschlafen zu können, eine gebratene Gans zu essen und vielleicht müde und ziellos in der trostlos leeren Stadt spazierenzugehen. Man ist immer noch müde, es ist kalt, in den leeren Straßen probieren die Kinderlein ihr neues Spielzeug aus, und man weiß nicht, was man mit den freien Stunden anfangen soll. Vorher aber war es die reine Hölle! Wir arbeiteten wie verrückt.

Ein geschmückter Weihnachtsbaum stand schon in unserer Wohnung und wartete auf das Fest. Ich kaufte eine schöne Hausjacke für meinen Vater, Seife für Onja, Schokolade für meine Mutter und irgendetwas für Tata. Am 23. Dezember machten wir abends zwei Überstunden und hatten dafür am 24. frei. Es war ein kalter, schneeloser Tag, und ich ging mit Tata in den Zoo. Alles war wie immer. Mein Vater war etwas erkältet und las liegend ein Buch, Onja und meine Mutter sorgten für das Essen. Tata und ich nahmen wie üblich die Straßenbahn 177 zum Bahnhof Zoo. Die Straßen waren schon weihnachtlich leer. Ein paar Geschäfte waren noch offen, um die verspäteten Weihnachtskunden noch in aller Eile bedienen zu können. Alles war so still, und eine unerklärliche Trostlosigkeit kam über mich. Etwas so Trauriges, so Herzbeklemmendes lag in der Luft, daß ich mich nicht wohlfühlte.

Im Zoo wollte ich hauptsächlich dem Menschenaffenwärter Herrn Liebetreu ein frohes Weihnachtsfest wünschen. Auch im Zoo gab es kaum Menschen, und nachdem ich Liebetreu die Hand gedrückt hatte, hatte ich den Drang, zu Hause anzurufen. Meine Mutter nahm den Hörer ab und sagte nur: »Gut, daß du anrufst, komm besser gleich zurück!« Ich war ganz aufgeregt und ging sofort zur Taxihaltestelle. Tata verstand meine Eile nicht, folgte mir aber ohne Widerspruch. Als wir zu Hause ankamen, lief ich die Treppe hinauf, meine Mutter kam mir entgegen, aber nichts Besonderes oder Neues war zu merken. Ich ging in das Zimmer meines Vaters und sah ihn auf dem Bett sitzen. »Ich war bei Liebetreu«, sagte ich, »er wünscht dir auch ein fröhliches Fest!« – »Ach, bei Liebetreu warst du? Und seine Affen kriegen hoffentlich auch einen Weihnachtsbaum!« Dann mußte mein Vater husten, auf seinem Taschentuch erschienen rote Blutflecken. »Lungenentzündung«, sagte er. »Vielleicht auch was anderes, aber zuerst will ich doch eine Zigarette rauchen.« Er nahm vom Nachttischchen seine verrauchte Zigarettenspitze und steckte eine Zigarette hinein, dann sah er mich an und strich mir zärtlich mit der Hand über den Kopf – ich saß neben ihm auf dem Bettrand – plötzlich fiel er nach hinten, streckte sich und war tot.

Meine Mutter und Onja stürzten herein, als ich rief: »Papa ist tot!« Meine erste Geste war, Onja zu beruhigen, die plötzlich aufschrie. Es war ein Schrei der Verzweiflung. Meine Mutter und ich erschraken furchtbar. Dieser Schrei kam genauso unerwartet wie ihre plötzliche Ruhe. Sie nahm sich zusammen und wurde fast unnormal ruhig, so, als ob sie etwas Wichtiges begriffen hätte.

Dann folgten kalte, trostlose Tage mit einem schrecklichen Schmerz in der Brust und einem nicht angezündeten Weihnachtsbaum in der Ecke.

Der letzte Wille meines Vaters war, daß man seinen Körper der Medizinischen Fakultät der Universität übergeben solle. Grundsätzlich hatte ich nichts dagegen, aber meine Mutter wurde fast wahnsinnig bei diesem Gedanken. Sie hatte grauenhafte Vorstellungen und wiederholte bloß dauernd: »Nein, nein.« Ich konsultierte meinen Freund Nikolai Timofejew, der sofort zu uns kam. Seiner Auffassung nach hatte mein Vater mit seinem Testament seine Achtung vor der Wissenschaft bis zuletzt beweisen wollen. Es sei aber wichtiger, jetzt, da er nicht mehr ist, sich um die lebende, ihn liebende Frau zu kümmern und nicht um einen abstrakten Wunsch. Ich dachte auch an meine Mutter (ein bißchen auch an mich), und so begruben wir meinen Vater auf dem russischen Friedhof in Tegel. All unsere Freunde waren sehr lieb zu uns. Ich vergesse nicht den großen Schapiro mit der Kerze in der Hand in der winzigen orthodoxen Kirche. Sergej Mamontow half uns sehr, Koljuscha Timofejew war rührend. Die Sowjetische Botschaft schickte einen riesigen Kranz mit einer großen roten Schleife und bezahlte die Begräbniskosten.

Meine Tätigkeit nach diesen Ereignissen fing damit an, daß ich die gekaufte Hausjacke zurückbringen mußte. Die Welt war mir fremd geworden, aber ich fühlte, daß ich etwas Wichtiges »geerbt« hatte und daß ich diese Erbschaft pflegen mußte. Ich durfte die Menschen nicht hassen, nicht verachten, ich mußte Liebe und Interesse für das Leben und das Lebendige bewahren. Dieses Interesse und diese Liebe dürfen nicht verschwinden, es mag kosten, was es will! Wenn das Hitler-Deutschland böse und dumme Gedanken verbreitet, wenn ich dumme Reklame machen muß, wenn uns allen jetzt so schwer ist, so muß ich das doch alles aushalten. Es gibt die Sonne, das Meer, die Musik, die Kunst und menschliche Herzen. Es gibt sie noch und wird sie immer geben, wenn mich im Augenblick auch Vulgarität und Böses umgeben. So dachte ich ununterbrochen und versuchte, an etwas Schönes und Frohes zu denken. Die Tiere im Zoo und die Malerei in den Museen halfen mir dabei.

Meine Arbeit ging weiter. Der Dekorateur Nicolaus ging in das neue Haus nach Breslau, und an seine Stelle kam Herr Feyerabend. Nun hatte ich zwei gute Bekannte – Liebetreu und Feyerabend. Mit Herrn Wilmsen freundete ich mich auch an. Ich nannte ihn »Jochi« (Joachim), besuchte ihn bei seinen Eltern in Potsdam, und er kam öfters zu mir. Obwohl er ein fürchterlicher »Nazi« war, d. h. ein deutscher Patriot, war er keineswegs ein »Nazi«, wie man es jetzt als Schimpfwort gebraucht. Bei Joachim habe ich auch verstanden, daß »Nazisein« keineswegs eine politische Richtung bedeuten muß, sondern das Wesen des Menschen bedeuten kann. – Joachim beendete seine Tätigkeit bei Göke, wurde Soldat, dann Unteroffizier, dann Leutnant. Als Hauptmann fiel er an der russischen Front.

Nach dem Tod meines Vaters veränderte sich alles. Meine Mutter war noch verlassener als ich, und so mußte ich die Rolle des Familienoberhauptes übernehmen. Es fing damit an, daß wir wieder umzogen. Diesmal nahm ich eine ganz moderne Wohnung auf meinen Namen in Lankwitz, Ingridpfad 23. Meine Mutter teilte eine Wohnung mit Tante Lisa in einem Haus, das nur ein paar Meter von uns entfernt war. Onja blieb bei uns, und zu allen Mahlzeiten kam meine Mutter zu uns, wo sie auch den ganzen Tag verbringen konnte. Im Juli 1934 kam unser Sohn Alexander in einem Entbindungsheim in Berlin-Charlottenburg zur Welt. Merkwürdigerweise nannte man den Jungen Aljoscha.

Gerade, als Tata mit dem Baby nach Hause kommen sollte, fuhr ich allein in die Ferien. Ich fuhr auf Einladung meines Cousins Artemi Rajewski, der eine Pension in Donville an der Normannischen Küste eröffnen wollte, und zwar in dem Haus der Familie Rajewski, »Villa La Gerbette«.

In die Normandie fuhr ich natürlich über Paris, wo ich bei unseren Freunden, den Lipschitzens übernachtete. Ich blieb zwei oder drei Tage, sah auch meinen Onkel Aljoscha und meinen Cousin Grischa Zinger, der mit Frau und Söhnchen in Paris lebte. Grischa war genau so groß wie früher, nur viel schwerer und breiter geworden. Er nannte meinen Onkel »unseren Urahnen« und war immer sehr witzig. Er haßte den Kommunismus, die Sowjets und sah in Hitler einen großen Mann. Er fand es »unmöglich«, daß die Sowjets einen Kranz für das Grab meines Vaters geschickt hatten. (»Wirklich, dieser Onkel Sascha! Wie konnte er nur so lange für diese Schweine arbeiten!«) Onkel Aljoscha war dagegen sehr links. Er hatte furchtbar viele Schlappen in der Arbeit erlebt, vertiefte sich in das Leben der arbeitenden Menschen, las Karl Marx und bewunderte die Sowjetunion. Bei den Lipschitzens erfuhr ich zum ersten Mal, wie man die Geschehnisse in Deutschland ansah. Es war gerade der Augenblick, da ich mir in Berlin ein Auto bestellt hatte, einen DKW. Die Tatsache, daß ich noch in Berlin lebte, daß ich mir dort ein Auto kaufte, sprach schon gegen mich. Ich war ganz und gar gegen die SA, gegen Hitlers Reden, gegen das ewige »Heil Hitler«, aber ich lebte nun mal in Berlin, und so einfach war es nicht für mich, nach Paris, Amerika oder London auszuwandern. Diese neuen Emigranten sprachen aber so, als ob jedes Land mich mit offenen Armen empfangen würde. Daß ich noch nicht ausgewandert war, stempelte mich schon zum Nazifreund.

In Donville verbrachte ich bei Artemi zwölf Tage, und zwölf Tage lang schien die Sonne. Strahlende Sonne an der normannischen Küste ist eine ziemliche Seltenheit, aber ich dachte, es müßte so sein. Der Ozean, die großen

Algen, die Taschenkrebse, die Möwen und das salzige Wasser berauschten mich. Dazu Sand und eine Wiese. Die Leute in der Pension waren reizend. Ganz unerwartet traf ich da auch die ehemalige Sekretärin von Professor Frenzel – die Mulattin Manga Bell. Eine magere russische Dame mit einem vierzehnjährigen Sohn gefiel mir sehr. Sie hatte herrliche, grüne Augen und sprach eigenartig und interessant über Kunst, Christentum, Politik, Dostojewski und den Kommunismus. Ihre Augen gefielen mir so, daß mir auch alles, worüber sie sprach, gefiel.

Artemi war ein großer, bildschöner Mann mit schwarzem Schnurrbärtchen. Ein Bein war amputiert, aber er trug seine Prothese so geschickt, daß in seinem Hinken ein besonderer Charme lag. Sein Gesicht war dunkelbraun von lauter Sonne, dazu hatte er schöne, weiße Russenhemden an. In dieser Aufmachung trug er russische Lieder vor. Zweimal gab er sogar ein Konzert in Grandville. – Eine Zeitlang war ich förmlich verliebt in diesen Mann. Er fühlte meinen Kummer über den Tod meines Vaters und sprach sehr liebevoll abends mit mir. Wir schliefen in einem Raum, und meistens unterhielten wir uns bis weit nach Mitternacht. Mein von der Sonne verbrannter Rükken tat mir angenehm weh, das Fenster war offen, und ich fühlte, daß hier ein Mensch war, der mir sehr nahe stand. – Artemi und seine Tante Filosofow erzählten mir von dem jüngeren Bruder Artemis, halb Taugenichts, halb Held, der bei der Fremdenlegion in Marokko stationiert war. Das kam mir sehr romantisch vor, und ich stellte mir diesen Nikolai Rajewski noch sonnenverbrannter und noch weißer angezogen vor.

Als ich nach Lankwitz zurückkehrte, fand ich eine völlig andere Atmosphäre vor. Tata war stolz auf ihr Kind, Onja mußte ihr viel helfen, und meine Mutter lebte irgendwie für sich. Ich war froh, die Familie zu sehen, aber das Geschrei des Kindes machte mich verrückt. Ich dachte dauernd an »Gerbette«, Artemi, den Ozean und die grünäugige Dame zurück, und mein Familienleben erschien mir trostlos und langweilig. Ich fühlte, daß meine Erzählungen von der Normandie und den Pariser Ansichten über die deutsche Politik Tata nicht sehr interessierten.

Die einzige, die mir mit einigem Interesse zuhörte, war meine Mutter. Ich ging zu ihr in ihre Wohnung bei Tante Lisa und berichtete ihr von Lipschitzens, die sie sehr gern hatte und bei denen sie selbst vor einem Monat in Paris gewesen war. Trotzdem schien mir, daß auch meine Mutter sich die Ereignisse in Deutschland nicht sehr zu Herzen nahm. Es war ihr alles irgendwie egal! Egal, daß man den Juden so vieles verbot, daß man gegen alles Moderne hetzte, daß van Gogh als entartet erklärt wurde. Meist kam noch Tante Lisa dazu und »sang« etwas Optimistisches vor sich hin in der Art, daß es eben Leute gäbe, die in allem etwas Schlechtes sehen wollen usw. Plötzlich fühlte ich mich unglücklich. Unglücklich in Deutschland, unglücklich bei Göke und unglücklich mit Tata.

Der Winter kam wieder mit der irrsinnigen Arbeit für die Weihnachtstage, mit der Müdigkeit während der Feiertage und der Trostlosigkeit danach. Wir fuhren nach Tegel auf den russischen Friedhof, um den traurigen Jahrestag des Todes meines Vaters zu begehen. Meine Freunde, vor allem Koljuscha Timofejew, betonten immer das Glück, das ich mit dem sechs Monate alten Baby angeblich verspüren sollte. Anspielungen auf das Leben, das weitergeht, und auf die Freuden, die das unschuldige Kind einem bringen kann. Man sollte sich freuen, wenn das Kind zum ersten Male lächelt, einen erkennt, mit den Händchen nach den Weihnachtskerzen greift – und dabei das Vergangene vergessen. Ich muß gestehen, daß mir das alles auf die Nerven fiel und ich viel lieber in den Botanischen Garten gegangen wäre, um »über etwas Vernünftiges zu sprechen«. Ich hatte so viel zu sagen, zu fragen und hatte niemanden.

Im nächsten Sommer wollte ich unbedingt in die Normandie zurückkehren – was man nie tun soll. Tata und ich fuhren nach Gerbette, aber Artemi Rajewski war schon in

England; die Tante Filosofowa wollte die Pension weiterführen. Das gelang ihr sehr schlecht, das Essen war unmöglich, und vieles klappte nicht. Tata und ich gingen täglich in ein Bistro essen, wo ich zum ersten Mal Tripes aß und Calvados kennenlernte. Das Wetter war saumäßig. Es war windig und regnete jeden Tag. Trotzdem war es angenehm, nicht in Berlin zu sein. Im Casino von Grandville sahen wir den Film »Les temps modernes« mit Charlie Chaplin. Das war in Berlin schon nicht mehr möglich.

In Paris sahen wir Onkel Aljoscha, der inzwischen Kommunist geworden war und einen baldigen Krieg mit Deutschland prophezeite. Die Lipschitzens waren wie immer sehr freundlich. Der gute Pawlik versuchte, sich trotz seiner vielen Arbeit um uns zu kümmern. Einmal waren wir zu dritt in einem Bordell an der Porte Saint Denis (damals gab es das Tor noch). Mehrere Tischchen standen wie in einem Café, und mehrere dekorierte Mädchen priesen sich an, sobald man einen Platz an einem Tisch einnahm. In der Mitte des Raumes saß auf einem Podest die Kassiererin, neben ihr führte eine Treppe in die oberen Räume. Wenn der Kunde seine Wahl getroffen hatte, mußte er bei der Kassiererin bezahlen, bekam ein Stück Seife und ein Handtuch und ging mit dem Mädchen die Treppe hinauf. Wir wollten keine Mädchen haben und begnügten uns damit, zwei Mädchen an unseren Tisch einzuladen. Die Mädchen waren freundlich und lustig. Man mußte eine Münze auf den Rand des Tisches legen, die sie dann mit dem Hintern oder der behaarten Spalte aufhoben, was allen großes Vergnügen machte.

In Berlin lernte ich endlich die Kinder von General Noskow, Sascha und Tanja Noskow, kennen. Die Tochter war mir schon vorher etwas bekannt gewesen, aber mit Sascha befreundete ich mich erst jetzt. Er kam aus Belgien, aus Tournai, wo er studiert hatte, nach Berlin, da wurde er plötzlich lungenkrank. Er mußte lange liegen und sich pflegen, wurde aber völlig auskuriert. Er trat in dieselbe Akademie ein, wo ich noch vor kurzem studiert hatte, in die Klasse von César Klein. Er wollte sich mit Kostümen und Bühnenbildern befassen. In seiner Klasse studierte auch ein Mädchen namens Edith Maria Lembcken, genannt Bimba. Sascha war sehr befreundet mit ihr und stellte sie mir vor. Mit Sascha verstand ich mich sehr gut, und ich fühlte eine große Sympathie für ihn. Sein Vater, der General Noskow, der für meinen Vater gezeichnet hatte (er war seinerzeit Schüler meines Großonkels in Petersburg gewesen) und der mit meinem Vater Patiencen gelegt hatte, wurde damals in Berlin durch seine Artikel und Bücher bekannt. Er schrieb viel über den ersten Weltkrieg wie zum Beispiel »Mein Frauenbataillon« oder »Der Mann, der Tannenberg verlor«. Alle seine Bücher und Artikel waren selbstverständlich etwas pro-deutsch, was die russischen Emigranten ihm meist sehr übelnahmen. Ein russischer General, der den Deutschen den Arsch leckt! Es war aber nicht ganz so. Er hat ihnen nicht den Arsch geleckt, mußte aber schreiben, was gekauft wird. Mein Vater hat diese menschliche Schwäche sehr gut verstanden und nie von jemandem verlangt, ein Märtyrer oder Held zu sein. Mir war das alles ganz gleichgültig, ich war glücklich, einen Menschen gefunden zu haben, mit dem ich mich über Theaterkostüme, Stanislawski, Belgien, Rubens, Nabokow (damals Sirin) und vieles andere unterhalten konnte. Sascha war damals mein großer Freund und ist es bis heute geblieben.

1936 fanden die Olympischen Spiele in Berlin statt. Das war vielleicht das letzte Mal, daß Berlin internationalen Charakter trug, obwohl man nicht mehr Stadion, sondern Reichssportfeld sagen mußte und Telefon nicht mehr mit »ph« geschrieben wurde. Ich besuchte auch einmal die Spiele und sah Jesse Owens springen, aber es war das einzige Mal, da ich kein Liebhaber von sportlichen Massenveranstaltungen bin.

Im Jahre 1937 feierte Berlin seinen siebenhundertsten Geburtstag. Um ihn möglichst eindrucksvoll zu gestalten, plante man ein Fest unter dem Motto »Berlin in sieben Jahrhunderten deutscher Geschichte«. Die Geschichte sollte im großen Stadion mit Tanz und Musik in historischen Kostümen dargestellt werden. Meine Freunde Sascha Noskow und Bimba Lembcken wurden von dem Regisseur Gebhard für diese Arbeit engagiert. Es fing mit »Zünften und Rittern« an, dann ging es über den »Dreißigjährigen Krieg« bis zum »Soldatenkönig« und zum »Großen König«, zu den »Freiheitskriegen« und schließlich zum »Neuen Deutschland«. Die Mitte des Stadions wurde unterschiedlich angestrahlt, und in diesem Licht gingen, tanzten, kämpften und ritten die Menschen vergangener Zeiten. Beim Krieg von 1914 fing es mit lustig marschierenden Kolonnen in Pickelhauben an und endete mit müden Soldaten mit Stahlhelmen, die »Drei Lilien, drei Lilien« und »In der Heimat, in der Heimat, da gibt's ein Wiederseh'n« sangen. Ich muß sagen, es war eine großartige Vorführung. Die Soldaten von Friedrich dem Großen marschierten so schön und waren so gut kostümiert, es war ein richtiges Kunstwerk. Man hatte die SS-Leibstandarte Adolf Hitler zu diesem Zweck geholt, dieselbe, die in der Theklastraße den »Westerwald« so schön gesungen hatte. Man hatte Sascha zu diesen Burschen geführt, die er historisch echt ankleiden sollte – er war ein großer Uniformenspezialist. Mit den weißen, hohen Gamaschen und den auf der Brust gekreuzten Riemen sahen die Kerle prachtvoll aus. Dazu brachte man ihnen den friderizianischen Parademarsch bei, welchen sie mit solcher Exaktheit ausführten, daß es eine Freude war, ihnen zuzusehen. Die Situation war komisch, da die Leibstandarte Sascha in allem absolut gehorchte, als ob er ein Offizier sei. Dabei war er ein russischer Malstudent mit einem russischen Sowjetpaß. – Die vier Apokalyptischen Reiter wurden von vier Donkosaken dargestellt, Offizieren: Kotow, Gussew, Krasnoglasow und Scherzewetjew. Sie mußten mit Fackeln stehend durch das Stadion galoppieren.

Das zweite Ereignis in jenem Jahr war meine und Tatas Reise in den Sommerferien nach Santa Margherita. Ich sah meine alten Freunde Luigi, Nicoli und Onorato wieder, und ich erkannte in dem großen blassen uniformierten Busfahrer den Jungen wieder, der ehemals in dem altmodischen, ausgeleierten Bus als Billettverkäufer tätig gewesen war. Das Meer war da, die Sonne schien, der gealterte Professor Nowikow, der mir vor vielen Jahren beigebracht hatte, wie man Skorpione fängt, war auch da. Dazu mein Pate Alexander Eichenwald und seine Frau. Alles war also da, und alles war anders. Ich fühlte, daß ich mich mit Tata langweilte, daß das alles nicht das Richtige ist.

Im Sommer 1938 fuhr ich mit Tata und dem kleinen Aljoscha in unserem DKW nach Pommern in das Dörfchen Rowe an die Ostsee. Dieses ganz entzückende Dorf war eine Entdeckung unserer Freunde Timofejew.

Nikolai Wladimirowitsch Timofejew-Ressowski lebte damals mit seiner Frau und zwei Söhnen auf dem Territorium des »Kaiser-Wilhelm-Instituts für Hirnforschung« in Berlin-Buch, in einem sehr großen Park, der eigentlich für einen großen Friedhof vorgesehen war, aber wegen der Bodenverhältnisse als untauglich erkannt wurde. Eine große Kapelle – als Krematorium vorgesehen – stand schon da, ein großes Torhaus bot Wohnungen für Friedhofsangestellte und Platz zum Blumenverkaufen. Eine solche Wohnung im Torhaus bewohnte die Familie Timofejew. Eine zweite Wohnung hatte eine andere Genetikerfamilie, die Familie Sarapkin, inne. Im Hintergrund stand das große Gebäude des Instituts mit modernsten Apparaten, Maschinen, Labors und einem Museum. Selbst sehr seltene Atomspaltungsapparate waren vorhanden. Vor dem Institutsgebäude standen im Halbkreis sehr gut gebaute, dreistöckige Häuser für die Angehörigen des Instituts, die Professoren und Assistenten. Die genetische Abteilung hatte ein eigenes Gebäude, an das die Unterkünfte für die Versuchstiere grenzten – Hunde, Affen, Kaninchen usw. Gleich über der Straße lag das Gebäude des Krankenhauses für Geisteskranke, ein endlos langer Backsteinbau. Wir sprachen einfach von den »Irren«.

Jeden Sonntag und manchmal schon am Sonnabend

nachmittag kamen die Freunde und Bekannten von Timofejew bei ihm zusammen, Wissenschaftler, russische Emigranten, Dichter, deutsche Ärzte, Physiker, Genetiker, Zoologen und Maler wie ich. Mit den Jahren entstand eine Bucher Clique, zu der N. Selinow, Sarapkin, Tregbow, Mamontow und andere gehörten. Dazu kamen sehr oft Besucher aus Amerika, Sowjetrußland, England und aus anderen Städten Deutschlands. Timofejew war ein bekannter Genetiker und beliebter Gastgeber. Man fand nicht leicht noch einmal soviel Offenherzigkeit und Gastfreundschaft. Nikolai oder Koljuscha, wie man ihn nannte, bestand aus zwei Persönlichkeiten. Bei der Arbeit war er ein sehr ernster Mann im weißen Kittel vor dem Mikroskop. Dieser Koljuscha war nur für Wissenschaftler, die etwas von Genetik verstanden, verständlich und zugänglich. Unser Koljuscha ohne Kittel (im Sommer sogar barfuß), im offenen Hemd, war einer, der dauernd herumlief, etwas erklärte, lachte, etwas behauptete oder widerlegte. Er wußte alles und war alles! Student, Vagabund, Soldat, Kosak, Assistent, Schauspieler, Jäger und Seemann. Wenn etwa ein uralter russischer Seeoffizier oder gar Admiral (das kam vor) zu ihm kam, so wurde er bald sehr höflich unterbrochen, und es war Koljuscha, der ihm erzählte, wieviel ein Geschoß wiegt, was für Schiffe es gab oder nicht gab. Wenn eine alte Tänzerin etwas aus ihrem Leben zu erzählen begann, mußte sie bald in ihrer Rede innehalten, um aus Timofejews Mund zu erfahren, wo sie früher gearbeitet hatte oder hätte arbeiten sollen, wie falsch man heutzutage die Tänzerinnen beurteilt und wie Tanzschuhe eigentlich sein müßten.

Einem alten Jäger erzählte er, wie man Wildschweine jagt, einem Pianisten hielt er Vorträge über die Klavierkunst, und einem Priester erzählte er, wie falsch er das Gebet versteht. Zudem war er verwandt mit Gogol, mit Pugatschow, er hatte bei den Kadetten gedient (von Peter dem Großen) und in Londoner Clubs echten Lords die Kunst des Wodkatrinkens beigebracht.

Dabei blieb er immer überzeugend, charmant, und kein

Mensch war ihm je böse. Er war selten menschenfreundlich und wollte niemanden kränken. Wer ihn zum ersten Mal sah, war erstaunt und begeistert, aber seine Frau und die alten Freunde kannten das alles auswendig, und wenn ein neuer Gast kam, gingen sie in ein anderes Zimmer und überließen Koljuscha den Neulingen. »Bleiben wir hier sitzen, trinken wir eine Tasse Tee, Koljuscha bearbeitet das neue Ehepaar nebenan«, hieß es dann. Die Ansichten von Koljuscha waren meist sehr eigenartig. So behauptete er, daß die italienische Malerei nichts wäre, daß man zu Austern nur Rotwein trinken soll oder daß das einzig richtige Meer die Ostsee sei.

Trotz all dieser Exzesse waren die Abende in Buch unerhört gemütlich und voll interessanter Unterhaltungen. Im Winter saß man an dem großen runden Tisch unter der Lampe und spielte »Floh« (bunte, aus Holz geschnittene Plättchen, die man durch komplizierte Tricks in einen Becher springen lassen muß). Im Sommer spielte man Gorodki in der großen Allee des Parks. Gorodki ist ein typisch russisches Spiel. Auf ungefähr fünfzehn Meter Entfernung muß man mit einem dicken, großen Knüppel aus einem auf die Erde gezeichneten Viereck (der »Stadt«) fünf kleine Knüppelchen herausschlagen. Aus den fünf Klötzchen baut man zwölf verschiedene Figurenkombinationen. Manche sind verhältnismäßig leicht, manche unheimlich schwer herauszuschlagen. Es gibt zwei Parteien, die gegeneinander spielen, und jede Partei hat ihr aufgezeichnetes Viereck und ihre Figuren.

An den herrlichen Sommertagen, am Sonntag, fingen wir um drei Uhr nachmittags an zu spielen und hörten erst um neun Uhr abends auf, wenn Frau Timofejew die Gäste zum Essen rief. An manchen Tagen kamen die Geisteskranken, die spazierengehen durften, an das Gitter und schauten uns lange zu. »Das sind harmlose Alkoholiker«, erklärte Koljuscha. Nach dem Spiel wuschen wir uns die Hände und gingen zu Tisch. Durch die offenen Fenster roch es nach Flieder oder Jasmin, alle waren angenehm müde und hungrig. – Natürlich nahm ich auch Tata nach

Buch mit, dann Dodja Dobushinski, Sascha Noskow und andere Freunde. Für alle blieben die Tage in Buch unvergeßlich.

Rowe wurde also von Timofejew entdeckt.

Es bestand aus mehreren Bauernhäusern, die völlig im Grün der Bäume und Sträucher verschwanden. Sie lagen am Fluß Lupo, der bei einer Düne eine Biegung macht und in der Ostsee verschwindet. Wir mieteten eine Hälfte eines weißen Bauernhauses, das, wie alle Häuser, mit Stroh gedeckt war. In der anderen Hälfte lebten die Timofejews. Der Inhaber des Hauses war ein gewisser Frobel, ein Matrose, der alle Häfen der Welt kannte. Im Sommer vermietete er sein Haus und lebte mit seiner Frau während dieser Zeit auf dem Speicher. Aus unverständlichen Gründen haben die russischen Intellektuellen manchmal eine Vorliebe für Bauern, Arbeiter, Fischer oder, wenn es nichts anderes gibt, für Analphabeten. Sie sehen in ihnen etwas Wahres und Weises, was oft gar nicht vorhanden ist. Timofejew machte da keine Ausnahme, er behauptete, daß dieser Frobel ein wunderbarer Mann wäre. Warum, habe ich nie verstehen können. Der Mann besoff sich zweimal in der Woche, und einmal fiel er in besoffenem Zustand aus dem Boot in den sehr flachen Gardesee. Da er nicht schwimmen konnte, blieb er bis morgens im Wasser stehen! Radfahren konnte er auch nicht, besaß aber ein Rad, das in der Scheune hing. »Auf dem Schiff fährt man nicht Rad«, sagte er sehr weise. Man mußte furchtbar auf seine Netze, die zum Trocknen im Hof lagen, achten. Er begrüßte uns mit den Worten: »Na, bald gehört uns die ganze Welt!«

In Rowe lernte ich den Maler Max Kindt kennen. Er kannte Rowe sehr gut, er war schon öfters mit seiner Frau dort gewesen. Später wurde er einer der vielen Buch-Besucher.

Koljuscha verschwand jeden Morgen in den Dünen, wo er nackt im Sand lag und einen englischen Detektivroman las. Jeden Morgen konnte man ihn durch den Hof marschieren sehen – braun, mit einem Stock in der Hand, im Badehöschen und mit einem Päckchen unter dem Arm.

In diesem Sommer tat ich nichts anderes als baden und malen. Max Kindt malte auch viel, und wir kritisierten einander, gaben uns gegenseitig Ratschläge und sprachen über Malerei. Ich habe vielleicht dreißig oder vierzig Gouachen und viele Zeichnungen angefertigt, alles ziemlich naturalistisch, in oft grauen, pastelligen Tönen.

Mit Tata vertrug ich mich schlecht. Sie ging mir auf die Nerven mit ihren materialistischen Ansichten, ihrem ewigen Schaffen und Richten. Aljoscha wurde ganz braun, er genoß die Sonne und den Sand.

Im Juli 1939 fuhr ich wieder nach Paris, wo ich bei Lipschitzens wohnte. Ich traf auch wieder mit Tanja Schaljapin zusammen und aß und trank mit ihr sehr gut in dem russischen Restaurant »Moscou«. Wir unterhielten uns bis zum Morgen über Tata, über meine neue Freundin Naschka, über ihren Vater, über meinen Vater, über das Leben im allgemeinen. Den 14. Juli verbrachten wir zusammen im »Coupole« am Montparnasse. In diesem Jahr war Paris besonders lebendig. Die Parade zum 14. Juli war großartig. Damals gab es noch die vietnamesischen Soldaten, Spahis, Senegalneger und die Legionäre. Den ganzen Tag sah man schöne Uniformen, und die Leute tanzten die ganze Nacht. Sie bildeten lange Schlangen, indem sie sich an den Händen hielten und so durch die Räume des »Coupole« sausten. – In Paris lagen seit dem Münchner Konflikt überall Sandsäcke. Mein Onkel Aljoscha begleitete mich zur Gare de l'Est. Ich fuhr damals über Frankfurt nach Berlin, um mir das belgische Durchreisevisum zu ersparen. Aljoscha war sehr pessimistisch und sprach viel von einem möglichen Krieg.

An der Grenze in Forbach wollte ich zu meinem Berliner Zug gehen, als die deutschen Grenzbeamten mich aufforderten, ihnen zu folgen. In einem ungemütlichen Gebäude mußte ich meinen Paß und all meine sonstigen Ausweise zeigen. Ich mußte meine Jacke ausziehen, und selbst mein Füllfederhalter wurde aufgedreht. Die Schuhe mußte ich auch ausziehen, die Beamten untersuchten meine Socken und meine Unterhose. Aus meinem Köfferchen beschlagnahmten sie ein Büchlein über Picasso und zwei Zeitschriften über moderne Kunst. Ein Beamter bemerkte, daß Künstler, die einen solchen Quatsch herstellten, nur schädlich sein können. Er guckte meinen Namen, auf dem Paß an und fügte hinzu: »Das sehen Sie wohl selbst ein, Herr (noch ein schneller Blick in den Paß) Zinger!« Ich war entsetzt und verstand nichts.

Meinen Zug nach Berlin habe ich natürlich verpaßt. Zu Hause hatte ich meine Ankunft für zwei Tage später angekündigt, ich wollte mich am Anhalter Bahnhof mit Nataschka treffen. Ich wußte, daß sie zum Zug kommen würde. Zum Glück gab es eine Stunde später einen anderen Zug nach Berlin, so daß ich nur mit einer Stunde Verspätung eintraf. Nataschka empfing mich mit offenen Armen und ich fuhr mit ihr an den Stölpchensee.

Die Kontrolle an der Grenze konnte ich lange nicht vergessen. Erst später verstand ich, daß sie sozusagen normal war bei einem Sowjetbürger, der aus Frankreich kam – und das Anfang August 1939! Im September erklärten uns die Lautsprecher, daß die Polen sich irgendwie schlecht benommen hätten und »ab heute früh zurückgeschossen wird«. Zum Glück hatte ich mein Auto einen Monat vorher verkauft.

Der Führer sagte über Lautsprecher, daß der polnische Soldat tapfer gekämpft hätte, aber die Organisation sei echt polnisch gewesen. An der westlichen Front war es still, und die Stimmung hob sich ein klein wenig. Vielleicht wird doch alles gut gehen? Vielleicht sind unsere Feldgrauen doch noch vor Weihnachten zu Hause?

Jefim Schapiro hatte endlich Berlin verlassen und befand sich in Paris. Man sah die ersten Juden mit dem gelben Stern. Es war ein sehr unangenehmer Anblick, man schämte sich, auch wenn man selber nichts dafür konnte. Die Einteilung der Menschen in gute, mittelmäßige und schlechte ging weiter. Die Polen bekamen ein P, in einem Rhombus stehend.

Mein Freund Sascha Noskow erhielt einen Auftrag irgendwo bei Berlin, eine Wandmalerei in einer Kantine oder einem Rathaus. Ich fuhr ein paar Tage zu ihm. Für 50 g Fleisch- und 50 g Fettmarken konnte man damals noch etwas Gutes bekommen, vor allem in der Kleinstadt. Ich freute mich, Sascha wiederzusehen, wir aßen in irgendeinem Keller Schweinskotelett und tranken Bier. Danach stellte mir Sascha einen Wachtmeister namens Magdeburg vor. Mit diesem Magdeburg verbrachten wir einen halben Tag. Wir sprachen über Waffen, wir durften mit einer Mauser in einen Eimer voll Sand schießen und uns hinterher die abgeschossenen Kugeln anschauen. Dann zeigte uns Magdeburg sein Büro und die Kellerräume, wo er die polnischen Arbeiter einsperrte, falls er sie ohne P fand. »Ich schneide ihnen dieses P immer in die Weste hinein«, sagte er lachend. Natürlich ging es noch nicht um die Haut, aber etwas Unangenehmes klang aus diesen Worten, fast etwas Unheimliches. Thompsons Werbeagentur, für die ich öfters zu tun hatte, wurde in »Deutsche Werbeagentur« umgewandelt. Langsam verschwanden viele alte Mitarbeiter, da viele von ihnen Amerikaner oder Juden oder beides waren. Alles Internationale und Lustige verschwand mit ihnen. Ich arbeitete für mehrere Leute, man kannte mich als Spezialisten für kleine, lustige Werbefigürchen, wie zum Beispiel »Meister Zwirn«. Ein ähnliches Figürchen sollte ich damals für die Deutsche Gasgesellschaft erfinden. Den Leuten schwebte eine Art kleine, personifizierte Gasflamme vor.

In dieser wichtigen Angelegenheit wurde in den Räumen der Deutschen Werbeagentur eine Besprechung organisiert, zu der ich eingeladen war. In einem großen Raum stand ein runder Tisch, ringsherum große Clubsessel, in denen sehr gut angezogene Herren saßen, lauter Direktoren und Berater. Die Herren rauchten Zigarren, und es wurde Flaschenbier serviert. Vor jedem der Konferenzteilnehmer lagen irgendwelche Akten, daneben ein Bierdeckel, auf dem ein Tulpenglas stand. Bevor man zur Sache kam, war eine fröhliche Unterhaltung im Gange. Viele der Anwesenden waren erst kürzlich vom Polenfeldzug zurückgekommen. »Ja«, sagte einer, »man weiß hier gar nicht, wie so eine Schweineleber von einem ganz frisch geschlachteten Schwein schmecken kann! Sowas kann man nur im Feld erleben!« – »Ja, das war ein Feldzug!« stimmte ein anderer zu. »Und Mensch, sieht man da Typen! Zum Beispiel diese Ghettojuden mit ihren Bärten! Manchmal riefen wir einem zu, er solle näher kommen, fragten ihn was und zündeten ihm von unten den Bart mit dem Feuerzeug an. Mann, fingen die an zu schreien!«

»Nun aber zur Sache!« Und wir fingen an, uns über das gewünschte Flämmchen zu unterhalten.

Wenn ich jetzt Filme über die Nazizeit sehe, muß ich lachen. Bis auf ganz, ganz seltene Ausnahmen ist alles völlig falsch. Der Geist, die Atmosphäre und die Ansichten waren ganz anders.

Man stellt jetzt so gerne die blonden, eleganten, sadistischen SS-Offiziere dar, die nur in der Phantasie der Filmleute existieren, nackte Mädchen mit Offiziersmützen, Sekt und mutige sadistische Siegfriede an allen Ecken. Das geht so weit, daß einige Französinnen von diesen blonden Sadisten begeistert sind. Irgendwie ist das verständlich: höllisch grausam, höllisch schön, höllisch mutig ... ein bißchen Sadismus – das macht das Leben erst schön und interessant. Dabei rollen im Film all diese Handlungen vor einer bizarren Dekoration ab. Kaschemmen mit geschminkten Nutten, Kabaretts mit phantastischen Conferenciers, eine höchst begabte, absichtliche Geschmacklosigkeit. Farben, Erotik und Sünde in einer Kneipe, in der Männer und Frauen in bayerischer Tracht das Horst-Wessel-Lied singen.

Dabei hat man eines vergessen: Die richtige Hölle ist

grau, trostlos, unbegabt, ordentlich, geregelt, unmenschlich und keineswegs anziehend. In der Hölle herrschen nicht elegante Sadisten, sondern völlig unerotische Beamte. Wie alles im Leben verschwindet auch die Nazizeit und ersteht nur in verzerrter Form aus der Phantasie eines Künstlers wieder. Aber so ist das nun mal.

Manchen Regisseur würde ich gerne – rückwärts in der Zeit – in eine Bierkneipe in Berlin-Steglitz führen. So an einem Sonntagabend, wenn die SA sich von ihrer Übung am Tage erholte. Es waren lauter Beamte, Angestellte, Direktoren, Reklameleute (wie mein Göke etwa), Kaufleute. In der Woche waren das ruhige, glatzköpfige Herren von achtundzwanzig bis fünfundvierzig Jahren, schon mit kleinen Bäuchen und mit sehr viel Familien- und Geschäftssorgen. Am Sonntag gingen sie ein bißchen an die frische Luft. Ein bißchen körperliche Ertüchtigung tut gut, und nachdem man den ganzen Tag marschiert und gesungen hat, geht man mit den Kameraden ein Gläschen trinken.

Die Kneipe wurde voll. Eine »Runde« nach der anderen wurde ausgeschenkt. Die Herren in ihren ockerfarbenen Uniformen saßen dicht beieinander. Auch an der Theke standen Männer. Manche behielten ihre Käppis auf dem Kopf, andere legten sie auf den Tisch zwischen die Bier- und Schnapsgläser. Die Gesichter wurden rot und glänzend. Vor lauter Zigarrenrauch tränten einem die Augen, man war sehr lustig und stimmte gemeinsam ein Lied an – schön laut:

Wetzt das lange Messer,
Wetzt das lange Messer,
Wetzt das lange Messer
Auf dem Leichenstein

Dann dringt es viel besser,
Dann dringt es viel besser,
Dann dringt es viel besser
In den Judenleib hinein!

Blut muß fließen
Knüppel-hageldick!
Wir scheißen auf die Freiheit
Der Judenrepublik!

Fragten Sie am nächsten Tag einen dieser Herren, ob er ein Antisemit wäre: »Ach was, ick hab' ja jarnischt jejen die Juden«, hätte er ganz ehrlich geantwortet. Die Zeit war so! »Entschuldigen Sie, Herr Cohn, ich weiß, Sie waren ein lieber Nachbar, aber ich muß Sie abführen.«

Ich blieb in der Zentrale Dyckhoff, wir hatten noch Arbeit. Göke wollte nicht in der SA bleiben. Die Leute, das viele Rauchen, die Lieder, das gefiel ihm nicht. »Nee, Herr Zinger, das ist alles nicht das Richtige!« sagte er dauernd.

Dann kam die kurze Verbrüderung zwischen Ribbentrop und Molotow, ein plötzliches Feuerwerk am dunklen Himmel. Die Russen wurden einen Augenblick lang für gut erklärt, und von allen Seiten hörte man: »Ja, der Russe muß mitgehen. Schon der alte Bismarck hat gesagt, daß wir mit den Russen zusammengehen sollen. Mensch, Hitler ist ein zweiter Bismarck!« Dann kam ein unerwartet leichter Sieg über Frankreich. Alle lebten auf. Es hatte kein Verdun gegeben und würde keines geben.

Ein junger Mann, bildschön mit dunklen Haaren und in SS-Uniform, ein zarter Jüngling, hielt mir im Büro dauernd Vorträge, wie gut, ehrlich und nobel die Italiener seien und wie völlig degeneriert, verdorben und unfähig die Franzosen. »Herr Zinger, diese romanischen Rassen können so verschieden sein!« sagte er.

Dann gab es im Hause Dyckhoff noch einen anderen SS-Mann namens Tornow, einen langen Kerl, der immer mit der Aktentasche herumlief. Keiner wußte genau, was er eigentlich im Hause tat, und alle hatten ein bißchen Angst vor ihm. Er war dauernd leicht angetrunken; er hatte mich gern. Schon von weitem rief er mir zu: »Na, da kommt ja unser Russe! Gib mir 'ne Zigarette, du sollst nie alleine rauchen!«

Und endlich gab es einen Heizer, Herrn Kuwe, einen langen, immer dreckigen Kerl mit schwarzen Augen. Er war im Kriege 14/18 leicht verwundet worden. Er haßte Göke, die Direktion und die Regierung. Angst hatte er nie und sagte immer das, was er meinte. Es amüsierte ihn, daß ich öfters nach Paris fuhr, und da Paris für ihn nur aus »Sünde, Frauen und Sekt« bestand, tat er immer so, als ob ich in Paris nur bei den Nutten sitze und mich allen möglichen Perversitäten hingebe. Jedesmal, wenn er mich sah, schrie er: »Na, Herr Zinger, was macht Paris, ta-ta-ta-ta-?« Und er machte eine obszöne Geste. Dieser Kuwe beeindruckte mich irgendwie. Er sagte laut Wahrheiten, die später Realität wurden. »Det is noch keen Krieg, Herr Zinger! Polen! Paris! Alles Scheiße! Die richtigen Truppenbewegungen kommen noch. Da werden Sie nicht mehr in Ihrem Reklamebüro sitzen, Herr Jöke ooch nicht! Keine Maus bleibt hier, alle an die Front! Sie werden sehen – die richtige Truppenbewegung kommt noch!«

Eine unsagbare Melancholie kam über mich. Die Arbeit bei Göke interessierte mich nicht, ich malte viel für mich, aber alles kam mir entsetzlich sinnlos und traurig vor: dieser Krieg, diese idiotischen Ansichten meiner Umgebung, mein Familienleben und meine Beziehung zu Natascha. Eines Abends nach einem kleinen Beisammensein mit Sascha Noskow in einer gemütlichen Kneipe, wo man noch Schnaps und dünnes Bier bekommen konnte, ging ich mit ihm über die Brücke am Teltowkanal. Plötzlich umarmte ich meinen Freund und sprang im Wintermantel über das Geländer ins Wasser. Ich wollte sterben, aber in dem Augenblick, in dem ich auf dem Wasser aufschlug und anfing, unterzugehen, kam mit einem Ruck Energie in mich, und ich begann zu schwimmen. In zwei Minuten war ich am Ufer. Inzwischen hatte Sascha schon die Feuerwehr gerufen, und ein Auto mit Sirene brachte mich ins nächste Krankenhaus.

Im Krankenhaus behielt man mich zwei Tage. Ich bekam eine Spritze, ein junger Arzt behandelte mich verächtlich, was ich ihm nicht übelnahm. Ich verachtete mich selbst. Selten benehmen sich Leute so hysterisch und dumm, wie ich es getan hatte. Am nächsten Morgen erschien eine kleine, mich lächerlich machende Notiz in der Lichterfelder Zeitung mit dem Titel »Ein Lebensmüder schwimmt schnell ans Ufer«. Ein kranker Nachbar zeigte mir das Blatt und fragte: »Waren Sie das? Mensch, das lohnt sich doch nicht!« Ich schämte mich schrecklich.

Eine fürchterliche Verachtung meiner selbst überkam mich und gleichzeitig eine Art naiver Religiosität. Ich wollte besser werden! Aber wie? Natascha quälte mich. Ich liebte sie nicht und hatte genug von ihr. Ich betrog sozusagen Tata umsonst. Mit Tata war ich aber auch nicht glücklich. Seit zehn Jahren hatte ich nicht gebeichtet, so lief ich in die russische Kirche in die Nachodstraße zu dem sehr netten Priester Vater Sergi, zu dem Popen, dessen erstes Begräbnis die Beerdigung meines Vaters gewesen war. Eine kleine Verbindung war zwischen uns geblieben. Bei der Beichte hinter dem Altar sagte Vater Sergi zu mir: »Aber seien Sie doch nicht so aufgeregt! Was ist los? Haben Sie doch Vertrauen zu Gott und seien Sie weniger stolz, kommen Sie!« Ich beichtete alles, und bestimmt werde ich nie mehr im Leben so beichten. Es war, als ob sich eine Schleuse in meiner Brust öffnete.

Vater Sergi sagte nur wenig. Er könne mich nicht beraten, dafür hätte ich ein Gewissen, aber, soweit es in seiner Macht als Priester stünde, vergebe er mir und bete für mich. Mir war alles recht, ich wollte mich bloß erleichtern. Diese Welle der Religiosität dauerte noch ziemlich lange. Ich sah Natascha und sagte ihr, daß ich mich von ihr trennen müßte. Ich brachte ihr als Geschenk eine Tasche aus Eidechsenleder. Sie war stumm, sagte nichts, war mir aber nicht böse. – Ich fing an, in die Kirche zu gehen und ernstlich zu beten. Ich betete für meine Mutter, Onja, Aljoscha und Tata, fühlte aber, daß ich Tata nicht treu bleiben konnte. »Aber Ljusjok«, sagte meine Mutter, »das haben wir hundertmal prophezeit!«

Tanja Schaljapina war schon längst mit ihrem Harry verheiratet, und sie bekamen einen Sohn, Fjodor (Fedja). Tanja hatte mich als Paten ausgesucht, so mußte ich das Baby auf den Armen halten und das russische Credo sagen. Der liebe Vater Sergi taufte und merkte sofort, daß ich vom Credo nur den ersten Satz, und den auch noch falsch, kannte. »Sie müßten sich eigentlich schämen!« meinte er. Nach diesem peinlichen Vorfall führten wir bei Tanja, nun Frau Kohnert, eine Art religiöser abendlicher Sprechstunde mit Vater Sergi ein. Hätten wir diese Gespräche nicht geführt, hätte meine religiöse Stimmung bestimmt viel länger angehalten. Die Ansichten und Urteile von Vater Sergi waren aber für mich nicht akzeptabel. Er wollte nur das Evangelium lesen, der Mensch war für ihn das Ebenbild Gottes (ich dachte an die Kneipe mit der singenden SA), und die Seele dieser Menschen war für ihn so viel wichtiger als die Natur, als die Kunst, als die Wissenschaft, als die Geschichte, als alles! Die abstrakte Kunst bezeichnete er als teuflische Mache, die raffiniertesten Erscheinungen in der Pflanzen- und Tierwelt sagten ihm nichts, die politischen Grausamkeiten waren für ihn nur Irrtümer, die man mit einem Gebet und dem Glauben an Gott leicht besiegen könnte. Ich kam da nicht mit.

Da es bei Dyckhoff wenig zu arbeiten gab, fing ich an, ernsthaft zu malen. Ich malte Stilleben, Portraits, Akte, Landschaften. Mein Freund, Kamerad und Berater auf diesem Gebiet war Max Kindt. Wir sahen uns oft und sprachen über Malerei. Die deutsche offizielle Malerei wurde zum national-sozialen Kitsch. Das wußten alle Maler, alle, die etwas davon verstanden, aber es war nicht zu ändern. Trotz des heldenhaften Blödsinns, den man offiziell ausstellte, gab es noch gelegentlich Stellen, wo gute Maler gezeigt wurden, z. B. in der Galerie »Buchholz« in der Leipziger Straße. Sie zeigte unter anderen einen rheinischen Maler namens Carl Barth, der römische Landschaften ausstellte. Sie waren ausgezeichnet gemalt und voller Poesie. Ich habe viele Namen vergessen, erinnere mich aber, daß es damals in Berlin mehr gute Maler gab, als man annehmen könnte. Robert Pudlich, Crodel und dieser Carl Barth beeindruckten mich sehr.

Im Sommer 1940 konnte ich nicht mehr nach Paris fahren, und so fuhren Tata, ich und Aljoscha wieder nach Rowe, wieder mit Timofejews und wieder in dasselbe Haus von Frobels. Wieder verehrte Koljuscha Frobel und schätzte ihn höher als Goethe, wieder mußte man auf seine Netze aufpassen. In diesem Sommer blieben wir zwei Monate in Rowe, und zwei Monate regnete es ununterbrochen.

In dieser Zeit lernte ich Ursula Haertel kennen, der mich Max Kindt vorstellte. Es war eine etwas rundgesichtige, sehr charmante Dame, die stundenlang in der Sonne in den Dünen lag und immer nackt badete. Sie war uns schon vor zwei Jahren aufgefallen, als selbst Koljuscha in den Dünen aufhörte, seinen Detektivroman zu lesen, den Kopf hob und die nackte Frau betrachtete, die mit einem Paket auf dem Kopf vorbeischritt. Der Regen hinderte sie in diesem Jahr, viel in der Sonne zu liegen, und so trafen wir uns in einer Kneipe. Max Kindt kannte sie schon seit Jahren.

Eines Tages veranstalteten wir bei uns in Lankwitz, Ingridpfad 23, ein Treffen, zu dem wir auch Uschi Haertel eingeladen hatten. Es gab Wodka, und beim Abschied gab ich Uschi einen Kuß. Danach trafen wir uns noch ein paarmal bei Max Kindt in seinem schönen Atelier. Vor dem Krieg hatte ich mir angewöhnt, in der Mittagspause in das Kaiser-Wilhelm-Museum zu gehen. Zum Schluß kannte ich dieses riesengroße Museum sehr gut, jetzt, da es geschlossen war, vermißte ich diese Bildbesuche sehr. Max Kindt besaß unendlich viele Reproduktionen von den Bildern, und so saßen wir stundenlang, um sie anzuschauen und über sie zu sprechen. Uschi war immer dabei und hörte sich artig an, was wir von uns gaben.

Es war die Zeit, als die großen Bombenangriffe noch nicht angefangen hatten. In den Kinos zeigte man in der Wochenschau immer den Plan von London und erklärte, was man alles mit Bomben belegt hätte. Diesen Nachrichten zufolge waren die Engländer geschlagen und vernichtet. Man sah tote englische Soldaten vor Dieppe, vor Dünkirchen, vor Afrika schwimmen. Über die wenigen Angriffe auf Berlin scherzte man: »Tiergarten mit Bomben belegt, ein Eichhörnchen leicht verletzt!«

Im Frühjahr 1941 entschloß ich mich, mich von Tata zu trennen. Sie war mehr oder weniger damit einverstanden. Ich bestellte einen kleinen Lieferwagen, lud meine Staffelei und zwei, drei Koffer auf, um nach Siemensstadt zu Uschi Haertel umzusiedeln. Ausgerechnet in dem Moment erschien mein alter Akademiefreund Robert Lissowski, der nur für ein paar Tage aus Prag nach Berlin gekommen war. Ich wußte nicht, was ich machen sollte, und nahm ihn einfach nach Siemensstadt mit. Durch diesen unerwarteten Besuch wurde mein Umzug ein bißchen leichter und fröhlicher. Robert verstand nur eins, daß ich Tata verlasse, um zu einer anderen Frau zu gehen. Uschi war etwas erstaunt, aber es blieb ihr nichts anderes übrig, als meinen Freund zu empfangen. Sie machte kleine belegte Brötchen, und wir hatten noch etwas Schnaps. Robert Lissowski lachte aus unverständlichen Gründen die ganze Zeit und war sehr fröhlich. Er trank dauernd auf unser Wohl und sagte in seinem eigenartigen Deutsch: »Na ja! Gut so! Wissen Sie, die Kinstler! Nicht böse sein, Frau Uschi, wissen Sie, die Kinstler sind immer so!«

Der Weg von Siemensstadt bis Spittelmarkt mit der S-Bahn war endlos lang. Auch war es irgendwie merkwürdig für mich, woanders mein »Zuhause« zu haben und trotzdem in dasselbe Büro zu kommen. Wir hatten nicht viel zu tun. Mein Gehilfe Rölfchen Klute war eingezogen worden, und an seiner Stelle erschien ein gewisser Herr Ewel. Der angetrunkene Tornow kam weiter vorbei: »Na, Herr Göke, haben Sie gestern Eintopf gegessen? Bei Goebbels gab es auch Eintopf – Fasan und Ente, alles in einem Topf!« Göke mußte gar nicht lachen. Es herrschte eine trostlose Stimmung, ihm fehlte die Arbeit. »Herr Zinger, können Sie sich noch erinnern, wie wir meine Hochzeit gefeiert haben? Die Rollmöpse wurden an die Wand geschmissen, Herr Feyerabend war blau und hat die Piefke belästigt, Rolf Klute hat in die Diele gekotzt! Das waren noch Zeiten! – Alle sagen, der Krieg ist bald aus, ich traue dem Frieden nicht!«

Es gab sehr wenig zu tun an diesem Tag, und ich fuhr eine Stunde früher nach Siemensstadt zurück.

Uschi Haertel war eine geschiedene Frau, hatte eine große Wohnung in Siemensstadt, wo sie früher mit ihrer Mutter gelebt hatte. Die Mutter war gestorben, und in der Wohnung lebte nun ihre ehemalige Schwiegermutter, die Mutter von Helmut Haertel. Helmut hatte eine gute und »kriegswichtige« Stellung bei Siemens, und Uschi arbeitete auch bei Siemens als Dekoratrice in der Werbeabteilung. Zu ihrem geschiedenen Mann hatte sie ein sehr freundschaftliches Verhältnis, sie besuchte ihn in seiner schönen Wohnung in Berlin, und er kam zu ihr nach Siemensstadt. Bei Siemens dekorierte sie die verschiedensten Schaufenster, die dann in ganz Berlin zu sehen waren. Sie mußte aus den verschiedenartigsten technischen Apparaten etwas Poetisches zusammenstellen.

Helmutchen war in diesen schweren Zeiten eine Art Weihnachtsmann. Er half Uschi in jeder Beziehung, über ihn ließ sich immer etwas besorgen: eine neue Grammophonplatte, Schnaps, Zigaretten, Wein oder ein Stück Schinken. Natürlich war er bei Uschi sehr angesehen, und es hieß ständig: »Ich muß mal Helmutchen fragen, ob er das nicht besorgen kann!« Helmut lud uns auch oft zu sich ein. Seine Mutter hatte genauso eine Nase wie er.

Die gute alte Frau nahm meine Ankunft gut auf und erklärte sich sogar bereit, mir jeden Morgen einen Porridge zu kochen. Sie machte diesen Haferflockenbrei besonders gut und tat immer etwas Zitronenschale dazu, was mir sehr gut schmeckte.

Es war ein heißer Sommertag – ein Sonntag, als durch die Lautsprecher gemeldet wurde, daß Rußland der Krieg erklärt worden sei. Viele haben diesen Tag vergessen, viele sind nicht mehr da, und viele können sich heute gar nicht vorstellen, wie die Atmosphäre damals war. Hitze, Ruhe und das Bellen der Lautsprecher! Keine Bemerkung, kein Lachen, kein Jubel, kein Schimpfen – nur Ruhe. Der Strand am Tegler See war voll. Hunderte von Menschen in Badehosen mit ruhigen Gesichtern hörten zu, und jedes Wort klang wie ein Hammerschlag in der heißen Luft. Nach kurzem pathetischem Gequatsche und einer Erklärung à la »Dolchstoß in den Rücken« kamen kurze, drohende, ernste Anweisungen: »Der Feind befindet sich überall! Zwischen uns! Neben uns! Die Spione sind überall! Ihr Freund kann ein Spion sein!« usw.

Uschi und ich gingen in einen Biergarten und bestellten uns eines dieser schwachen Kriegsbiere. Wieder sprach der Lautsprecher über Spione, es klang gefährlich, ganz anders als früher.

Als wir den Biergarten verließen, sahen wir auf den Litfaßsäulen und auf den Mauern Plakate: »Alle Personen, die die russische Staatsangehörigkeit besitzen oder früher besaßen, alle Personen, die in irgendeiner Beziehung zu Rußland stehen oder standen, müssen sich innerhalb von vierundzwanzig Stunden auf dem nächsten Polizeiamt melden!« – Ich war bedrückt. »Morgen früh gehe ich hin«, sagte ich zu Uschi.

Die Nachricht über den bevorstehenden Rußlandfeldzug freute die Bevölkerung gar nicht. Die Hoffnung auf das baldige Kriegsende war dahin. Man war enttäuscht, man glaubte nicht mehr an die glorreiche Zukunft, sondern verfiel in pessimistisches Nachdenken. Alles war anders geworden. So empfand ich es, und man wird mich nicht von etwas anderem überzeugen.

Uschi machte mir einen kleinen Koffer zurecht. Sie legte neben Seife und Zahnbürste auch meine kleine Ikone und ein Büchlein von Pascal, »Gedanken über Gott und die Menschen«. Sie begleitete mich zum nächsten Polizeiamt in Siemensstadt.

Dort sah man sich meine Papiere an und bat mich, im Nebenzimmer zu warten. In dem anderen Zimmer saßen drei Polizeibeamte. Einer von ihnen erzählte von seinen

Kriegserlebnissen in den Jahren 1914/18. Er wußte ganz genau, aus eigener Erfahrung, daß der Russe bald besiegt würde. Der Russe, das sei doch nichts. Die Franzosen, das waren noch Soldaten. »Und wie haben wir die erledigt? Ich kenne ja die Russen«, erzählte er. »Mit denen ist nichts los! Filzläuse kriegt man, das ist alles! Als wir da waren, haben wir sofort Läuse gekriegt. Mußten sofort die Haare abrasieren und Salbe draufschmieren. Mensch, war das ein Dreck bei diesen Kartoffelköpfen. Was glaubt ihr, wieviel von diesen Kartoffelköpfen jetzt schon auf der Nase liegen. Hatten diese Hottentotten nötig, *uns* anzugreifen! Können nicht Maß halten. Na, lange wird es mit den Schweinen nicht dauern!«

Ich saß daneben und hörte mir das an. Herr Albrecht vom Botanischen Garten auf der Krim kam mir in den Sinn, viele andere Halbdeutsche und richtige Deutsche sah ich vor mir, und plötzlich fühlte ich einen schrecklichen Haß gegen Deutschland und gegen alles Deutsche. Ihr seid doch eine germanische Swolotsch (Kanaille), dachte ich, und über alle Beethoven und Goethe habt ihr eure Kanone Bertha gestellt. Ihr seid böse, grausam und vor allem dumm!

Ein Schupo kam zu mir und sagte, daß er mich zum Polizeipräsidium am Alexanderplatz führen würde. Wir gingen zur Straßenbahn, da sagte ich zu ihm, daß es mit der Straßenbahn eine Ewigkeit dauern würde, bis wir zum Alexanderplatz kämen. Ob wir nicht lieber die S-Bahn nehmen sollten? »Die S-Bahn wird mir nicht ersetzt«, antwortete der Schupo. »Dann lade ich Sie zu einer S-Bahnfahrt ein«, sagte ich. Der Schutzmann akzeptierte meine Einladung, und wir fuhren mit der S-Bahn.

Die Durchgangsstelle (so nannte man es) am Alexanderplatz war voller Menschen. Zwei riesige Säle waren gestopft voll, und es kamen immer mehr. Ich hatte nie gedacht, daß es noch so viele Russen in Berlin gäbe. Dazu kamen Litauer, die eine Gruppe für sich bildeten und freudig erregt waren. Sie sahen in dem begonnenen Krieg etwas sehr Positives und Gutes für Litauen. Plötzlich entdeckte ich meinen Freund Sascha Noskow. Er wurde genau wie ich von einem Polizisten hierher begleitet und abgeliefert. Nach einer Weile entdeckten wir noch andere Bekannte und bildeten bald eine kleine Gruppe. Es war furchtbar heiß und entnervend, der ganze Tag ging hin, wir bekamen nichts zu essen. Unsere Pässe und unsere Köfferchen waren uns abgenommen worden. Ich hatte sowieso nichts Eßbares darin, aber viele schimpften, weil sie um ihre belegten Brötchen gekommen waren.

Gegen Abend erschien eine Frau mit irgendwelchen Akten in der Hand und tat so fröhlich, als ob das Ganze ein Schulausflug wäre. Sie nannte uns hungrige, erwachsene Männer »meine Kinder« und versprach uns, daß alles bald vorbei sein würde. Noch ein wenig später mußten wir alle paarweise herauskommen, und man stopfte uns in verschlossene Polizeiwagen (Grüne Minnas). Sascha und ich blieben, Gott sei Dank, zusammen. »Na, mit deinem DKW an den Wannsee zu fahren, war etwas angenehmer«, sagte er zu mir. Es war schon dunkel.

Nach kurzer Fahrt kamen wir zu irgendeinem großen Gebäude. Unsere Autos fuhren in den Hof, eine eiserne Tür fiel hinter uns ins Schloß. Wir wurden durch dunkle Korridore geführt und stiegen Treppen hinunter. Eine große Tür mit schweren eisernen Schlössern wurde aufgemacht, und wir wurden in einen dunklen Raum voller Menschen gestoßen. In den Raum paßten mit Müh und Not hundert Personen, jetzt aber waren es dreihundert. Zuerst dachte ich, das ist die reine Hölle! Wir werden alle zerquetscht, ich erinnerte mich an meinen Traum. Nach etwa einer halben Stunde merkten wir, daß es eine schwache Lichtquelle gab: Eine kleine Glühbirne hing an einer Schnur in der Ecke und beleuchtete die vielen menschlichen Körper, die überall lagen, saßen und standen. Es war sehr heiß und roch nach Schweiß. Sascha und ich arbeiteten uns zu einer kleinen Gruppe durch, die Intellektuelle zu sein schienen. Tatsächlich war ein Arzt dabei, ein ganz alter, dicker Mann erzählte ein Märchen. Nach zehn

Minuten fingen wir an, uns für das Märchen zu interessieren, und waren neugierig zu erfahren, wie der junge Prinz zu seiner Prinzessin kommen würde. – Wir waren alle schrecklich müde. Liegen konnte man wegen Platzmangel nur für vierzig Minuten, dann mußte man seinen Platz den nächsten Wartenden räumen.

Wir blieben die ganze Zeit in dieser Gruppe und führten interessante Gespräche. Der Arzt hatte sogar einige Zigaretten bei sich und teilte sie jeweils zwischen fünf Männern. Natürlich sprach man viel über den Krieg. Niemand wußte etwas, trotzdem gab es Gerüchte – Moskau wäre schon fast erobert usw. – oder das Gegenteil, die Russen seien schon in Königsberg, Stalin hätte sich erschossen, und in Rußland gäbe es eine Revolution.

Einmal am Tag wurden wir hinausgeführt und mußten im Hof spazierengehen, gruppenweise, da nicht alle auf einmal auf den kleinen Hof gepaßt hätten. Wir, die Russen, waren keineswegs Sträflinge und befanden uns an einer »Durchgangsstelle«, aber die Wärter und Aufseher wußten das nicht und behandelten uns wie Schwerverbrecher. Die Verpflegung bestand aus einer Metallschüssel voll scheußlicher Suppe pro Tag, jeden zweiten Tag bekamen wir eine Scheibe Brot dazu. Außerdem bekamen wir keinen Löffel, und die Schüssel war verflucht heiß. Die Leute, die uns die Suppe mit dem großen Schöpflöffel servierten, waren Sträflinge. Es waren zum Teil fürchterliche, tätowierte Kerle in Sträflingskleidung, wie man sie aus Filmen kennt. Sie schnauzten uns an: »Hier hast du deinen Borschtsch!« Oder beim Rundgang im Hof hieß es plötzlich: »Willst du verreisen? Hast du schon deine Hände verpackt! Hände raus aus der Tasche! Mach den Mund zu, die Scheiße wird kalt! Kannst du nicht gerader gehen, du alter Sack!«

Unser Publikum war sehr gemischt. Studenten, Filmregisseure, wohlhabende alte Herren, ein Restaurantbesitzer, dann wieder ein Arbeiter, Litauer, Ukrainer und Polen. Die Grobheiten hat kein Mensch übelgenommen! Man staunte nur. So saß ich elf Tage. Manche saßen weniger, manche etwas länger. Die schwere Tür wurde bei Tage aufgemacht und einige Namen wurden aufgerufen. Und so schlug am elften Tag auch meine glückliche Stunde. Ich kann nicht sagen, daß ich gelitten habe. Es interessierte mich, wie so etwas ist. Der einzige wirklich tragische Moment war, als man an einem Morgen in einem türlosen, offenen Klosett einen Erhängten fand. Es war ein älterer russischer Jude (ohne Judenstern), der sich mit seinem Hosengürtel an einem Haken aufgehängt hatte. Man klopfte stundenlang an die schwere Tür, bevor jemand kam. Zwei Männer befreiten die Leiche aus der Schlinge und trugen sie weg.

Mit dem Fahrstuhl fuhr ich, von einem Beamten begleitet, irgendwohin, sehr hoch. Nach langem Korridormarsch führte man mich in einen Raum, in dem hinter einem Tisch ein anderer Beamter saß. Er war äußerst höflich und händigte mir meine Papiere und mein Köfferchen aus. Dabei fragte er mich, noch höflicher, wo ich jetzt wohne. Ich sagte ihm, daß ich eine Wohnung in Lankwitz habe, wo ich meine Frau und ein Kind gelassen hätte, selbst aber in Siemensstadt mit einer anderen Frau lebe. »Ihre Wohnung in Lankwitz ist versiegelt. Die Frauen und das Kind befinden sich noch in einer Durchgangsstelle. Die Wohnung in Lankwitz wird jetzt wieder aufgemacht – der Herr –«, er zeigte auf einen SS-Mann, »wird Sie begleiten und die Wohnung entsiegeln. In Siemensstadt müssen Sie sich dreimal in der Woche auf einem Polizeiamt melden! So, das wär's, Herr Zinger.«

Mir fiel plötzlich ein, daß in der Lankwitzer Wohnung sich noch ein Terrarium mit drei Laubfröschen befand. »Na«, sagte ich fröhlich, »da kann ich meinen Laubfröschen endlich etwas Wasser geben.« – »Was, Sie haben Tiere in der Wohnung? Das hätten Sie aber melden müssen!« sagte der Beamte ganz besorgt. »Aber ich war ja gar nicht da!« »Ach so, richtig, also beeilen Sie sich!«

Der SS-Mann ging mit mir hinaus, und wir fuhren mit der S-Bahn nach Lankwitz. Im Ingridpfad 23 entfernte der Mann die große grüne Vignette, und wir gingen in die Wohnung hinein. Meine Frösche waren noch am Leben, sie hatten sich in dem immer noch etwas feuchten Moos vergraben. Ich goß Wasser in die Froschwanne und ging in die Küche, wo an dem geschlossenen Fenster vier dicke Fliegen herumkrabbelten. Ich fing sie und gab sie den halbverhungerten Fröschen. Der SS-Mann freute sich ungeheuer über das alles. Er tat, als ob es seine Frösche wären und als ob es kein wichtigeres Problem als diese Frösche gäbe. Er drückte mir die Hand: »Alles Gute, Herr Zinger!«

Ich fing an, mir über Mamas und Tatas Schicksal Sorgen zu machen. Aber was konnte ich tun? So fuhr ich zu Uschi und war schon um 12 Uhr mittags bei ihr. Sie war sehr froh und überrascht, mich zu sehen. Ich duschte, und wir fuhren zum Funkturm, wo man im Funkturmrestaurant noch Sardinen und sogar Rotwein bekommen konnte. Es war sehr schönes Wetter, und es gab tatsächlich Sardinen. Ich blickte mich um und fand die Leute alle so elegant und fröhlich. Plötzlich konnte ich die Umgebung nicht mehr ertragen. Warum weiß ich selber nicht. Alles ekelte mich an. Mein kleines Abenteuer mit dem Polizeiamt, mit dem Kellergefängnis, mit den eingesperrten Menschen, mit dem Erhängten, mit meinen Laubfröschen stand mir noch so lebendig und frisch vor Augen.

Aus dem Lautsprecher kamen die ersten Nachrichten über die russische Front. Es wurden Tausende und Abertausende von Gefangenen gemacht, und die deutsche Armee marschierte siegreich in das russische Land hinein. Ich dachte an die Polizisten in dem Polizeiamt in Siemensstadt und ihre Erzählungen. »Diese Hottentotten!« Ja, wieviel rasierte Kartoffelköppe müssen da schon liegen, fuhr es mir durch den Sinn.

Am nächsten Tag bekam ich einen Telefonanruf von meiner Mutter. Alle seien wieder zu Hause. Die Kontrolle hatte in einer Schule stattgefunden, sie hätten dreimal am Tage Kartoffeln und Suppe bekommen und jeden Tag eine Scheibe Brot.

Ganz unerwartet bekamen wir aus Frankreich Besuch. Grischa und Onkel Aljoscha. Grischa hatte irgendwo als Ingenieur gearbeitet. Er war im Krieg an der französisch-deutschen Front gewesen, dann aber ausgeschieden und kam jetzt nach Berlin. Er war fest davon überzeugt, daß die Russen besiegt würden, und voller Bewunderung für die deutsche Armee, die deutsche Organisation und Taktik und die deutschen Erfolge. Er las den »Mythus des 20. Jahrhunderts« von Rosenberg, und auch von diesem Buch war er begeistert.

Onkel Aljoscha war völlig entgegengesetzter Meinung. In Frankreich war er verhaftet und in ein Lager gesteckt worden, als Ribbentrop und Molotow sich verbrüderten. Ein französischer Gendarm zeigte ihm beim Verhör seine dicke rote Faust und sagte: »Tu verras, salopard, ton Stalin et ton Hitler ne t'aideront pas!« Onkel Aljoscha erzählte immer, daß dieses »ton Stalin et ton Hitler« ihm sehr gut illustriert hätte, wie fein das Volk die Politik versteht.

So waren wir drei Zinger in Berlin beisammen. Die Tatsache, daß ich in Siemensstadt lebte, hat sie etwas gestört. Sie verachteten mich dafür. Trotz dieser Verachtung waren unsere Gespräche immer sehr freundschaftlich und interessant. Aljoscha war ein wissenschaftlicher Kommunist, Grischa ein ganz Rechter – Hitlerverehrer und Antikommunist, ich apolitisch, ganz gegen die kommunistischen Ideen meines Onkels, in vielem mit Grischa einverstanden, aber zusammen mit Aljoscha überzeugt, daß Hitler den Krieg verlieren wird. Alle drei waren wir gegen die Vernichtung Rußlands. Onkel Aljoscha und ich waren für die Niederlage Deutschlands.

In Siemensstadt gab Uschi ihre alte Wohnung auf, und wir zogen in eine Neubauwohnung, ebenfalls in Siemensstadt, Goebbelsstraße 40. Nach und nach mußte ich mich seltener auf dem Polizeiamt melden; zuerst zweimal wöchentlich, dann bloß alle vierzehn Tage. Mein Sohn Aljoscha wollte, daß ich nach Hause zurückkehrte, Tata quälte mich auch ein bißchen, meine Mutter sagte nichts, aber ihr Schweigen sagte mehr als alle Worte von Tata und Aljoscha. Weihnachten packte ich wieder meine Staffelei ein und meine Koffer und kehrte in den Ingridpfad zurück. Tata war inzwischen eng mit dem russischen Sänger Braminow befreundet, den wir in Buch bei Koljuscha kennengelernt hatten, als er gerade aus Paris gekommen war. Es war ein kleiner, kräftig gebauter Mann, ein Donkosak, völlig antikommunistisch eingestellt. Er freute sich über die deutschen Siege.

Die Besuche in Buch setzten sich fort. Koljuscha war nach wie vor gesprächig und temperamentvoll. Seine Frau Ljolja war wie immer sehr gastfreundlich. Koljuscha verstand es, aus dem Institutsalkohol sehr guten Wodka zu bereiten, und aus dem Maismehl, das für die Versuchsratten, -mäuse und -meerschweinchen bestimmt war, bereitete Ljolja eine Art Polenta. Die »alte Garde« war noch da, nun brachte ich natürlich auch Grischa und Onkel Aljoscha nach Buch mit. Es wurde viel getrunken und viel diskutiert. Unwillkürlich teilten sich die Leute in zwei Gruppen: in die, die davon überzeugt waren, daß der Krieg von den Deutschen gewonnen wird, und in die, die davon überzeugt waren, daß Deutschland den Krieg verlieren wird. Zu der letzteren Gruppe gehörte der heranwachsende Sohn der Timofejews, Foma, ein gewisser O. Tregubow, mein Onkel Aljoscha und ich, Koljuscha lief von einer Ecke in die andere und versuchte zu beweisen, daß Rußland verlieren wird. Mein lieber Grischa war derselben Meinung, von meinem Freund Sascha Noskow ganz zu schweigen.

Ich habe nicht im geringsten die Absicht, aus meinen Erinnerungen eine Art Geschichtstribunal zu machen. Ich sehe die Menschen von einem völlig anderen Standpunkt an. Wenn der Maler André Derain für Hitler war, so war er deswegen nicht ein schlechterer Maler. Wenn Koljuscha eine Zeitlang an den deutschen Sieg glaubte, so macht ihn das nicht dümmer oder schlechter. Wenn Sascha Noskow und Knut Hamsun für die Nazis waren, so mindert das nicht ihre Qualitäten. Außerdem verändern sich die Menschen, denken nach Irrtümern anders usw. Man spricht soviel von Freiheit, aber wenn es um die Weltanschauung geht, werden die meisten Menschen zu Diktatoren. Wir waren alle noch befreundet und vertrugen uns gut, obwohl die Politik schon anfing, ihr zerstörerisches Werk zu tun.

Die Bombenangriffe wurden immer häufiger und intensiver. Man scherzte nicht mehr über das verletzte Eichhörnchen im Tiergarten. Meine Mutter war von ihrer besten Freundin, Polja – Baronin von Mutzenbecher – nach Schlesien in ihr Schloß Polgsen eingeladen worden. Ich war froh, sie dort in der bombensicheren Gegend zu wissen.

Berlin wurde immer schmutziger, dunkler, staubiger und unerträglicher. Als ich eines Tages Uschi in Siemensstadt besuchte, geriet ich in einen Bombenangriff. Wir lagen alle im Keller, und die Bomben pfiffen. Uschi erwartete zu diesem Zeitpunkt ein Kind und entschloß sich, zu einer Freundin nach Salzburg zu fahren.

Die Bombenangriffe wurden zur Last. Man konnte keinen Abend in Ruhe verbringen. Einmal ging ich mit Tata und Aljoscha, unserem Sohn, in die Scala. Natürlich freute sich der Junge, zum ersten Mal in seinem Leben Akrobaten, Exzentriker und Jongleure zu sehen. Nach der dritten Nummer war Alarm, und das Publikum mußte die Schutzräume aufsuchen. Als ich den armen Aljoscha sah, wie er so artig in der Menschenmasse ging, tat er mir plötzlich furchtbar leid. Was für eine Kindheit, dachte ich bei mir. Überhaupt liegt etwas furchtbar Erniedrigendes in einer Menschenherde, die Schutz sucht. Ein Elend, das sich die Menschen selbst antun.

Die Brände störten mich eine Zeitlang nicht. Das Feuer faszinierte mich. Man muß so etwas gesehen haben! Wieso brennt alles so leicht und so stark? Glas, Metall, Wände, Stoffe und Steine! Als ich in Golizyno ein Boy-Scout war, konnten wir mit drei Streichhölzern keinen Holzstoß anzünden, wenn es feucht war. Wir gaben uns

Mühe, es durften nicht mehr als drei Streichhölzer sein, es gelang uns nicht. Und hier sahen wir die ganze Leipziger Straße ausbrennen. Die Leipziger Straße mit Wertheim und ihren sonstigen großen Gebäuden war eine Weltstadtstraße, nicht irgendein Sträßchen wie die Kaiserstraße in Freiburg. Endlose Reihen hoher Häuser rechts und links mit einer Perspektive wie am Broadway. Straßenbahnen, Busse und Taxis fuhren in der einen Richtung zum Spittelmarkt und in der anderen zum berühmten Potsdamer Platz. Über dieser Straße luden nun einmal die Amerikaner, einmal die Engländer ihre Phosphorbomben ab. Die schweren Balken brannten durch. Es klingt so einfach und so harmlos, aber ich frage mich, warum alles so schnell ausbrannte. Ich war kurz nach dem Angriff da, ich beobachtete, wie so ein Flämmchen in ein Schaufenster drang und um irgendwelche Eau-de-Cologne-Fläschchen auf Glasetageren zu lecken begann – ganz ruhig und leicht. Das Flämmchen wurde nicht kleiner, sondern größer, und in einer Minute brannte alles. Das Glas sprang in Stücke, und der Stoff, mit dem die Wände bespannt waren, war eine einzige Flamme. Man durfte nicht stehenbleiben, aber das ging auch gar nicht – ein Geschäft nach dem anderen, ein Haus nach dem anderen wurde von den Flammen ergriffen, ein fürchterlicher Windzug, ein gigantischer Durchzug entstand, und man mußte fliehen. Die Feuerwehr kam laut hupend von allen Seiten, aber selbst die Feuerwehrleute kamen nicht nahe heran. Der Wind und das Feuer vernichteten eine lange Straße in dreißig Minuten. Die Feuerwehr bespritzte mit ihren Schläuchen irgendwelche schon schwarzen Wände, man mußte dabei an das Kindchen denken, das eine brennende Streichholzschachtel bepißt.

Im Sommer ging ich mit Tata und Aljoscha »auf's Land«, das heißt so fünfzig Kilometer von Berlin entfernt in einen Ort namens Bestensee. Er war uns von einem russischen Angler empfohlen worden. Bestensee liebte er sehr, weil es da mehrere Seen gab. Wir richteten uns in einem Landhaus bei einer Frau ein, die auch für uns kochen sollte. Einmal besuchte mich Max Kindt, und wir malten zusammen. An einem der Seen konnte man nackt baden, und Max Kindt, ein eingefleischter Nudist, war glücklich, aber nur fünf Minuten, da die Mücken anfingen, uns aufzufressen. »Ne, ne, Oleg, Rowe ist besser!« sagte er.

Einmal in der Woche fuhren Tata oder ich nach Berlin, um Onja zu besuchen. Eines Tages gab es wieder einen Großangriff auf Berlin. Wir hörten die Sirenen und das Donnern der Flak. Und abends sah man über der Stadt einen riesigen Feuerschein. Es war ein Sommerabend, viele Leute standen in ihren Gärtchen und unterhielten sich über den Angriff. Ich mußte an die Szene in »Krieg und Frieden« denken, wo die flüchtende Familie Rostow aus ihrem Zimmer den Brand von Moskau beobachtet.

Es war auch in Bestensee, als ich von Uschi die Nachricht bekam, daß sie einen Sohn, Mischa, in Salzburg geboren hatte. –

Am Tag nach dem Bombenangriff fuhren Tata und ich zusammen nach Berlin, als ob wir fühlten, daß etwas passiert war. Mit unruhigem Herzen stiegen wir am Bahnhof Lankwitz aus und merkten sofort, daß ein Angriff in dieser Gegend stattgefunden hatte. Wir gingen zum Ingridpfad und sahen schon von weitem große Steinhaufen, Feuer, Sanitäter und eine »Gulaschkanone«. Der Ingridpfad war ziemlich zerbombt, und viele Feuerwehrleute waren noch dabei, aus den Ruinen die Toten herauszuholen. Manche lagen schon zugedeckt auf dem Rasen. Onja stand vor der Tür unserer Wohnung und kam uns sofort entgegen. Sie hustete und war irgendwie verstört. »Hier war soviel Rauch«, sagte sie, »deswegen huste ich noch.« – »Gut, daß der Vater tot ist und das nicht gesehen hat«, fügte sie hinzu. »Auch gut, daß ihr nicht da wart. Es krachte, es krachte und dauernd fiel einem etwas auf den Kopf. Was für ein Krach, Mord und Totschlag. Wozu?«

Was wir erlebten, war schon wieder eine Art Ordnung, die nach zwölf Stunden entstanden war. Onja hatte aber die wahre Hölle erlebt, die Verbrannten, die Erschlagenen, die Erstickten.

Unsere Wohnung war auch ausgebombt. Wir gingen hinein und sahen uns das verbrannte Wohnzimmer an. Manche Möbelstücke und einzelne Sachen – einige Bücher und einiges Geschirr – waren noch zu retten. Durch das Zimmer meiner Mutter, drei Häuser weiter in der Wohnung von Tante Lisa, die sich selbst zu der Zeit bei Hof in Bayern aufhielt, blies der Wind, aber es war nicht ausgebrannt. Alle Fenster waren zerbrochen. Wir arbeiteten den ganzen Tag und packten, was noch zu retten war, in die Koffer. Mir machte diese Arbeit nicht die geringste Freude, am liebsten hätte ich den Rest auch noch verbrannt. Es ist erstaunlich, wie wenig man an den Sachen hängen kann. Nichts tat mir leid, es machte mir Spaß, aus der Gulaschkanone eine so gute Suppe zu bekommen.

Am nächsten Tag besuchte ich die Zentrale Dyckhoff. Herr Göke war eingezogen worden, Herr Ewel und Herr Klute waren an der Front in Rußland, Herr Nikolaus war auch nicht da. Nur der Dekorationsgehilfe Fuchs, der gerade auf Urlaub war, war anwesend, und der erzählte, wie sie die »Partisanenweiber« schlugen und aufhängten. »Na, einfach ist es nicht, aber wir kriegen schon Moskau, und dann ist Schluß.« Ich war entsetzt und fuhr mit dem Fahrstuhl in unsere Werbeabteilung – es herrschte absolute Ruhe. »Na, Herr Zinger!« hörte ich plötzlich ein lustiges Geschrei. Herr Kuwe, der Heizer, kam hinkend durch den Korridor. »Was habe ich Ihnen gesagt? Wenn die richtige Truppenbewegung erst kommt, dann ist kein Aas mehr hier! Und wann fahren Sie nach Paris? Ah, Paris, ta-ta-ta-ra-ta-ta!«

Onja nahmen wir erst einmal nach Bestensee mit. Dann schrieb ich sofort meiner Mutter und berichtete ihr über die Ereignisse. Meine Mutter antwortete mit einem Telegramm: »Kommt alle her, es ist alles für euch vorbereitet.« Und so fuhren Tata, Onja, Aljoscha und ich nach Schlesien in das Schloß Polgsen bei Wohlau.

In Polgsen bekamen Tata, Aljoscha und ich zwei schöne große Zimmer, und Onja erhielt im ersten Stock ein Zimmerchen für sich.

In einem großen Saal waren die Wände mit Holz verkleidet und weiß gestrichen. Es sah sehr schön aus. Goldene Stühle, rotgepolstert, standen um den Tisch herum. Ein großer Stich, der den Zaren Alexander I. von Rußland darstellte, hing in einem goldenen Rahmen an der Wand.

Die Mittag- und Abendessen waren sehr feierlich. Nachdem Ida, die Haushälterin, mit einer zierlichen Glocke geläutet hatte, erschienen wir alle im Saal und stellten uns hinter die Stühle, ein paar Minuten später erschien Polja, die Baronin von Mutzenbecher, und entschuldigte sich jedesmal für die kleine Verspätung. Wenn Ida die Suppe serviert hatte und weggegangen war, wendete sich Tante Polja (so nannten wir sie) jedesmal meiner Mutter zu, verdrehte die Augen und sagte: »Ach Vera, schon wieder ist die Suppe nicht heiß genug!« Meistens verbrannte ich mir die Lippen. Wer Tante Polja (Pauline) eigentlich war, bleibt für mich ein ewiges Geheimnis. Ich weiß bloß, daß sie meiner Mutter verblüffend ähnlich sah und daß sie sich wirklich wie zwei Schwestern liebten. Sie war eine geborene Levé, in Moskau zur Welt gekommen. Die Gouvernanten meiner Mutter und Tanta Poljas waren befreundet, beide Deutsch-Schweizerinnen. Sie trafen sich täglich in irgendeinem Park und ließen die beiden noch ganz kleinen Mädchen zusammen spielen. Die beiden Mädchen blieben ihr Leben lang eng befreundet. Mit zwanzig Jahren heiratete Polja einen Deutschen, den Baron von Mutzenbecher, der sich nach dem verlorenen Krieg von 14/18 das Leben nahm. Er hinterließ Polja zwei Söhne, Paul und Viktor, und das Schloß Polgsen. Paul fiel sofort an der französischen Front in diesem doch so unblutigen Krieg mit Frankreich. Viki wurde eingezogen und befand sich irgendwo an der russischen Front. Die Witwe von Paul, Baronin Edith (Ditha) von Mutzenbecher, blieb in Polgsen, während ihre Söhne von ihren Eltern in Basel erzogen wurden. Die Frau von Viki, Inge von Mutzenbecher, hatte keine Kinder. Sie lebte mit ihrer Mutter, Gräfin Bentheim, in einer eigenen Wohnung im Schloß, und sie aß auch nicht mit uns. Sie hatte einen eigenen Haushalt, der aus der dauernd schimpfenden Gräfin und zwei Hunden (einem Dackel und einem Irish Setter) bestand.

An dem langen Tisch saß in der Mitte Polja, links von ihr meine Mutter, dann kam ich, dann Fräulein Sonnenschein – die alte, verkrüppelte Gouvernante der beiden Söhne. Polja gegenüber saß Ditha, dann kamen Tata und Aljoscha. Diese Sitzordnung wurde nur aufgehoben, wenn Besuch kam.

Mit der einen prächtigen Fassade ging das Schloß auf einen riesigen Arbeitshof. Der Hof war von uralten, sehr schönen Bauten umrahmt, in denen die Arbeiter wohnten, sich Pferdeställe befanden und der Vorarbeiter, Herr Ohnesorge, untergebracht war.

Diese vier Namen – Herr Liebetreu, Herr Feyerabend, Herr Ohnesorge und Fräulein Sonnenschein – kommen mir immer gleichzeitig in den Sinn. Was für eine optimistische Namens-Symphonie!

Die hintere Fassade ging auf einen großen Park. Eine riesige Platane stand direkt vor dem Haus, und eine wundervolle Allee hoher Bäume führte auf die Felder. In der Mitte des Parks befand sich ein großer Teich, in dem Karpfen schwammen.

Das Essen in Polgsen war nicht sehr gut, aber im Vergleich zu Berlin doch sehr angenehm. Es gab genügend Brot, Rübensaft, manchmal auch Hühner und Enten. Wir lebten auf und erholten uns nach dem schrecklichen Berlin mit seinen Bombenangriffen.

Aljoscha kam in die Dorfschule. Das Dörfchen Polgsen bestand aus wenigen schlesischen Bauernhäusern und einer uralten, sehr malerischen Kirche aus Holz, die neben einem alten Friedhof stand. Auf dem Friedhof wuchsen riesengroße Linden, die im Juni so schön dufteten, daß man an das Paradies denken mußte. Tata beschäftigte sich viel mit Aljoscha, meine Mutter auch. Sie lasen ihm ständig vor und brachten ihm Russisch bei. Das war alles notwendig, denn die Dorfschule war sehr besonders. Man hatte Schulbänke in einem größeren Bauernhaus aufgestellt. Der Lehrer war ein großer, gebeugter Mann, welcher dauernd auf alle böse war. Er war ein überzeugter Nazi, der überall Feinde und Verräter witterte. Manchmal stand er allein auf der Dorfstraße und schrie: »Wir müssen siegen! Wir werden siegen, weil wir siegen müssen, ihr Lärgen!« Sein Unterricht bestand nur aus Singen. Zuerst schnauzte er alle Kinder an und fragte jedes einzelne, ob Deutschland siegen würde, und das Kind mußte antworten: »Wir werden siegen, wir müssen siegen!« Dann sang man das Horst-Wessel-Lied, das er allerdings musikalisch für sehr mittelmäßig hielt. »Aber es muß sein, Kinder«, sagte er dazu. Dann mußten die Kinder bis zur Erschöpfung irgendwelche Kanons singen und das ewige: »Aber die Musici, aber die Musici, aber die Musici bleiben besteh'n.«

Wenn man an der Schule vorbeikam, spürte man schon von weitem eine Art musikalischer Trance, in der das Schulhaus sich befand. Man sah schwankende Kindersilhouetten und hörte immer wieder: »Himmel und Erde, Himmel und Erde müssen vergeh'n, aber ... « Komischerweise konnten Aljoscha und die anderen Kinder diesen verrückten Mann ganz gut leiden. Er war, wenn man böse sein will, das Symbol für diese merkwürdige deutsche Mischung: Sturheit und Musik.

Ich beschloß, mich von Tata scheiden zu lassen. Wir fuhren nach Breslau und stellten einen entsprechenden Antrag. In kurzer Zeit waren wir geschieden. Der Advokat teilte mir strahlend mit: »So, nun können Sie gleich morgen wieder heiraten.« Es war ein warmer Sommertag, und die Atmosphäre zwischen mir und Tata war mehr als gespannt. Sie ließ mich allein nach Polgsen zurückkehren und blieb ein paar Tage in Breslau bei Freunden.

Ab und zu fuhr ich mit dem Zug nach Berlin. Dort übernachtete ich immer in Buch bei Timofejews, wo es noch immer Wodka aus dem Institutsalkohol und Polenta aus dem Rattenmais gab. Es verkehrten noch immer viele Besucher dort, aber Timofejew glaubte nicht mehr an den Sieg und fing an, russisch-patriotische Reden zu halten. Moskau und Leningrad wurden nicht genommen, die Schlacht von Stalingrad war verloren, und man zog sich planvoll zurück.

Im Zug von Breslau nach Berlin wurde dauernd kontrolliert. Man suchte Deserteure und prüfte alle Ausweise. Ich besaß einen Sowjetpaß, auf dem russisch und französisch stand: »Proletarier aller Länder, vereinigt euch!« Außerdem besaß ich ein Papier vom Schwedischen Konsulat mit schwedischem Wappen, worauf stand, daß ich zu keiner Organisation mit militärischem Charakter eingezogen werden dürfe. Dieses Papierchen brauchte ich aber fast nie zu zeigen. Die Kontrollen führte meist ein Leutnant mit zwei Soldaten durch. Jedesmal zitterte ich ein bißchen, wenn ich ihm meinen Hammer-und-Sichel-Paß zeigte, und jedesmal bekam ich den Paß sofort zurück, der Leutnant salutierte: »Danke, der Herr ist Ausländer!« Ich frage mich, in welchem anderen Land als Deutschland das passieren könnte?

Bei einem Mittagessen kam Ida herein und teilte uns aufgeregt mit: »Frau Baronin, die Alliierten sind in Frankreich gelandet!«

Es gab auch ein paar russische Ostarbeiterinnen auf dem Gut. Einmal malte ich das schöne alte Tor – die Einfahrt mit den zwei Urnen. Ich stand im Schatten und arbeitete mit Öl an einem kleinen Bild. Drei russische Frauen gingen vorbei und trugen irgendwelche Eimer. Sie blieben neben mir stehen und sahen mir zu.

»Was haben Sie für einen schönen Beruf! Wir wissen, daß Sie Russe sind, und es freut uns zu sehen, daß es mindestens einem Russen so gut geht.« – »Hübsch machen Sie das! Selbst die beiden Samoware haben Sie draufgemalt!«

Herrn Ohnesorge gefiel mein Leben gar nicht. »Es ist nicht die Zeit, Bilder zu malen! Landarbeit oder Fabrik!«, hörte ich ihn öfters absichtlich vor mir sagen. Ich fühlte, daß meine Tage in Polgsen gezählt waren.

Nach einiger Zeit erhielten Tata, Onja und ich den Befehl, uns in Wohlau beim Volkssturm zu melden. Wir sollten Schützengräben ausheben. Ich vermutete sofort die Bemühungen von Herrn Ohnesorge.

Um fünf Uhr morgens gingen wir mit kleinen Köfferchen zu Fuß nach Wohlau. An der angegebenen Stelle waren schon eine ganze Menge russischer und polnischer Frauen versammelt. Es gab nur wenige Männer, und die waren alt oder verkrüppelt. Die Situation war katastrophal. Die russischen Frauen lachten laut und unverschämt, man hörte sie laut schreien: »Die Deutschen wollen jetzt mit uns den Krieg gewinnen! Wir sollen Panzergräben buddeln! Die werden doch selber da reinfallen, die Ärsche! Haben wohl keine Männer mehr? Na, da sollen doch die deutschen Weiber buddeln, unsere Männer sind sowieso bald da und werden es ihnen zeigen. Wir werden euch mit Knüppeln zusammenschlagen!« usw.

Plötzlich schrie jemand »Ruhe!« Ein junger deutscher Offizier, begleitet von fünfzehn Soldaten, näherte sich dieser Weiberarmee. Bei dem ganzen Geschrei hatten wir gar nicht bemerkt, wie die Autos angerollt kamen.

Ich weiß nicht, was in mir vorging, aber plötzlich ließ ich mein Päckchen liegen und lief auf den Offizier zu. »Entschuldigen Sie, Herr Leutnant«, sagte ich. »Es muß ein Irrtum vorliegen. Mein Name ist Zinger, ich bin der Sohn von Professor Zinger und wohne bei Baronin Mutzenbecher. Man hat mich, meine Frau und unsere Gouvernante hierher bestellt. Es ist bestimmt ein Irrtum. Bitte, lassen Sie uns zurückschicken!« – »Aber selbstverständlich! Wer hat Sie herbestellt? Was soll das? Gehen Sie sofort zurück, und hier haben Sie einen Zettel von mir.«

Ich triumphierte. Onja war sehr niedergeschlagen. Langsam und müde wie nie zuvor kehrten wir nach Polgsen zurück.

Ohnesorge sah sich den Zettel an und erklärte mir, daß

ich dann auf dem Land arbeiten müsse. Ich fuhr auch drei Tage lang sehr ungeschickt einen Traktor, und dann erklärte ich Ohnesorge, daß ich Polgsen verlassen und nach Berlin zurückkehren wolle. »Ist auch besser so«, sagte er.

Später habe ich erfahren, daß Herr Ohnesorge auf der Flucht von polnischen Arbeitern totgeschlagen worden ist.

Als Onkel Aljoscha noch in Berlin war, sprach ich in unseren Unterhaltungen oft mit Haß und Verachtung von der Politik. Als die Deutschen so siegreich in Rußland einmarschierten, veränderte Stalin plötzlich äußerlich die ganze geistige Atmosphäre in Rußland. Der Krieg wurde zu einem »Vaterlandskrieg« erklärt, die Kirchenglocken durften läuten, und die zaristische Uniform wurde zum Teil wieder eingeführt, genau, wie sie früher gewesen war. Man fragte sich, ob es seinerzeit notwendig gewesen war, die Achselstücke den Offizieren und Kosaken aus der Haut herauszuschneiden und die Sterne mit Nägeln hineinzuschlagen. Nun erschienen diese Sternchen wieder.

Im Ingridpfad besuchte mich ein junger Ostarbeiter namens Iwan. Mein Onkel wollte mit ihm über den Marxismus sprechen. Er aber erzählte uns eine Geschichte. Er arbeitete auf einem Feld, als ein Lastauto kam und ihn mitnahm. Er setzte sich hinter die anderen Bauern, als er sah, wie noch jemand angelaufen kam – zuerst ganz weit weg, man sah ihn kaum im Staub, dann näher und näher. Er rannte sehr schnell und holte das fahrende Lastauto ein, sprang auf und setzte sich zu den Kolchosbauern. Da merkten die Bauern, daß es ein Engel mit Flügeln war, seine linke Hand war voll Blut, in seiner rechten hielt er ein Schwert und einige Korngarben. Alle verstanden, daß Krieg kommen wird. –

Unsere Onja behauptete, daß sie sich als kleines Kind mit anderen Leuten von einem »Kasimir« herumfahren ließ. Man brauchte nur die Ikone aus der Stube hinauszutragen, sich auf die Bank zu setzen und zu sagen: »Kasimir, Kasimir, fahr uns ein bißchen herum« – und die Bank fuhr in der Stube herum. Onja glaubte überhaupt nicht an Gott, an die Wissenschaft schon gar nicht, aber an »Kasimir« glaubte sie.

Mein Onkel Aljoscha wurde wegen unerwünschter Reden von der Gestapo verhaftet und starb in einem Konzentrationslager.

Tatas Vater Alexander List nahm sich das Leben in Görlitz. Tata und ich fuhren hin. Mit langsamen Zügen und mit vielem Umsteigen kamen wir endlich in diese trostlose Stadt. Tatas Bruder Wolodja kam auch hin. Er war, wie Helmut Haertel, kriegswichtig und arbeitete bei Siemens.

In Görlitz gingen wir in das Sterbezimmer meines Schwiegervaters. Seine Wirtin erzählte uns mit weinerlicher Stimme, wie nett Herr List gewesen war und wie unverständlich es sei, daß er so ein Ende fand. Er hatte sich mit Veronal vergiftet und hinterließ einen langen Brief, in dem er seine Verzweiflung schilderte. Seine letzten geschriebenen Worte waren »Heil Hitler«.

In einer Art Kapelle stand in einem Raum sein offener Sarg. Weder Tata noch Wolodja küßten die Leiche. In einem Kremationssaal verschwand sein Sarg im Fußboden, während die von ihm gewünschte Musik von Grieg gespielt wurde.

In Görlitz fiel mir auf, daß die ganze Stadt aus französischen Kriegsgefangenen bestand. Sie waren überall tätig, als Schneider, Bäcker, Laufburschen, Tischler, sogar als Verteiler der Lebensmittelkarten.

All diese Gedanken und Erinnerungen gingen mir durch den Kopf, als ich Polgsen verließ und im Zug nach Berlin saß.

Tata wollte später auch nach Berlin kommen, aber sie wollte dann getrennt von mir leben. Ich war also allein und fuhr irgendwohin nach Berlin. Ich war nur froh, Polgsen zu verlassen. Die Menschen in der Provinz sind viel böser als in einer großen Stadt. Ich liebte die Großstadt. Man wird nicht so beobachtet, nicht so bekrittelt, die Leute sind nicht so neidisch, so rachsüchtig, so kleinlich wie in der Provinz oder auf dem Lande. Ja, ich war froh, wieder in Berlin zu sein.

Am Bahnhof Friedrichstraße empfingen mich die hohen Häuser Berlins – Berliner Kindl ... – und viele Ruinen. Die »Scala« war verbrannt, die Museen waren geschlossen, Grischa war längst nach Paris zurückgekehrt, und es gab nicht einmal eine richtige Molle mit Korn.

Ich fuhr zu den treuen Timofejews, wo ich immer ein paar Tage bleiben konnte. Wie stets waren sie sehr freundlich, und ich konnte auf einem Diwan schlafen. In Buch traf ich auch meinen lieben Selinow und Sergej Mamontow wieder. Mamontow wollte nach Österreich fahren, irgendwo in die Berge bei Innsbruck, wohin ihn Sascha Fiedler eingeladen hatte. Es war ihm sehr recht, daß ich sein Atelier in der Apostel-Paulus-Straße übernahm. Ich sollte in zwei Tagen zu ihm kommen, er würde mir die Schlüssel übergeben, und ich würde mich dort anmelden. –

Am zweiten Tag in Buch kam ein Telefonanruf meiner Mutter aus Polgsen. Sie teilte mir mit, daß Onja sich das Leben genommen hätte, indem sie in einen Brunnen gesprungen sei. Sie wurde auf dem Friedhof in Polgsen begraben, da, wo die alten Linden im Juni so schön dufteten.

Der Winter war furchtbar. Ich lebte allein in dem schönen Atelier von Sergej Mamontow und hungerte. Meine Lebensmittelkarten – diese 50 g Fleisch und 50 g Fett – gab ich für den Dreck in den Restaurants ab. Kochen konnte ich nicht, und die Sonderzuteilungen verpaßte ich ständig.

Unsere Freunde waren fast alle weg. Tanja Schaljapin, die eine Zeitlang in Schlesien bei Bauern gelebt hatte (was wir ihr seinerzeit vermittelt hatten), war irgendwo in Bayern. Ihr Mann war an der russischen Front von der SS erschossen worden, ohne daß man je erfahren hätte, wie und warum. Sascha Noskow war mit seiner Familie in

München. In Berlin blieb meine treue Mitarbeiterin aus Dyckhoffs Zeiten und Freundin Evchen Hasperg, die ich regelmäßig besuchte. Max Kindt war nach Hamburg gegangen. Uschi lebte mit Mischa in dem Schloß der Grafen Purtales in Alt-Neu-Döbern. Ich besuchte sie mehrere Male und blieb einmal sogar eine ganze Woche dort. Das Schloß war lange nicht so schön wie Polgsen, und vor allem war ich irgendein Flüchtling oder sonstiger Besucher und gehörte nicht zum Schloß. Auch gab es keine Tante Polja, sondern eine kleine, böse Frau, die mit allem unzufrieden war. Das Schloß war voll von Frauen und Kindern fremder Leute.

Zu dem trostlosen Dasein in Berlin kamen noch die täglichen Bombenangriffe. Man durfte sich nie weit von einem Luftschutzkeller entfernen. Alle guten Schutzräume waren bekannt, und manchmal standen schon Schlangen von Menschen da, bevor überhaupt Alarm gegeben wurde. Die großen Bunker waren das Sicherste, aber die Schlangen davor waren so lang, daß man die Geduld verlor.

Unser Luftschutzkeller in der Apostel-Paulus-Straße war sehr gut, von Sergej Mamontow ausgebaut. Als Architekt hatte er es verstanden, eine sehr schöne Decke aus Eisenträgern zu konstruieren. Er holte die Balken aus den Ruinen, dabei forderte er alle Männer des Hauses auf zu helfen. Mit seinem russischen Akzent gab er die Befehle mit solchem Nachdruck, daß ihm keiner zu widersprechen wagte. Er wartete immer noch auf seinen Reiseschein nach Innsbruck und lebte eine Zeitlang mit mir zusammen. Als er da war, bekam ich ein bißchen besser zu essen, da Mamontow das Wirtschaften sehr viel besser verstand als ich. Er paßte auf die Sonderzuteilungen auf, tauschte seine und meine Tabakkarten für Fett um und konnte Suppen kochen.

Wenn ich Evchen Hasperg besuchte, gingen wir immer zu dritt – Evchen, ihre Mutter und ich – in den Keller. Die Mutter war sehr phlegmatisch und regte sich nie auf. Einmal fiel eine Bombe ganz in der Nähe, und durch den Luftdruck fiel der Stuhl, auf dem Evchens Mutter saß, um. Ganz ruhig stand sie auf und sagte ärgerlich zu Evchen: »Warum stellst du auch den Stuhl so schlecht hin?«

Der Hauswart im Haus, in dem die Haspergs wohnten, war ein echter Berliner und versuchte immer ein wenig, die Stimmung zu heben. Wenn Frau Hasperg ihn während des Angriffs fragte: »Haben wir noch feindliche Flugzeuge über uns?« antwortete er munter: »Wie die Mükken, wie die Mücken, jnädige Frau!« Einmal wurde Entwarnung gegeben, und die Menschen krochen aus den Kellern. In dem Augenblick wurde ein zweiter Alarm gegeben. »Na«, sagte der Mann, »bald müssen die Amis und die Briten Häuser mitbringen!« Und wenn alles zu Ende war, rief er immer fröhlich: »Na, nun schnell in die Schnarchkapsel, meine Damen und Herren!« Diesen Ausdruck gebrauche ich jetzt noch, wenn ich schlafen gehen will.

Mit zwei, drei Hemden auf dem Leib, drei Paar Socken an den Füßen und einem Köfferchen in der Hand, so lebte man von Keller zu Keller.

Meine Mutter erschien bei mir in Mamontows Atelier. Sie hatte Polgsen verlassen müssen. Tata lebte mit Aljoscha in Berlin-Buch, aber nicht bei Timofejews, sondern im Ort bei einer Frau Knittel.

Eines Tages war ich mit meiner Mutter in der U-Bahn. Es wurde Alarm gegeben, und eine Bombe traf den U-Bahnhof Wittenbergplatz. Das war zwar ziemlich weit entfernt, aber es entstand ein ungeheurer Luftdruck. Es war, als ob ein Zug mit 300-km-Geschwindigkeit vorbeisaust, ich bekam einen ungeheuren Schreck und beschloß auf der Stelle, meine Mutter nach Bayern zu Tante Lisa zu schicken. Sie war auch einverstanden. Nach einer Woche hatte sie schon die Reisegenehmigung und fuhr nach Untersteinach bei Hof.

Ein andermal ging ich in die Zentrale Dyckhoff, um einen Teil meines Gehalts abzuholen. Es war nur die Sekretärin Fräulein Malz da. Wieder war Alarm, und wir suchten den nächsten Luftschutzraum am Petriplatz auf.

Es fing an zu pfeifen, so, als ob eine Lokomotive mit irrsinniger Geschwindigkeit vom Himmel herunterfalle. Alle kriegten schreckliche Angst und legten sich ganz flach auf den Fußboden, dicht nebeneinander. Ich lag zwischen einem dicken Mann und einem Postbeamten. – Fräulein Malz war verschwunden. Ein fürchterlicher Schlag ließ den Keller erzittern, der Strom fiel aus, und wir lagen im Dunkeln. Ein zweiter Schlag, und der ganze Raum füllte sich mit Staub. Man versuchte, die Hand vor den Mund zu halten, manche holten ihre Taschentücher hervor. Über uns pfiff es, und ich dachte, nun ist es aus mit mir! Ich schloß die Augen und betete wie ein kleines Kind und versuchte, an etwas Schönes zu denken – an die Sonne, an den Süden, an Watteau und sein Bild »Die Einschiffung nach Cythera«. Ich dachte an die Zikaden und dankte Gott für alles und bat ihn, meine Seele aufzunehmen. Wir lagen alle ganz ruhig, schwitzten und hatten wahrscheinlich die gleichen Gedanken. Noch ein Schlag, unser Fußboden bewegte sich, als ob wir auf einem schwimmenden Floß lägen. Dann wurde es still. Wir lagen, ohne uns zu bewegen, im Staub. Und plötzlich hörten wir die Entwarnung. Es war wie ein süßes Wecken nach einer schrecklichen Nacht.

Die verschwitzten blassen Menschen standen auf und begaben sich zur Ausgangstür. Manche hatten Tränen in den Augen, alle waren ganz schwarz vom Staub. Alle waren glücklich und gaben sich die Hand zum Abschied, als ob sie alte Freunde wären. Ich kroch heraus. Rechts und links brannte es, man stolperte über Steine, drei Straßenbahnwagen hingen völlig zerstört über einem Bombentrichter, ein totes Pferd streckte seine Beine in die Luft, sein Bauch steckte voller Glassplitter. Irgendwo hörte man die Sirenen der Feuerwehr. Ich sah das bloß flüchtig wie in einem glücklichen Traum. Ich hatte nur ein Gefühl – ich lebe! Ich lebe, und das ist herrlich! Das Wetter ist so schön. Ich strebte möglichst schnell aus der Rauchzone hinaus in die frische Luft. Vom Spittelmarkt bis zum Bayerischen Platz ist es ein ganzes Stück. In der Potsdamer Straße sah ich eine Bäckerei und kaufte mir für »50 g Brot« eine Schrippe. Am Lützowufer setzte ich mich auf eine Bank und sah mir die Bäume an. Es waren hohe, schöne Vorfrühlings-Bäume. Sie spiegelten sich im Wasser, ein paar Möwen flogen vorüber oder schwammen auf dem Lützowkanal. Ich dachte wieder an Watteaus »Einschiffung nach Cythera« und war so glücklich wie noch nie. Ruhe, das Leben, diese schönen Bäume und die Möwen. »Nein«, dachte ich, »irgendwie muß es noch Ruhe und Schönheit geben.«

In der Apostel-Paulus-Straße angekommen, empfing mich Sergej Mamontow. Er war rührend froh, mich zu sehen. Er wußte, daß ich zum Spittelmarkt gegangen war, und hatte von den Nachbarn (man wußte immer alles genau) erfahren, daß der Bombenangriff in dieser Gegend stattgefunden hatte.

Bei dieser Gelegenheit teilte er mir mit, daß er in zwei Tagen nach Österreich fahren würde. Vor seiner Abreise mußte er noch einen nächtlichen Luftangriff erleben. Die Flak war damals kaum vorhanden. Nach der Entwarnung erklärte Mamontow den Hausbewohnern, daß die Männer sofort auf das Dach klettern müßten, um es von eventuellen Phosphorbomben zu säubern. Er kommandierte wie ein General, und man wagte nicht, ihm zu widersprechen. Auch ich kletterte hinter ihm durch die schmale Treppe auf das Dach. Ich hatte Angst, der Anblick war aber ganz wunderbar – wie eine Höllendarstellung von Hieronymus Bosch. Die vielen schwarzen Dächer und Ruinen von Berlin und dazwischen die malerischen Brände. Wir suchten nach Bomben, fanden aber nichts. Plötzlich hörten wir ein Sausen, und ein leichtes englisches Flugzeug flog über unsere Köpfe hinweg, so nah, daß man ganz deutlich die englischen Flügelkokarden sehen konnte und sogar die Silhouette des Piloten. »Herr Göring wird wohl jetzt Meier heißen«, sagte jemand. »Er hat doch erklärt, er wolle nicht Göring heißen, wenn je ein feindliches Flugzeug die deutsche Grenze überflöge!«

Lange bevor die Russen in Deutschland waren, mußte ich meine arische Abstammung nachweisen, Tata natürlich auch. Für diese russischen Angelegenheiten war damals ein Mann namens Tabaritzki verantwortlich. Das war jener Tabaritzki, der den Vater des Schriftstellers Nabokow erschossen hatte. Er erschoß ihn eigentlich zufällig, da sein Ziel ein anderer – Miljukow – war, aber Nabokow deckte seinen Freund und bekam den Schuß in den Rücken. Nun war also Tabaritzki ein Vertreter des Naziregimes, und als eingefleischter Antisemit betrieb er die »Säuberung« unter den russischen Emigranten mit aller Macht. Viele Emigranten waren übrigens pro Hitler, meldeten sich zum Dienst, trugen Uniformen, goldene Epauletten und gaben fürchterlich an. Unter der Decke des Antikommunismus versteckten sich ganz widerliche Typen. Ich mußte also mit Tatas und meinem Paß zu Tabaritzki gehen. Er empfing mich mit den Worten: »Wie können Sie bloß so einen Dreck von Paß haben?« Mit zwei Fingern nahm er die Ausweise und schmiß sie auf den Tisch. Nach einiger Zeit bekam ich aus Paris, von einem sippenkundigen Mann, ein Papier, in welchem mir meine Abstammung bescheinigt wurde, und ich wurde für rein arisch erklärt. Bei Tata fand man aber irgendeine jüdische oder halbjüdische Großtante, und Tabaritzki erklärte mir, daß meine Frau eine Halbjüdin wäre.

In Buch, bei Timofejew, gab es viele Neuankömmlinge: einen sowjetischen Kriegsgefangenen, den Biologen Panschin mit Frau, den Pianisten Topilin. Dazu einen Wissenschaftler aus Belgrad, Igor Grebenschtschikow mit Frau, einige französische Gefangene und einen jüdischen Jungen, Roseköter, dem es gelungen war unterzutauchen. Es waren alles Menschen, die irgendeine Beziehung zur Wissenschaft oder zur Kunst hatten, lauter privilegierte Kriegsgefangene oder Menschen, die zu Arbeitszwecken nach Deutschland gebracht worden waren. Durch das Kaiser-Wilhelm-Institut und Koljuschas Beziehungen fanden sie die Möglichkeit, in menschlichen Verhältnissen den Krieg zu überstehen.

Koljuschas Sohn Fomka wurde verhaftet und in ein Lager gesteckt. Er hatte sich an einer Verschwörung gegen Hitler beteiligt. Aus einem idealistischen, etwas naiven Unternehmen wurde eine Tragödie, die einige junge Männer das Leben kostete.

Es war ein schöner Frühlingstag, als ich nach langer Pause wieder Tata und Frau Knittel besuchen wollte. Auch Timofejews hatte ich lange nicht gesehen. Vielleicht kriege ich da ein Gläschen Wodka und ein Stück Polenta, dachte ich. Am Potsdamer Platz wollte ich in den S-Bahn-Zug Richtung Bernau einsteigen, aber die Züge fuhren nicht mehr bis Bernau, bloß bis Buch. Die Leute unterhielten sich aufgeregt, und plötzlich sah ich mehrere Soldaten mit grünen Tarnungszweigen auf den Stahlhelmen. »Mensch Meier, die Russen sitzen schon in Bernau!« sagte ein Mann. Ich setzte mich in den Zug nach Buch. Der Wagen war vollgestopft mit Soldaten. In Karow, der Station vor Buch, hielt der Zug nicht an, und man hörte das Knattern von Maschinengewehren. Auf dem Bahnhof Buch konnte man Einschußlöcher sehen. Die Fahrkarten wurden einem nicht abgenommen, und die Leute beeilten sich, irgendwohin zu kommen, »bevor sie wieder anfangen«, wie es hieß. Ich rannte zu Tatas Haus. Sie saß da mit Herrn Selinow, Frau Knittel, deren Söhnchen und Mutter. Aljoscha sprang mir entgegen und berichtete fröhlich, daß sie schon viermal von einem russischen Flugzeug beschossen worden waren.

Wir entschlossen uns, in den großen Bunker im Bucher Park zu gehen. Mit zwei, drei Köfferchen suchte also unsere Gesellschaft den Bunker auf, der schon voller Menschen war. Trotzdem fand sich noch Platz für uns. Selinow war sehr um Tata besorgt, und Aljoscha machte das Ganze ausgesprochen Spaß. Die Tür des Bunkers stand offen, wurde aber sofort zugemacht, als es zu schießen begann. Irgendwo weit entfernt hörte man Kanonendonner. Nach den Luftangriffen erschien uns das wie ein Kinderspiel, und das Schießen machte uns keine Angst. Viele Frauen und Kinder waren im Bunker, aber auch ein paar Soldaten in Uniform. Tata und Frau Knittel gaben uns eine Scheibe Brot.

Wir verbrachten die Nacht im Bunker. Als man ganz früh die Bunkertür aufmachte, sah man eine Landschaft von Corot: Lange, kahle Bäume standen im Frühlingsnebel, dazwischen standen Kühe und muhten. Warum brüllen die Kühe nur so, fragten wir uns. Tata verstand sofort, daß die Tiere lange Zeit ungemolken geblieben waren und darunter litten. Sie hatte einen Gedanken und fing an, nach Eimern zu suchen. Es fanden sich auch vier Eimer. Tata lief in den Nebel hinaus und hockte sich vor die erste Kuh. Sehr bald war sie mit zwei Eimern Milch zurück. Das war ein Fest! Besonders die Mütter der vielen Kinder freuten sich. Tata verschwand von neuem. Sie saß noch vor einer Kuh, als einige leichte Geschosse in den Park fielen und mit fürchterlichem Krach zerplatzten. »Kommen Sie schnell zurück!« riefen die Leute ihr zu, aber sie konnte sich nicht von ihren Kühen trennen. Vor lauter Freude verging ihr jede Angst.

Plötzlich erschienen drei Kerle in SA-Uniform im Keller. Sie kamen herein, bevor man die Bunkertür zumachen konnte. Einer von ihnen hatte eine Panzerfaust, zwei andere hatten Maschinengewehre. »Gibt's hier Soldaten? Raus mit ihnen!« schrien sie. Vier Soldaten in Uniform näherten sich der SA. »Also schieß schon, du Scheißkerl!« rief einer der Soldaten und zog den Revolver. »Verschwindet mit eurer Panzerfaust auf der Stelle, sonst zerquetschen wir euch wie die Wanzen, ihr blöden Ärsche! Verstanden!« Und man drängte sie regelrecht zur Tür hinaus. Zwei der Soldaten schmissen ihre Revolver hinter ihnen her, machten die Tür fest zu und fingen an, ihre Achselstücke und sonstigen Abzeichen abzureißen. »Verfluchter Mist!« hörte man sie schimpfen.

Es wurde ganz ruhig. Diese Ruhe dauerte sehr lange, eine Ewigkeit. Die Milch war ausgetrunken, manche Kinder schliefen. Plötzlich klopfte es stark an die Tür. Selinow und ich gingen hin. »Macht auf«, hörte man, und »gibt's hier Soldaten?« »Das sind die Russen«, sagte Selinow, und wir machten die Tür auf. Fünf Kerle kamen herein. Ein großer älterer Mann mit Schnurrbart und vier Jungen von ungefähr sechzehn oder siebzehn Jahren mit schief aufgesetzten Mützen, ohne Stahlhelm und mit Maschinenpistolen. Unwillkürlich hoben wir alle die Hände hoch. Mit einer geschickten Bewegung zog mir einer der Jungen die Armbanduhr vom Handgelenk. Die anderen taten dasselbe bei den anderen. Man hatte das Gefühl, daß das kein Krieg ist, sondern das Pflücken kleiner Früchte. Nachdem alle Menschen so bepflückt worden waren, sagte einer »Ach, Scheiße«, und alle fünf verschwanden.

Ein paar Minuten später kam ein Leutnant in den Bunker und fragte: »Gibt's hier Leute, die russisch sprechen?« Ich sagte: »Ja, ich bin Russe.« – »Kommen Sie mit.« Ich bekam Angst und folgte dem Leutnant. Im Park roch es immer noch nach Erde und Frühling, aber es wurde geschossen. Man hörte die Kugeln durch die Zweige sausen. Ich war aufgeregt und sichtlich verängstigt. »Sind Sie nervös?« fragte mich der Leutnant. »Ja«, sagte ich, »weil geschossen wird.« – »Wo?« fragte er. »Ach das, das ist nicht der Rede wert.« Der Leutnant führte mich zu vier in der Nähe stehenden Männern in Zivil. Vor ihnen standen vier Militärkästen mit irgendwelchem Zeug darin. »Sagen Sie bitte diesen Leuten, daß sie die Kästen sofort in ein Haus bringen sollen, wo es ein Telefon gibt, und mich auch dorthin führen!«

Ich übersetzte es, und der Leutnant bedankte sich. Erleichtert lief ich in den Bunker zurück. – Als wir den Bunker verließen und in Tatas Wohnung gingen, hatte die Schießerei aufgehört. Nur irgendwo sehr weit weg hörte man die »Stalinorgel«. Die Straße war voller Menschen, es herrschte unglaublicher Betrieb. Man konnte an eine Szene aus einem Film denken. In der Mitte der Straße rollten einige Tanks, auf denen Soldatenweiber und Männer saßen. Sie trugen Blumen hinter dem Ohr und spielten Akkordeon. Man sang »Katjuscha«, Gruppen von Soldaten und Offizieren liefen nach allen Richtungen. Soldaten mit Maschinenpistolen über der Schulter fuhren auf gestohlenen Fahrrädern hin und her. Ein Soldat warf eine Handgranate in einen kleinen Goldfischteich. »Da habt ihr eine schöne ›Ucha‹!« (Fischsuppe) schrie er fröhlich. Andere Soldaten steckten Stöcke zwischen die Speichen der Fahrräder ihrer fahrenden Kameraden und lachten sich tot, wenn einer herunterfiel. Manchmal traf man einen Unteroffizier, der mit rotem Gesicht erfolglos auf die Soldaten schimpfte: »Genug! Weiter, ihr Hundesöhne! Genug, sag ich euch! Hier ist Krieg und kein Kinderspielplatz! Laß das Rad stehen, sag ich dir, du Hund, du Pestbeule!«

Kolonialwarengeschäfte wurden gestürmt, Tausende von Konservenbüchsen lagen auf der Straße. Die Zivilbevölkerung sammelte ein, was sie konnte. Man fand Zigaretten, Sardinendosen, Gebäck. Man schrie: »Verflucht noch mal, was die noch alles hatten!« – »Helga, Helga, da liegt ein Stück Seife!« Auch Tata stürzte sich in die Menge und kam mit vier Sardinenbüchsen zurück.

Niemand bemerkte uns, wir kamen unbehelligt in Tatas und Frau Knittels Wohnung. Für die Nacht blieben wir alle zusammen. Die Knittels wollten russisch sprechende Menschen bei sich haben. Wir richteten uns ein, so gut wir konnten, und sagten einander Gute Nacht.

Morgens erwachte Tata als erste. Ihre ersten Worte waren: »Kommen sie?« – Nein, noch nicht.

Ein schöner Frühlingstag fing an. Die Vögel sangen wie im tiefsten Frieden. In der Mitte der Straße fuhren Lastautos mit Soldaten. Ab und zu kamen auch ganze Gruppen. Manchmal lösten sich einzelne Soldaten aus einer Gruppe und gingen in die Häuser. So erhielten auch wir Besuch. Es war ein ganz junger Leutnant, ohne Stahlhelm, mit zwölf mongolischen Soldaten mit Stahlhelm. Der Leutnant fragte, ob es bei uns versteckte Soldaten gäbe. Wir sagten nein. Seine Mongolen hatten sich inzwischen in der Küche eingerichtet. Ohne etwas zu sagen, hatten sie irgendwo Mehl und Zucker gefunden und das Ganze auf den Tisch geschüttet. Sie steckten ihre zierlichen, schmalen Finger hinein und lutschten die Finger ab. »Wie die Affen«, sagte der Leutnant zu mir. »Sie sind doch Russe? Verstehen Sie, mit diesen Makaken soll ich Krieg führen! Sie haben Angst vor einem Knallbonbon, verlieren dauernd ihre Gewehre, verstehen kein Russisch und laufen bei jeder Gelegenheit weg. Schafe können sie ficken, aber nicht Krieg führen!«

»Los, ihr Ärsche, los, laß den Zucker, du Affe! Vergiß dein Gewehr nicht, du verfluchtes Nichts!« Sie verschwanden. Frau Knittel kam zitternd zu mir. »Waren das Mongolen? Das sollen die Schlimmsten sein!«

Nach zwei Stunden erschienen drei Soldaten und ein Unteroffizier, die schrecklich in Eile waren. Sie benahmen sich, als ob wir überhaupt nicht da wären. Sie betrachteten die Wände, gingen durch alle Zimmer und sprachen miteinander. Dann sagte der Unteroffizier zu einem Soldaten: »Hier«, und der Soldat fing an, ein Loch in die Wand zu schlagen. Der Unteroffizier sagte zu uns, daß er das Haus beschlagnahmen müsse. Wir sollten sofort verschwinden, in drei Tagen könnten wir wiederkommen. »Ja, wo sollen wir nur hin?« »Das interessiert uns nicht«, antwortete der Mann eilig.

Knittels, Selinow, Tata und ich und natürlich die Kinder gingen zu Timofejews ins Institut. Die Timofejews waren wirklich eine Art Retter für alle. Wie vielen Menschen hatte diese Familie schon geholfen, und immer ohne zu fragen, wie und wem, Russen, Franzosen, Deutschen, Kommunisten, Juden, Nazis, einfach verrückten Menschen. Sie halfen ohne Rücksicht auf sich selbst und ohne jede Sentimentalität, manchmal mit ein bißchen grobem Witz und Spott von Koljuschas Seite, was den Menschen meist noch mehr half, eine Schwierigkeit zu überwinden.

Im Institut trafen wir gleich am Torhaus Koljuscha. »Na,

habt ihr alles gut überstanden? Waren die Leute anständig?« fragte ich. »Anständig waren sie nicht, aber nichts ist kaputt. Unsere Jelena und noch ein paar Frauen mußten daran glauben, aber nichts wurde zerschlagen. Man hat überall riesengroße Schilder angebracht, daß es ein wissenschaftliches Institut sei und man nichts auf dem ganzen Grundstück berühren dürfe. Vor dem Institut hat man sogar zwei Posten aufgestellt.«

Der Ort Buch bot immer noch ein Bild wie aus dem Dreißigjährigen Krieg. Ein Soldat verfolgte mit gezogenem Säbel ein Schwein, Hühner wurden gefangen, jemand spielte Akkordeon, und in der Ferne hörte man die Stalinorgel (Katjuscha), die wieder anfing, Berlin zu beschießen.

So blieben wir in Buch. Viele Wohnungen von Wissenschaftlern waren verlassen, und Koljuscha gab uns eine sehr schöne Wohnung, wo ich mich mit Tata einrichten konnte. Die Knittels konnten für zwei Nächte auch irgendwo bleiben. Selinow bekam ein Zimmer und wurde zu einer Art Portier des Instituts ernannt. Die französischen Gefangenen waren nicht wiederzuerkennen. Sie hatten ihre Uniformen ausgezogen und sahen ruhig und würdig aus. Sie hatten fürchterliche Angst vor den eigenen Leuten, die später kommen sollten. Es war gar nicht gut, ein Privilegierter in der Gefangenschaft gewesen zu sein, sie konnten deswegen leicht zu den Kollaborateuren gerechnet werden.

Die Russen hatten einen wahnsinnigen Respekt vor der Wissenschaft und versuchten, sich im Institut möglichst gut zu benehmen. Trotzdem kamen sie in den ersten drei Tagen in den Park, schossen sinnlos in die Luft und suchten nach Alkohol. Einmal kam eine Gruppe von etwa dreißig Kosaken auf Pferden und galoppierte durch den Park. Sie sahen höchst malerisch aus. Ich war überrascht und fragte einen Offizier, ob es in der Sowjetunion noch Kosaken gäbe. »Wie Sie sehen«, sagte er leicht lächelnd, »für die Paraden schon, aber das hat mit den früheren Kosaken nichts mehr zu tun.«

Abends gingen die Leute noch in die Keller. Fast jeden Abend kamen Soldaten und suchten nach Frauen und Alkohol. Ich mußte dauernd übersetzen und tun, was besoffene Soldaten von mir verlangten. Einmal kam ein riesiger Kerl in einer Lederjacke, den Revolver in der Hand, und befahl mir, ihn zu einer Frau zu führen. Wir standen im halbdunklen Keller, und der Mann zeigte mit dem Revolver auf irgendeine verhüllte Figur an der Wand. »Die da«, sagte er. Er sagte ganz böse zu mir, daß er Jude sei (ausgerechnet mit einem so ultra-slawischen Gesicht), ein Sieger, und daß er, wenn er wolle, alle hier umlegen könne. Ich versuchte, ihm leise zu erklären, daß das hier ein Institut sei, daß es hier keine Nazis gäbe, aber er hielt mir den stinkenden Revolver unter die Nase und sagte: »Das ist das Institut!« Ich führte ihn zu der Frau, und der Soldat zog sie an der Hand mit sich. »Komm, komm, Frau, nicht Angst.« Die Frau ging mit und verschwand.

Am nächsten Tag kam derselbe lederjackige Soldat wieder in unser Haus und verlangte nach mir. Mensch, dachte ich, schon wieder! Der Soldat brachte mir eine Cornedbeef-Dose. »Hier, Doktor.« Er wollte mir bloß erzählen, daß er der Frau nichts Böses getan hätte. »Nur so ein bißchen, weißt du, so unwillig war sie gar nicht, sie machte mit.«

Ich dachte, na ja, wieder ein rührendes Beispiel der »russischen Herzlichkeit« à la Dostojewski, aber ich war keineswegs zu dieser Art Herzlichkeit aufgelegt.

Nach vier Tagen erschien ein Lastauto, und ein Unteroffizier mit einer Liste verlangte nach mehreren Personen. Timofejew! Topilin! Panschin! Zinger! Warschawski! usw. Ich glaube, es waren im ganzen sieben. Wir mußten auf das Lastauto steigen, man machte die Türe zu, und wir fuhren weg. Man brachte uns in irgendeinen Ort und sperrte uns in einen Keller ein. Timofejew war in Panik und bereitete sich darauf vor, auf der Stelle erschossen zu werden. Ich dachte auch, nun ist es aus. Topilin versuchte, uns zu beruhigen.

Am nächsten Morgen wurden wir untersucht. Alles Papiergeld, Schlüssel und Brieftasche wurden uns abgenommen. Man steckte alles in Beutelchen, an die man einen Zettel mit dem Namen des Besitzers band. Bei mir fand man eine kleine Ikone, noch aus meiner Kindheit, die ich die ganze Zeit bei mir getragen hatte. Der untersuchende Unteroffizier nahm die Ikone und schmiß sie in die Ecke. »In Rußland werden Sie viel größere Ikonen finden«, sagte er lachend. Bei dem sowjetischen Pianisten Topilin fand man ebenfalls eine kleine Ikone und warf sie weg. Was mich amüsierte, war, daß man bei dem so marxistischen und materialistischen Biologen Panschin ebenfalls eine kleine Ikone fand. Er genierte sich furchtbar und fing an zu erklären, daß es nur ein Andenken an die Mutter sei. Jedenfalls flog seine Ikone auch in die Ecke. »Ihr seid aber eine fromme Gesellschaft«, lachte der Unteroffizier und packte die sieben Säckchen in einen großen Sack. »So, nun müssen wir gehen.«

Die Frühlings-Morgensonne strahlte. Wo wir hingehen sollten, wußten wir nicht, der Unteroffizier auch nicht. Er schaute dauernd auf eine Karte, bestimmte irgendeine Richtung und ging los. Wir baten ihn, uns zu sagen, wo wir hingehen sollten, wir kennen die Gegend, wir könnten ihm helfen.

»Ich darf doch nichts sagen, Freunde«, klagte er, »ich muß den Weg allein finden, den Namen des Ortes darf ich nicht verraten.« Na gut, wir marschierten weiter. Später haben wir erfahren, was wir für einen unglaublichen Umweg gemacht haben. Wir benötigten dreizehn Stunden für eine Strecke, die man gewöhnlich in vierzig Minuten zurücklegt.

Die Sonne schien, der Himmel war blau. Ab und zu machten wir eine Ruhepause, und der Unteroffizier teilte Zigaretten aus. Auf der großen Asphaltstraße lagen zerquetschte Schäferhunde, am Rand des Weges sah man die Leichen von Zivilisten. Ein ganz alter Mann lag da, als ob er eingeschlafen sei, mit der Mütze über den Augen. Ein Junge lag mit dem Gesicht zur Erde. Wir kamen in ein

Dorf. Das blaue Schild mit der Inschrift »Schultheiss Patzenhofer« hing ganz schief. An einem Teich lag ein kleines Mädchen, gelb wie Wachs, eine Hand im Wasser. Drei Hitlerjungen in Uniform mit blonden Haaren wie der Hitlerjunge Quex hingen an einem Baum, an dem ein großes Schild angenagelt war: »Wir waren feige.« Der Unteroffizier zeigte auf die Gehängten mit ihren langgezogenen Hälsen und sagte: »Das haben eure Faschisten gemacht.« Er erzählte uns bei dieser Gelegenheit, wie diese Hitlerjungen manchmal bis zum Blödsinn mutig waren. »Einmal kam so einer an, mit einer Panzerfaust ganz allein gegen vier unserer Tanks. Ich schrie ihm noch zu: ›Geh zu Mama!‹, aber es war zu spät, einer schoß ihm mitten in die Stirn zwischen die Augen. Da lag er dann mit seiner Panzerfaust.«

Auf einem Feld stand eine deutsche Batterie mit drei oder vier Kanonen, drumherum lagen ganz junge tote Soldaten in neuen Stahlhelmen, manche mit dem wächsernen Gesicht zum Himmel, manche mit dem Bauch zur Erde. Eine Masse Stroh aus den Munitionskisten war überall verstreut, und viele nagelneue Geschosse mit gelben Streifen lagen auf dem Stroh und auf der Erde. Daneben war ein großer Trichter. »Ein Volltreffer«, sagte der Unteroffizier. Das Unangenehme an diesem Bild war, daß kein Blut zu sehen war. Es war sauber und ordentlich, wie ein Panorama aus Wachs und Eisen, noch sauberer und unnatürlicher, als es in Sewastopol zu besichtigen war. Ich kann dieses grauenvoll-stille Bild nie vergessen.

Erst gegen elf Uhr abends kamen wir in einem Privathaus an. Der Unteroffizier lieferte uns und seinen Sack mit unseren Säckchen ab und wurde angebrüllt. Ein Offizier beschimpfte ihn, weil er so spät kam. »Um neun Uhr morgens sollten Sie hier sein, Sie Idiot!« Dann befahl er, uns etwas zu essen zu geben, und ging weg. Wir setzten uns an einen Tisch, und man brachte uns eine Riesenschüssel Corned-beef. Ich glaube, mir hatte noch nie etwas so gut gechmeckt. Wir aßen und schliefen auf der Stelle ein. Man schleppte uns regelrecht aus dem Zimmer, durch den Garten und sperrte uns in irgendeiner Scheune ein.

Der nächste Morgen war herrlich. Die Bäume standen in voller Blüte. Wir waren voller Staunen, als man unsere Tür aufmachte, so schön war es.

Der Inhaber des Hauses, des Gartens und der Scheune saß ganz traurig auf einer Bank und schimpfte vor sich hin. Es war ein Mann von fünfundsechzig oder siebzig Jahren, mit langer Nase und einem speckigen Hut auf dem Kopf. Er antwortete kaum auf unser »Guten Morgen« und verlangte von uns schimpfend, sofort dem Kommandanten zu melden, daß ein Soldat ihm einen Eimer weggenommen hätte. In diesem Augenblick erschien ein Soldat mit einem Eimer herrlicher Kohlsuppe mit Fleisch und acht Löffeln. »So, das ist für euch«, sagte er und stellte den Eimer auf einen kleinen Gartentisch. Wir berichteten dem Soldaten von dem Wunsch des alten Mannes. »Ach, der meckert immer«, antwortete er und ging weg. Timofejew erklärte dem unzufriedenen Inhaber des Grundstücks, daß es im Augenblick Krieg gäbe. Da ginge vieles kaputt, die Leute sterben, werden erhängt, erschossen, viele Städte verbrennen. Der Mann schüttelte den Kopf, als ob man nur dummes Zeug rede, und schrie plötzlich ganz verärgert: »Den Eimer müssen sie zurückbringen! Das ist mein Eigentum!«

Elf Tage saßen wir in dieser Scheune und in diesem Garten. Elf Tage schien die Sonne, elf Tage lang hörten wir in der Ferne um elf Uhr vormittags die Stalinorgel. Elf Tage meckerte der Mann, verlangte seinen Eimer und wirtschaftete im Garten herum. Verhört wurden wir meistens nachts. Der Offizier, der mich verhörte, kannte den Namen meines Vaters und seine Bücher. Er wollte sehr wenig von mir wissen, und ich sah einen Zettel auf meinem Paß liegen: »Schon lange hiesiger Einwohner«. Ich bekam meine Papiere, die Schlüssel und das Geld zurück. Timofejew verhörte man jede Nacht, und es dauerte immer endlos lange. Topilin hat man auch sehr lange verhört, und Panschin hat man behalten. – Ein Lastauto brachte uns sehr schnell nach Buch in das Institut zurück.

Das Wiedersehen mit den Frauen und den übrigen Bewohnern des Instituts war ein Freudenfest. Viele weinten. Zwei Tage später kapitulierte Deutschland, und das wurde so gefeiert, daß wir Angst bekamen. Es wurden so viele Raketen abgeschossen, daß der Himmel stundenlang hell blieb. Es knallte von allen Seiten, so daß man vorzog, die Türen fest zu schließen und ganz still in der Wohnung zu verharren.

Nikolai Wladimirowitsch Timofejew war der Leiter der genetischen Abteilung des Instituts und hatte mit dem übrigen Kaiser-Wilhelm-Institut nichts zu tun, schon gar nicht mit den Krankenhäusern, die neben dem Institut standen. Zu diesem Zeitpunkt ernannten wir ihn (oder er selbst sich) zum Direktor des gesamten Instituts. Er übernahm diesen Posten mit sehr viel Würde und der für ihn typischen Energie. Das Leben im Institut nahm feste Formen an. Die nächtlichen Besuche und Vergewaltigungen hörten völlig auf. Die französischen Gefangenen bekamen eine Extrawohnung. Ich wurde der Zeichner des Instituts und mußte für zwei sowjetische Wissenschaftler Mäusezähne und für einen griechischen Genetiker Heuschrekkenlarven in verschiedenen Phasen zeichnen. Selinow saß im Institut in einer Portiersloge, und Tata holte von irgendwoher eine Kuh und versorgte alle mit Milch. Igor Grebenschtschikow und seine Frau lebten auch in einer ihnen zugewiesenen Wohnung und begannen mit ihrer genetischen Arbeit.

Ein Posten wurde extra für unser Institut bestellt. Es war ein merkwürdiger, ganz hagerer, großer Mann aus dem Kaukasus. Ich erinnere mich, wie er zwei Soldaten ganz langsam mit seinem kaukasischen Akzent erklärte: »Hier ist ein Institut! Lauter Wissenschaftler, lauter kluge Menschen. Der Professor sitzt da und denkt über etwas furchtbar Wichtiges nach, er hat einen Gedanken gefaßt, und da kommt so ein Idiot wie du auf seinem Rad und klingelt? Und weg ist der Gedanke!« Die Soldaten hörten zu und gingen beschämt weg.

In einem der Krankenhäuser richtete man ein Lazarett ein. Wir lernten die Ärzte kennen. Einer von ihnen, ein gewisser Hauptmann Burgmann, machte Tata den Hof, brachte ihr Bücher und Konserven. Dann gab es noch einen jüdischen Arzt namens Bierbreuer, einen zarten Mann, der sehr jüdisch aussah und um die Deutschen besorgt war. »Was hat dieses Volk bloß angestellt! Wie teuer wird sie das zu stehen kommen! Und diese Judenmorde! Was für eine Sünde! Arme, arme Menschen! Man muß auch an sie denken!« Es klang etwas unsagbar Menschliches, fast Biblisches aus seinen Worten, es war fast peinlich.

Der junge Rosenköter geriet manchmal in die Gesellschaft von russischen Soldaten und bat mich, ihnen zu erklären, daß er Jude sei, Kommunist, und daß er Rußland und Lenin liebe. Schon wieder eine peinliche Situation! »Du Jude? Und warum hat man dich nicht vergast? Kommunist bist du? Dann fahr nur zu uns, es wird dir schon vergehen, du Arsch mit Krawatte!«

Übrigens haben wir erst nach der Kapitulation von den vielen Grausamkeiten der KZ-Lager erfahren. Erst verhältnismäßig spät lernten wir die schrecklichen Einzelheiten kennen, von denen wir höchstens gerüchteweise gehört hatten.

Wir veranstalteten wieder Leseabende, meist bei Igor Grebenschtschikow, der sehr gut vorlas. Topilin gab einmal einen Klavierabend. Viele beschäftigten sich mit Fotografieren. Man fotografierte die russischen Soldaten mit und ohne Frauen, mit Revolver und ohne Revolver, mit Blumen hinter dem Ohr und ohne Blumen. Tata, Herr Zimmer, Dr. Katsch, Mascha Haegener, alle taten das. Man bekam dafür ein Stück Speck oder eine Konservenbüchse oder etwas Zucker oder Kascha. Es herrschten wieder Ordnung und Disziplin. Manche verwundeten Soldaten durften im Park spazierengehen. Einmal ging ich zum Institut und sah eine Gruppe Soldaten auf dem Rasen sitzen, direkt vor den Käfigen mit den Versuchsaffen (mit denen man aber schon lange keine Experimente mehr machte). Es waren drei Mantelpaviane und einige Rhesusaffen. »He, Doktor!« rief einer der Soldaten mir zu, »hat man diese Affen in den deutschen Wäldern gefangen?« Ich blieb in meinem weißen Zeichenkittel stehen und sagte: »Ach was, es gibt keine Affen in den deutschen Wäldern. Die Affen leben in tropischen Gegenden, in Afrika, Indien, in Südamerika!« Plötzlich merkte ich, daß sich eine Gruppe Zuhörer gebildet hatte, vielleicht zwölf oder fünfzehn Soldaten. »Erzähl weiter, Doktor«, sagten sie. Ich erzählte von den großen Orang-Utans, den Gorillas, von den Mantel-Pavianen und anderem, was ich noch so über Affen wußte. »Wie schön du erzählst, Doktor«, sagten sie. »Wir können nichts anderes als Krieg führen. Wissen nichts, erfahren nichts, und dabei gibt es im Leben soviel Interessantes.« Ich war gerührt von diesen Worten.

Im Kaiser-Friedrich-Museum in Berlin (dem jetzigen Dahlemer Museum) hängen zwei wunderschöne kleinere Bilder von Watteau, »Die französische Komödie« und »Die italienische Komödie«. Beide Bilder stellen Theaterszenen im Freien dar. Das Bild der französischen Komödie stellt die Liebe auf der französischen Bühne dar, das Bild der italienischen zeigt einen gitarrespielenden Pierrot und einen Harlekin mit einer Fackel in der Hand. Beide Bilder spiegeln für mich die Seele des Theaters wider. Ich kenne nichts Schöneres und Feineres, was den Zauber der Bühne (die ja auf den Bildern gar nicht vorhanden ist) wiedergibt. Dazu repräsentiert das eine Bild unnachahmlich Frankreich, das andere Italien.

Ich komme auf diese herrlichen Watteau-Bilder zu sprechen, weil ich in Buch an sie denken mußte, als die Soldaten dort einen Theaterabend veranstalteten. Auch er fand im Freien statt, man baute eine kleine Bühne zwischen großen Bäumen auf. Man brachte für die Privilegierten Stühle und Bänke aus dem Lazarett, die anderen mußten stehen. Mehrere kleine elektrische Lampen beleuchteten die Bühne. Die Vorführung bestand aus verschiedenen Sketchen. Zwei kaukasische Komiker versuchten, einander zu betrügen, ein kleiner Soldat machte einem Mädchen den Hof, das plötzlich ganz groß wird und fast über die Bühne hinauswächst. Ein kleiner Dicker und ein langer Dünner werben um ein Mädchen, das einem dritten in die Arme fällt. Dann traten zwei Tänzer und ein Balalaikaspieler auf.

Es war ein wunderbarer Frühlingsabend, die »Schauspieler« waren bunt geschminkt, die Musik gut eingebaut und laut. Das Ganze hatte sehr viel Charme. Man fühlte, wo gute Regisseure wie Tairow, Wachtangow, Meyerhold ihre Inspirationen herhaben: aus der verschwundenen Commedia dell'arte und aus solcher unbefangenen Volkskunst. Ich dachte an »Turandot« von Wachtangow, an den »Blauen Vogel« und an die Bilder von Watteau. Ich glaube, ein größeres Kompliment kann man einer solchen Vorführung nicht machen. Leider verstanden wenige meine Begeisterung. Timofejew war überhaupt nicht da, Tata auch nicht, und die anderen lächelten nur, als ob das nichts als ein Scherz sei. Ich wäre froh, wenn auf den Bühnen vieler Theater nur die Hälfte von diesem Charme, Temperament und theatralischen Sinn vorhanden wäre. Nur Selinow und Nina Grebenschtschikow waren meiner Meinung.

Das erste Mal nach Kriegsende besuchte ich die Stadt Berlin in einem Jeep mit drei russischen Offizieren. Sie gehörten einer Organisation an, die die Kunstwerke vor Vandalismus schützen sollte. Ich wurde als Dolmetscher für diese Unternehmung engagiert. Die zerbombte, riesige Stadt war eindrucksvoll, schön und deprimierend zugleich. Eine Landschaft wie für einen surrealistischen Film, eine Art Dekoration für Dantes »Göttliche Komödie«. Was die englischen und amerikanischen Bomber vergessen hatten, hatte die russische Artillerie nachgeholt. Ich erkannte die Stadt kaum wieder! Und wie gut hatte ich sie doch gekannt. Unter den Linden, Friedrichstraße, Tiergarten, nichts stand mehr, es war nur noch das Skelett einer Stadt.

Auch die Offiziere waren sehr beeindruckt. Ich zeigte ihnen, wo sich die Nationalgalerie befand, wo ein Museum stand, wo man früher Ausstellungen veranstaltete. Aber man sah nur Mauern, die Museen waren entweder zerbombt oder evakuiert. Wir haben keine Kunstwerke gefunden, und ich schlug den Offizieren vor, ihnen die Wohnung zu zeigen, wo ich zuletzt gewohnt hatte. Wir fuhren in die Apostel-Paulus-Straße. Das Haus stand noch, wir gingen die Treppe hinauf. Im Atelier von Mamontow stand alles so wie früher, bloß das Geschirr war verschwunden – bestimmt von den Nachbarn gestohlen –, und die Kleidungsstücke fehlten. Wir fanden einen leeren Koffer, in dem man ein einziges Büchlein vergessen hatte. All meine Bilder standen zusammengebunden da, wie ich sie gelassen hatte. Einer der Offiziere lief die Treppe hinunter und holte aus dem Jeep eine Flasche Wodka und zwei Büchsen Konserven. Wir setzten uns, und ich erzählte von Berlin und von meinem Leben. Später erlaubten sie mir, meine Bilder mitzunehmen, und wir fuhren mit einem vollbeladenen Jeep nach Buch zurück.

Wir lebten nicht schlecht in Buch. Wir hatten mehr zu essen als die übrige Bevölkerung, aber glücklich und zufrieden war ich nicht. Ich bekam keine Nachricht von meiner Mutter und machte mir Sorgen um sie. Auch wußte ich nicht, was aus Uschi und Mischa geworden war. Die ewige Sowjetatmosphäre fing an, mich zu belasten. Die Amerikaner, Engländer und Franzosen kamen nach Berlin und richteten ihre Sektoren ein. Die Ankunft der Engländer und Amerikaner brachte sehr viel Aufregung mit sich, andere Uniformen, andere Sitten. Man sah die amerikanischen Autos mit dem weißen Stern, die englischen Autos mit der englischen Fahne. Die Amerikaner richteten sich in den schönen Villen von Wannsee und Dahlem ein, strichen alle Zäune weiß und ließen ihre Fahne auf weißen Masten wehen. Alles erschien neu, elegant, reich und beneidenswert. Man fing wieder an, starkes Bier auszuschenken, und an jeder Ecke verkauften die Amerikaner Kaugummi und Zigaretten. Englische und schottische Offiziere waren am Kurfürstendamm zu sehen. Es hieß, daß jeder in dem Sektor, in dem er früher gemeldet war, bleiben müßte. Wir hatten uns aus Lankwitz nie abgemeldet, und so hatten wir das Recht, in den amerikanischen Sektor zu ziehen. Aljoscha mußte in die Schule, ich wollte weiter arbeiten und in Westeuropa bleiben.

Einmal stand ich sehr spät nachts in unserer Küche und machte mir eine Suppe warm. Plötzlich klopfte es an die Tür. Im Dunkeln konnte ich einen großen Mercedes und drei Männer in Ledermänteln erkennen. »Kennen Sie Professor Timofejew?« fragten sie mich. »Ja.« »Bitte führen Sie uns zu ihm.« Mit einem unangenehmen Gefühl im Bauch begleitete ich die Männer durch den nächtlichen Park zum Torhaus. Dort brannte noch Licht. Frau Timofejew öffnete die Tür. »Die drei Herren möchten zu Koljuscha«, sagte ich. »Gut, Koljuscha kommt gleich«, erwiderte sie. Die drei Männer sahen mich an und fragten plötzlich: »Und kennen Sie einen gewissen Tabaritzki? Er spielte doch eine Rolle hier! Wo ist er eigentlich jetzt?« Ich mußte fast lachen und antwortete: »Tabaritzki ist bestimmt weit weg!« Die Männer grinsten.

Als Koljuscha kam, sagten die Männer ihm, daß in Berlin eine wissenschaftliche Veranstaltung stattfände und daß man ihn bitte, für eine Stunde daran teilzunehmen. »Gern«, sagte Koljuscha, und wir gingen alle zu dem wartenden Mercedes. Ich bemerkte, daß im Wagen ein Chauffeur am Steuer wartete. »Also, der Professor ist in einer Stunde wieder hier«, sagten die Männer. »Auf Wiedersehen.« – Erst nach zwei Jahren bekam Koljuschas Frau die erste Nachricht von ihrem Mann.

Gleich am nächsten Morgen nach Koljuschas Verschwinden sagte ich zu Tata, daß wir bald nach Berlin umziehen müßten. Tata war einverstanden und meinte nur, daß sie einen Ofen aus dem Lazarett mitnehmen wolle, denn »wie sollen wir sonst unsere Wohnung heizen?« –

»Aber wir haben doch noch gar keine Wohnung«, sagte ich. »Mit dem Ofen können wir schon anfangen.« Merkwürdigerweise halfen ihr die kranken Soldaten aus dem Lazarett, den Ofen hinauszutragen. »Nimm, Mütterchen, nimm, jetzt ist Sommer, und später sind wir nicht mehr hier.«

Als ich zum Institut kam, sah ich einen neuen Posten vor einem der Häuser, einen Soldaten von ungefähr achtzehn oder neunzehn Jahren. »Guten Morgen, Doktor«, begrüßte er mich. »Sag mal, warum töten sich die Leute? In dem Haus da hat sich ein Arzt umgebracht, sich selbst, seine Frau und drei Kinder. Was fehlte ihm? Das Wetter ist so schön, Tabak hab ich auch genug, was will der Mensch noch? Ich war zweimal verwundet, wo meine Eltern sind, weiß ich nicht, aber mich umbringen möchte ich nicht! So ein schönes Wetter! Und so ein Doktor könnte doch ein bißchen aushalten? Und die Kinder? Nee, Doktor, das ist eine große Scheiße, sich umzubringen!«

Diese Ansicht beeindruckte mich. Den Selbstmörder und seine Kinder kannte ich nur oberflächlich. Ich ging zurück nach Hause, um die Neuigkeit mitzuteilen.

Bevor wir nach Berlin zogen, besorgten wir uns eine Wohnung. Das war nicht schwer, da die Hälfte aller Wohnungen leer stand. Man hatte das Recht, eine Wohnung zu besetzen, wenn der Inhaber bis zu einem bestimmten Zeitpunkt nicht zurückgekommen war. Aber es kam kaum einer zurück. Wir suchten uns eine Wohnung in Friedenau in der Wilhelmshöher Straße aus, weil in diesem Haus unsere Freunde, die Wolffs, wohnten. Außerdem mietete eine gewisse Frau Richter dort ein Zimmer, die Mutter meines Kollegen Jura Richter. Wir meldeten uns also für diese Wohnung an und erhielten das Recht, dort einzuziehen. Sie war möbliert und voller Geschirr und fremder Bücher.

In Buch fanden wir einen Mann, der bereit war, den Umzug für uns zu übernehmen. Eines Morgens luden wir alle meine Bilder, einige Koffer und den berühmten Ofen aus dem Lazarett auf einen Pferdewagen, und der Mann begann seine Fahrt aus Buch in den amerikanischen Sektor. Damals gab es noch keine Schwierigkeiten an den Sektorengrenzen. Natürlich ging ich vorher noch zu Frau Knittel, um mich zu verabschieden. –

Ich schrieb mehrere Briefe nach Hof an meine Mutter und bekam verhältnismäßig schnell Antwort. Es ginge ihr gut, und sie würde alles daransetzen, zu uns nach Berlin zu kommen. Auch Uschi Haertel erschien mit Mischa in Siemensstadt. Sie war nach fürchterlichen Erlebnissen und Vergewaltigungen mit einem russischen Lastwagen nach Berlin gekommen. Unsere Freundin Evchen Hasperg war auch am Leben und wohnte nach wie vor mit ihrer Mutter in ihrer Wohnung. Wo Herr Göke steckte, wußte ich nicht. Herrn Feyerabend hatten die Russen erschossen, weil er einen Ledermantel trug (»du Offizier!«) und in einer Gegend lebte, wo es starken Widerstand gab.

Bei meinem ersten Besuch machte der Zoo auf mich einen schrecklichen Eindruck. Die Kämpfe hatten sich nämlich im Tiergarten und direkt im Zoo abgespielt. Dieser Zoologische Garten, in dem ich jede Ecke, jeden Käfig kannte, glich einer Mondlandschaft. Ein ausgedienter Tank, verdrehte und zerrissene Käfiggitter, Schutthaufen. Viele der Baumstämme waren völlig zerschossen, überall gab es Soldatengräber: Kreuze mit Stahlhelmen, deutsche, russische. Der Zoo war nicht geschlossen, aber es gab keine Kasse und kein Publikum. Einige Tiere hatten überlebt: Antilopen, Bären, Hirsche, Fasanen, Wildschweine und der große Elefant Harry. Die anderen Elefanten waren bei einem Bombenangriff verbrannt. Ich erfuhr, daß der Menschenaffenwärter, Herr Liebetreu, tot war. Die Wärter erzählten mir, daß die Russen die Affen fingen und in Säcke steckten. Sie wollten sie als Andenken mitnehmen. Die Affen bissen sie wie verrückt, aber die Soldaten ließen sich beißen und vergaßen zu kämpfen. Viele Affen wurden dabei erschossen. Ich hoffe, einen ähnlichen Zoobesuch werde ich nie mehr erleben.

Eines Morgens früh erschien meine Mutter. Sie war mit einem englischen Militärzug irgendwohin gekommen, von da brachten sie die Amerikaner und dann die Russen weiter. Sechsmal mußte sie umsteigen, sie war sehr müde und zugleich sehr glücklich, uns zu sehen. Am nächsten Morgen ging ich schon mit ihr ins Kino.

Meine Mutter als ehemalige Schauspielerin des Moskauer Künstlertheaters und Sowjetbürgerin erhielt im sowjetischen Sektor einen Spezialausweis, der ihr erlaubte, in den russischen Militärgeschäften einzukaufen. Zu diesem Zweck mußte sie weit mit der Straßenbahn fahren. Sie fuhr von Friedenau bis Pankow, das dauerte anderthalb Stunden. Dort mußte sie zwischen russischen Soldatenfrauen lange Schlange stehen. Manchmal meckerten sie, daß man nun auch Fremden erlaube, bei den Russen zu kaufen. Meine Mutter wurde böse und sagte, daß sie keine Fremde wäre, sie sei eine alte Schauspielerin und vielleicht mehr Russin als sie alle zusammen. Manchmal kam ein junger Soldat und mischte sich ein. So entstand eine typisch russische Konversation: »Was ist los? Wer bist du, Babuschka? Wo kommst du her?« – »Ich bin eine alte Schauspielerin, hier ist mein Ausweis!« – »Ja, aber vielleicht ist dieser Ausweis falsch?« – »Dann bist du selber falsch! Hörst du nicht, wie ich spreche!?« – »Ist schon gut, ist schon gut!«

Diese Fahrten waren für meine Mutter sehr lästig, aber sie tat es für die Familie. Wir kamen ihr immer bis zur Straßenbahn entgegen, um ihr zu helfen, die Pakete zu tragen. Jedesmal begrüßten wir einander so, als ob ein alter Freund nach langer Trennung aus der Ferne zurückkehrte.

Das, was meine Mutter aus den russischen Geschäften mitbrachte, war für uns die Rettung. Um diese Zeit hungerte Berlin. Mit den Zuteilungen konnte man nicht leben, jeder mußte zusehen, wie er zurechtkam.

Meine Mutter erzählte uns viel von ihrem Leben in Untersteinach bei Hof. Dort war alles so anders als in Berlin. Sie hatte schrecklich darunter gelitten, keine Nachricht von uns zu bekommen. Eines Tages, schon nach der Besetzung von Hof durch die Amerikaner, sah sie in einem Kino eine Wochenschau, in der man den »Kampf um Berlin« zeigte. Es war so entsetzlich, daß sie eine Woche nicht schlafen konnte. Sie sah dauernd die donnernde Stalinorgel vor sich, Rauch, die zusammenfallenden Mauern, rennende Soldaten und Berge von Ruinen. Sie hatte das Gefühl, daß in diesem Chaos nicht eine Maus überleben konnte. Und doch aß ich um diese Zeit die gute Kohlsuppe in dem Garten, in dem man mich eingesperrt hatte.

Auch brachte meine Mutter die traurige Nachricht, daß Tante Polja auf der Flucht in einem Bauernhaus gestorben war. Die treue Ida war bis zuletzt bei ihr. Meine Mutter erzählte auch, daß man den Ohnesorge totgeschlagen habe und daß Tante Lisa in Hof gestorben sei.

Das Leben in der Wilhelmshöher Straße veränderte sich mit jedem Tag. Unten im Haus wohnten Andrej und Dina Wolff. Sie besaßen damals ein Haus in Caputh bei Potsdam und ein Buchgeschäft in der Kaiserallee. Das Haus in Caputh war ein altes schönes Bauernhaus, innen ganz neu ausgebaut und gemütlich. Caputh selbst war ein entzückender Ort mit Seen ringsherum und mit einem wunderbaren Eichenwald. Wolffs luden uns öfters ein, und wir verbrachten dort herrliche Sommertage. Die »Bücherei Wolff« in der Kaiserallee hat Andrej Wolff zu einem kleinen Kulturzentrum gemacht. Er veranstaltete sehr interessante Lese- und Gesprächsabende und machte Ausstellungen. – In Caputh lebte auch der Maler und Schriftsteller Kückenthal. Er war leicht buddhistisch angehaucht und liebte es, über Ruhe und Harmonie zu sprechen. Manchmal zeigte er auf einen großen, schön polierten Stock aus schwerem exotischem Holz und sagte: »Ganz Indien liegt darin. Was will man noch mehr!« Seine Frau verehrte ihn sehr, erklärte aber immer, daß sie im Leben den »unteren Weg« gehen müsse.

In Potsdam befand sich eine größere sowjetische Garnison. In dieser hübschen, nur leicht zerbombten Stadt konnte man sehen, wie vor der alten kaiserlichen Kaserne

»Pour le mérite« drei oder vier mongolische Soldaten Wache standen. Einer saß sogar auf dem Boden und rollte sich eine stinkende Machorka-Zigarette. Ich fand das Bild sehr malerisch und historisch irgendwie sehr bezeichnend. Die Potsdamerinnen blickten mit Entsetzen auf solche Wachtposten. Ich habe das Gefühl, daß die Deutschen besonders auf die Russen böse waren, weil sie nach ihrer Auffassung »zu unkultiviert, zu wild« waren, um die Deutschen besiegen zu können. Wenn anstelle dieser Mongolen eine englische Wache in roten Jacken und Bärenfellmützen dagestanden hätte, wären die Gefühle ganz anders gewesen, denn vor den Angelsachsen kroch damals die Berliner Bevölkerung auf dem Bauch. Alle wollten nach Amerika, alle wollten Englisch lernen, alle Mädchen wollten Amerikaner heiraten, und die deutsche Sprache übernahm, wo immer es möglich war, englische Ausdrücke.

Allmählich erhielten wir Briefe von unseren Freunden aus der westlichen Welt. Unsere liebe Tanja Schaljapin-Kohner saß mit ihrem Sohn Fedja in New York.

Mein Cousin Artemi Rajewski war in London und schrieb mir einen langen Brief. Jefim Schapiro war ebenfalls in London. Die Serebrjakowa war in Paris. Mein lieber Vetter Grischa lebte in Paris, in Boulogne, und schrieb ebenfalls lange Briefe. Er hatte sich inzwischen verändert und war ein hundertprozentiger Kommunist geworden. Sergej Mamontow war auch in Paris und wartete dort auf seine Abreise nach Zentralafrika.

All diese Menschen versuchten, uns zu helfen, und schickten uns ab und zu die berühmten CARE-Pakete. Einmal erschien eine große, kräftige, blonde russische Dame in englischer Uniform. Sie brachte uns Grüße und viele Zigarettenstangen von Artemi. Leider habe ich ihren Namen vergessen. Sie war im englischen Stabsquartier tätig und ermöglichte es uns, zweimal in der Woche in der Messe der englischen Offiziere zu essen. Das war jedesmal eine Freude für uns. Alle meine Erinnerungen an das

»Englische« lebten auf, ich war glücklich, wieder den Geruch der englischen Zigaretten zu spüren und starken Tee mit Milch zu trinken. Durch diese gute Dame lernten wir sogar ein bißchen die englische Militärgesellschaft kennen, was manchmal sehr nützlich war.

Damals hatte ich noch Haare, und wenn ich mir ein Schnurrbärtchen mit einem angeschwärzten Korken anmalte, eine Haarsträhne über die Stirn kämmte, die linke Hand an die Gürtelschnalle legte, einen Riemen über die Brust legte, erreichte ich eine gewaltige Ähnlichkeit mit Hitler. Nach ein oder zwei solchen Auftritten hatte ich einen solchen Erfolg, daß ich die Auftritte dauernd wiederholen mußte. Ich verschwand, legte meine einfältige Maske an, erschien mit erhobenem Arm und wiederholte ständig denselben Satz: »Vierzehn Jahre haben wir gewartet. Was sind die Resultate – die Finanzen zerrüttet und die Kassen leer.« Der Satz ging noch ein bißchen weiter und endete mit »Sieg Heil! Sieg Heil!« Bei den Engländern hatte das einen Riesenerfolg, zum Schluß wurde ich manchmal nur deswegen eingeladen. Es war sogar ein bißchen peinlich. Ich machte mich zum Clown für ein gebratenes Würstchen und starken Tee mit Milch. – So verbrachten wir auch einen Silvesterabend bei den englischen Offizieren, mit Mistelzweigen und »Old Lang Syne«.

Berlin lebte auf. Man veranstaltete eine große Ausstellung in Schöneberg. Ich wurde als Jurymitglied dazugebeten und lernte den Bildhauer Waldemar Grzimek, Kato Marton und Renée Sintenis kennen. Grzimek und ich wurden gute Freunde, und auch Kato Marton wurde unsere Freundin. Sie lebte damals allein mit ihrem kleinen mageren Jungen Michael. Trotz des schweren Lebens veranstaltete sie in ihrer Wohnung Kunstabende. Maler und Bildhauer versammelten sich bei ihr und sprachen über die Kunst.

Neue Zeitungen und Zeitschriften erschienen jeden Tag, und die »moderne Kunst« strömte nach Berlin. Die Galerie Rosen am Kurfürstendamm wurde eröffnet, und auch da gab es Konferenzen, Gespräche und Ausstellungen. Ich lernte den Maler Werner Heldt kennen, einen feinen Menschen. Ich sprach öfters mit ihm über Malerei und Religion und war fast jedesmal begeistert von ihm. Die Maler Heinz Trökes, Paul Strecker, Ernst Nay, Curt Lahe, Alexander Camaro und viele andere stellten bei Rosen aus, es waren meist sehr interessante und schöne Ausstellungen. Es gab damals noch keine Geldgier, keinen Snobismus, keinen übertriebenen Egoismus und krankhaften Geltungstrieb. Alles und alle waren menschlich zugänglich und irgendwie herzlich. Ich wußte das damals alles nicht so richtig zu schätzen. Ich dachte, das sei normal! Aber es war nicht normal, es war eine vorübergehende herzliche und menschliche Atmosphäre, die später, als Berlin wieder reich wurde, völlig verschwand. Damals wollte ich nur auswandern. Berlin war für mich passé. Alles, was ich früher in Berlin geliebt und gekannt hatte, war verschwunden. Nach Amerika wollte ich eigentlich nie auswandern, aber nach England. Aber die Schwierigkeiten waren fast unüberwindlich, eine Ausreise beinahe unmöglich.

Inzwischen lebten wir in diesem zerbombten Berlin ganz angenehm. Wir kamen mit unserem russischen Kascha, Mehl und Speck und gelegentlichen CARE-Paketen verhältnismäßig gut zurecht. Wir konnten sogar ab und zu etwas Mehl oder Grütze an Uschi oder Kato weitergeben.

Ich wurde Mitglied des Vereins der Schöneberger Künstler und stellte aus, wo es nur möglich war. Noch aus den Akademiezeiten kannte ich den Maler Wolf Hoffmann. Damals war er in der Kantine als der eleganteste Mann bekannt. Jetzt kamen wir uns näher und wurden gute Freunde. Seine Frau Karin Evans war Schauspielerin. So schöne Theatervorführungen wie damals habe ich übrigens nie mehr gesehen. Besonders gut erinnere ich mich an »Die Fliegen« von Sartre, »Wir sind noch einmal davongekommen« von Wilder, »Der Trojanische Krieg findet nicht statt« von Giraudoux und »Die Rechenmaschine« von Rice.

Leseabende, Vorträge, Diskussionen und Ausstellungen ohne Ende. In der »Bücherei Wolff« machte ich eine größere Ausstellung von all meinen Polgsener und Rower Bildern, dazu mehreren Tierzeichnungen und verkaufte fast alles. Das machte mir natürlich Mut.

Bei Andrej Wolff war damals ein junges Mädchen namens Barbara Krafft tätig. Bärbel, so wurde sie genannt, war verliebt in China und studierte die chinesische Sprache und die chinesische Kunst. Mir imponierte dieses Mädchen sehr, wir freundeten uns an. Diese Freundschaft artete sehr bald in ein Liebesabenteuer aus, das regte mich sehr an. Ich führte Bärbel überall ein, und sie gefiel allen. Man konnte sich stundenlang mit ihr über Zeichnungen, Malerei und Bücher unterhalten. Später heiratete sie einen japanischen Musiker und lebt nun in Tokio.

In der amerikanischen Armee gab es sehr viele Russen, die als Dolmetscher arbeiteten. Einer von ihnen war Illarion Golenischtschew-Kutusow, ein Nachkomme des berühmten russischen Feldherrn Kutusow. Dieser Larik (auf amerikanisch Larry) war ein charmanter russischer Aristokrat in amerikanischer Uniform. Er bewohnte ein schönes Haus in Dahlem voller Teppiche, Bücher, Grammophonplatten und sonstigen von ihm gekauften Sachen. In der Mitte des Salons stand ein Bechstein-Flügel und auf einem darübergeworfenen Schal eine große Vase voller Blumen. Larik, blaß und müde, saß stundenlang am Klavier und spielte. Er spielte sehr gut und wollte später Musiker werden. Sein Haus stand seinen Freunden offen, wie man so schön sagt. Es hatte eine Aura, welche an die alten russischen Zeiten erinnerte oder an irgendwelche alten russischen Romane. Er war außerordentlich großzügig, gastfreundlich und gut erzogen. Damals lebte er mit einer entzückenden jungen deutschen Frau mit herrlichen dunklen Augen. Diese Augen und der russische Schal auf dem Bechstein hatten auch etwas von den russischen Romanen an sich. Es war merkwürdig zu denken, daß das alles eigentlich Teil der amerikanischen Armee war. Larik hatte einen Freund, Senja Karlinski, einen russischen Juden aus Charbin, der ebenfalls die Poesie, die Musik und die Literatur sehr liebte. Durch diese zwei Freunde bekamen wir Zugang zu den Amerikanern. Ich brachte meinen Freund Grebenschtschikow aus Buch und Selinow mit zu Larik. Man veranstaltete Abende, trank Gin mit Zitronensaft, und ab und zu spielte Lida Kessler Gitarre und sang dazu.

Trotz dieser Abende und kulturellen Ereignisse hatten wir nicht genug zu essen. Ich war dünn wie ein Brett. Aljoscha ging in eine Volksschule in Friedenau und war auch sehr mager, obwohl wir ihm soviel zu essen gaben, wie wir nur konnten, aber es war nicht genug. Da sieht man, daß die gelegentliche Hilfe lieber Freunde nicht das normale Leben ersetzen kann. Ich ging, um mich etwas zu kräftigen, zu einer uns empfohlenen Ärztin. Sie gab mir Leber- und Traubenzuckerspritzen, meinte aber, daß ein normales Essen viel besser wäre. »Diese Spritze, zum Beispiel, soll fünf Kilo Leber ersetzen, aber das ist Unsinn. Ein kleines Beefsteak wäre besser«, sagte sie.

Ich freundete mich mit dieser Ärztin an. Sie war lustig und originell. Einmal lud sie mich zu einer Abendgesellschaft ein. Als ich kam, stellte sie mich einer sehr gut aussehenden Frau vor – ihrer Schwester, einer ausgesprochen großen Frau, die Ärztin selber war klein. Es gab noch zwei andere Paare, von denen das eine dauernd von seinen Reisen in Bayern erzählte. Schließlich war da noch ein älterer Herr, ein Witzbold, der dauernd unanständige Witze erzählte. Wir setzten uns auf Kissen, um einen niedrigen runden Tisch. Das Essen bestand aus selbstgemachtem Wodka (ich mußte an Buch denken) und Brötchen mit Belag aus englischen, französischen und amerikanischen Konserven.

Nach drei Gläschen Wodka und einigen Brötchen schlug die Ärztin vor, uns eine kleine Spritze zur Aufmunterung zu geben. Mir kam das sehr aufregend vor. Bald fühlte ich mich leicht und angenehm. Ich vergaß die Zeit vollkommen, die Gesellschaft löste sich irgendwie auf.

Ich umarmte die große Schwester der Ärztin, sie nahm mich bei der Hand und führte mich in ihr Zimmer. Sie sagte dauernd zu mir, daß es nicht Schöneres auf der Welt gäbe, als alles zu vergessen und sich gehen zu lassen. Als wir gegen Morgen wieder am runden Tisch erschienen, lächelten die anderen Gäste, aber ich merkte, daß sie alle dasselbe erlebt hatten. Die Ärztin machte uns ein Täßchen echten Kaffee, aber ich war nicht müde.

Als ich nach Hause kam, fragte mich Tata, ob ich bei Uschi gewesen bin. »Nein«, sagte ich, »nur so, bei den Amerikanern etwas gefeiert.« Ich erzählte weder meiner Mutter noch Tata von meinem Abenteuer.

Noch dreimal machte ich mit denselben Menschen einen solchen Abend mit.

Das ist die einzige Droge, die ich je in meinem Leben genommen habe – Pervitin.

Wir wollten Berlin unbedingt verlassen. Einmal ging ich zu einer amerikanischen Behörde und erklärte, ich sei ein alter Emigrant, der gegen seinen Willen einen Sowjetpaß besitze. Ob sie mir nicht ein anderes Papier besorgen könnten? Die Amerikaner hörten mir höflich zu und erklärten mir ebenso höflich, daß sie nichts für mich tun könnten.

Die schöne Mascha Haegner, die früher in Buch als Laborantin gearbeitet hatte, kehrte zu ihren Eltern nach Berlin zurück. Nach kurzer Zeit lernte sie einen ganz reizenden englischen Sergeanten namens Douglas Gardner kennen. Er war ganz englischer Charme und verliebte sich in Mascha. Sie entschlossen sich, so bald wie möglich zu heiraten. Dieser Doug gab die englische Fliegerzeitschrift »Air Line« heraus. Durch Mascha bekam ich von »Air Line« Arbeit. Jede Woche erschien eine Zeichnung von mir unter dem Titel »The Shape of Berlin«. Diese Arbeit war eine große Hilfe für mich in der ersten schweren Zeit. Ich liebte die Redaktion von »Air Line«. Mascha half mir als Übersetzerin, Doug war charmant, und ich bekam ab und zu gebratenen Speck mit Eiern und starken Tee. Da sah ich auch, wie gut es mir im Verhältnis ging. Die vielen deutschen Arbeiter in der Druckerei, wo sich auch die Redaktion von »Air Line« befand, hungerten entsetzlich. Manchmal erschien ein Drucker und bat um die Reste auf den Tellern der Engländer – Bohnen, ein Stückchen Brot, etwas Fett. Selbst der Stummel einer ausgedrückten Players-Zigarette störte sie nicht. Schnell, mit einem Löffel, sammelten sie das Eßbare ab und sagten »danke«.

Ich wollte unbedingt nach London, Tata auch, aber die Engländer sagten – sehr freundlich –, daß es sehr lange dauern würde. Ich schrieb an Schapiro und an Artemi, aber auch sie konnten nichts tun und antworteten nur, daß ich Geduld haben müßte. Dann überlegten wir, daß es von Paris aus vielleicht leichter gehen würde. Aber wie sollten wir nach Paris kommen?

Ich schrieb an Grischa und an Braminow und bekam von Braminow die Antwort, daß ein russischer Gebäudemaler bereit sei, mir einen Arbeitskontrakt auszustellen, und daß ich auf Grund eines solchen Kontrakts ein Visum nach Frankreich bekommen könnte. Gleich nach Erhalt dieses lächerlichen Kontrakts gingen wir zu den Franzosen nach Tegel. Die Franzosen in Berlin benahmen sich sehr unauffällig, sie gaben nicht im geringsten an und legten das Gewicht auf das »Intellektuelle« und »Kulturelle«, womit sie bei den deutschen Behörden sehr viel Erfolg hatten. Zum Beispiel schlug der Film »Les Enfants du Paradis« in Berlin wie eine Bombe ein. Die Franzosen wirkten ruhig, zurückhaltend, zivilisiert: »Maison de France«, Matisse, Picasso, »Les Enfants du Paradis« und andere gute Filme, Ausstellungen der Impressionisten. Sie wirkten mit Kultur und nicht mit Konserven und Zigaretten, von denen sie selber nicht genug hatten. Sie behandelten uns weniger höflich als die Engländer, aber sachlich, und ließen uns mehrere Formulare ausfüllen. Die sowjetischen Pässe störten sie sehr, und sie erklärten, daß alles sehr lange dauern würde.

Inzwischen tauchte der Bruder von Artemi Rajewski, Nicolas, auf, von dem ich in der Normandie so viel gehört, den ich aber persönlich nie gesehen hatte. Er schrieb mir einen sehr netten Brief, den mir ein reizender Franzose überbrachte. Dieser Franzose war in Uniform, aber man sah ihm an, daß er ein Intellektueller war, sehr schüchtern und höflich. Er berichtete über Paris, Nicolas und die Lage in Frankreich. Ich konnte damals kaum Französisch und war furchtbar geniert, daß ich nichts richtig erklären konnte.

Nicolas antwortete ich sofort und legte ihm dar, daß ich gerne nach Frankreich auswandern würde, und was ich dafür schon unternommen hatte.

Unsere sowjetischen Pässe machten uns Sorgen. Es war fast unmöglich damals, mit so einem Paß ein Visum zu erhalten. Diese Paßsorgen dauerten an, bis plötzlich eine Cousine von Sergej Mamontow bei uns erschien, eine reizende, sehr vornehme, sportlich und sehr angelsächsisch aussehende Dame. Sie war seit langem Amerikanerin und in New York als Journalistin sehr bekannt. Sie hieß Sonja Tomara und war die Frau des amerikanischen Richters Clark. Sie war also offiziell Mrs. William Clark, und nur Freunde und Journalisten kannten sie als Sonja Tomara. Sie war fraulich, hübsch und intelligent, sprach fließend englisch, französisch, deutsch und russisch und kannte die ganze Welt, angefangen von den Amazonas-Indianern und den afrikanischen Urwäldern bis zur Chinesischen Mauer, den sowjetischen Kolchosen und dem letzten Bistro in Paris.

Sie war ruhig und ausgeglichen, die Frau eines »allmächtigen« Amerikaners, und gleichzeitig weich, russisch und orthodox, dazu noch Anthroposophin. Was will man mehr? Und diese Dame kam zu uns, ganz von selbst, nachdem Sergej Mamontow ihr von uns erzählt hatte, und fragte, wie sie uns helfen könnte.

Wir waren ganz perplex! Wir hatten nicht einmal etwas Anständiges zu essen, das wir ihr anbieten konnten, nur eine Tasse Tee. Sie trank den Tee, sah uns an und sprach viel mit meiner Mutter. Sie betrachtete freundlich Aljoscha, meine Bilder und hörte sich an, was wir ihr so erzählten. Beim Weggehen sagte sie nur: »Geben Sie mir Ihre Pässe, ich werde sehen, was sich machen läßt!« Nach drei Tagen stand vor unserer Tür ein amerikanischer Soldat mit weißen Gamaschen und übergab uns drei völlig neue Pässe – für meine Mutter, Tata und mich. (Unsere Fotos hatte sie für alle Fälle mitgenommen.)

Es waren die allerneuesten Pässe dieser Art für Staatenlose, die die Alliierten damals aushändigten. Mit diesen Pässen konnte man leicht ein Visum erhalten, und man konnte damit reisen.

Es klingelte an der Tür unserer Wohnung. Ein großer, ziemlich grober Mann in Chauffeurmantel und Mütze kam herein. »Ich bin ein Freund (oder Chauffeur oder beides) der Inhaber eurer Wohnung. Sie müssen raus!« Ich erblaßte und mir wurde kalt, ich bat den Mann hereinzukommen. Er setzte sich, ohne dazu aufgefordert zu sein, in einen Sessel und sagte, die Inhaber der Wohnung seien wieder in Berlin und möchten die Wohnung wieder beziehen. Versteht sich von selbst! Ich erklärte ihm, daß er die in der Wohnung vorhandenen Bücher mitnehmen könne, aber die Wohnung brauchten wir nicht zu räumen. Alle Termine seien längst überschritten, und wir dürften nach amerikanischem, englischem und russischem Gesetz wohnen bleiben. »Russische Gesetze!« schrie er. »Diese Schweine, die unsere Frauen so behandelt haben und ... « Ich ließ ihn nicht ausreden. »Raus!« schrie ich. »Auf der Stelle raus, und daß Sie mir nie wieder unter die Augen kommen! Nachdem eure Scheißnation ganz Europa mit Folterkammern und KZs überzogen hat, nachdem sie in Rußland Universitäten und Schulen verbrannt hat und an jedem Telegrafenmast einen aufgehängt hat und nachdem man sie so verkloppt hat, wagen Sie hier zu sitzen und so mit mir zu reden! Wollen Sie, daß ich Sie zur nächsten russischen Kommandantur bringe, oder wollen Sie sich bei den Amerikanern beschweren, Sie Jämmerling?« Ich zitterte und wußte nicht mehr, was ich sagte. Die KZ-Geschichten, die »Kartoffelköpfe« und die Leute, die den Juden die Bärte angezündet hatten, kamen mir plötzlich in den Sinn. – Der Grobian war schon längst aufgestanden und bewegte sich zur Tür hinaus, und ich schrie immer noch und bespritzte mit meiner Spucke seinen Chauffeurmantel. Als er weg war, liefen meine Mutter und Tata zu mir. »Beruhige dich, beruhige dich, hier hast du Baldriantropfen!«

Etwa drei Wochen nach diesem unangenehmen Besuch bekamen wir eine Vorladung vom französischen Konsulat. Meinen »Arbeitsvertrag« und die ausgefüllten Fragebogen mit den Fotos wollte kein Mensch sehen. Tata und ich bekamen ein »visa définitif«, und man sagte uns, daß wir nach Frankreich reisen könnten, wohin und wann wir wollten.

Plötzlich wurde mir klar, daß ich tatsächlich Berlin verlassen sollte. Mein geliebtes Berlin! Mit einem Mal sah ich alles in einem ganz anderen Licht. Es tat mir leid, diese Ruinen zu verlassen, und noch mehr tat es mir leid, allen lieben Freunden und Bekannten adieu zu sagen. Jura Richter, der vor vielen Jahren Tata für das Akademiefest ein grünes Kostüm gemacht hatte, war endlich aus langer amerikanischer Gefangenschaft zurückgekehrt. Wir waren kaum zusammen, und schon mußte ich weg! Wolf Hoffman, Evchen Hasperg, Uschi, Bärbel Krafft, die Ärztin, die mich mit Pervitin versorgte, mein unvergleichlicher Stabenau und vor allem meine ganze, mir so teuer gewordene Vergangenheit!

Eine Frage war noch zu lösen – das Geld. Unser Geld war damals nichts wert, und man konnte damit keine Flugkarte bezahlen. Das konnten viele der netten Amerikanerinnen nicht verstehen. Als ich sagte, wir hätten keine Möglichkeit, nach Frankfurt zu fliegen, meinten sie: »Aber es gibt so viele Flugzeuge«, und fingen an, die Abflugzeiten zu nennen. »Und nicht teuer«, fügten sie hinzu, »so dreißig, vierzig, fünfzig oder hundert Dollar pro Person.« Gerade diese Dollar hatten wir nicht.

Nur unser Schutzengel, Mrs. William Clark, verstand alles. Eines Tages sagte sie bei einer Tasse Tee zu uns, daß sie das Land nicht »ausplündern« möchte, aber gerne zwei oder drei Bilder von mir erwerben wollte. Ich verstand sehr gut, daß sie uns die Dollar geben wollte, ließ sie aber natürlich die Bilder aussuchen.

Ich fuhr nach Buch, wo ich der verlassenen Frau Timofejew auf Wiedersehen sagen wollte. Sie hatte gerade einen langen Brief von ihrem Mann aus dem Ural bekommen. Er schrieb, daß er nach vielen schweren Abenteuern wieder arbeiten dürfe und daß er sie und den Sohn Andrej erwarte. Ljolja solle mitnehmen, was sie nur könne – Bücher, Bilder, Fotos, Töpfe, Tassen und Küchengeschirr. Ein Flugzeug stünde zur Verfügung. – Ich verabschiedete mich auch von Grebenschtschikow und Uschi.

Im April 1948 hatte ich noch eine Ausstellung bei Andreas Wolff. Mir tat das Verlassen von Berlin schrecklich weh.

Mrs. Clark besuchte nicht nur uns, gelegentlich gingen wir auch zu ihr. Sie wohnte mit ihrem Mann, der irgendeinen sehr hohen Posten innehatte, in einem herrlichen Haus in Dahlem. In ihrem Zimmer stand auf einer schönen Kommode ein großes Foto von Rudolf Steiner.

Eines Tages sollte ich Herrn und Frau Clark den sowjetischen Sektor zeigen. Zum Chauffeur hatten sie einen typischen Berliner, der bis auf die Sprache – er konnte nur berlinern – völlig amerikanisiert war. Seine Herrschaften liebte er abgöttisch, er hörte nicht auf, sie zu loben. Sie seien fein, großzügig und vornehm. Ich fragte ihn, ob ihm Mrs. Clark gefalle. »Was für eine nette Dame, und wie vornehm sie ist! Immer höflich, immer ruhig.« Ich fragte ihn, ob er wüßte, daß sie eine Russin ist. Er wollte mir zuerst gar nicht glauben, und dann wurde er ganz traurig.

Dieser nette Chauffeur fuhr mit uns langsam durch das Brandenburger Tor, durch die Straße Unter den Linden zum Alexanderplatz, über den Spreekanal und zurück durch die Leipziger Straße, das Hallesche Tor usw. Ich erklärte, wo das Zeughaus und wo die Universität ist, was für schöne Daumiers in der Nationalgalerie hingen, daß ich im Dom einmal mit meinen Eltern das Requiem von Mozart gehört hätte, wie mein Vater begeistert gewesen sei und ich beinahe eingeschlafen wäre. Mrs. Clark hörte interessiert zu, aber ihr Mann langweilte sich sichtlich. »Have you seen enough?« fragte er alle zehn Minuten.

An einem Maitag erklärte uns Mrs. Clark plötzlich, daß wir in zwei Tagen nach Frankfurt mitgenommen würden, und zwar im Flugzeug von General Hays. Das galt für Tata, Aljoscha und mich, meine Mutter würde uns später in Paris treffen. Wir waren entsetzlich aufgeregt und hatten in zwei Stunden alles gepackt. Zwei große Koffer sollten als Gepäck aufgegeben werden, einen kleinen Koffer durfte jeder bei sich haben. – Ich hatte noch Zeit, zu der Ärztin zu laufen, die mir ein Röhrchen mit 200 Pervitin-Tabletten mitgab.

Das Flugzeug war nicht sehr groß und ganz leer. Der General war klein, hatte eine große Mütze auf und war sehr freundlich. Sein Adjutant war ein eleganter Offizier, der nicht aufhörte, mit uns zu scherzen. Sonst gab es nur den Piloten und den Co-Piloten. Der Raum des Piloten war völlig offen, und mir fielen mehrere Revolver auf, die malerisch, ein bißchen gangsterhaft an der Wand hingen. Ich hatte einen langen, dicken Wintermantel an, den ich für wertvoll hielt und nicht in Berlin lassen wollte, Tata trug eine Hose und hatte einen lächerlichen großen Hut auf. Aljoscha war auch irgendwie merkwürdig angezogen. Alle drei waren wir mager, müde und wirkten sicher irrsinnig provinziell. Es kam mir vor, als seien wir drei arme, schwere und müde Geschöpfe, die von Engeln in den Himmel getragen wurden.

Aljoscha durfte dem Piloten zusehen, der schöne, angeheiterte Adjutant schenkte uns Schokolade und Kaugummi und erzählte uns von einem Restaurant in Paris. Wir flogen bloß bis Frankfurt, aber er hatte erfahren, daß wir nach Paris weiterfliegen sollten.

Das Wetter war schön, der Himmel blau und wolkenlos. Ohne jede Vorwarnung erhob sich die helle, leichte Maschine in die Luft und blieb da »stehen« – wie auf einem himmlischen Bild. Berlin erschien plötzlich unter uns wie ein gewaltiger Steinhaufen – eine von Watteau gemalte Ruine im grenzenlosen, blauen Licht. In diesen Ruinen steckten all meine Erinnerungen.

Der Flug nach Frankfurt dauerte vielleicht eine Dreiviertelstunde – gerade solange Zeit, um Luft zu holen. Diese vier Amerikaner, dieser Flug werden mir immer in Erinnerung bleiben als eine Geste der Freundlichkeit, Grazie, Eleganz und Freude. Als wir in Frankfurt ankamen, zeigte uns Aljoscha einen Hundert-Dollar-Schein, den der schöne Adjutant ihm in die Tasche gesteckt hatte.

Das Trinkgeld Gottes

Irgendein witziger Franzose oder Engländer – vielleicht sogar Churchill selbst – sagte einmal, daß alle Jahre nach dem vierzigsten Geburtstag ein Trinkgeld Gottes seien. Man sollte sich über die geschenkten Jahre freuen. Außerdem haben viele Kellner sich von ihren Trinkgeldern Häuser gebaut, und die Croupiers von Monte Carlo haben mit Trinkgeldern ein Vermögen gemacht.

Damals, als das unvergeßliche amerikanische Flugzeug uns in dem wolkenlosen Himmel von Berlin nach Frankfurt brachte, dachte ich nicht, daß ich ein so großzügiges Trinkgeld von Gott erhalten würde. Wir kamen also aus den Ruinen Berlins in die Ruinen von Frankfurt. Dort verabschiedeten wir uns von unseren vier amerikanischen Rettern. Die Macht und die Hilfe von Mrs. Clark war aber auch in Frankfurt noch nicht zu Ende. Am Flughafen sagte man uns, daß ein großer Wagen mit einem dicken schwarzen Chauffeur zwei Tage lang zu unserer Verfügung stände. Wir waren vor Überraschung sprachlos, dann aber doch sehr froh über den Wagen, als wir feststellten, daß unser ganzes großes Gepäck zufällig nach

Wiesbaden geschickt worden war. Wir mußten also dorthin fahren und das Flugzeug suchen. Das war gar nicht so einfach, aber die Amerikaner waren wieder so freundlich und dabei so lustig, daß uns selber dieses Suchen komisch vorkam. Mit unseren idiotischen Hüten und Mänteln liefen wir zwischen den vielen Militär-Transportflugzeugen umher und suchten nach dem, das unseren »stuff« aus Berlin mitgebracht hatte. Endlich fanden wir es, und unser Neger brachte alles nach Frankfurt zu den Leuten, bei denen wir übernachten sollten. Es war die Schwester von Natascha Kromm, die auch in Buch tätig war. Da unsere Dollar – zusammen mit den Aljoscha geschenkten – gerade für die Fahrkarte nach Paris reichten, konnten wir dem dicken Neger kein Trinkgeld geben, und das quälte uns fürchterlich. Tata fand aber eine Flasche Eau de Cologne, die ihr jemand geschenkt hatte. Die gaben wir dem Schwarzen, der sich sehr darüber freute und wie ein Irrer lachte.

Am nächsten Morgen fuhren wir zuerst nach Mainz. Warum es so war, habe ich vergessen, wir mußten jedenfalls in Mainz umsteigen. Die Ruinen von Mainz kamen uns noch viel schlimmer vor als die von Berlin und Frankfurt. Man hatte das Gefühl, als existiere die Stadt überhaupt nicht mehr, als bestände sie nur noch aus meterhohen Steinhaufen. In einer Art Höhle haben wir dort auch zu Mittag gegessen. Jammervoll! Wir hatten Mühe, mit unserem Gepäck in den richtigen Zug zu kommen, aber endlich fuhren wir ab.

An der französischen Grenze mußten wir aussteigen und zu unserem großen Gepäck gehen. Die Zollbeamtin war böse, aber als sie unser »visa définitif« sah, erlaubte sie uns, alles mitzunehmen, selbst einen Fotoapparat und eine große russische Schreibmaschine, die wir mitschleppten, um sie später zu verkaufen.

Nach unserer Ankunft in Paris am frühen Morgen gingen wir in unserer komischen Aufmachung zu Braminow auf den Boulevard Flandrin. Er war aber nicht da, und so fuhren wir zu Stiwa Dobushinski in die Rue Ernest Cresson. Stiwa und Dodja waren da, es war ein freudiges Wiedersehen. Dodja lebte damals mit seiner Frau und seinen zwei ganz entzückenden Töchterchen bei seinem Bruder in Erwartung seines Visums für die Vereinigten Staaten. Stiwa und seine Frau Lida waren mehr als gastfreundlich, sie halfen uns wochenlang, wo sie nur konnten. Er war mir auch der liebste und damals am nächsten stehende Mensch in Paris.

Die erste Nacht verbrachte Tata mit Aljoscha bei Stiwa, und ich fuhr zu meinem Vetter Grischa nach Boulogne. Das Wiedersehen mit Grischa war für mich Freude und Qual zugleich.

Von dem Grischa, mit dem wir in Berlin zusammen mit Onkel Aljoscha so schöne freundschaftliche und interessante Gespräche geführt hatten, war nichts übriggeblieben. Von seinen Prophezeiungen, daß Hitler siegen, daß die deutsche Armee in kurzer Zeit in Moskau unter dem Läuten der Kremlglocken einmarschieren würde, wußte er nichts mehr, und er tat so, als ob er nie dieser Überzeugung gewesen sei und sich nie irrte. Er war zu einem überzeugten Kommunisten geworden, hatte viele Bücher gelesen und war der unumstößlichen Meinung, daß er auf der richtigen politischen Plattform (sein Ausdruck) stehe. Das war weiter nicht schlimm, aber er hatte jeden Sinn für Humor verloren, vertrug keine andere Ansicht mehr und hatte vollkommen vergessen, mit wieviel Höflichkeit man seinen früheren Blödsinn ertragen hatte. Für alles, was man ihm erzählte und was nicht in seine Theorie paßte, hatte er nur ein verächtliches Lächeln. Was in Berlin passierte, hätte er voraussagen können, er wußte alles besser als ich. Er war nun der festen Überzeugung, daß in Frankreich in den nächsten drei Monaten eine kommunistische Revolution stattfinden würde. – Seine Frau stimmte ihm in allem zu. Sein Sohn, mein Neffe Alexej, gab seine französische Staatsangehörigkeit auf, nahm die sowjetische an und wollte mit seiner jungen Frau nach Rußland gehen. Ich wußte aus Erfahrung, daß diese im Ausland ausgefertigten sowjetischen Pässe noch lange nicht zu einer Reise nach Rußland berechtigten. Ich wollte erklären, daß Alexej vielleicht gar nicht bis Rußland kommen würde –, aber vergebens. Die Familie trank auf Stalins Wohl, jubelte und wußte alles. Ich war damals sehr deprimiert, fühlte mich bei meinem Vetter wie in einer fremden Welt und hatte Sehnsucht nach Berlin und meinen Berliner Freunden. Ich blieb eine Woche bei ihm in Boulogne, bis wir vorübergehend die Wohnung eines angeheirateten Verwandten von Valerik Dobushinski in der Rue Lalo bekamen. Ich war froh, wieder etwas selbständig zu sein, da die Gespräche bei Grischa unerträglich waren. Abgesehen von unseren Meinungsverschiedenheiten war ich müde, unterernährt (ich hatte zwei Furunkel am Bein) und hatte Sehnsucht nach Ruhe und Frieden. Grischa sprach aber nur über Politik, über die bevorstehende Revolution, er verachtete die Kunst und verstand, meiner Meinung nach, nur sehr wenig vom Pariser Leben. Ich war manchmal so deprimiert, daß ich sogar mit dem Gedanken spielte, mich von dem kleinen Balkönchen in der Rue Acacias zu stürzen.

Alexej fuhr also mit seiner Frau in Richtung Rußland, blieb aber natürlich in Potsdam stecken, genau, wie ich vermutet hatte. Er war enttäuscht, schrieb einen antikommunistischen Artikel in einer russischen Zeitung und wanderte später nach Kanada aus. Aber auch das Schicksal seines eigenen Sohnes beeindruckte Grischa nicht. »Er hat eben etwas falsch gemacht« – und Grischa blieb bei seinen Theorien. Seine absolute Verachtung der Religion, seine Verständnislosigkeit der Kunst gegenüber und das Fehlen jeglicher Toleranz den Ansichten anderer gegenüber waren unerträglich. Was ich am wenigsten aushalten konnte, war die Verdrehung der Wahrheit. Selbst sich gegenüber war er nicht ehrlich, und wenn es ihm gerade paßte, konnte er schwarzes Papier für weißes ausgeben. Dabei verließ er seine Wohnung jahrelang nicht, sah und las nur, was ihm paßte, und war nicht fähig, sich selbst in Frage zu stellen.

Später verließ er Boulogne und baute sich mit viel Geschick ein Häuschen in Villemoisson im Departement Essonnes. Er liebte die Pflanzen und beschäftigte sich viel mit seinem Garten. Wenn er für eine Weile seine politischen Ansichten beiseite ließ und über die Pflanzen sprach, wurde alles fast wie früher. Überhaupt besaß Grischa Haltung, er war immer noch ein Gentleman mit einer gewissen seelischen Vornehmheit, die er bis zuletzt behalten hat.

Wenn ich an ihn zurückdenke, so tut es mir weh, daß wir uns in den letzten Jahren seines Lebens so wenig gesehen haben. Diese verfluchte Politik kann das Leben vergiften. Ich hing an Grischa, meinem letzten Verwandten, wir hätten uns verstehen können, alles hätte anders zwischen uns sein können, und nun starb er, vielleicht ohne zu wissen, daß er mir doch sehr teuer und nah war.

Nachdem Valerik Dobushinski und seine Frau Cathy uns so freundlich die Wohnung ihres Onkels in der Rue Lalo zur Verfügung gestellt hatten, atmeten wir etwas auf. Die Wohnung war sehr schön, sie befand sich im sechsten Stock mit prächtigem Blick über die Dächer bis zum Bois de Boulogne. Für uns war alles neu, und nach den Ruinen Berlins erschien uns alles reich und elegant. Eine Stadt ohne Ruinen! Die Straßen waren, verglichen mit Berlin, voller Autos, und man konnte allmählich ohne Marken einkaufen. Es gab Baguettes, Fisch, Pferdefleisch und Rotwein, soviel man wollte. Ich war zu der Zeit so mager und verhungert, daß ich regelrecht gefressen habe. Bei Stiwa Dobushinski fütterte man mich, und ich aß immer alles auf. Bei meinem Cousin Boris Catoir fütterte man mich ebenfalls, auch dort sagte ich nie nein! Apéritifs, Wein, Schnaps, hors-d'œuvres, Suppen, Brot – alles verschwand in meinem Magen wie bei einem Bernhardiner.

Es ging den Sommerferien entgegen, und es war schwer, eine Arbeit zu finden. Ich war ungefähr in der gleichen Lage wie damals, als meine Eltern geldlos wurden. Ich suchte Arbeit und machte alles, was man mir anbot: Ich bemalte Schaufensterfiguren aus Pappe, machte Illustrationen für einen Filmprospekt usw. Tata pflegte eine Zeitlang einen dänischen Jungen namens Johnny. Unsere Schreibmaschine und unser Fotoapparat waren längst verkauft. Es war eine furchtbare Zeit, ich dachte an Berlin zurück, ich hatte Sehnsucht nach allem, was ich verlassen hatte. Kato Marton hatte mir Empfehlungsbriefe für ihre französischen Bekannten mitgegeben, und ich klapperte viele Häuser ab. Unter anderem war ich bei der berühmten (damals war sie noch nicht so berühmt) abstrakten Malerin Vieira Da Silva und ihrem Mann Szenes – ebenfalls einem Maler. Sie empfingen mich sehr freundlich. Ich zeigte ihnen meine Arbeiten, und wir sprachen über die Kunst, Paris, Berlin und Kato Marton. Ich fühlte dabei, daß es nicht möglich war, den Leuten etwas von unserem Leben in Berlin zu erzählen. Sie verstanden nichts! Zu erklären, was eine Zone, was ein Sektor sei, war einfach unmöglich. Das Schlimmste war, daß man niemandem klarmachen konnte, daß nicht alle Deutschen böse und dumme Nazis waren, daß es nicht so einfach gewesen war, sofort die Ziele der Hitlerpolitik zu verstehen. Die Tatsache, daß man immer noch in Berlin lebte, war schon »verdächtig«, wie zum Beispiel im Falle Kato Martons.

Intimacy breeds contempt
Shakespeare

Ich war überhaupt erstaunt, auf wieviel Verständnislosigkeit ich in Paris stieß. Vielleicht war ich in Rußland und in Deutschland verwöhnt, was meine Umgebung betraf, denn nie hatte ich bei den Freunden meines Vaters oder in Buch oder in der Akademie oder beim sowjetischen Militär soviel dummes Zeug gehört wie in dieser alten, kultivierten, großen und berühmten Stadt Paris.

Mir begegneten völlig fremde Gemüter. Dauernd stieß ich auf etwas, das mich erstaunte oder ärgerte, ob es sich nun um Franzosen oder Russen handelte. Die Franzosen waren ruhiger und höflicher, nicht so aufdringlich wie die Russen, die wegen ihres lebhafteren Temperaments viel schwerer zu ertragen waren. Ich fühlte mich an den gutgedeckten Tischen der Franzosen bei einem köstlichen Mahl sehr wohl, bis zum Beispiel die Dame gegenüber mich fragte, ob die russische Sprache mit der chinesischen verwandt sei, beide Völker seien doch asiatischer Herkunft und hätten so eigenartige Schriftzeichen. Wenn ich etwas zu erklären versuchte, wurde ich nur zu einem Zehntel angehört, man versuchte sofort, etwas Witziges zu sagen, damit die Gesellschaft bei einem zu ernsten Gespräch nicht einschliefe. Beim Kaffee versuchte gelegentlich eine intellektuell tuende Dame, das heutige Regime in Rußland mit mir zu diskutieren. Meistens stellte sie fest, daß das, was in Rußland geschah, selbstverständlich nicht im kultivierten Frankreich passieren könnte, aber in Rußland unvermeidlich sei. Man hätte doch dort noch bis zum ersten Weltkrieg die Sklaverei gehabt, die Leute haben alle so gelitten und konnten weder lesen noch schreiben. Unser großer Schriftsteller – wie heißt er gleich – Leo Tolstoi hätte das so gut in seinen »Aufzeichnungen aus einem Totenhaus« geschildert. Und diese »Toten Seelen«! Das ist doch alles entsetzlich gewesen! Und dabei lieben die Russen so sehr die Musik und den Tanz. Sie seien so gastfreundlich und großzügig. Und dann folgten gewöhnlich zwei oder drei Beispiele von irgendeinem bekannten Monsieur Popow oder Konowalow, der so gut französisch spreche wie ein Franzose und furchtbar viel Blini mit Wodka verzehren könne.

Mich machten solche Gespräche rasend, obwohl die Franzosen die Russen ausgesprochen gern hatten. Sie neigten sogar dazu, alles Russische zu loben und grundsätzlich den »Slawen« sympathischer und klüger zu finden als den »Germanen«. Bei Gesprächen über die Deutschen wurde immer die Standardmeinung vertreten, daß die Bayern und Österreicher viel netter und lustiger seien als die Preußen. Bayern wäre den Franzosen irgendwie näher (ausgerechnet!) als Preußen, wo man nur Disziplin und Marschieren kenne. Die schlimmsten Nazis wären natürlich aus Berlin, dieser Preußenstadt, gewesen. Die schüchterne Bemerkung, daß Hitler Österreicher gewesen sei, irritierte sie keineswegs. Sehr oft hörte ich die Meinung, daß der letzte Krieg kein richtiger Krieg gewesen sei, nur »une drôle de petite guerre«. Und das nach Stalingrad und den Bombenangriffen!

Mit den Russen verhielt sich natürlich alles ganz anders. Man konnte sie damals in die Linken (prosowjetisch) und Rechten einteilen. Bei Gesprächen, die nie oberflächlich-lustig waren, mußte man mächtig aufpassen, weil es leicht zu einem persönlichen Krach kommen konnte. Wenn man zum Beispiel sagte, man hätte einen sowjetischen Film gut gefunden, wurde man mit einem verächtlichen Lächeln gestraft oder gar gefragt, »ob man auch alle Erschießungen gutheiße«. Wenn ich erzählte, daß die Suppe, die die Russen mir in Berlin serviert hatten, sehr gut gewesen sei, saß ich sofort zwischen zwei Stühlen. Links stand ein Mann, der bereit war, mich zu erschlagen, weil ich für die Sowjets Propaganda mache, rechts strahlte ein Mann, weil ich es tat. Dabei sprach ich lediglich über die Suppe! Jedes Gespräch in einer russischen Gesellschaft drohte nach einer Weile in Geschrei auszuarten. Eine Dame stand einmal auf und schlug mit ihrer Faust voller Ringe auf den Tisch: »Ich sage, daß es in Frankreich nie eine Revolution gegeben hat und nie geben wird!« Als man ihr sagte: »Aber Maria Iwanowna, in Frankreich gab es doch einmal eine Revolution«, bestand die Antwort nur aus einem wütenden »Nein, nein, nein!« Ein Herr lief von einer Ecke des Zimmers in die andere und rief: »Alle Erschießungen waren richtig! Alle! Und wenn es tausendmal mehr gewesen wären!«

Manchmal hatte man da richtig Sehnsucht nach einem Witz oder einer lustigen Erzählung wie bei den ausgeglichenen Franzosen. Der sehr gute Film von Charlie Chaplin »Der Diktator« wurde zum Beispiel nie vom künstlerischen Standpunkt aus beurteilt. Viele Feinheiten entgingen den Leuten, und ich stieß dauernd auf Meinungen, die mich sprachlos machten. Den Juden gefiel der Film nicht, weil die Lage der Juden in Deutschland damals »gar nicht komisch gewesen sei«. Den Rechtsstehenden gefiel der Film nicht, weil »Hitler und Mussolini so dumm wie in dem Film« nie gewesen seien, und den Kommunisten gefiel der Film nicht, weil Chaplin »den Weg zum Kommunismus« nicht zeige.

Nach der Rue Lalo, die wir eines Tages räumen mußten, zogen wir für eine Weile in ein Mansardenzimmer meines Cousins Boris Catoir am Boulevard Delessert, und Tata fand mit großen Schwierigkeiten eine Einzimmerwohnung mit Küche in einem uralten, scheußlichen Haus in der Rue Rennequin. Die Toilette befand sich auf dem Flur, und unten im Hof konnte man abends die Ratten laufen sehen. Es war eine entsetzlich schwere Zeit.

Ich war erstaunt, wie schwer es war, in Paris Arbeit zu finden, wie wenig zugänglich die einflußreichen Menschen waren und wie sehr es auf die »situation« und die »relations« ankam. Es war eine neue Welt für mich, kalt und gefühllos. Man saß nie bei einem Gläschen fröhlich zusammen, kein Mensch sang und kein Mensch vergaß für eine Weile die Realität. Man gratulierte sich nicht zum Geburtstag, man sprach nie über intime Dinge, man jammerte zwar dauernd über etwas, durfte aber nie ernstlich seine Sorgen einem anderen darlegen. Die Stadt war voll schöner Sachen, aber mir fehlten meine alten Freunde, und mein Herz war vor lauter seelischer Kälte ganz verfroren und unglücklich.

Sehr angenehm waren für mich die Besuche im Louvre. Die Berliner Museen waren lange geschlossen gewesen, und ich hatte lange keine wirklich große Malerei gesehen. Im Louvre beruhigte ich mich für eine Weile etwas und wurde glücklicher. Wieder sah ich meinen lieben Watteau – den herrlichen Gilles. Dieser aufrecht stehende Pierrot verkörperte für mich die Harlekine aller Zeiten! Er verkörperte für mich die Commedia dell'arte, die im Theater stets gegenwärtig und noch in den Saltimbanques von

Picasso und Wachtangows »Turandot« zu erkennen ist. Und dann liebte ich die Pariser Fassung der »Einschiffung nach Cythera«. – Beide Bilder im Louvre ließen meine Gedanken nach Rußland wandern, das eine zum Theater von Wachtangow, das andere zu den Krimbäumen voller Zikaden.

Zehn Tage arbeitete ich in der Firma »Neo Publicité« in der Rue des Saints Pères. Dann suchte ich wieder Arbeit. Trostlos und hoffnungslos saß ich manchmal mit meiner Mappe voller Arbeitsproben auf einer Bank und hatte nicht den Mut, wieder eine Agence de Publicité aufzusuchen. In solchen Situationen half mir meine liebe Ärztin aus Berlin mit ihren Pervitin-Tabletten. Ich sprach noch schlecht französisch, hatte Hemmungen und Angst, eine neue, elegante Firma zu betreten. So schluckte ich zwei, drei, manchmal vier Tabletten Pervitin in einem Bistro mit einem Glas Wasser. Nach zehn Minuten fühlte ich mich viel wohler, und nach einer Viertelstunde machte es mir nichts mehr aus, an einer Tür zu klingeln, vor irgendeinem Chef de Publicité meine Arbeiten auszubreiten und furchtbar anzugeben.

So präsentierte ich eines Tages meine Arbeiten im Hause R. L. Dupuy in der Avenue Marceau und wurde engagiert. Die Arbeit im Studio von R. L. Dupuy machte mir Spaß. Zuerst war es etwas schwierig für mich, das Gewünschte zu verstehen, aber dann ging es besser und besser. Die Kollegen gefielen mir fast alle ausnehmend. Sie waren freundlich, taktvoll und voll Witz. Nach einer Weile »erholte« ich mich seelisch in diesem Studio. Monsieur R. L. Dupuy kannte Prof. Frenzel und schätzte meine Arbeit, was mich sehr ermutigte.

Im April 1949 bekam ich auf der Londoner Plakatausstellung, die der »London Transport« veranstaltete, den ersten Preis. Das Londoner Publikum hatte mit großer Mehrheit mein Plakat gewählt. Das bedeutet nicht unbedingt, daß dieses Plakat besonders gut war, vielleicht war sogar das Gegenteil der Fall. Ich war selbstverständlich sehr zufrieden. Man sprach über mich in den Zeitungen, und ich dachte, daß mir mein Erfolg sicher sei. Das war aber nicht der Fall.

Im Mai 1949 fuhr ich mit meinem neuen Nansen-Paß nach London. Dort lebte ich bei Mascha und Doug Gardner in Hampstead. Sie und ihre englischen Freunde waren sehr nett zu mir, und London gefiel mir nach wie vor. Trotzdem kehrte ich gerne zu R. L. Dupuy zurück.

Bei Dupuy arbeitete eine Frau namens Geneviève Couratin. Sie gab mir ziemlich oft Aufträge der Firma Racine, die sie beriet. Ich machte eine Reihe farbiger Anzeigen. Sie hatten Erfolg, und Monsieur Racine wollte mich kennenlernen. Wieder dachte ich, ich werde berühmt, und wieder war es nichts. Ich merkte allmählich, wie schwer es in Paris und vielleicht in ganz Westeuropa ist, »berühmt« zu werden. Dazu gehörte vieles, was ich nicht besaß und nicht besitze.

Im Dezember 1950 heiratete ich Geneviève Couratin. Ihre Eltern besaßen ein eigenartiges Haus – eine Art Pavillon – in Levallois, und wir zogen in diesen Pavillon in die zweite Etage. Tata blieb mit Aljoscha in der Rue Rennequin. Sie hatte vor, Basil Braminow zu heiraten. Aljoscha besuchte zuerst das russische Internat St. Georges in Meudon, dann mehrere französische Schulen, in welchen er überall gleich schlecht lernte. Eine Zeitlang machte er uns furchtbare Sorgen. Das Lernen in der Schule machte ihm gar keine Freude, dafür verliebte er sich in das abendliche Leben von Saint-Germain-des-Prés. Er besuchte viele Tanzlokale, wo er als guter Tänzer bekannt war. Manchmal verschwand er, und ich suchte ihn überall. Ich erinnere mich, wie wütend und aufgeregt ich manchmal die Tür zu einem Tanzkeller öffnete. Ich blieb eine Weile stehen, und die Musik und die vielen tanzenden Paare gefielen mir selbst so gut, daß meine schlechte Laune verflog. Verflucht, dachte ich, eigentlich hat der Junge recht!

Meine Mutter kam, wie versprochen, etwas später nach Paris. Sie lebte bei ihrer Cousine Manja Catoir. Ich besuchte sie regelmäßig, und sie besuchte uns auch.

Mit ihrer Theatertätigkeit hatte meine Mutter nie aufgehört. In Berlin war sie während des Krieges mit einer »neuemigrierten« Schauspielerin namens Jegrowa sehr befreundet gewesen. Die beiden hatten ziemlich oft Theaterabende im Schubertsaal am Nollendorfplatz veranstaltet. Man nannte die Abende »Pawlowa-Jegorowa-Abende«. Diese Abende oder Konzerte, wie die Russen sie nannten, waren sehr verschieden. Manchmal wurde ein kleines Theaterstück gegeben, manchmal verschiedene Sketche, wie zum Beispiel die Tschechow-Miniaturen, die aus drei oder vier verschiedenen Tschechow-Stücken zusammengesetzt waren. Zuweilen wurden Gesangsnummern eingestreut. Das Ganze wurde von meiner Mutter und von dieser Jegorowa geleitet. – Kaum in Paris angekommen, setzte meine Mutter ihre Theaterarbeit fort, diesmal in der Salle Iéna. Einmal wurde ein ganzes Stück von Ostrowski aufgeführt, und ein anderes Mal inszenierte meine Mutter mehrere Episoden aus den »Toten Seelen«. Das hatte großen Erfolg. Soviel ich mich erinnere, gab auch Basil Braminow in der Salle Iéna ein Konzert. Er gab außerdem sehr erfolgreiche Konzerte in der Salle Pleyel.

Meine Mutter war sehr gegen meine Scheidung und meine Heirat mit Geneviève. Meine Scheidung mußte übrigens zum zweiten Mal bewerkstelligt werden, da Tata alle Scheidungspapiere vernichtet hatte. Außerdem hatte sie das Visum nach Frankreich als meine Frau bekommen. Die zweite, französische Scheidung war jedenfalls sehr viel länger, komplizierter und teurer, sie dauerte fast ein Jahr.

Um sich damals in Frankreich scheiden zu lassen, mußte man allerhand Vorschriften beachten. Zum Beispiel mußte man die eheliche Hausgemeinschaft aufgegeben haben, woanders wohnen und von dort aus einen unfreundlichen Brief schreiben, in dem man versicherte, daß man nicht die Absicht habe, zu der verlassenen Ehefrau zurückzukehren. So wohnte ich ein Jahr lang an vier verschiedenen Stellen. Eine Adresse war die von R. L. Dupuy, die zweite war ein Zimmer in der Rue Colonel Renard. Dieses Mansardenzimmer bekam ich durch einen meiner Kollegen bei Dupuy, aber es war nur einen Monat lang frei. So zog ich gleich danach in ein möbliertes Zimmer bei einem gewissen Herrn Rose in der Rue des Acacias. Monsieur Rose war ein älterer Herr mit weißem Schnurrbart und einer Rosette im Knopfloch. Er sah sehr würdig aus, ging jeden Sonntagmorgen in die Messe und war sichtlich mißtrauisch einem Russen gegenüber. Er hatte eine Haushälterin, die jeden Tag kam, um sauber zu machen und das Essen für Monsieur Rose zu bereiten. Meine Zimmereinrichtung bestand aus einem zierlichen Bett, zwei zierlichen Stühlchen und einem ebenso zierlichen Tischchen – alles pistazienfarben bemalt. Dazu gab es einen pistazienfarbenen Kleiderschrank. Von der Rue Acacias war es nicht weit bis zur Avenue Marceau, und ich ging jeden Morgen zu Fuß in mein Bureau. An der Ecke Rue Acacias und Avenue Carnot befand sich ein großes Café-Tabac, wo ich jeden Morgen einen Café crème und zwei Croissants zu mir nahm. Die Avenue Carnot liebte ich sehr. Eine ruhige, breite Straße, auf beiden Seiten mit schönen Paullinias bepflanzt. Diese Bäume mit ihren großen Blättern werfen so schöne Schatten auf die Straße. Ich setzte mich meist auf die Terrasse, und jedesmal kam ein großer dicker, gestreifter Kater zu mir, er setzte sich auf den Schoß und richtete sich mit behaglichem Schnurren gemütlich ein.

Eines Tages lud ich Geneviève zu mir ein. Vorher hatte ich in einem russischen Laden eine halbe Flasche Wodka und vier Piroschki und etwas dazu gekauft und alles auf das pistazienfarbene Tischchen gestellt. Geneviève fand mein Zimmer ganz gemütlich. Wir tranken Wodka, aßen unsere Piroschki, und abends begleitete ich Geneviève zur Porte de Levallois, zu ihrer Metro. Es war schon spät abends, als ich zu meinem Café-Tabac kam. Da bekam ich große Lust, noch ein Glas Bier zu trinken, und ich setzte mich auf die Terrasse. Es war ein herrlicher Sommerabend, fast Nacht. Gegenüber zwischen den Paullinias befand sich eine runde Pissotière, und da sah ich, wie ein Clochard zwei schöne Brote einwickelte und diese Brotpakete in die Pissotière trug. Er ließ sie dort liegen, ging sofort weg und richtete sich auf einer Bank in der Nähe ein. Als ich mein Bier ausgetrunken hatte, ging ich extra in das runde Örtchen, um zu sehen, wo die Brote liegen. Tatsächlich lagen sie da und warteten auf den salzigen Urin. Ich hatte früher schon gehört, daß die Clochards gerne ihr Brot in Urin aufweichen, um es nachher mit Rotwein zu verzehren, hatte es aber noch nie mit eigenen Augen gesehen.

Am nächsten Morgen stand ich wie immer früh auf, wusch mich im Badezimmer und wollte schon in mein Café-Tabac gehen, als ich im Korridor die Haushälterin von Monsieur Rose bemerkte. Ich wünschte ihr, wie üblich, einen guten Morgen, aber anstatt mir zu antworten, sprang sie auf mich zu, sah mich ganz böse an und hielt mir ihre beiden Hände mit gespreizten Fingern vors Gesicht. Dazu sagte sie wiederholt, ich sei ein Teufel. »Vous êtes un diable!« Monsieur Rose hätte von meinem gestrigen Besuch berichtet, aber die Wohnung von Monsieur Rose sei kein »maison des rendez-vous«! Als ich abends von der Arbeit zurückkam, fand ich einen kleinen weißen Briefumschlag, der die sehr höfliche Kündigung enthielt. Nun mußte ich mir ein anderes Zimmer suchen. Diesmal half mir meine Mutter. Sie hatte eine Bekannte in Neuilly, eine gewisse Frau Ljubimow, die ein Zimmer zu vermieten hatte. Ein anderes Zimmer hatte sie an einen Monsieur Jacques Audiberti vermietet, einen damals ziemlich gefeierten Schriftsteller und Dramatiker. Sein Theaterstück »La Pucelle« lief gerade mit großem Erfolg.

Frau Ljubimow war eine rundliche große, stark geschminkte Frau, welche mit Leib und Seele der Kunst ergeben war. Sie kannte alles und alle, hatte früher selbst auf der Bühne gestanden und war zur damaligen Zeit Leiterin eines russischen Altersheimes. Mit viel Humor erzählte sie von den Liebesgeschichten, Eifersuchtsszenen und Dramen zwischen den alten Frauen und Männern. Es gab da Heiraten und Trennungen voller Leidenschaft, Eifersucht, Liebe und Hoffnung. Frau Ljubimow hatte viel zu tun, sie telefonierte den ganzen Tag und mußte ständig jemandem helfen.

Jacques Audiberti war sehr freundlich und einfach trotz seiner Berühmtheit. Ich freute mich, wieder in so einer unbürgerlichen Atmosphäre zu sein. Hier war ich keineswegs mehr un diable. Abends lud Frau Ljubimow zum Tee. Audiberti erzählte von seiner Arbeit, von seiner Freundschaft mit Jean Cocteau, Mauriac und mit den Theaterleuten. Ich erzählte ihm von meinen Erlebnissen mit den Russen in Berlin und vom russischen Theater. Er hörte mit Interesse zu, und es entstand so etwas wie eine kleine Kameradschaft zwischen uns. Er nannte mich »Shiljez«, was auf russisch Untermieter heißt. Ich neckte ihn ein bißchen damit, daß er zwei so wichtige Sachen wie »Krieg und Frieden« von Tolstoi und ein so schönes Land wie Korsika nicht kannte. Morgens hatte ich nun nicht mehr meinen dicken gestreiften Kater auf dem Schoß. Ich ging in ein anderes großes Café auf der Avenue de Neuilly und trank dort ein Glas Milch. Ich hatte damals einen Gesundheitstick und wollte weder Tee noch Kaffee trinken. An der langen Theke versammelten sich gegen acht Uhr morgens viele, ganz verschiedene Leute. Mit der Zeit kannte ich sie alle vom Ansehen und auch ihre Gewohnheiten. Ich war erstaunt, wie verschieden das Frühstück bei all diesen Menschen war. Es gab zum Beispiel eine kleine alte Frau, die nur zwei Calvados trank. Eine andere, dicke Frau trank einen kleinen schwarzen Kaffee und dazu einen Kognak, ein großer Mann leerte täglich nur ein großes Glas Bier, es gab andere, die nur Rotwein tranken und darin ihr Croissant aufweichten. Viele tranken Milchkaffee, und ein großer dicker Neger trank zwei Glas Rum. Die Garçons hinter der Theke kannten ihre Stammgäste, und bevor man seine Bestellung aufgeben konnte, stellten sie das Gewünschte vor einen hin. Auch mich kannte man bald, und wenn ich das Café betrat, rief schon einer: »Et pour Monsieur un biberon!«

Ich verließ Audiberti und Frau Ljubimow, als ich zum Standesamt in Levallois fuhr. Von dort aus sollte ich direkt in das Haus meiner neuen Schwiegereltern umsiedeln. Ich bedauerte, Frau Ljubimow verlassen zu müssen. Als ich ihr auf Wiedersehen sagte, umarmte sie mich und bekreuzigte mich dreimal nach alter russischer Sitte. Ich bemerkte sogar einen gewissen Glanz in ihren Augen. Das alles rührte mich damals sehr. Meine Mutter war weit, ich war sehr allein und von Franzosen umgeben. Ich sollte nun in einer französischen Familie leben, und so tat mir ein bißchen russische Wärme sehr wohl. Auch ich umarmte Frau Ljubimow und bedankte mich bei ihr.

Nachdem ich Geneviève geheiratet hatte und zu ihren Eltern nach Levallois gezogen war, sprang ich sozusagen mit Kopf und Füßen, mit Herz und Seele in das französische Leben. Das erleichterte es mir, mich zu akklimatisieren, und sehr bald gewöhnte ich mich an die französische Art zu leben. Wir beide arbeiteten in derselben Firma, fuhren regelmäßig zur Arbeit und kamen regelmäßig zurück. Da unsere Hochzeit im Winter stattfand, dauerte unsere Hochzeitsreise bloß eine Woche. Sie ging nach Chartres. Ende 1951 zogen wir in eine eigene Wohnung am Square du Thimerais 7.

Unsere ersten Sommerferien verbrachten wir auf Korsika. Wir fuhren mit dem Bus nach Nizza und von dort mit dem Schiff auf die Insel. Stunden, bevor man in Calvi ankommt, weht einem der Geruch des Maquis entgegen, beglückender als irgendein Parfüm. Langsam erstehen sehr hohe, bläuliche Berge vor einem, und der Geruch des Maquis wird immer stärker. Die Ankunft in Calvi machte großen Eindruck auf mich. Wir lebten in Porto in dem »Hôtel du Moulin«, in einer Art Schlucht. Der Weg zum Meer führte durch einen Eukalyptuswald in dieser Schlucht. Große Felsen erhoben sich auf beiden Seiten, und ein Bergbach ergoß sich über viele große Steine ins Meer. Der Geruch der Eukalyptusbäume vermischte sich mit dem Geruch des Meeres.

So verging Jahr um Jahr, und ein bißchen lebte man von Vacances zu Vacances.

Im Jahre 1951 machte ich meine erste Ausstellung. Ich stellte in der Galerie Raymond Duncan aus, ganz kleine Formate, alles Sujets aus Korsika. Ich malte damals auf präpariertem Malkarton und benutzte für die Bilder fertiggekaufte Rahmen. Diese kleine Ausstellung verlief sehr gut, und ich verkaufte fast alles.

Jedes Jahr machten wir eine schöne Reise: nach Venedig, nach Spanien, nach Rom, nach Korsika und immer wieder in die Provence. In der Provence, in Vaucluse im Luberon-Gebirge, liebte ich sehr ein Dörfchen namens Mérindole. Wir lebten da in einem bäuerlichen Hotel, vielmehr einem Haus, das ein paar Zimmer vermietete. Das Essen wurde in einem winzigen Saal serviert, der eine uralte gewölbte Decke hatte. Es war angenehm, aus der strahlenden Sonne in die kühle Luft hineinzukommen und auf gefüllte Tomaten zu warten und ein kaltes Bier zu trinken. Ganz früh morgens erwachten die Zikaden und stimmten ihren Gesang in den Olivenbäumen an. Die Olivenplantagen erstreckten sich bis an den Fuß des Luberon, bis zu den Fichtenwäldern, wo ebenfalls Tausende und Abertausende von Zikaden lebten. Man fühlte, daß der Tag sehr heiß werden würde, aber noch war es erträglich, und man freute sich über die Ruhe. Ich beschäftigte mich sehr viel mit Insekten. Ich sammelte sie nicht, ich fing sie, beobachtete sie und freute mich an ihnen. Natürlich fand ich wieder meine geliebten Gottesanbeterinnen. Es war jedesmal eine unsagbare Freude, eine an einem Pflanzenstiel hängende Gottesanbeterin zu finden. Auch Empusas und die herrliche fleischfressende Heuschrecke Saga fand ich öfters. Im Luberon fand ich auch meine ersten hellen Skorpione, die ich nach Paris mitnahm und lange Zeit pflegte.

Aljoscha hatte seine mißlungenen Studien in verschiedenen Schulen hinter sich gebracht und fing an, in einem Unternehmen zu arbeiten, das Ausstellungsräume ausstattete, bei einem gewissen Monsieur Perard. Perard kannte ich aus der Firma Dupuy, für die er auch arbeitete. Vorher hatte Aljoscha eine Kunstschule besucht, die von dem bekannten Pariser Maler Cadiou geleitet wurde. Ich hatte Angst, daß Aljoscha bei Perard so wenig Lust zur Arbeit haben würde wie in der Schule, aber ich irrte mich. Perard war äußerst zufrieden mit Aljoscha.

Tata heiratete Basil Braminow und wanderte nach Amerika aus. Dodja war schon längst in New York. Er mußte etwas Schreckliches erleben: Seine jüngste Tochter nahm sich das Leben, indem sie sich in den Hudson stürzte. Mein Freund mußte sie zwei Monate später, auf einer Polizeistation, identifizieren.

Nach zehn Jahren kam ich zum ersten Mal wieder nach Deutschland. Ich fuhr nach Selb, wo ich für die Firma Rosenthal arbeiten sollte. Ich war sehr aufgeregt, Deutschland wiederzusehen. Das erste, was ich früh am Morgen aus dem Zugfenster in Stuttgart sah, gefiel mir gar nicht. Eine dicke Frau mit einem fürchterlichen Hut auf dem Kopf stand neben ihrem häßlichen Mann mit Skimütze. Ich hatte diese Mützen schon vergessen. Die Bahnhofsvorsteher trugen dieselben roten Mützen wie früher. Es war alles still, ruhig und irgendwie schwer. Die Arbeit bei Rosenthal war sehr angenehm, aber mein ehemaliges Deutschland erkannte ich nicht.

Im Januar 1958 war ich noch einmal in Selb und malte wieder in der Fabrik. Beide Male besuchte ich auch deutsche Städte, beim ersten Mal Frankfurt, und beim zweiten Mal Nürnberg. Frankfurt war nicht wiederzuerkennen. Aus den Ruinen waren Häuser erstanden, alle Geschäfte waren voller Ware und der Zoo war voll interessanter Tiere. Ich aß Würstchen mit Salat, trank herrliches Bier, aber die Atmosphäre gefiel mir nicht. Die Menschen erschienen schwerfällig, die Stadt war nicht schön und sehr provinziell im Vergleich zu unserer Place de la Concorde oder Place de l'Étoile.

Schon damals sagte ich »zu unserer«, seit 1957 war ich französischer Staatsbürger. Aljoscha wurde automatisch auch Franzose und sofort zum Militärdienst eingezogen.

Das war ihm gar nicht recht, und er war mir wegen der Naturalisierung sehr böse. Zudem mußte er kurz darauf nach Algerien, was er – im Kriegszustand – von einer ganz anderen Sicht aus kennenlernte als ich.

Nach Berlin kam ich etwas später. Elf Jahre hatte ich Berlin nicht gesehen. Im Mai 1959 landete ich auf dem Flugplatz Tempelhof. Im ersten Augenblick erkannte ich nichts, aber schon nach einer halben Stunde war ich in meiner Vergangenheit. Es war fast genauso aufregend wie das erste Mal. Das erste Mal war alles neu für mich gewesen und hatte mich gerade deswegen gepackt, das zweite Mal traf ich auf meine Vergangenheit, und ich hatte das Empfinden, als betaste ich mein eigenes Selbst. Ich reiste mit Geneviève und fühlte, daß es für sie lange nicht so interessant war. Die Stadt gefiel ihr, aber selbstverständlich war es weder Paris noch Rom. Ich liebte die Stadt noch immer, es war eben doch nicht Frankfurt oder Nürnberg. Es waren dieselben breiten Straßen, derselbe Zoo, dasselbe Schloß Charlottenburg und derselbe Bahnhof Zoo. Ich ließ Geneviève öfters allein und lief wie ein Irrer herum. Was wollte ich? Die Vergangenheit einfangen, die Zeit zum Stehen bringen, die alten Gefühle wiedererwecken? Ich weiß es heute nicht mehr, aber ich stand vor einer mir so bekannten U-Bahn-Station, und mir kam es vor, als hätte ich Berlin nie verlassen. Ich fuhr zum Bahnhof Steglitz und ging in dieselbe Toilette, in die ich jahrelang gegangen war. Nichts hatte sich verändert, die obszönen Zeichnungen waren noch da, der Gestank und das Geräusch der abfahrenden Straßenbahn. Im Dahlemer Botanischen Garten fand ich dieselbe Bank, auf der ich oft mit meinem Vater gesessen hatte, und blieb eine Weile sitzen. Im Zoo zitterte ich förmlich, als ich über die kleine Brücke ging, die über den Teich mit den Pelikanen führt. Von meinen Gefühlen erzählte ich niemandem etwas, auch Geneviève nicht. Ich berührte richtig den Körper meiner Vergangenheit! Ich war dankbar für die Vergangenheit und für die Möglichkeit, sie wiederzusehen, und ich fühlte, daß es nie wieder so sein würde. Es war das letzte Mal, daß ich *mein* Berlin sah und fühlte. Später war ich noch dreimal in Berlin, und es war nicht mehr dasselbe.

Im Jahre 1960, im August/September, flog ich mit Geneviève zum ersten Mal nach Amerika. Wir fuhren zu Dodja Dobushinski nach Brooklyn. Natürlich hatte ich schon vorher viel von New York erzählt bekommen, aber trotzdem verstand ich bei dieser Gelegenheit von neuem und besonders deutlich, daß man alles im Leben selbst erleben muß. Amerika birgt so viel, von dem nie gesprochen wird, schon gar nicht in Reisebüros. Auch dieses so große Land bekam seinen Banalitätsstempel: Wolkenkratzer, Majorettes, Cowboys und fertig. Man arbeite dort so viel, daß man an nichts anderes mehr denke als an Dollars. Ich hatte im Gegenteil das Gefühl, daß man in Italien viel mehr an Dollars denkt als in New York.

Dodja und Maritje empfingen uns sehr herzlich. Brooklyn machte auf mich einen ausgesprochen gemütlichen Eindruck. Es gab da viel mehr Gärtchen, als ich dachte, und abends fingen überall in den Sträuchern große grüne Heuschrecken zu zirpen an. Blumen waren überall, und manche Pflanzen wuchsen selbst zwischen den großen Troittoirsteinen hindurch. Es roch eigenartig und angenehm. Auch war ich überrascht, daß man mit der U-Bahn in zwanzig Minuten am Strand sein konnte. Unterwegs zur U-Bahn sah ich eine Pyramide von Wassermelonen. Einige waren in drei Teile geschnitten, und in einen Teil war ein Preisschildchen gesteckt: 50 c/t. Ein Neger schlief im Schatten seiner Melonenpyramide, und man konnte sich selbst bedienen, wenn man die fünfzig Cents in seinen Hut warf. In diesem Bild war so viel vom richtigen Amerika, fast vom Huckleberry-Finn-Amerika, daß ich ganz entzückt war.

Mit der U-Bahn erreicht man sehr schnell den Strand. Vorher kommt der wackelnde Zug an eine Stelle, wo eine große Anzahl Häuser auf Pfählen im Wasser steht. Auf den Dächern dieser Häuser wuchs ein endloser Wald von Fernsehantennen, unten lagen hölzerne Boote, und überall flogen oder standen weiße Reiher. Von diesen weißen

Reihern hatte mir auch nie jemand erzählt. Im Central Park sangen Zikaden, und nicht weit vom Strand fand ich zwei riesige Gottesanbeterinnen. Sie waren so groß, wie ich sie in Europa nie gesehen hatte. Im Sand konnte man getrocknete Pfeilschwanz-Krebse finden. Einmal habe ich sogar einen lebendigen gefunden. Das alles begeisterte mich sehr, ich fühlte aber, daß die Leute wenig Interesse dafür hatten und mir nur prahlend ihre Supermärkte und riesigen Parkplätze vorführen wollten. Damals gab es so etwas in Europa noch nicht, aber wie schnell wurde das nachgeholt! Die frischen Emigranten aus Europa konservierten das Kriegseuropa in ihrer Erinnerung. Sie fragten mich öfters ganz naiv, ob man in Paris Tomaten bekommen könne oder ob in Deutschland die Banken funktionierten.

Wir besuchten natürlich auch Tanja Schaljapin, die mit einem Herrn Tschernow verheiratet war. Mein Patensohn Fedja war schon groß – ein amerikanischer Student. Die Tschernows besaßen ein Delikatessengeschäft in Manhattan, wo sie russischen Kaviar, Wodka, Piroschki und Pelmeni verkauften, meist auf telefonische Bestellung.

Für drei Tage verließ ich Geneviève und fuhr, ebenfalls mit einem Bus, nach Mountainville, wo Tata als Haushälterin mit ihrem Braminow lebte. Die beiden waren zu der Zeit schon völlig besessene Christian-Science-Anhänger, genau wie ihre sehr reichen Arbeitgeber. Tata fühlte sich in Amerika sehr wohl.

Die Neger in Amerika werden von den Weißen, besonders von den neu angekommenen Emigranten, die meist besonders national eingestellt sind, als etwas Störendes, Dummes, Gefährliches und Wildes empfunden. Ich habe die Neger, ich weiß nicht warum, immer geliebt. Sie machen mir Freude, ich finde sie sehr dekorativ. Schon als Kind hatte ich sie gern, obwohl ich nie einen gesehen hatte. In Berlin gab es keine Neger, in Paris schon sehr viel mehr. Sie sind oft schön gebaut. Französische oder amerikanische Neger in Matrosenuniform sehen wunderbar aus! In Paris gibt es jetzt ziemlich viele Negerpolizisten, und ihr schwarzes Gesicht unter dem weißen Käppi finde ich herrlich. Als die Amerikaner nach Berlin kamen, gab es natürlich viele Schwarze unter ihnen, bei denen mir stets das Lebensbejahende auffiel. Sie lieben, sich gut anzuziehen, manchmal sogar raffiniert und exzentrisch, ohne dabei je geschmacklos oder vulgär zu wirken.

Es ist möglich, daß viele Schwarze sich dem Alkohol und den Drogen hingeben, aber das interessiert mich wenig, denn ich bin überzeugt, daß Amerika ohne die Schwarzen viel verlieren würde an Musik, Temperament und Eigenart. Ich liebe Jazz, Negro-Spirituals, ihren Rhythmus und ihre Bewegungen. In Brooklyn sah ich zwischen endlosen Mauern von gebrauchten Autoreifen eine Neger-Amateur-Jazzkapelle spielen. Die Frauen und Männer tanzten dazu. Jede Art Kleidung war vorhanden, mal elegant, mal Lumpen: eine schwarze Pelerine mit knallrotem Futter, eine Melone und weiße Gamaschen dazu oder eine halblange Leopardenhose und ein violettes Hemd. Es gab Frauen in Gold, Weiß, Rot, Grün und Silber. Sogar die Kinder in weißen T-Shirts und Jeans sehen schön aus. Niemand kann sich so auf eine alte Kiste hinlagern wie ein Negerjüngling.

Im Jahre 1963 machte ich eine größere Ausstellung in der Galerie Ror Volmar im Faubourg Saint-Honoré. Plötzlich rief mich eine Dame an. Sie heiße Madame Brulow, ihr Mann sei Marik. Marik aus Temis-Ssu! Marik, dieser hübsche Junge, den ich um so vieles beneidet hatte, der alles wußte und konnte, der ein besseres Pferd, bessere Hemden, bessere Schuhe besessen und den ich in Moskau als »jungen Zoologen« verlassen hatte. Wir trafen uns und erneuerten die alte Freundschaft. Aus dem schönen Jungen war ein langnäsiger, kahlköpfiger Antiquitätenhändler geworden. Im ersten Augenblick erkannte ich ihn nicht, aber nach und nach fand ich seine dunklen, mandelförmigen Augen wieder. Und auch das, um was ich ihn immer beneidet hatte. Er war viel kleiner als ich, er sprach schlechter französisch als ich, deutsch konnte er überhaupt nicht, aber er war so lebensklug. Er kannte sich am Spieltisch aus, er konnte handeln und mit den Leuten sprechen – alles tausendmal besser als ich. Er legte keinen Wert auf sein Äußeres, auf seine Anzüge, auf seinen Akzent, und gerade das machte seinen Charme aus. Er und seine Frau besaßen ein kleines Antiquitätengeschäft am Boulevard Montparnasse. Seine Frau Sina sprach und schrieb mehrere Sprachen sehr gut und korrigierte ihren Mann oft. André (so hieß Marik eigentlich) liebte seine jüdische Frau über alles, sie waren ein sehr glückliches Paar. Sie besaßen ein Landhäuschen, zuerst in Lagny und später in Raizeux, nicht weit von Rambouillet. Das letztere war bezaubernd, voll schöner Möbel, Bilder, Gläser, Zeichnungen und Skulpturen. Es war eine Freude, ihr Gast zu sein. Sie hatten sich das alles in Jahren mühevoller Arbeit erarbeitet. Wieder kam ich mir wie ein armer Pinscher im Vergleich zu ihm vor, wieder war er der Geschicktere, der Erfolgreichere. Ich war sehr glücklich, ihn in Paris gefunden zu haben, wohin er auf abenteuerliche Weise gekommen war. Er flüchtete aus dem Stalin-Rußland auf einem griechischen Schiff – versteckt – über Athen nach Marseille und kam dann schließlich nach Paris, wo seine Mutter neuverheiratet lebte.

Marik blieb bis zu seinem Tode mein guter Freund. Er war ein witziger, origineller, sehr eigenartiger Mensch, der mir sehr fehlt.

In der Firma Dupuy arbeitete ein Mädchen namens Denise Weber, hochgewachsen, mit kleinem rundlichem Kopf und kurzem Haar. Sie saß meistens im weißen Kittel an ihrem Zeichentisch und tat gar nichts. Ihr Vater war Halbrusse, ihre Mutter eine Französin aus Savoie. Unsere Freundschaft begann damit, daß sie viele russische Wörter kannte und mit unserem gemeinsamen Freund, dem portugiesischen Zeichner Lima de Freitas, musizierte. Sie sprachen ständig über Beethoven, Mozart, über die portugiesischen und russischen Volkslieder. Mich amüsierten die beiden, das Mädchen gefiel mir, und plötzlich empfand ich, daß mein Leben mit Geneviève eigentlich furchtbar monoton war, trotz aller Reisen und Ausstellungen. Es stellte sich heraus, daß Denise Weber Tiere sehr liebte, und als sie erfuhr, daß ich Laubfrösche bei mir hielt, bat sie mich, bei ihr ebenfalls so etwas einzurichten. Ich fand das sehr nett und völlig harmlos und erzählte es sofort Geneviève. Geneviève sah mich an und erklärte mir mit ernster Stimme, daß Denise Weber eine Hexe sei, daß sie, während ich in Selb war, dauernd darauf bestanden habe, in meinen Arbeitsraum versetzt zu werden, und daß die Geschichte mit den Laubfröschen nur eine Falle sei. Ich war erstaunt über diese Worte und war schrecklich böse auf Geneviève. Mein Zorn war völlig anormal, ich beschuldigte die Arme, sie wolle mir nicht einmal die Erlaubnis für solch eine Lappalie wie die Einrichtung eines Terrariums geben. Geneviève sah mich noch ernster an und sagte, meine Unzufriedenheit sei schon der Anfang der Hexerei von Denise.

Natürlich ging ich doch hin, und es dauerte nicht zwei Tage, sondern eine Woche. Auch danach setzte ich meine Besuche bei Denise fort. Seit der Zeit war meine innere Ruhe gestört, ich fing ein Doppelleben an, wurde immer nervöser und unglücklicher.

Denise zog aus ihrem Zimmerchen in der Rue Saint-Saëns aus und zog in eine eigene Wohnung nach Courbevoie. Diese Wohnung hatte ihr ihr Vater, der Architekt war, besorgt. Die Wohnung von Denise bestand aus Pflanzen und Tieren. Auf dem Balkon zog sie unzählige Pflanzen, aber auch im Wohnzimmer stand alles voller Blumentöpfe. Dazwischen standen Terrarien mit Laubfröschen, ein Terrarium mit einem Feuersalamander, ein Terrarium mit einer großen Kröte namens Karl (sie betonte immer, daß Karl ihr Lebensgefährte sei) und noch ein Terrarium mit kleinen Wasserschildkröten. Diese Wasserschildkröten hatten wir selber gefangen, als wir 1964 eine Autoreise nach Südspanien machten. Ich reiste viel mit Denise. Geneviève führte ihr eigenes, verlassenes Leben.

1962 verließ ich Dupuy, um frei zu sein und selbständig arbeiten zu können. Ich malte, stellte aus und arbeitete für die Firma Göke. Mein lieber Göke aus der »Zentrale Dyckhoff« in Berlin war wieder da. Schon 1950 hatte er mir geschrieben, daß er nach vielen Abenteuern in Köln gelandet sei. Er habe drei Kinder, zwei Jungen – Fritz und Erwin – und ein Mädchen, Helma. Schon in Berlin hatte ich erfahren, daß er am Leben war und nach Köln gezogen sei. Wir nahmen wieder Kontakt auf, und sehr bald verpflichtete ich mich, in Deutschland ausschließlich für Göke zu arbeiten. Nach so vielen Jahren der Zusammenarbeit wurden wir Freunde, wir duzten uns, Göke besuchte mich mehrere Male in Paris, und ich fuhr öfters zu ihm nach Köln. Auch mein Freund Sascha Noskow lebte damals mit seiner Mutter und Frau und Töchterchen in Köln.

Ich zog in die Wohnung von Denise Weber in Courbevoie ein und versuchte, mit ihr zu leben. Das war nicht so einfach. Denise hatte dauernd »seelische Sorgen« und wollte nicht akzeptieren, daß ich verheiratet war. Sie war eifersüchtig auf alles! Auf die Adresse, wo ich offiziell wohnte, auf den Namen, auf irgendeine kleine Bemerkung. Sie wollte, daß ich Geneviève (man durfte diesen Namen um Gottes willen nicht aussprechen! Selbst Montagne Ste. Geneviève und Ste. Genivième des Bois mußten vermieden werden) nicht mehr sehe. Sie arbeitete damals nicht, verdiente kaum etwas, war dauernd sehr müde, und ihre Augen füllten sich jeden Augenblick mit Tränen. Ich mußte in der kleinen Wohnung für Göke arbeiten, fuhr ab und zu in die Rue Nollet, wo ich ein kleines Atelier hatte. Mit dem Malen fing es an, sehr schlecht zu gehen. Ich hatte weder Ruhe noch Kraft.

Im Mai 1960 flog ich zum ersten Mal mit Denise nach Berlin. Ich zeigte ihr den Zoo und alles, was ich in Berlin kannte. Es war das erste Mal, daß ich fühlte, mein Berlin verschwand endgültig, und ich würde keine Sehnsucht mehr nach dieser Stadt haben. Ich ging nicht mehr in die mir vertrauten Toiletten, starrte nicht mehr die verkratzten Wände an, und mein Inneres blieb völlig ruhig, wenn ich den Wittenbergplatz oder den Bahnhof Zoo sah. Damals, in Berlin, hatten wir auch unseren ersten Krach. Zu diesen Krächen kam es später ununterbrochen.

Von Berlin aus flogen wir nach Frankfurt am Main, wo ich ihr ebenfalls den Zoo zeigte. Abends, in einer bayerischen Kneipe, kam ein Mann aus dem Orchester herunter und forderte Denise auf, das Podium zu besteigen und das Orchester zu dirigieren. Nachher begleitete der Mann sie zurück und machte mir Komplimente über Denisens Musikalität. Musik liebte sie über alles, und ihre unsagbare Liebe und Verehrung der deutschen Musik (besonders Beethovens und Schuberts) fand ihren Widerhall in ihrer Liebe zu Deutschland im allgemeinen. Alles gefiel ihr in Deutschland. Gesang, Schunkeln, Zoos, Würstchen, die Sprache und die Art, sich zu benehmen.

Mein Leben wurde unerträglich unruhig. Es bestand aus Reisen und Szenen mit Denise.

Im Mai 1968, als in Paris die Studentenunruhen anfingen, mußte ich nach Köln fahren. Ich nahm Denise mit. In Köln arbeitete ich mehrere Tage in einem Hotel für Göke. Er hatte extra einen Zeichentisch in mein Zimmer bringen lassen, und ich arbeitete den ganzen Tag. Denise war sich selbst überlassen, lief in Köln allein herum und war, wie immer, mit allem in Deutschland sehr zufrieden.

Von Köln aus fuhr ich mit ihr weiter nach Hamburg, wo wir bei Evchen Hasperg und Geza wohnten. Wir machten alle vier zusammen eine zweitägige Reise nach Lübeck und Husum, St. Peter-Ording und zurück. Denise war sehr reizbar, und ich konnte sie kaum ertragen. Als ich mit Evchen Hasperg allein war, sagte sie zu mir: »Na, mit Denise ist es wohl bald aus? Ich finde, es wäre besser, wenn ihr euch endgültig trennen würdet.«

In Paris angekommen, verließ ich Denise und lebte eine Zeitlang im Hotel Pereire. Nach kurzer Zeit nahm mich Geneviève wieder auf und pflegte mich wie einen Geisteskranken. Ich war völlig unbrauchbar für alles und dachte bloß an Selbstmord. Das war die scheußlichste Periode meines Lebens.

»Immer Dein Freund Ernst Theodor«

Ernst Theodor Sehrt, mit dem ich in der Wohnung seiner Eltern in der Friedrichstraße in Freiburg auf dem Fußboden Zoo mit Gipstieren, mit dem ich Sherlock Holmes gespielt hatte, war nun ein Professor der Englischen Literatur an der Universität von Göttingen. Wir hatten uns das ganze Leben – mit kürzeren oder längeren Intervallen geschrieben. Ich schickte ihm Postkarten aus Berlin, kleine Zeichnungen, schrieb Briefe aus Lichterfelde, Florenz und Rom. Meine Briefe zeichnete ich mit »immer (unterstrichen) Dein Freund Oleg«. Er unterschrieb genauso, das Wort »immer« selbst in völlig aufgelöstem Zustand unterstrichen. Als ich sechzehn oder siebzehn Jahre alt war, besuchte er mich sogar in Lichterfelde. Später sahen wir uns wenig, aber nachdem ich in Paris war, besuchte er mich zwei- oder dreimal dort, und ab und zu trafen wir uns in seiner geliebten Heimatstadt Freiburg.

Einmal, ich glaube im Oktober 1959, trafen wir uns wieder einmal in Freiburg. Wenn ich mich nicht irre, wohnten wir damals beide im Hotel »Europäischer Hof«, das heute nicht mehr existiert. Natürlich fuhren wir zusammen nach Kirchhofen, um dort eine Forelle zu essen. Es war ein Wiedersehen der Erinnerungen! Er zeigte mir das Haus, wo wir gewohnt hatten, wir sahen uns die Dreisam an und gingen ab und zu ins Kino. Manchmal ins Kasino, wo wir – mein Vater, Onja und ich – vor so vielen Jahren vom Rebhaus aus hingefahren waren, um uns irgend etwas anzusehen. Wir sprachen über unsere Kindheit, über unsere Begeisterung für den »Fridericus-Rex«-Film mit Otto Gebühr. Erinnerten uns an unsere Geburtstage mit den Kuchen-Schildkröten, an die »Kniff-die-Welt«-Tiere und an Fridolins Spiele in der Tüte. Es waren meist sehr frohe, ruhige drei oder vier Tage voller Erinnerungen.

Und in diesem Oktober 1959 sagte Ernst Theodor zu mir, daß er mich seinem zweitbesten Freund vorstellen möchte. Der allerbeste Freund bliebe ich, der zweitbeste sei ein gewisser Anton Müller Bellinghausen. Er lebe in der Tivolistraße in Herdern. Ich erkannte sofort die Tivolistraße, durch die ich als fünfzehnjähriger Junge mit Elisabeth von Puskario auf dem Fahrrad gefahren war. Anton Müller Bellinghausen war sehr charmant und gefiel mir sehr gut. Ich erinnere mich, daß seine Frau damals ein Söhnchen hatte und ihr zweites Kind erwartete.

Später, ich glaube im August 1964, trafen Ernst Theodor und ich uns wieder in Freiburg, diesmal auf der Luisenhöhe in Horben. Ernst Theodor sagte mir, daß in diesen Tagen Nanny Müller Bellinghausen ihren Geburtstag feiere, und wir müßten ihr gratulieren. Ich erinnerte mich an Nanny als an eine junge, blonde Frau, die mir sehr gut gefallen hatte. Im Hotelzimmer auf der Luisenhöhe malte ich ganz schnell ein Aquarell, das ich ihr statt Blumen bringen wollte. An der Tür empfing uns Anton. Hinter ihm stand seine im Vergleich zu ihm sehr kleine Frau, seine Nanny. Ich konnte also das Bildchen nicht Nanny persönlich mit einem Handkuß überreichen und gab es in Antons Hände. Freundlich las er: »pour le Nanniversaire« und lächelte. Dann gab er das Blatt Nanny. Ich glaube, wir tranken dann Tee und sprachen über Camargue. Später kam Antons Vater, mit dem ich mich sofort verstand, da er sich für Skorpione interessierte.

Ganz unerwartet bekam ich eines Tages von Ernst Theodor in Paris die Nachricht, daß Anton an den Folgen einer Blinddarmoperation gestorben sei. Ich fühlte mich verpflichtet, an die junge Witwe ein paar Worte zu schreiben. Ich bekam auch eine ziemlich konventionelle Dankesantwort.

Im März 1969, als ich zwischen Courbevois, Geneviève und Hotel Pereire herumpendelte und jede Lust am Leben verloren hatte, als es mir so schlecht ging, daß ich nur aus Kopfschmerzen, Sehnsucht nach Tod und Ruhe bestand, war ich einmal so verzweifelt, daß ich spät nachts im Square du Thimerais in den Hof ging und die Feuerleiter hinaufkletterte. Ich hatte eine halbe Flasche Kognak getrunken und mir vorgenommen, diesmal endgültig mit mir Schluß zu machen. Im Hof war kein Mensch, Tauben flogen umher, und ein feuchter Pariser Märzhimmel wölbte sich über mir, als ich endlich oben stand. Soll ich oder soll ich nicht, überlegte ich mir, und natürlich sagte mir irgendeine gesunde Stimme, daß ich nicht sollte. Zitternd kroch ich hinunter, ging in unsere Wohnung in die Küche und trank dort die restliche Hälfte des Kognaks. Plötzlich klingelte es. Völlig unerwartet stand Aljoscha vor mir. Er sagte, er sei gekommen, um mich zu besuchen, einfach so, er hätte das Gefühl, daß ich mich schlecht fühle. Ich war halb betrunken und sehr gerührt. Ja, sagte ich, mir gehe es tatsächlich nicht gut, und ich legte mich aufs Bett und weinte. Etwas später erschien Geneviève, und Aljoscha stürzte auf sie zu und redete furchtbar aufgeregt auf sie ein, daß man etwas mit mir machen müsse. Geneviève antwortete ihm: »Versuchen Sie es, ich kann nicht mehr!«

Am nächsten Morgen überredete mich Geneviève, meinen Freund in Freiburg zu besuchen, und ich gehorchte, da ich sowieso nicht wußte, was ich machen sollte. In Freiburg stieg ich im Hotel »Minerva« ab. Wieder fuhren wir nach Kirchhofen, um die traditionelle Forelle zu essen. Bei unseren Gesprächen fragte ich Ernst Theodor, was aus Frau Müller Bellinghausen geworden sei. Er erzählte, daß sie ganz allein und sehr verlassen weiter in der Tivolistraße mit ihren zwei Kindern lebe. Die Kinder wären sehr ungezogen und kaum auszuhalten, dazu habe sie noch einen entsetzlichen, bösen schwarzen Hund. Wenn du möchtest, fügte er hinzu, könnten wir sie besuchen, es wäre sogar anständig deinerseits. Am nächsten Tag telefonierte Ernst Theodor mit der jungen Witwe und sagte mir, sie erwarte uns gegen Abend.

Ich stellte mir einen großen, leeren Raum vor, wo in einer Ecke eine junge blonde, blasse Frau, ganz in Schwarz gehüllt, sitzt und ab und zu weint. Zwei langhaarige böse Kinder laufen herum und zerkratzen einander die Gesichter. Ein schwarzer Hund, eine Art Hund von Baskerville, sitzt neben der Witwe und läßt niemanden heran. Die Tatsachen waren völlig anders. Eine blonde, hübsche Frau in einem hellen Kleid öffnete uns die Tür und beruhigte uns fröhlich, daß die Kinder nicht da seien und der Hund eingesperrt. Wir setzten uns an einen Tisch, ich auf einen Stuhl und Ernst Theodor und Nanny auf das Sofa. »Na, wo wollen wir zu Abend essen?« fragte die fröhliche Witwe. Nach kurzem Überlegen wurde beschlossen, in den »Kühlen Krug« nach Güntersta zu fahren, in Nannys Volkswagen.

Ernst Theodor wurde bald müde. Nanny gefiel mir mit jedem Augenblick besser. Sie fragte mich, ob ich Nancy kenne, und ich sagte, daß ich ein paarmal vorbeigefahren sei, die Stadt selber aber nie besucht hätte. Wir beschlossen, am übernächsten Tag eine kleine Reise ins Elsaß zu unternehmen. Aber am nächsten Tag sagte mir Ernst Theodor, es hätte keinen Zweck, ins Elsaß zu fahren, er sei zu müde, ich wahrscheinlich auch, er würde lieber bei Nanny anrufen und den Ausflug absagen. Ich war einverstanden, wir aßen noch irgendwo zusammen, und ich verabschiedete mich von ihm. Am nächsten Morgen, gegen neun Uhr, sollte mein Zug nach Paris fahren. Ich schlief schlecht ein ... So gegen acht Uhr bekam ich einen Telefonanruf und war sehr erstaunt. Es war Frau Müller Bellinghausen. Sie war ein bißchen enttäuscht, daß der Ausflug nicht stattfinden sollte, und schlug mir vor, wenigstens zusammen zu frühstücken. Sie würde mich in einer Viertelstunde im Hotel abholen. Ich sprang wie von der Tarantel gestochen aus dem Bett, rasierte mich mit blitzartiger Geschwindigkeit und war in einer Viertelstunde in der Hotelhalle. Nanny war schon da und marschierte in einem dunkelblauen Regenmantel durch den Raum. Wir gingen in ein Café am Münsterplatz. Sie schenkte mir ein Buch über Freiburg, wir aßen Hörnchen mit Butter und tranken Kaffee. Wir entschlossen uns, wenigstens einen kleinen Ausflug an den Kaiserstuhl zu machen. Ich war furchtbar froh, nicht nach Paris fahren zu müssen, und zu allem bereit. Auch gefiel es mir, daß dieser Ausflug ohne meinen Freund Ernst Theodor stattfand.

Irgendwo am Kaiserstuhl angekommen (ich glaube, es war der Badberg), ließen wir den Volkswagen stehen und kletterten den Berg hinauf. Ich hatte noch meinen Wintermantel an, und mir war fast zu warm. Nanny, in schmalen schwarzen Stiefeln, kletterte mit großen Schritten, die Hände in der Tasche, vor mir her. Oben angekommen, erzählte sie mir etwas über die Weinberge und über die Orte, die unter uns lagen. Ich sah wenig davon. Mein Herz klopfte, und ich dachte nur, ob ich dieser Frau einen Kuß geben dürfte oder nicht. Ob sie es mir übelnehmen würde?

Ich küßte sie, und der Himmel öffnete sich. Ich wollte wieder leben, arbeiten, lieben, Tiere und Pflanzen sehen und schöne Bücher lesen. An diesem Tage machten wir eine kleine Fahrt durch Sélestadt, Riquewiher, Kaysersberg und kehrten dann nach Freiburg zurück. Abends kaufte Nanny zwei Hähnchen im Wienerwald, und wir aßen mit ihren beiden Kindern, Christian und Cathrin, an einem runden Tisch zusammen. Auch der schreckliche schwarze Hund Harras, der sich als ganz lieb und zutraulich erwies, war dabei und legte seine schwarze Schnauze auf meinen Schenkel. Abends begleitete mich Nanny mit Harras zum Hotel »Minerva«, und wir beschlossen, uns noch einmal in Nancy zu treffen. – Am zehnten April trafen wir uns dort ohne Harras, ohne Ernst Theodor, ohne Kinder und ohne Wissen der Eltern und Freunde von Nanny.

Ich erzählte alles Geneviève und dann auch Denise, die mir eine mächtige Ohrfeige gab und einen Anfall bekam. Ich mußte noch mit Geneviève für drei Wochen nach Mallorca fliegen. Kato Marton hatte uns eingeladen, wir sollten unbedingt nach Estellenchs kommen. Damals wußte ich noch nicht, daß dieses Estellenchs später »unser« Estellenchs werden sollte.

Im Juli flog ich nach New York zu Dodja und dann nach San Francisco zu Sascha Noskow. Im Flugzeug zwischen New York und San Francisco schrieb ich Nanny einen langen Brief und zeichnete ihr zwei kleine Waschbären, die ich vorher bei einem Mann in der Umgebung von New York gesehen hatte.

Ich war von Nanny erfüllt, und alles, was ich mit Sascha Noskow in Kalifornien erlebte, erschien mir irgendwie durch Nannys Anwesenheit bedeutend. Ich war sicher, daß wir zusammen leben würden und daß das ein Geschenk des Schicksals war. Alle Zweifel, Überlegungen, alle Angst verließen mich.

Aus San Francisco zurück, zog ich zu Nanny in die Tivolistraße, dann nahmen wir eine Wohnung in Gundelfingen, und dann zogen wir alle nach Paris bzw. Garches.

Meine Ankunft in Herdern, unsere Umsiedlung nach Gundelfingen und schließlich die Umsiedlung nach Paris haben meinen Freund Ernst Theodor irgendwie irritiert. Zuerst freute er sich, und dann wurde er traurig. Er liebte seine Heimatstadt Freiburg über alles. Sie ist für ihn voller Erinnerungen, und jedes Sträßchen sagt ihm etwas. Auch liebte er Anton und das ganze Haus der Familie Müller Bellinghausen. Er kam gerne dorthin, sprach gerne mit Anton. Meine Besuche aus Paris liebte er auch. Ich war immer zufrieden, ein paar Tage in Freiburg zu sein, und schimpfte nie über etwas. Er liebte auch Nanny, bei der er sich seelisch ausruhen konnte, die Schreibmaschine benutzen durfte und sich wie zu Hause fühlte.

Und plötzlich war alles weg! Zuerst starb Anton, dann erschien für eine Weile Oleg, nahm Nanny weg, vernichtete das Tivolistraßennest, schimpfte über das Leben in Freiburg und verschwand mit Nanny in dieses blöde Paris. Ich kann meinen Freund gut verstehen.

Er schreibt mir jetzt selten, aber wenn er schreibt, steht am Schluß immer noch »immer Dein Freund Ernst Theodor«, das Wort »immer« unterstrichen.

Hatte es sich gelohnt, Moskau und Berlin zu verlassen, um in Paris mit soviel Verständnislosigkeit und so vielen Hindernissen zu kämpfen? Logisch überlegt bestimmt nicht, aber das Leben ist das Gegenteil von Logik, und so bereue ich nichts von dem, was ich getan habe. Weder meine Eltern noch ich konnten im gegebenen Moment anders handeln. Und auf alle Fälle hat sich alles gelohnt, um nachher eine Nanny zu finden, um mit ihr und ihren Kindern und unserem Hund Mischka zu leben. Unser Mischka ist auch manchmal unzufrieden! Wenn er wüßte, wie gut er es hat, aber niemand versteht, sein Glück zu schätzen, solange er es hat. Im Jardin des Plantes, in dem uralten, verkommenen Pariser Zoo, leben zwei Binturongs, Katzenbären aus südasiatischen Gebieten. Es sind schöne, seltene Tiere. Natürlich weiß niemand, was das ist, wie auch selten jemand weiß, was ein Nasenbär oder ein Wickelbär ist. Diese zwei schönen Binturongs leben unbeachtet, ohne Grün, ohne Licht, ohne Liebe, getrennt in zwei scheußlichen Käfigen. Nanny und ich lieben sie sehr. Wenn mir mein Leben zu ungerecht, zu schwer und zu erfolglos erscheint, denke ich immer an diese beiden Binturongs und daran, wie geduldig sie ihr schweres Leben ertragen.

Nun ist Nanny meine Frau und eigentlich mein einziger Freund! Ich habe niemanden auf der Welt gehabt, mit dem ich jemals so übereingestimmt hätte wie mit ihr. Wir haben die gleiche Sprache und die gleichen Gefühle.

Es ist so erholend, so notwendig, jemanden im Leben zu haben. Ich habe nichts gegen die Menschen, im Gegenteil, ich habe sie sogar gern oder finde sie auf alle Fälle interessant – meist ziehe ich aber vor, sie aus einer gewissen Entfernung zu genießen. Man sagt immer, daß nur der einzelne Mensch, der »Freund«, gut und interessant ist und die Masse Mensch nicht. Ich habe sehr oft das Gegenteil empfunden. Natürlich ist eine Masse im Sinne eines Haufens erboster Menschen das Scheußlichste, was man sich vorstellen kann, aber die Menschen als solche sind mit ihrer Organisation besser als der einzelne. Ich finde den einzelnen Menschen oft sehr ungerecht, aggressiv, habgierig und egoistisch. Wenn es nach ihm ginge, würde er für das eigene Kind ohne Skrupel den Nächsten erschlagen, er ist für Gewalt, Todesstrafe und Kriege. Die menschliche Organisation dagegen wird von Vernunft regiert. Ich bin immer wieder begeistert, daß pünktliche Züge hin- und herfahren, daß man, ohne erschlagen zu werden, spazierengehen kann, daß es Botanische Gärten und Krankenhäuser gibt. Ich sehe sehr gut, daß die Menschen es schwer mit sich selbst haben und sich bemühen. Vom einzelnen verlange ich meist zu viel, ich bin nicht so leicht begeistert von ihm wie von einem Flughafen oder von einer guten Klinik.

Ich, ein Russe mit französischer Staatsangehörigkeit, ein Maler, der lange in Deutschland gelebt hat, bin gewohnt, bei Gesprächen mit einzelnen Menschen auf die banalsten Vorurteile zu stoßen. Es genügt, daß ich sage, ich schätze Puschkin höher als Françoise Sagan, um sofort zu hören, daß ich eben Russe sei. Ziehe ich saubere Toiletten vor, heißt es: »Natürlich, Sie sind ja fast ein Deutscher, und noch mit dem Namen!« Lobe ich in Deutschland die guten Seefische in Frankreich, meint man, ich treibe nationale Propaganda. Dauernd bin ich für drei Nationen verantwortlich.

Nanny und ich waren schon in vielen Ländern und Städten. Unsere erste Reise mit den Kindern ging nach Zaton bei Dubrovnik in Jugoslawien, wohin auch mein Sohn Mischa aus Berlin kam. Wir badeten, fingen Schildkröten und machten schöne Ausflüge. Dann folgten Reisen nach Cassis, Mallorca und viele andere Städte. Barcelona, London, Antwerpen, Amsterdam. Frankreich, Spanien und Deutschland fließen in meiner Erinnerung zusammen und werden zu etwas Schönem, Warmem, das aber sofort Vergangenheit wird.

In London waren wir öfters und fühlten uns schon ganz heimisch in Kensington, in Arundel Gardens und Linden Gardens, wo unser alter, lieber Freund Schapiro wohnte.

Aber nun ist er nicht mehr am Leben. Mein Freund Max Kindt starb in Berlin. Meine Freunde Andreas und Dina Wolff auch. Göke starb, als ich mit Nanny in Gundelfingen lebte, ich fuhr zu seiner Beerdigung nach Köln. Köln ohne Sascha Noskow, der in San Francisco lebt, Köln ohne Göke! Köln ohne Gökes Arbeit, ohne Gökes Schimpfen und Lachen war mir kaum vorstellbar. Und meine Mutter starb in Paris 1962, ohne Nanny kennengelernt zu haben. Mein Freund Marik aus Temis-Ssu starb kurz nach dem Tode seiner Frau Sina. R. L. Dupuy ist auch tot.

Das Leben in Paris war für mich eine große Lehre. Mein erster Zusammenstoß mit dem Leben ereignete sich vor vielen Jahren in Berlin, als ich plötzlich Geld verdienen mußte und mit dem Berliner Alltag und den Alltagsmenschen in Berührung kam. Das Leben in Paris war meine erste Berührung mit der Welt! Die ersten Monate in Paris waren schrecklich. Ich hatte das Gefühl, daß alle Ideale, alle menschlichen Gefühle, alles Positive und Frohe verschwunden seien. Da fühlte ich meine herzenswarme Kindheit noch mehr schwinden als damals in Berlin, als ich zu arbeiten anfing. Revolution und Kriegszeiten waren nicht so seelenlos und kalt wie meine »Erkenntnisse« in Paris.

Als Kind wurde ich in dem Glauben erzogen, daß das Leben und die Menschen etwas Gutes, etwas Positives seien. Krieg, Revolution, Grobheit, Vulgarität und Unwissenheit seien reine Ausnahmezustände, die eben ertragen werden müßten. In Wirklichkeit aber sei der Mensch gut, nicht geldgierig, nicht böse, er sehne sich nach Güte und Frieden. Ich nahm dementsprechend an, daß im Grunde jeder Mensch die Kunst, die Kultur, die Natur liebe. Von Kindheit an hörte ich, daß man bescheiden sein soll, daß man sich nie selbst loben dürfe, daß man nicht an Geld denken soll und daß edle Gefühle erstrebenswert seien. In der Kunst dürfe man schon gar nicht an Geld denken, nur an Qualität.

Merkwürdigerweise hat mir das Leben während der russischen Revolution und während meiner ganzen Zeit in Berlin auch nie gezeigt, daß ich zu idealistisch denke. In Rußland arbeitete man im Gegenteil während der Revolution selbstlos an guten Theatervorstellungen, und jegliches künstlerische Treiben wurde lediglich nach der Qualität und nicht nach dem Erfolg beurteilt. In Berlin verachteten alle – ob Professor Müller-Schönefeld, ob Leonid Pasternak oder selbst meine Kollegen – die Geldfrage und interessierten sich nur für Qualität. Selbst als ich mit Göke in der Zentrale Dyckhoff arbeitete, stand die Qualität, die »ehrliche Arbeit«, an erster Stelle, und die Fragen des Geldes und des Erfolgs dominierten nicht im Leben. Als ich in Schlesien, in Polgsen, malte, war ich neben Baron Tucher der einzige Maler, und da ich nicht so ultranaturalistisch arbeitete wie er, galt ich für einen Modernisten, beinahe »Entarteten«. In meiner Naivität fing ich selbst an zu glauben, daß meine banalen, naturalistischen Landschaften etwas Cézannesches an sich hätten.

In Paris angekommen, fand ich mich plötzlich in einer anderen Welt. Qualität, Gefühle, Erlebnisse und Empfindungen wurden zu etwas Persönlichem, was nur den einzelnen angeht. Gefühle und Empfindungen mußte ich für mich behalten. Wichtig ist Erfolg und Geld. Hat man kein Geld, keinen Erfolg, keine Beziehungen, ist man nichts.

Wichtig war nicht, Qualität herzustellen, sondern sie unterbringen zu können. Gut malen können viele – und tatsächlich sah ich viele gute Sachen um mich herum –, aber gut verkaufen können nur wenige. Gut verkaufen können steht nicht in direkter Beziehung zur Qualität. Man kann Rembrandt genauso gut verkaufen wie die kitschigen Bilderchen von Montmartre, und keiner findet etwas dabei. Kunst ist Kunst! Ich verstand, daß das Geldverdienen nichts mit Qualität zu tun hat. Da aber auch ein Maler essen und Miete bezahlen muß, muß er verdienen. Als Maler ist man sowieso ziemlich allein im Leben, aber in Paris fühlte ich mich hundertfach allein.

Wie kann ein Künstler mit seinen künstlerischen Problemen kämpfen und gleichzeitig verkaufen? Wie soll man Erfolg haben, ohne ihn im innersten Herzen zu erstreben? Ein Maler muß also malen ohne Hoffnung auf Erfolg, ohne Gedanken an Geld und ohne die Überzeugung, daß das, was er macht, überhaupt gut ist. Das ist nur möglich, wenn er die Malerei sehr liebt und sich praktisch organisch nicht davon trennen kann, wenn eine gut eingerahmte Gouache oder eine Zeichnung solche Freude bereitet, daß er das Empfinden von Glück hat. Öl, Papier, Leinwand, Gouachen, Aquarelle, all das Gekritzel, Gemale, Geklebe, Gezeichne muß zu einer Welt werden, ohne die er nicht leben kann.

In Paris erkannte ich plötzlich, was für eine Macht das Geld ist, wie geldgierig der Mensch ist, und wie ungerecht alles verteilt ist. Mir fiel es wie Schuppen von den Augen, und ich erkannte die Macht des Mammons. Ich fing an, langsam zu verstehen, wie selten man auf einen Menschen trifft, der sich tatsächlich für die Qualität in der Kunst interessiert, gerade in dieser großen Stadt, wo es soviel Kunst und kunstverständige Leute gibt. Die Natur? Die Tiere? Eine schöne Zeichnung? Das alles erschien mir wie ein Tropfen im Meer, und ich erkannte, wie schwer es die Künstler haben. Ich dachte an meine Arbeiten in Polgsen, wo ich als ungeheuer modern galt, an die Ausstellung in der Galerie Wolff, wo ich fast alle Bilder verkauft hatte, an die Leseabende bei Wolff, die Gespräche, den Meinungsaustausch. Mein Gott, war das schön gewesen! Die Weltstadt Paris konnte mir nichts Derartiges bieten. Mir erschien diese neue Welt so herzlos, so kalt, so desinteressiert an allem.

Langsam gewöhnte ich mich an die neue Welt, an die ungeschriebenen Gesetze. Das sagt man nicht, dies bedeutet nichts, jenes darf man nie fragen, das weiß man sowieso, das muß man wissen usw. All diese Rive Droite, Rive Gauche, all diese Namen und Galerien bedeuten etwas, und man selber wird danach klassifiziert, wo man ausstellt, was man sagt, was man nicht kennt. Das alles geschieht in einem Ozean absoluter Freiheit. Es gibt keine Richtlinien, wie zum Beispiel in Berlin, es wird nicht behauptet, jetzt malt man so oder so. Es gibt avantgardistische Ausstellungen neben einer Corot-Ausstellung, eine reiche Dame kann den fürchterlichsten Kitsch genauso ausstellen wie ein hervorragender Maler seine Werke. Alles ist zugelassen. So lernte ich, daß die Freiheit keineswegs immer leicht und angenehm sein muß. Es war verflucht schwer für mich, mich an das Leben in Paris zu gewöhnen. Jetzt finde ich es sehr gut. Man kocht nicht im eigenen Saft wie in der Provinz, man fängt nicht an, sich für einen Cézanne zu halten, wenn man keiner ist. Es wird einem dauernd gezeigt, wieviele es gibt, die viel besser sind als man selber, aber auch viele, denen es noch schlechter geht. Man könnte sich sehr allein und unglücklich fühlen, wenn man nicht dauernd diese Wahrheit des Lebens vor Augen hätte.

Diese Wahrheit habe ich in Paris gefunden. Ich kenne keine andere Stadt, wo es neben soviel Mist und Kitsch soviel Poesie des Lebens gibt! Diese alten Mauern, Häuser, diese endlosen, so verschiedenen Quartiers, Cafés, Ecken und Bäume. Es genügt, sich in irgendein Café-Tabac zu setzen, und schon geht der Vorhang vor der Bühne des Lebens auf. Da schläft ein Kater, hier kommt ein Mann mit einer Dogge, ein Mädchen aus einem Bäckerladen trägt ihre langen Brote über die Straße, zwei Negerarbeiter kaufen Zigaretten, eine alte Frau versucht zu singen. Alles spricht miteinander, ohne etwas vertiefen zu wollen, man scherzt, macht Witze, und die Zigarettenverkäuferin an der Kasse ist unzufrieden, wenn man ihr den Hof macht. Die Dogge ist zufrieden, wenn man sie »mon petit« nennt – es entsteht ein bläulich-graues Bild des Friedens – eine Art Asphalt-Insel Cythera.

Bei Jalta gab es einen kleinen Berg, eigentlich eine Art großen Hügel, der Palikaster hieß. Ich kletterte manchmal allein hinauf und sah mir stundenlang das Meer von oben an. Ich sah die Dächer der Stadt, die schwarzen Zypressen und das grellblaue Meer mit den vielen Kriegsschiffen, die alle ganz hellgrau waren. Auf diesem Palikaster fing ich auch meine erste, große grüne Gottesanbeterin. Es roch da immer sehr stark nach Pfefferminz und vielen anderen südlichen Kräutern. Das möchte ich noch einmal erleben! So komisch es klingt, ich warte darauf, mit Nanny in den duftenden, südlichen Gräsern zu sitzen. Eigentlich müßte – wenn schon kein glücklicher Binturong – unser Mischka dabei sein. Und der Gesang der Zikaden müßte ertönen, damit die unendliche Stille zu hören ist.

Garches 1978

Aus dem Familienalbum

Onja, ich und mein Vater 1912

Ich in Moskau
Winter 1913

Mit meinem Vater in Sestri Levante 1913

Fulja und ich auf der Datscha in Bykowo 1914

In Bykowo 1915

Nadeshda Kohts im Moskauer Zoo um 1913

Mein Halbbruder Jura Anfang 1918

Ankunft in Berlin 1922

Berlin 1923 mit meinem Vater

Mein Vater mit Alexander Eichenwald

Meine Mutter in Santa Margherita 1925

Wassili Watagin und ich im Berliner Zoo 1926

Wassili Watagin in Tarussa 1928

Ich in Berlin 1926

Mit Nikolai Benois in Rom 1928

Dodja Dobushinski, Robert Lissowski, Löns, ich (v. o. n. u.)
– Studenten der Kunstakademie. Berlin-Lichterfelde 1929

In Lichterfelde-Ost 1930

Arbeiten in der »Gebrauchsgraphik« 1929 und 1933

THE ZOO
CAMDEN TOWN, CHALK FARM
OR REGENTS PARK STATION

Onja in Lichterfelde-Ost 1932

Ich in Rom 1932

Tata und ich vor dem Rathaus in Lichterfelde-Ost 1934

In der Zentrale Dyckhoff in Berlin 1934

Arbeiten für die Zentrale Dyckhoff, Berlin 1933–1944:
»Meister Zwirn« und andere Figurinen für verschiedene
Kleiderfirmen

Ich in Paris 1938 vor dem Plakat von Cassandre

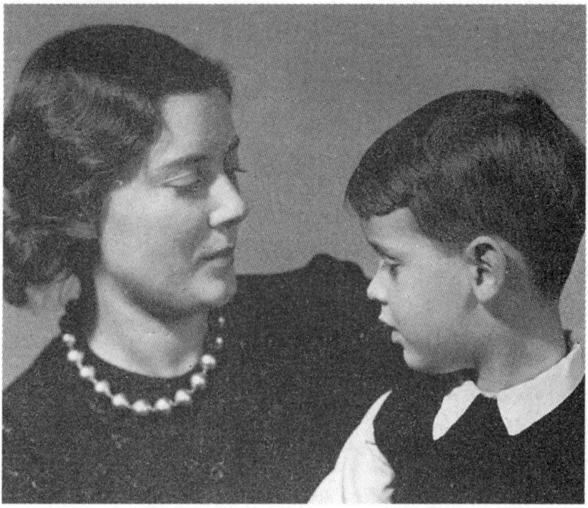

Tata und Alexander (Aljoscha) 1940 in Berlin

Tata, Alexander und ich in Berlin 1948

Schloß Polgsen 25. 12. 1943

Drill, Berlin 1945

Wladimir Selinow, Berlin-Buch 1945

Nikolai Timofejew-Ressowski 1945 in Berlin-Buch

Igor Grebenschtschikow in Berlin-Buch 1945

Anna Grebenschtschikowa in Berlin-Buch 1945

Ich in Cargèse auf Korsika 1952

Geneviève und ich in Paris 1952

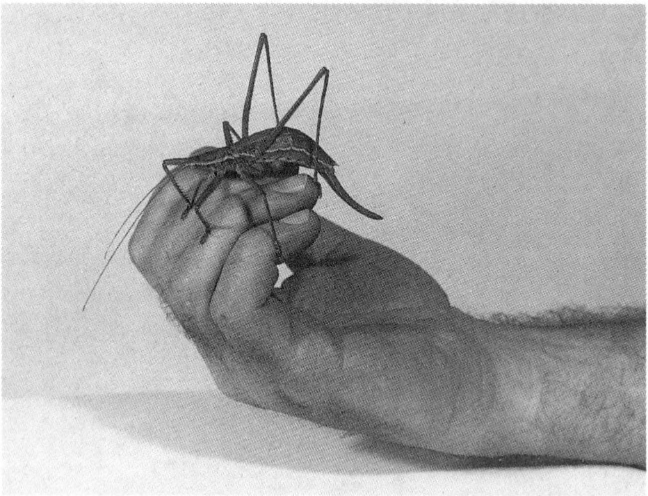

Auf meiner Hand die größte fleischfressende Heuschrecke Europas – eine Saga

Mit Nanny und Hund Mischka in Garches b. Paris 1978

Ich in Vallauris 1988

Besuch in Garches 1988

Radierung

Mit Jefim Etkind

Im Atelier in Garches 1995 (Foto: Johanna Möller)

Mit Nanny in der Garcher Wohnung August 1993